MÜNSTERISCHE BEITRÄGE
ZUR RECHTS- UND STAATSWISSENSCHAFT

HERAUSGEGEBEN VON DER
RECHTS- UND STAATSWISSENSCHAFTLICHEN FAKULTÄT DER
WESTFÄLISCHEN WILHELMS-UNIVERSITÄT IN MÜNSTER

20

1976

WALTER DE GRUYTER · BERLIN · NEW YORK

DIE INNERPROZESSUALE BINDUNGSWIRKUNG VON URTEILEN DER OBERSTEN BUNDESGERICHTE

Ein Beitrag zur Rechtsvereinheitlichung, dargestellt an Beispielen aus der höchstrichterlichen Rechtsprechung unter besonderer Berücksichtigung der Entscheidungspraxis des Bundesgerichtshofs und des Bundesfinanzhofs

von

KLAUS TIEDTKE

1976

WALTER DE GRUYTER · BERLIN · NEW YORK

Gedruckt mit Unterstützung der Deutschen Forschungsgemeinschaft

Dr. jur. Klaus Tiedtke, Privatdozent an der Universität Münster

CIP-Kurztitelaufnahme der Deutschen Bibliothek

Tiedtke, Klaus

Die innerprozessuale Bindungswirkung von Urteilen der obersten Bundesgerichte: e. Beitr. zur Rechtsvereinheitlichung, dargest. an Beispielen aus d. höchstrichterl. Rechtsprechung unter bes. Berücks. d. Entscheidungspraxis d. Bundesgerichtshofs u. d. Bundesfinanzhofs. — Berlin, New York: de Gruyter, 1976.

(Münsterische Beiträge zur Rechts- und Staatswissenschaft; H. 20)

ISBN 3-11-006641-6

Printed in Germany.

Satz und Druck: Saladruck, 1000 Berlin 36
Buchbindearbeiten: Wübben & Co., Berlin

VORWORT

Diese Arbeit ist im Wintersemester 1974/75 vom Fachbereich Rechtswissenschaft der Westfälischen Wilhelms-Universität Münster als Habilitationsschrift angenommen worden. Ihr Gegenstand und ihr Ziel ergeben sich aus der nachfolgenden Einleitung. Die Abhandlung ist im September 1974 abgeschlossen.

Meinem verehrten Lehrer, Herrn Professor Dr. Dietrich Reinicke, Münster, möchte ich nicht nur für die vielfache Anregung und die umfangreiche Förderung danken, die er dieser Arbeit hat zuteil werden lassen, sondern darüber hinaus für alles das, was ich während meiner langjährigen Assistententätigkeit für meine wissenschaftliche Ausbildung bei ihm gelernt habe.

Mein Dank gilt auch der Deutschen Forschungsgemeinschaft, mit deren großzügiger Unterstützung diese Untersuchung durchgeführt und gedruckt werden konnte.

Münster, im Mai 1976

Klaus Tiedtke

INHALTSÜBERSICHT

ZWEITES KAPITEL

Die Bindung an die rechtliche Beurteilung des Revisionsgerichts

DRITTER TEIL

LITERATURVERZEICHNIS

Die Abkürzungen entsprechen Kirchner, Abkürzungsverzeichnis der Rechtssprache, 2. Auflage, Berlin 1968

Althammer, Walter	Zur Rechtskraftwirkung verwaltungsgerichtlicher Urteile, NJW 1959, 2046 ff.
Arnold	Wirkungskreis der Erkenntnisse des Cassationshofes, GS 10, 98 ff.
Ascher	Anmerkung zu BGH, Urteil vom 8. 5. 1952 — IV ZR 208/51 —, LM Nr. 5 zu § 565 Abs. 2 ZPO
Bachof, Otto	Verfassungsrecht, Verwaltungsrecht, Verfahrensrecht in der Rechtsprechung des Bundesverwaltungsgerichts, Band II, Tübingen 1967
Bähr, Peter	Anmerkung zu BSG, Urteil vom 14. 3. 1968 — 5 RKn 67/66 —, JuS 1968, 585 ff.
Baltzer, Andreas	Prozeßgegenstand, Streitgegenstand und Klagebegehren im Steuerprozeß, NJW 1966, 1337 ff. Ist nach § 99 FGO Zwischenurteil über einzelne Streitpunkte zulässig? FR 1967, 95 f.
Baumbach, Adolf — Lauterbach, Wolfgang — Albers, Jan — Hartmann, Peter	Zivilprozeßordnung mit Gerichtsverfassungsgesetz und anderen Nebengesetzen, 31. Auflage, München 1973
Becker, Enno	Die Reichsabgabenordnung, 2. Auflage, Berlin 1922 Die Reichsabgabenordnung, 7. Auflage, Berlin 1930 Erläuterungen zur Rechtsprechung, StuW 1937, 171 ff.
Becker, Enno — Riewald, Alfred — Koch, Karl	Reichsabgabenordnung mit Nebengesetzen, Band III, 9. Auflage, Köln, Berlin, Bonn, München 1968
Becker, K.	Bindung des Vorderrichters (§ 358 Abs. 1 StPO) bei Verletzung der Vorlagepflicht durch das Revisionsgericht? NJW 1955, 1262 ff.
Berger, Emil	Der Steuerprozeß, München, Berlin 1954 Erste Überlegungen zur Finanzgerichtsordnung, DStR 1966, 3 ff.

Bernhardt, Wolfgang	Auswirkungen von Treu und Glauben im Prozeß und in der Zwangsvollstreckung, ZZP 66, 77 ff.
Bettermann, Karl August	Zwischenurteil über materiell-rechtliche Vorfragen? ZZP 79, 392 ff. Anmerkung zu BVerfG, Beschluß vom 1. 7. 1954 — 1 BvR 361/52 —, DVBl. 1955, 21 ff. Anmerkung zu BGH, Beschluß vom 28. 10. 1954 — IV ZB 48/54 — NJW 1955, 262 ff.
Bettermann, Karl August — Nipperdey, Hans Carl — Scheuner, Ulrich	Die Grundrechte. Handbuch der Theorie und Praxis der Grundrechte, III. Band, 2. Halbband, Berlin 1959
Binter, Richard	Zur Frage der Bindung der ersten Instanz an die Rechtsauffassung der zweiten Instanz bei Zurückverweisung im sozialgerichtlichen Verfahren (§ 159 Abs. 1 und 2 SGG), SGb 1968, 191 ff.
Blomeyer, Arwed	Zivilprozeßrecht, Berlin, Göttingen, Heidelberg 1963
Boethke	Ist § 275 der Reichsabgabenordnung abänderungsbedürftig? DStZ 1928, 302 ff.
Boettcher, Ruth	Abgabenrecht als Teil des Verwaltungsrechts, StuW 1962, 1 ff.
Bötticher, Eduard	Kritische Beiträge zur Lehre von der materiellen Rechtskraft im Zivilprozeß, Berlin 1930 Der Zwischenurteilscharakter des gemäß § 565 ZPO aufhebenden und zurückverweisenden Revisionsurteils und die sich hieraus ergebende Erstreckung der Bindung auf die Zurückverweisung von Revisionsangriffen, MDR 1961, 805 ff. Anmerkung zu BSG, Urteil vom 14. 3. 1968 — 5 RKn 67/66 —, MDR 1969, 961 ff. Anmerkung zu BAG, Urteil vom 14. 4. 1967 — 5 AZR 535/65 —, AP Nr. 12 zu § 565 ZPO Anmerkung zu BAG, Urteil vom 16. 2. 1961 — 2 AZR 231/59 —, MDR 1961, 885 ff. Das Grundurteil gemäß § 304 ZPO mit Höchstgrenze. Seine Bedeutung im Betrags-, im Rechtsmittel- und im Wiederaufnahmeverfahren, JZ 1960, 240 ff. Anmerkung zu BGH, Urteil vom 22. 6. 1961 — VII ZR 166/60 —, JZ 1962, 212 ff. Prozeßrecht und Materielles Recht — Rezensionsabhandlung über Wolfram Henckel, Prozeßrecht und materielles Recht, Göttingen 1970, ZZP 85, 1 ff.
Brox, Hans	Die objektiven Grenzen der materiellen Rechtskraft im Zivilprozeß, JuS 1962, 121 ff.

Bruns, Hans-Jürgen — Teilrechtskraft und innerprozessuale Bindungswirkung des Strafurteils, Köln 1961
Zur Feststellungswirkung des rechtskräftigen Strafurteils, Festschrift für Eberhard Schmidt, Göttingen 1961, S. 602 ff.

Bruns, Rudolf — Zivilprozeßrecht, Berlin, Frankfurt 1968
Zum Problemkreis des Wiederaufnahmerechts, FamRZ 1957, 201 ff.

Bullinger, Martin — Anmerkung zu BVerwG, Urteil vom 11. 12. 1963 — VC 91/62 —, DÖV 1964, 380 ff.

Canaris, Claus-Wilhelm — Die Feststellung von Lücken im Gesetz, Berlin 1964

Czermak, Fritz — Anmerkung zu BVerwG, Urteil vom 27. 1. 1966 — II C 191/62 —, DVBl. 1967, 417 ff.

Dersch-Volkmar — Arbeitsgerichtsgesetz, 6. Auflage, Berlin und Frankfurt a. M. 1955

Dietz, Rolf — Nikisch, Arthur — Arbeitsgerichtsgesetz, München und Berlin 1954

Döllerer, Georg — Von der Rechtsbeschwerde zur Revision, StbJb 1966/67, 451 ff.

Dopatka — Erörterung einzelner prozessualer Fragen des Steuerprozesses, DStZ (Ausgabe A) 1959, 315 ff.

Eisenberg, Ernst — Die richterliche Fragepflicht und das Amtsprinzip nach der FGO, FR 1966, 163 ff.
Die Finanzgerichtsordnung und das Problem der „Saldierung", DB 1967, 1238 ff.

Enneccerus, Ludwig — Nipperdey, Hans Carl — Allgemeiner Teil des Bürgerlichen Rechts, Erster Halbband, 15. Auflage, Tübingen 1959

Esser, Josef — Richterrecht, Gerichtsgebrauch und Gewohnheitsrecht, Festschrift für Fritz von Hippel, Tübingen 1967, S. 95 ff.

Eyermann, Erich — Fröhler, Ludwig — Verwaltungsgerichtsordnung, 6. Auflage, München 1974
Verwaltungsgerichtsgesetz für Bayern, Bremen, Hessen und Württemberg-Baden, München und Berlin 1950

Fischer, R. J. — Anmerkung zu RG, Urteil vom 29. 10. 1928 — 378/28 V —, JW 1929, 853 ff.

Flume, Werner — Allgemeiner Teil des Bürgerlichen Rechts, II. Band: Das Rechtsgeschäft, Berlin, Heidelberg, New York 1965
Der Beschluß des Bundesverfassungsgerichts vom 8. Dezember 1952, DVBl. 1953, 65 ff.

Förster, A. — Kann, Richard — Die Zivilprozeßordnung für das Deutsche Reich, II. Band, 3. Auflage, Berlin 1926

Forsthoff, Ernst — Anmerkung zu BGH, Urteil vom 14. 7. 1952 — III ZR 95/51 —, NJW 1953, 337 ff.

Franz, Fritz — Anmerkung zu BVerwG, Urteil vom 11. 12. 1963 — VC 91/62 —, DVBl. 1964, 755 ff.

Friedlaender, Kurt — Die Gedankenwelt der Finanzgerichtsordnung vom 6. 10. 1965, StuW 1968, 407 ff.

Friesenhahn, Ernst — Probleme der Verfolgung und Ahndung von nationalsozialistischen Gewaltverbrechen. Bericht über eine von der Ständigen Deputation des Deutschen Juristentages veranstaltete Klausurtagung, Verhandlungen des 46. Deutschen Juristentages, Band II, München und Berlin 1967, C 12 f.

Fritsch — Verfahrensfragen bei Veranlagungen und Rechtsmitteln, Wpg 1961, 156 ff.

Gaul, Hans Friedhelm — Die Grundlagen des Wiederaufnahmerechts und die Ausdehnung der Wiederaufnahmegründe, Bielefeld 1956

Materielle Rechtskraft, Vollstreckungsabwehr und zivilrechtliche Ausgleichsansprüche, JuS 1962, 1 ff.

Anmerkung zu BGH, Urteil vom 5. 6. 1963 — IV ZR 136/62 —, JZ 1964, 514 ff.

Zur Frage nach dem Zweck des Zivilprozesses, AcP 168 (1968), 27 ff.

Gaupp, L. — Stein, Friedrich — Die Civilprozeßordnung für das Deutsche Reich, II. Band, 8. und 9. Auflage, Tübingen 1908

Gernhuber, Joachim — Testierfreiheit, Sittenordnung und Familie, FamRZ 1960, 326 ff.

Gilles, Peter — Rechtsmittel im Zivilprozeß, Frankfurt am Main 1972

Zur Systematik des Wiederaufnahmeverfahrens, ZZP 78, 466 ff.

Göppinger, Horst — Die Erledigung des Rechtsstreits in der Hauptsache, Stuttgart 1958

Görg, Hubert — Müller, Klaus — Finanzgerichtsordnung, Neuwied, Berlin 1966

Götz, Heinrich — Urteilsmängel und innerprozessuale Bindungswirkung, Diss. Frankfurt a. M. 1956

Die innerprozessuale Bindungswirkung von Urteilen im Zivil-, Arbeits- und Verwaltungsprozeßrecht, JZ 1959, 681 ff.

Gorski, Hans-Günter — Der Streitgegenstand der Anfechtungsklage gegen Steuerbescheide. Zur Saldierungs- und Individualisierungstheorie, Berlin 1974

Gräber, Fritz — Keine Bindung mehr des Revisionsgerichts an seine im ersten Rechtsgang vertretene Ansicht? DStR 1973, 449 ff.
Das finanzgerichtliche Revisionsverfahren (§§ 122 bis 127 FGO), DStR 1971, 620 ff.
Die Bedeutung der Entscheidung des Großen Senats des Bundesfinanzhofes zur Frage des Streitgegenstandes bei der Anfechtungsklage, DStR 1968, 491 ff.

Greven, E. — Zur Frage, inwieweit bei der Rückverweisung einer Sache die Vorinstanz an die Beurteilung in der Rechtsbeschwerdeentscheidung gebunden ist, DStZ (Ausgabe A) 1958, 325

Grimm, Claus — Bundesfinanzhof und Finanzgerichte, Festschrift des Bundesfinanzhofs, 50 Jahre Deutsche Finanzgerichtsbarkeit, Bonn, München 1968, S. 126 ff.

Grunsky, Wolfgang — Prozeß- und Sachurteil, ZZP 80, 55 ff.
Beschränkungen bei der Einlegung eines Rechtsmittels und bei der Aufhebung des angefochtenen Urteils, ZZP 84, 129 ff.
Rechtskraft von Entscheidungsgründen und Beschwer, ZZP 76, 165 ff.

Habscheid, Walther J. — Der Streitgegenstand im Zivilprozeß und im Streitverfahren der Freiwilligen Gerichtsbarkeit, Bielefeld 1956
Urteilswirkungen und Gesetzesänderungen, ZZP 78, 401 ff.
Zur Erledigung des Rechtsmittels, NJW 1960, 2132 ff.
Die Rechtsnatur der Erledigung der Hauptsache, Festschrift für Friedrich Lent, München und Berlin 1957, S. 153 ff.

Hahn, C. — Stegemann, Eduard — Die gesammten Materialien zur Strafprozeßordnung und dem Einführungsgesetz zu derselben, 1. Abtheilung, 2. Auflage, Berlin 1885, 2. Abtheilung, 2. Auflage, Berlin 1886
Die gesammten Materialien zur Civilprozeßordnung und dem Einführungsgesetz zu derselben, 1. Abtheilung, 2. Auflage, Berlin 1881

Hanack, Ernst-Walter — Der Ausgleich divergierender Entscheidungen in der oberen Gerichtsbarkeit, Hamburg 1962

Harmening, Rudolf — Duden, Konrad — Die Währungsgesetze, München und Berlin 1949

Henckel, Wolfram — Parteilehre und Streitgegenstand im Zivilprozeß, Heidelberg 1961
Prozeßrecht und materielles Recht, Göttingen 1970

Heuer — Die Änderung des § 303 ZPO durch die Zivilprozeßnovelle vom 13. Februar 1920, LZ 1925, 315 ff.

Hübschmann-Hepp-Spitaler — Kommentar zur Reichsabgabenordnung, Finanzgerichtsordnung und den Nebengesetzen, Band V, 1.—6. Auflage, Köln 1951/71

Hussla, Erich — Die Bindungswirkung eines gemäß § 565 ZPO zurückverweisenden Revisionsurteils in der Rechtsprechung des Bundesgerichtshofs, DRiZ 1964, 33 ff.

Isaac, Martin — Anmerkung zu OLG Düsseldorf, Urteil vom 15. 10. 1928 — 1 U 90/28 —, JW 1930, 1984

Jauernig, Othmar — Das fehlerhafte Zivilurteil, Frankfurt am Main 1958

Verhandlungsmaxime, Inquisitionsmaxime und Streitgegenstand, Recht und Staat, Heft 339/340, Tübingen 1967

Auswirkungen von Treu und Glauben im Prozeß und in der Zwangsvollstreckung, ZZP 66, 398 ff.

Jessen, Uwe — Erweiterte Bindung des Tatsachenrichters an das Revisionsurteil im finanzgerichtlichen Verfahren, NJW 1970, 183 ff.

Johannsen — Anmerkung zu BGH, Urteil vom 17. 12. 1956 — II ZR 274/55 —, LM Nr. 6 zu § 565 Abs. 2 ZPO

Kaatz — Anmerkung zu BFH, Urteil vom 24. 1. 1957 — IV 696—697/54 —, FR 1958, 538

Anmerkung zu BFH, Urteil vom 30. 4. 1958 — IV 84/58 U —, FR 1958, 471 ff.

Kleinknecht, Theodor — Strafprozeßordnung, Gerichtsverfassungsgesetz, Nebengesetze und ergänzende Bestimmungen, 31. Auflage, München 1974

Anmerkung zu BGH, Urteil vom 21. 2. 1968 — 2 StR 719/67 —, JR 1968, 466 ff.

Klinger, Hans — Verwaltungsgerichtsordnung, 2. Auflage, Göttingen 1964

Kollhosser, Helmut — Grundlagen des Verfahrensrechts, JZ 1973, 8 ff.

Kornblum, Udo — Zum Verhältnis von Gesetzesänderung und materieller Rechtskraft verwaltungsrechtlicher Entscheidungen, JZ 1962, 654 ff.

Kraemer, Wilhelm — Buchbesprechung: Schönke, Adolf, Die Bindung des Berufungsgerichts an das Urteil des Revisionsgerichts gemäß § 565 Abs. 2 ZPO, Berlin 1934, ZZP 59, 314 ff.

v. Kries, August — Die Rechtsmittel des Civilprozesses und des Strafprozesses nach den Bestimmungen der Deutschen Reichsgesetze, Breslau 1880

Kuehn	Die Bindung an die rechtliche Beurteilung durch die Rechtsinstanz bei Aufhebung und Zurückverweisung nach § 296 Abs. 4 AO 1931, StuW 1952, 657 ff.
Kühn, Rolf — Kutter, Heinz	Abgabenordnung, Finanzgerichtsordnung und Nebengesetze, 10. Auflage, Stuttgart 1970
Laengner, Dieter	Anmerkung zu BFH, Urteil vom 30. 4. 1958 — IV 84/58 U — und Urteil vom 30. 4. 1959 — IV 72/59 U —, NJW 1959, 1846 ff.
Larenz, Karl	Allgemeiner Teil des deutschen Bürgerlichen Rechts, 2. Auflage, München 1972
	Methodenlehre der Rechtswissenschaft, 2. Auflage, Berlin 1969
Lent, Friedrich	Zur Lehre vom Streitgegenstand, ZZP 65, 315 ff.
	Zur Lehre vom Entscheidungsgegenstand, ZZP 72, 63 ff.
	Ausübung von Gestaltungsrechten nach einem Prozeß, DR 1942, 868
Lent, Friedrich — Jauernig, Othmar	Zivilprozeßrecht, 15. Auflage, München 1970
Leusmann, Wolfgang	Kann das Finanzgericht Vorbringen des Klägers als verspätet zurückweisen? Zur sinngemäßen Anwendung des § 279 ZPO im FG-Prozeß, DStR 1968, 179 ff.
Lewis, Otto	Anmerkung zu RG, Beschluß vom 7. Juli 1931 — 21/31 VII B —, JW 1931, 3548 ff.
Lindacher, Walter F.	Anmerkung zu BAG, Urteil vom 28. 11. 1966 — 5 AZR 190/66 —, NJW 1967, 1389 ff.
Löwe-Rosenberg	Die Strafprozeßordnung und das Gerichtsverfassungsgesetz, I. Band, 21. Auflage, Berlin 1963; II. Band, 22. Auflage, Berlin, New York 1973
Loose, Gerhard	Das Klagensystem der Finanzgerichtsordnung, BB 1966, 243 ff.
Lukes, Rudolf	Die Vollstreckungsabwehrklage bei sittenwidrig erschlichenen und ausgenutzten Urteilen, ZZP 72, 99 ff.
Maetzel, Wolf Bogumil	Offene Fragen zum Revisionszulassungsverfahren nach der Verwaltungsgerichtsordnung, MDR 1961, 453 ff.
Martens, Joachim	Steuerprozeß oder Steuerfestsetzungsverfahren, FR 1968, 361 ff.
	Der Streitgegenstand im Steuerprozeß, StuW 1966, 689 ff.
	Die Behauptungslast im Steuerprozeß, StuW 1967, 369 ff.

	Die Zurückverweisung durch den Bundesfinanzhof, FR 1969, 373 ff.
	Einführung in die Praxis des Verwaltungsprozesses, 3. Teil, JuS 1973, 619 ff.
Mattern, Friedrich	Neues Vorbringen in der Revisionsinstanz, JZ 1963, 649 ff.
Mattern, Gerhard — Meßmer, Kurt	Reichsabgabenordnung, Bonn 1964
Matthiessen	Anmerkung zu RG, Urteil vom 18. 6. 1930 — 378/29 V —, JW 1930, 3314 ff.
Mayer, Hellmuth	Die bindende Kraft des Urteils nach deutschem Recht, Die Spruchgerichte 1949, 60 ff.
Meiss, Wilhelm	Die Berücksichtigung von Gesetzesänderungen in der Revisionsinstanz, ZZP 65, 114 ff.
Menger, Christian-Friedrich	System des verwaltungsgerichtlichen Rechtsschutzes, Tübingen 1954
Menger, Christian-Friedrich — Erichsen, Hans-Uwe	Höchstrichterliche Rechtsprechung zum Verwaltungsrecht, VerwArch. 59 (1968), 275 ff.
Meumann, Karl	Die Urteilsbindung nach § 275 Abs. 4 der Reichsabgabenordnung, ein Hemmnis gesetzmäßiger Rechtsprechung, DStZ 1927, 1058 ff.
	Zur Frage der Abänderung der Vorschrift des § 275 Abs. 4 der Reichsabgabenordnung betreffend Urteilsbindung, DStZ 1928, 239 ff.
Michaels	§ 303 ZPO, JW 1925, 735
Möhring, Philipp	Falsa demonstratio — nocet. Marginalien zur Diskussion um die Zulassungsrevision in Zivilsachen, JZ 1974, 369 ff.
Mohndorf, Tony	Streitwertbemessung bei der einheitlichen Gewinnfeststellung, BB 1963, 893 ff.
Mohrbotter, Kurt	Grenzen der Bindung an aufhebende Entscheidungen im Strafprozeß, ZStrW 84, 612 ff.
Müffelmann, Herbert	Die objektiven Grenzen der materiellen Rechtskraft steuergerichtlicher Urteile, Berlin 1965
Müller, Hans Karl	Die Finanzgerichtsordnung und das Problem der „Saldierung", DB 1966, 1329 ff.
Müller, Hermann — Sax, Walter	KMR-Kommentar zur Strafprozeßordnung, 6. Auflage, Darmstadt 1966
Müller-Freienfels, Wolfram	Zur Rechtsprechung beim sog. „Mätressen-Testament", JZ 1968, 441 ff.
Niemeyer, Gisela	Das Dispositionsrecht des Klägers nach Änderung des Steuerbescheides während des finanzgerichtlichen Verfahrens (§ 68 FGO), DStR 1967, 180 ff.
Nikisch, Arthur	Der Streitgegenstand im Zivilprozeß, Tübingen 1935
	Zur Lehre vom Streitgegenstand im Zivilprozeß, AcP 154, 269 ff.

Oswald, Franz	Vor-, Teil- und Zwischenentscheidungen im Steuerverfahren, StuW 1957, 649 ff.
Otto, Hansjörg	Die Präklusion, Berlin 1970
Pagendarm, Kurt	Das finanzierte Abzahlungsgeschäft — Bemerkungen zu acht neuen Urteilen des Bundesgerichtshofs —, WM 1967, 434 ff.
	Anmerkung zu BGH, Urteil vom 15. 10. 1953 — III ZR 182/52 —, LM Nr. 1 zu § 11 RLG
Pauli, Hans	Anmerkung zu OLG Neustadt, Urteil vom 23. 10. 1963 — SS 125/63 —, NJW 1964, 735
Paulick, Heinz	Bindungsprobleme im Steuerrecht, StbJb 1964/65, 351 ff.
Paulsen	Anmerkung zu BGH, Urteil vom 18. 10. 1951 — IV ZR 122/50 —, LM Nr. 2 zu § 511 ZPO
Peters, Horst — Sautter, Theodor — Wolff, Richard	Kommentar zur Sozialgerichtsbarkeit, 4. Auflage, Stuttgart, Berlin, Köln, Mainz 1966
Peters, Karl	Strafprozeß, 2. Auflage, Karlsruhe 1966
Piegler, Josef	Die Selbstbindung des österreichischen Obersten Gerichtshofes, ZZP 68, 441 ff.
Pohle, Rudolf	Anmerkung zu BAG, Urteil vom 19. 2. 1959 — 2 AZR 209/56 —, AP Nr. 1 zu § 318 ZPO
Protokolle	der Kommission für die zweite Lesung des Entwurfs des Bürgerlichen Gesetzbuches, Band VI, Berlin 1899
Ramm, Thilo	Abschied vom „Mätressentestament“, JZ 1970, 129 ff.
Redeker, Konrad — von Oertzen, Hans-Joachim	Verwaltungsgerichtsordnung, 4. Auflage, Stuttgart, Berlin, Köln, Mainz 1971
Reinberger, Willy	Gegenvorschläge zum Entwurf einer ZPO, Buch 1 bis 8, JR 1932, 87 ff.
Reinicke, Dietrich	Der Zeitpunkt, zu dem die subjektiven Voraussetzungen bei der Übernahme eines Vermögens im Sinne des § 419 BGB vorliegen müssen, NJW 1967, 1249 ff.
	Zwischenurteile in der Revisionsinstanz, NJW 1967, 513 ff.
Reinicke, Gerhard	Die Kollision zwischen Rechtsfrieden und Gerechtigkeit, NJW 1952, 3 ff.
Reinicke, Gerhard — Reinicke, Dietrich	Zum Vertrauensschutz auf eine ständige Rechtsprechung, MDR 1956, 324 ff.
v. Richthofen	Die Bedeutung des Reichsgerichts im Aufbau der deutschen Rechtspflege, DR 1934, 483 ff.
Rimmelspacher, Bruno	Zur Prüfung von Amts wegen im Zivilprozeß, Göttingen 1966

Rohwer-Kahlmann, Harry	Aufbau und Verfahren der Sozialgerichtsbarkeit, Kommentar zum Sozialgerichtsgesetz, Band II, 4. Auflage, Bonn-Bad Godesberg 1973
Rosenberg, Leo	Lehrbuch des deutschen Zivilprozeßrechts, 9. Auflage, München, Berlin 1961 Zu dem Entwurf einer Zivilprozeßordnung unter besonderer Berücksichtigung des Urteilsverfahrens, Berlin 1933 — Sonderdruck aus ZZP 57, Heft 3/6, März 1933 — Anmerkung zu BGH, Urteil vom 18. 10. 1951 — IV ZR 122/50 —, ZZP 65, 204 ff.
Rosenberg, Leo — Schwab, Karl-Heinz	Zivilprozeßrecht, 10. Auflage, München 1969
Sarstedt, Werner	Die Revision in Strafsachen, 4. Auflage, Essen 1962 Anmerkung zu KG, Urteil vom 15. 8. 1957 — (2) I Ss 185/57 (141/57) —, JR 1958, 268 ff. Anmerkung zu KG, Urteil vom 27. 9. 1956 — (2) I Ss 164/56 (106/56) —, JR 1957, 270 ff. Bindung des Vorderrichters (§ 358 Abs. 1 StPO) trotz Verletzung der Vorlagepflicht (§ 121 Abs. 2 GVG) durch das Revisionsgericht, NJW 1955, 1629 ff.
Schiedermair, Gerhard	Anmerkung zu BGH, Urteil vom 18. 9. 1957 — V ZR 153/56 —, JZ 1958, 277 ff.
Schlüter, Wilfried	Das Obiter dictum, München 1973
Schmidt-Bleibtreu, Bruno — Klein, Franz	Kommentar zum Grundgesetz für die Bundesrepublik Deutschland, 3. Auflage, Neuwied und Berlin 1973
Schmidt, Eberhard	Lehrkommentar zur Strafprozeßordnung und zum Gerichtsverfassungsgesetz, Teil II, Göttingen 1957
Schmitt, Helmut	Anmerkung zu BVerwG, Urteil vom 11. 7. 1958 — VII C 189/57 —, JZ 1959, 220 ff.
Schneider, Egon	Die zivilprozessuale Beweisantizipation in der neuen Rechtsprechung, MDR 1969, 268 ff.
Schönke, Adolf	Die Bindung des Berufungsgerichts an das Urteil des Revisionsgerichts gemäß § 565 Abs. 2 ZPO, Berlin 1934 Über die entsprechende Anwendung und zur Auslegung des § 565 Abs. 2 ZPO, ZZP 58, 380 ff. Anmerkung zu BGH, Urteil vom 5. 2. 1953 — III ZR 105/51 —, NJW 1953, 702
Schönke, Adolf — Kuchinke, Kurt	Zivilprozeßrecht, 9. Auflage, Karlsruhe 1969
Schönke, Adolf — Schröder, Horst — Niese, Werner	Lehrbuch des Zivilprozeßrechts, 8. Auflage, Karlsruhe 1956

Schröder, Horst	Die Bindung an aufhebende Entscheidungen im Zivil- und Strafprozeß, Festschrift für Arthur Nikisch, Tübingen 1958, S. 205 ff. Anmerkung zu BGH, Urteil vom 17. 12. 1956 — II ZR 274/55 —, JZ 1957, 446 ff.
Schultz, Günther	Blick in die Zeit, MDR 1973, 731 ff.
Schultzenstein, Max	Die Bindung an das Revisionsurteil, ZZP 48, 63 ff.
Schumann, Ekkehard	Die Prozeßökonomie als rechtsethisches Prinzip, Festschrift für Karl Larenz zum 70. Geburtstag, München 1973, S. 271 ff.
Schunck, Egon — De Clerck, Hans	Verwaltungsgerichtsordnung, 2. Auflage, Siegburg 1967
Schwab, Karl Heinz	Der Streitgegenstand im Zivilprozeß, München, Berlin 1954 Die einseitige Erledigungserklärung, ZZP 72, 127 ff. Der Stand der Lehre vom Streitgegenstand im Zivilprozeß, JuS 1965, 81 ff. Anmerkung zu BGH, Urteil vom 18. 11. 1960 — IV ZR 62/60 —, ZZP 74, 210 ff.
Schwarz, Gottfried	Der steuerliche Rechtsschutz nach der FGO vom 6. 10. 1965, DStR 1966, 397 ff.
Seuffert, Lothar	Kommentar zur Civilprozeßordnung, II. Band, 10. Auflage, München 1908
Seweloh	Erläuterungen zur Rechtsprechung, B. Zum Vermögenssteuerrecht, StuW 1937, 203 ff.
Skonietzki, Richard — Gelpcke, Max	Zivilprozeßordnung und Gerichtsverfassungsgesetz für das Deutsche Reich nebst Einführungsgesetzen und den Preuß. Ausführungsgesetzen, Band II, Berlin 1911
Söhn, Hartmut	Teilbarkeit von Verwaltungsakten, die auf eine Geldleistung gerichtet sind, VerwArch. 60 (1969), 64 ff.
Sommerlad, Klaus	Die sogenannte Selbstbindung der Rechtsmittelgerichte, NJW 1974, 123 ff.
Sonnen, Theodor	§ 303 ZPO, JW 1925, 735
Spanner, Hans	Probleme des Streitgegenstandes im finanzgerichtlichen Verfahren, JbFfSt 1967/1968, S. 173 ff. Probleme der Finanzgerichtsordnung, StuW 1969, 11 ff.
Stein, Friedrich — Jonas, Martin	Kommentar zur Zivilprozeßordnung, bearbeitet von Rudolf Pohle u. a., 18. Auflage, Tübingen 1953 f.; 19. Auflage, Tübingen 1964 f. Die Zivilprozeßordnung für das Deutsche Reich, I. Band, 14. Auflage, Tübingen 1928
Stree, Walter	Teilrechtskraft und fortgesetzte Tat, Festschrift für Karl Engisch, Frankfurt am Main 1969, S. 676 ff.

Struckmann	Über die wissenschaftliche Konstruktion des Grundsatzes des § 528 Absatz 2 der Civilprozeßordnung, ZZP 6, 391 ff.
Sydow, R. — Busch, L. — Krantz, W.	Zivilprozeßordnung und Gerichtsverfassungsgesetz, 18. Auflage, Berlin und Leipzig 1925
Thieme, H.	Zum Problem der Bindung aller Gerichte und Behörden an die Entscheidungen des Bundesverfassungsgerichts, ZBR 1954, 193 ff.
Thomas, Heinz — Putzo, Hans	Zivilprozeßordnung, 7. Auflage, München 1974
Thumm, Ludwig	Die Klage aus § 826 BGB gegen rechtskräftige Urteile in der Rechtsprechung des Reichsgerichts und des Bundesgerichtshofes, Stuttgart 1959
Tipke, Klaus	Anmerkung zu BFH, Urteil vom 30. 4. 1958 — IV 84/58 U —, FR 1958, 471 ff.
Tipke, Klaus — Kruse, Heinrich Wilhelm	Reichsabgabenordnung mit Nebengesetzen, Band I und II, 6. Auflage, Köln-Marienburg 1973
	Reichsabgabenordnung mit Nebengesetzen, Band II, Köln 1963
Türpe, Klaus	Probleme des Grundurteils, insbesondere seiner Tenorierung, MDR 1968, 453 ff.
Uffhausen, Horst	Das Revisionsverfahren nach der Verwaltungsgerichtsordnung, DÖV 1960, 205 ff.
Ule, Carl Hermann	Verwaltungsprozeßrecht, 5. Auflage, München 1971
Vangerow	Erläuterungen zur Rechtsprechung, A. Zur Einkommensteuer, StuW 1958, 550 ff.
Vierhaus, F.	Über die Bedeutung des Urtheils des Revisionsgerichts für die weitere Entscheidung der Sache im Falle der Zurückverweisung derselben an das Berufungsgericht, ZZP 6, 217 ff.
Vogel, Klaus	Berichtigung von Steuerbescheiden und Erlaß eines rechtskräftigen steuergerichtlichen Urteils, DStR 1966, 387 ff.
	Empfiehlt sich eine Anpassung der Vorschriften über Berichtigung und Änderung von Steuerbescheiden an das Allgemeine Verwaltungsrecht, und welche sonstigen Reformen sind auf diesem Gebiet in Betracht zu ziehen?, Verhandlungen des 46. Deutschen Juristentages, Band I, Teil 5

Volkmar	Die Verordnung über das Verfahren in bürgerlichen Rechtsstreitigkeiten vom 13. Februar 1924 — Ursache, Inhalt und Ziele der Reform —, JW 1924, 345 ff.
v. Wallis, Hugo	Bindung an die rechtliche Beurteilung des Bundesfinanzhofs, NWB, Fach 2, S. 2431 f.
Welzel, Hans	Vorteilsabsicht beim Betrug, NJW 1962, 20 ff.
Weyreuther, Felix	Revisionszulassung und Nichtzulassungsbeschwerde in der Rechtsprechung der obersten Bundesgerichte, München 1971
Wieczorek, Bernhard	Zivilprozeßordnung und Nebengesetze, Band II, Teil 1 und Band III, Berlin 1957
	Anmerkung zu BAG, Urteil vom 16. 2. 1961 — 2 AZR 231/59 — AP Nr. 1 zu § 565 ZPO
Willms, Günther	Die Formen gerichtlicher Bindung und der Beschluß des Bundesverfassungsgerichts vom 8. 12. 1952, NJW 1953, 481 ff.
Wilts, Walter	Verfahrensgrundsätze für die Geltendmachung von Restitutionsgründen im Betragsverfahren, NJW 1963, 1532 ff.
Woerner, Lothar	Die Zurücknahme und Änderung von Steuerverwaltungsakten, 3. Auflage, Stuttgart 1971
	Der Streitgegenstand bei der finanzgerichtlichen Anfechtungsklage, BB 1968, 1030 ff.
Wolff, Hans J.	Verwaltungsrecht I, 8. Auflage, München 1971
Wuttke, Rudolf	Kann der Verstoß eines letztinstanzlichen Gerichtes gegen den Grundsatz der Bindung an die eigene rechtliche Beurteilung im ersten Rechtsgange Grundrechte verletzen?, BB 1954, 641 ff.
	Der Grundsatz der Bindung der Rechtsinstanz an die eigene rechtliche Beurteilung im ersten Rechtsgange und der Gleichheitssatz, DÖV 1954, 606 ff.
Zeuner, Albrecht	Die objektiven Grenzen der Rechtskraft im Rahmen rechtlicher Sinnzusammenhänge. Zur Lehre über das Verhältnis von Rechtskraft und Entscheidungsgründen im Zivilprozeß, Tübingen 1959
	Wiederholung der Kündigung und Rechtskraft im Kündigungsschutzstreit. Zum Verhältnis von Rechtskraft und neuen Tatsachen im Zivilprozeß, MDR 1956, 257 ff.
Ziemer, Herbert	Anmerkung zu BFH, Beschluß des GrS vom 17. 7. 1967 — 1/66 —, FR 1968, 369
	Diskussionsbeitrag zur Frage des Streitgegenstandes nach der Finanzgerichtsordnung, JbFfSt 1967/1968, S. 200

Ziemer, Herbert — Birkholz, Hans	Finanzgerichtsordnung, 2. Auflage, München 1970
Zitzlaff	Fragen der Reichsabgabenordnung, StuW 1938, 170 ff. Erläuterungen zur Rechtsprechung, A. Allgemeines Steuerrecht, Einkommensteuer, Gewerbesteuer, StuW 1941, 351 ff. Erläuterungen zur Rechtsprechung, A. Allgemeines Steuerrecht, Einkommensteuer, Gewerbesteuer, StuW 1942, 125 ff.
Zöller, Richard	Zivilprozeßordnung mit Gerichtsverfassungsgesetz und Nebengesetzen, 11. Auflage, München 1974

EINLEITUNG

In der Bundesrepublik bestehen fünf oberste Bundesgerichte, der Bundesgerichtshof, das Bundesverwaltungsgericht, der Bundesfinanzhof, das Bundesarbeitsgericht und das Bundessozialgericht (Art. 95 Abs. 1 GG). Diese Gerichte sind Revisionsgerichte. Sie haben die Urteile der Vorinstanz darauf zu überprüfen, ob sie das Gesetz verletzt haben; sie können aber (grundsätzlich) keine Beweise erheben und keine Tatsachen feststellen. Diese gemeinsame Aufgabe bringt gemeinsame Probleme mit sich. Von einem dieser Probleme handelt die vorliegende Arbeit. Sie befaßt sich mit der Frage der innerprozessualen Bindungswirkung der revisionsgerichtlichen Entscheidungen. Eine derartige Wirkung kommt nicht in Betracht, soweit das Revisionsgericht die Revision zurückweist oder das angefochtene Urteil aufhebt und „durcherkennt", also selbst über die Klage entscheidet. Hier ist für eine innerprozessuale Bindung kein Raum. Es fehlt an einem Prozeß; dieser ist mit der Entscheidung des Revisionsgerichts beendet. In vielen Fällen können aber die obersten Bundesgerichte nicht so verfahren. Sie halten das Urteil der Vorinstanz nicht für richtig. Sie können aber nicht in der Sache selbst entscheiden, weil von ihrer Rechtsauffassung aus noch Beweise zu erheben sind, der Rechtsstreit also nicht zur Endentscheidung reif ist. Sie sind in diesen Fällen darauf angewiesen, das angefochtene Urteil aufzuheben und die Sache zur anderweiten Verhandlung und Entscheidung an die Vorinstanz zurückzuverweisen. Verfahren sie so, dann taucht die Frage auf, inwieweit die Vorinstanz an das Urteil des Revisionsgerichts oder die ihr zugrunde liegende rechtliche Beurteilung der Sache gebunden ist. Hier handelt es sich um eine Bindung innerhalb des noch bestehenden Rechtsstreits, um die innerprozessuale Bindungswirkung also, die Gegenstand dieser Untersuchung ist.

Eine solche Bindung ist in doppelter Weise denkbar. Einmal könnte das Revisionsgericht einen oder mehrere Streitpunkte in der Weise „abschließend" entscheiden, daß die Sache insoweit nicht an die Vorinstanz zurückgelangt. Es ist fraglich, ob die Revisionsgerichte verfahrensrechtlich in der Lage sind, so vorzugehen, und wann dies gegebenenfalls möglich ist. Besteht eine solche Möglichkeit nicht oder macht das Revisionsgericht von ihr keinen Gebrauch, dann muß die Vorinstanz, an die die Sache zurückverwiesen wird, über alle Streitpunkte entscheiden. Es fragt sich aber, inwieweit sie hierbei an die rechtliche Auffassung des Revisionsgerichts gebunden ist, sie diese Beurteilung ihrem Urteil also auch dann zugrunde legen muß, wenn sie diese Auffassung nicht teilt. Sie ist nicht an alle Ausführungen des Revisionsgerichts gebunden, und sie ist auch nicht in vollem Umfange frei. Darüber besteht Einigkeit. Es stellt sich aber die Frage, inwieweit eine Bindung besteht und inwieweit das nicht der Fall ist. Darüber sind die Ansichten der obersten Bundesgerichte geteilt. Besonders auffällig ist die unterschiedliche Behandlung der Bindungswirkung durch den Bundesgerichtshof, der für eine geringe Bindungswirkung eintritt, und den Bundesfinanzhof, nach dessen Auffassung die Vorinstanz in erheblich stärkerem Umfang gebunden ist. In den *beiden ersten Teilen* dieser Arbeit wird geprüft, ob diese unterschiedliche Behandlung dem geltenden Recht entspricht oder ob das gemeinsame Problem schon de lege lata einheitlich gelöst werden muß und gegebenenfalls, in welcher Weise dies zu geschehen hat. Im ersten Teil wird die Bindungswirkung der Urteile des Bundesgerichtshofs (in Zivil- und in Strafsachen) und des Bundesarbeitsgerichts behandelt, während der zweite Teil die Bindung durch Entscheidungen des Bundessozialgerichts, des Bundesverwaltungsgerichts und vor allem des Bundesfinanzhofs zum Gegenstand hat. Diese Gruppen werden gebildet, weil die Vorschriften, die die Bindung der Vorinstanz anordnen, verschieden gefaßt sind, innerhalb der Gruppe aber jeweils den gleichen Wortlaut haben. In der ersten Gruppe wird das Schwergewicht in der Stellungnahme zu den Urteilen des (Reichsgerichts und des) Bundesgerichtshofs in Zivilsachen, in der zweiten Gruppe in der Auseinandersetzung mit den Entscheidungen des (Reichsfinanzhofs und des) Bundesfinanzhofs liegen.

Die innerprozessuale Bindungswirkung der revisionsgerichtlichen Entscheidungen könnte weiterhin von Bedeutung sein, wenn die Sache, die an die Vorinstanz zurückverwiesen worden ist, im zweiten Rechtsgang wiederum zum Revisionsgericht gelangt. Es ergibt sich dann die Frage, ob das Revisionsgericht in dem Umfang, in dem die Vorinstanz durch das aufhebende Urteil des Revisionsgerichts gebunden war, auch seinerseits gebunden ist oder ob eine solche Bindung nur für die Vorinstanz bestanden hat, das Revisionsgericht aber die Rechtslage nunmehr anders beurteilen kann, als dies im ersten Rechtsgang geschehen ist. Dieses Problem der sog. Rück- oder Selbstbindung wird *im dritten, dem letzten Teil* erörtert.

ERSTER TEIL

Die innerprozessuale Bindungswirkung der Urteile des Bundesgerichtshofs und des Bundesarbeitsgerichts

ERSTES KAPITEL

Die Bindung an Zwischenurteile des Revisionsgerichts

§ 1 Die Zulässigkeit von Zwischenurteilen

I. Zwischenurteile in der Revisionsinstanz, die auch in den Vorinstanzen ergehen können

Die Zivilprozeßordnung enthält — in Übereinstimmung mit § 358 Abs. 1 StPO — nur eine kurze Vorschrift über die Bindungswirkung der revisionsgerichtlichen Entscheidungen. Sie ist in § 565 Abs. 2 ZPO enthalten und hat folgenden Wortlaut: „Das Berufungsgericht hat die rechtliche Beurteilung, die der Aufhebung zugrunde gelegt ist, auch seiner Entscheidung zugrunde zu legen." Diese Bestimmung, die gemäß § 72 Abs. 3 ArbGG auch für die Arbeitsgerichtsbarkeit gilt, setzt voraus, daß die erforderliche Entscheidung vom Berufungsgericht zu fällen ist. Dieses Gericht ist dann bei dem Erlaß der von ihm zu treffenden Entscheidung in gewisser Weise gebunden. Die Sache ist aber in vollem Umfang und bezüglich aller Streitpunkte an das Berufungsgericht zurückgelangt.

Diese Voraussetzung ist nicht stets gegeben, wenn der Bundesgerichtshof das angefochtene Urteil (ganz) aufgehoben hat. Zwar ist nach § 565 Abs. 1 Satz 1 ZPO die Sache im Falle der Aufhebung des Urteils zur anderweiten Verhandlung und Entscheidung an das Berufungsgericht zurückzuverweisen. Von dieser Regel besteht aber eine Ausnahme. Der Bundesgerichtshof hat nach § 565 Abs. 3 Nr. 1 ZPO in der Sache selbst zu entscheiden, wenn die Aufhebung des Urteils nur wegen Gesetzesverletzung bei Anwendung des Gesetzes auf das festgestellte Sachverhältnis erfolgt und nach letzterem die

Sache zur Endentscheidung reif ist. Hält der Bundesgerichtshof das klageabweisende Urteil des Berufungsgerichts für unrichtig, so muß er das angefochtene Urteil (vollständig) aufheben. Er kann jedoch in der Sache selbst entscheiden, soweit der Streit entscheidungsreif ist. Er kann also den Beklagten zur Zahlung von 80 000 DM verurteilen und die Sache nur wegen des Restbetrags an das Berufungsgericht zurückverweisen. Der Bundesgerichtshof hat dann ein Endurteil erlassen, das über die gesamte Revision entschieden und damit die Instanz beendet hat. In diesem Urteil steckt eine Teilendentscheidung; in Höhe von 80 000 DM ist über den Streitgegenstand abschließend entschieden. Das Berufungsgericht hat nur über den restlichen Streitgegenstand in Höhe von 20 000 DM zu befinden. Ist der Bundesgerichtshof der Ansicht, das Berufungsgericht habe der Klage mit Recht in Höhe von 80 000 DM stattgegeben, hält er aber die Entscheidung über den Restbetrag für fehlerhaft, dann hat er das angefochtene Urteil nur in Höhe dieses Betrags aufzuheben. Nach § 564 Abs. 1 ZPO ist das angefochtene Urteil aufzuheben, soweit die Revision für begründet erachtet wird. Soweit die Revision unbegründet ist, muß das Berufungsurteil also bestehen bleiben und die Revision zurückgewiesen werden. Durch die Zurückweisung der Revision in Höhe von 80 000 DM und die Aufhebung und Zurückverweisung wegen des Restbetrags ist das Urteil des Berufungsgerichts in ein Teilendurteil verwandelt worden. Es hat nunmehr nur eine Verurteilung des Beklagten zur Zahlung von 80 000 DM, nicht mehr, wie bisher, von 100 000 DM zum Inhalt. In diesen Fällen taucht das Problem der innerprozessualen Bindungswirkung nicht auf. Hat der Bundesgerichtshof, der das angefochtene Urteil in vollem Umfang aufgehoben hat, teilweise in der Sache selbst erkannt, dann ist der Rechtsstreit insoweit beendet. Das gleiche gilt, soweit der Bundesgerichtshof die Revision nach § 564 Abs. 1 ZPO zurückgewiesen und das angefochtene Urteil zu einem Teilendurteil umgewandelt hat. Der Rechtsstreit ist insoweit abgeschlossen. In Höhe von 80 000 DM besteht kein Prozeß mehr, in dem sich eine innerprozessuale Bindung auswirken könnte. § 318 ZPO erstreckt sich zwar auch auf Teilendurteile. Die innerprozessuale Bindung wirkt sich aber bei diesen Urteilen nur aus, soweit sie noch nicht rechtskräftig geworden sind. Ist dies der Fall, dann tritt an die Stelle der innerprozessualen Bindung (§ 318 ZPO) die Bindung auf Grund der Rechtskraft (§ 322 Abs. 1 ZPO)[1]. Da die von Revisionsgerichten ergangenen Teilurteile schon bei ihrem Erlaß rechtskräftig sind, ist § 318 ZPO also hier auch nicht vorübergehend anwendbar.

[1] Götz, Urteilsmängel und innerprozessuale Bindungswirkung, Diss. Frankfurt a. M. (1956), S. 13; ders. JZ 1959, 681 (682); Stein-Jonas-Schumann-Leipold, ZPO, 19. Aufl., § 322 II 2.

Es fragt sich aber, ob der Bundesgerichtshof (nicht, auch nicht teilweise, über den Streitgegenstand, sondern) über einen einzelnen Streitpunkt (oder mehrere Streitpunkte) mit der Maßgabe abschließend entscheiden kann, daß dieser Streitpunkt nicht mehr an das Berufungsgericht zurückgelangt, also von ihm nicht mehr entschieden werden kann; er ist dann nicht mehr im Streit. Auch in einem solchen Fall kommt § 565 Abs. 2 ZPO nicht zur Anwendung. Er setzt voraus, daß das Berufungsgericht über den Streitpunkt noch zu erkennen hat und ordnet nur im Rahmen der von ihm zu treffenden Entscheidung eine Bindung in gewissem Umfang an. Es sind also zwei Fälle streng voneinander zu trennen. Einmal entscheidet der Bundesgerichtshof einen Streitpunkt abschließend; dieser gelangt nicht mehr an das Berufungsgericht zurück. Das andere Mal hat das Berufungsgericht über alle Streitpunkte zu befinden; es unterliegt aber bei der Entscheidung, die es zu erlassen hat, einer Bindung gemäß § 565 Abs. 2 ZPO. In beiden Fällen handelt es sich um eine innerprozessuale Bindungswirkung.

Grundsätzlich muß ein Urteil eine Entscheidung über den Streitgegenstand enthalten. Das Gericht muß über die Klage und die Widerklage befinden; es muß ihr stattgeben oder muß sie abweisen. Urteile können nur insoweit materiell rechtskräftig werden, als über den durch die Klage oder die Widerklage erhobenen Anspruch entschieden ist (§ 322 Abs. 1 ZPO). In Ausnahmefällen läßt die Zivilprozeßordnung aber zu, daß die Gerichte zunächst nur einen Streitpunkt erledigen. Dies geschieht durch den Erlaß eines Zwischenurteils. Dieses Urteil enthält dann ein vorweggenommenes Urteilselement des später zu fällenden Endurteils.

Die Zivilprozeßordnung läßt solche Zwischenurteile, ohne allerdings diesen Ausdruck stets zu verwenden, in einigen Fällen zu. Nach § 275 ZPO kann über prozeßhindernde Einreden durch Urteil entschieden werden. Das Gericht kann dann, wie man früher formuliert hat[2], die Einrede der Unzulässigkeit des Rechtswegs verwerfen (§ 274 Abs. 2 Nr. 2, § 275 Abs. 2 ZPO) oder, wie man heute formuliert[3], die Feststellung treffen: „Der Rechtsweg ist zulässig." Damit hat das Gericht einen Streitpunkt abschließend entschieden; die Entscheidung kann in dieser Instanz nicht mehr in Frage gestellt werden (§ 318 ZPO). Nach § 304 Abs. 1 ZPO kann das Gericht, wenn ein Anspruch nach Grund und Betrag streitig ist, über den Grund vorab entscheiden. Dieses Grundurteil („Der Anspruch ist dem

[2] Vgl. RGZ 11, 389 ff.; RGZ 15, 398 ff.; RG, Gruch. 48, 1120 (1121); Zöller-Stephan, ZPO, 11. Aufl. (1974), § 275 II, 3.

[3] Vgl. Thomas-Putzo, ZPO, 7. Aufl. (1974), § 275 Anm. 2 b.

Grunde nach gerechtfertigt") ist ein Zwischenurteil[4]; es erledigt einen Streitpunkt, aber nicht einen Teil des Streitgegenstandes. Das gleiche gilt nach § 303 ZPO, wonach ein Zwischenurteil ergehen kann (hier verwendet also das Gesetz diesen Ausdruck), wenn ein Zwischenstreit zur Entscheidung reif ist.

Vielfach werden auch Vorbehaltsurteile nach den §§ 302, 599 ZPO als Zwischenurteile bezeichnet, weil sie die Instanz nicht beenden. Sie unterscheiden sich aber dadurch von den anderen Zwischenurteilen, daß sie nicht einen Streitpunkt entscheiden, also ein vorweggenommenes Urteilselement des späteren Endurteils darstellen, sondern, wenn auch unter Vorbehalt, eine Entscheidung über den Streitgegenstand zum Inhalt haben; der Beklagte wird — vorläufig — antragsgemäß verurteilt. Es kann offen bleiben, ob man deshalb das Vorbehaltsurteil besser als auflösend bedingtes Endurteil[5] bezeichnet oder ob die Formulierung vorzuziehen ist, es sei ein Zwischenurteil besonderer Art[6]. Jedenfalls ist es kein Zwischenurteil, in dem über einen Streitpunkt abschließend entschieden wird; nur mit solchen Zwischenurteilen hat es aber diese Arbeit zu tun.

Es fragt sich, ob der Bundesgerichtshof in gleicher Weise Zwischenurteile erlassen kann, wie dies bei den Instanzgerichten möglich ist. Die Antwort auf diese Frage ergibt sich wiederum aus § 565 Abs. 3 Nr. 1 ZPO. Das Revisionsgericht hat danach in der Sache selbst zu erkennen, kann die Sache also nicht an das Berufungsgericht zurückverweisen, wenn die Aufhebung des Urteils wegen einer Gesetzesverletzung erfolgt und die Sache zur Endentscheidung reif ist. Mit der „Endentscheidung" ist nicht nur ein Endurteil gemeint, das über den Streitgegenstand ergeht. Sie kann auch eine endgültige Entscheidung über einen Streitpunkt zum Inhalt haben, also ein Zwischenurteil sein[7]. Durch ein derartiges Urteil hat dieser Streitpunkt aufgehört,

[4] Vgl. RGZ 66, 10 f.; RG, JW 1913, 137 (138); RGZ 90, 238 ff.; RG, JW 1930, 1984; Bettermann, ZZP 79, 392 (393); Stein-Jonas-Schumann-Leipold, ZPO, 19. Aufl., § 304 II, 1. Blomeyer, ZPR (1963), § 83 V, 4 (S. 415), meint, das Grundurteil sei seinem Inhalt nach ein feststellendes Urteil, seinem „Wesen" nach ein Zwischenurteil. In RGZ 151, 5 (8) wird die Vorabentscheidung über den Anspruchsgrund als Zwischenurteil besonderer Art bezeichnet; ebenso Rosenberg-Schwab, ZPR, 10. Aufl. (1969), § 58 IV (S. 265) und Thomas-Putzo, ZPO, 7. Aufl., § 304 Anm. 1.

[5] So Bettermann, ZZP 79, 392 (393); Stein-Jonas-Schumann-Leipold, ZPO, 19. Aufl., § 302 III, 1; Thomas-Putzo, ZPO, 7. Aufl., § 302 Anm. 1.

[6] So RGZ 77, 95 (96); Otto, Die Präklusion (1970), S. 55; Reinicke, NJW 1967, 513 (518 Fußn. 23); Rosenberg-Schwab, ZPR, 10. Aufl., § 58 V, 4 (S. 271).

[7] Vgl. RGZ 5, 89 (94); RGZ 50, 219 (224); RGZ 70, 121 (127); RGZ 90, 23 (24); RGZ 96, 8 (13); RGZ 109, 11 (13); Skonietzki-Gelpcke, ZPO (1911), § 565 Anm. 13; Stein-Jonas-Grunsky, ZPO, 19. Aufl., § 565 III 1 b.

im Streit zu sein. Die Nachteile, welche in der Zurückverweisung der Sache zur nochmaligen Verhandlung lägen, ist bereits in den Motiven[8] zur Zivilprozeßordnung ausgeführt, würden dadurch auf ein möglichst geringes Maß zurückgeführt.

Der Erlaß eines Zwischenurteils kommt in der Revisionsinstanz in verschiedenen Fällen in Betracht. Einmal kann der Bundesgerichtshof ein isoliertes Zwischenurteil fällen. Er erledigt zunächst nur einen Streitpunkt, der bei der Entscheidung über die Revision von Bedeutung ist. Über die anderen Streitpunkte ist dann in dem Endurteil zu befinden, das die Entscheidung über die Revision zum Gegenstand hat. Dieses Zwischenurteil ist ein vorweggenommenes Urteilselement des vom *Bundesgerichtshof* später selbst zu fällenden Endurteils. In dieser Weise ist der II. Zivilsenat[9] in dem Urteil vom 12. Juli 1962 vorgegangen, dem folgender Sachverhalt zugrunde lag. Die Klägerin war Inhaberin von Wechseln, auf denen die Beklagte als Annehmerin aufgeführt war. Die Unterschriften der Beklagten waren gefälscht. Gleichwohl nahm die Klägerin die Beklagte in Anspruch. Sie meinte, diese habe die Fälschungen genehmigt, hafte im übrigen aber auch aus Garantievertrag und unerlaubter Handlung. Die Klägerin hatte die Revision, die sie am 21. August 1961 eingelegt hatte, am 10. Oktober 1961 begründet. Es fragte sich hier zunächst, ob die Revision zulässig war. Hieran fehlte es, wenn die Sache eine Feriensache war; die Revision war dann nicht rechtzeitig begründet worden (§ 554 Abs. 2, § 554 a ZPO). War die Sache aber keine Feriensache, so war die Revision rechtzeitig begründet worden, weil die Begründungsfrist wegen der Gerichtsferien noch nicht abgelaufen war (§ 223 Abs. 1 ZPO). Wechselforderungen sind Feriensachen (§ 200 Abs. 2 GVG), aber nicht Ansprüche aus Garantievertrag und unerlaubter Handlung. Es ergab sich also die Frage, ob ein Rechtsstreit eine Feriensache ist, wenn die Klage auf mehrere Klagegründe gestützt ist, von denen nur einer die Voraussetzungen des § 200 Abs. 2 GVG erfüllt. Der II. Zivilsenat des Bundesgerichtshofs hat die Verhandlung zunächst auf die Frage beschränkt, ob die Revision zulässig sei, und dann — unter Abweichung von einer Entscheidung des VI. Zivilsenats[10] — die Zulässigkeit der Revision in einem Zwischenurteil bejaht. In dem späteren Endurteil hat er sich dann mit der Begründetheit der Revision befaßt. Das Zwischenurteil konnte hier nach § 303 ZPO erlassen werden; es lag ein Zwischenstreit im Sinne dieser Bestimmung vor.

[8] Hahn-Stegemann, Die gesammten Materialien zur Civilprozeßordnung, 1. Abteilung, 2. Aufl. (1881), S. 372.

[9] BGHZ 37, 371 ff.

[10] BGHZ 8, 47 (50 ff.).

Zwischenurteile können aber auch in der Weise in der Revisionsinstanz erlassen werden, daß sie nicht isoliert ergehen, sondern in der vom Bundesgerichtshof getroffenen Entscheidung enthalten sind. Der Bundesgerichtshof entscheidet hier durch *ein* Urteil über die Revision; das Verfahren findet damit in dieser Instanz sein Ende. In dem Endurteil steckt aber ein Zwischenurteil. Dieses Zwischenurteil stellt ein vorweggenommenes Urteilselement des später vom *Berufungsgericht* zu erlassenden Endurteils dar. Hat das Berufungsgericht die Klage abgewiesen, weil der Rechtsweg nicht zulässig oder die Beklagte nicht partei- oder nicht prozeßfähig sei, so muß der Bundesgerichtshof, wenn er diese Auffassung für verfehlt hält, das angefochtene Urteil aufheben. Er kann dann durch Zwischenurteil feststellen, der Rechtsweg sei gegeben oder die Beklagte sei partei- oder prozeßfähig, und die Sache zur anderweiten Verhandlung und materiell-rechtlichen Entscheidung über die Klage an das Berufungsgericht zurückverweisen. Der Streitpunkt, über den er eine Endentscheidung im Sinne des § 565 Abs. 3 Nr. 1 ZPO getroffen hat, gelangt in diesem Fall nicht mehr in die Berufungsinstanz zurück. Das Berufungsgericht hat über die Zulässigkeit des Rechtswegs, die Partei- oder Prozeßfähigkeit der Beklagten nicht mehr zu befinden, so daß die Frage, inwieweit es bei seiner Entscheidung gemäß § 565 Abs. 2 ZPO gebunden ist, nicht auftaucht. So ist das Reichsgericht[11] bereits in einer Entscheidung aus dem Jahre 1881 vorgegangen. Es hat das Berufungsurteil aufgehoben und selbst entschieden, daß der Rechtsweg zulässig sei. „Im Sinne des § 528 Abs. 3 Nr. 1 (dem heutigen § 565 Abs. 3 Nr. 1) ZPO erschien sodann die Sache zur Endentscheidung reif, nämlich zur Endentscheidung über die prozeßhindernde Einrede, welche bis jetzt allein den Gegenstand der Verhandlung gebildet hat, indem diese zu verwerfen und daher die Sache nach § 500 (dem heutigen § 565 Abs. 1) ZPO zur weiteren Verhandlung an das Berufungsgericht zurückzuverweisen war." Das Revisionsgericht kann auch Grundurteile erlassen[12]. Hat das Berufungsgericht die Klage abgewiesen, so kann der Bundesgerichtshof unter Aufhebung des angefochtenen Urteils den Anspruch dem Grunde nach für gerechtfertigt erklären und die Sache nur wegen der Höhe des Anspruchs an das Berufungsgericht zurückverweisen. Dieses Grundurteil enthält ein vorweggenommenes Urteilselement des später vom Berufungsgericht zu fällenden Endurteils. So hat das Reichsgericht[13] ein Berufungsurteil, das die Klage abgewiesen hatte, aufgehoben, den Leistungsanspruch dem Grunde

[11] RGZ 5, 89 (94).

[12] RGZ 50, 219 (224); RGZ 90, 23 (24); BAG 12, 174 (184); Wieczorek, ZPO (1957), § 565 B IV a 2.

[13] RGZ 91, 134 (135).

nach für gerechtfertigt erklärt und dem Feststellungsanspruche stattgegeben. In diesem Endurteil des Reichsgerichts steckt ein Zwischenurteil (soweit über den Grund des Anspruchs entschieden worden ist) und ein Teilendurteil (soweit der Feststellungsklage stattgegeben worden ist). Dementsprechend heißt es in einem anderen Urteil des Reichsgerichts[14], als Endentscheidung im Sinne dieser Gesetzesbestimmung (§ 565 Abs. 3 Nr. 1 ZPO) sei unbedenklich auch die in § 304 ZPO zugelassene Vorabentscheidung über den Grund des Anspruchs zu betrachten.

Streitig ist aber die Frage, ob das Revisionsgericht auch ein Zwischenurteil gemäß § 303 ZPO erlassen kann, wenn dieses Urteil ein Urteilselement des später vom Berufungsgericht zu erlassenden Endurteils darstellt. Die Frage ist vor allem in den Fällen aufgetaucht, in denen das Berufungsgericht die Berufung als unzulässig verworfen hatte, das Revisionsgericht sie aber für zulässig hielt. Einige Zivilsenate[15] des Reichsgerichts hatten Bedenken, die Zulässigkeit der Berufung selbst festzustellen. Sie meinten, eine solche Entscheidung stelle sich als Zwischenurteil dar, das seiner Natur nach nur von dem mit der Entscheidung in der Sache selbst befaßten Gericht (also vom Berufungsgericht) erlassen werden könne. Diese Begründung ist nicht überzeugend. Entscheidungen, die die Zulässigkeit von Prozeßvoraussetzungen feststellen, und Vorabentscheidungen über den Anspruchsgrund sind ebenfalls Zwischenurteile. Auch sie enthalten, wenn sie vom Revisionsgericht erlassen werden, ein vorweggenommenes Urteilselement des später vom Berufungsgericht zu fällenden Endurteils. Ist es dem Revisionsgericht gestattet, derartige Zwischenurteile zu erlassen, dann besteht kein Grund, bei Zwischenurteilen nach § 303 ZPO anders zu verfahren. Zwischen diesen und den anderen Zwischenurteilen besteht allerdings, worauf in einer Entscheidung des Reichsgerichts[16] vom 21. Februar 1920 hingewiesen worden ist, insofern ein Unterschied, als das Urteil nach § 303 ZPO nicht, wie dies bei den anderen Zwischenurteilen der Fall ist (§§ 275, 304 ZPO), selbständig angefochten werden kann. Die Rechtsmittelgerichte können dieses Urteil nur überprüfen, wenn ein Rechtsmittel gegen das spätere Endurteil eingelegt ist (§§ 512, 548 ZPO). Dieser Unterschied spielt aber für die Frage, ob das Revisionsgericht ein Zwischenurteil nach § 303 ZPO erlassen kann, keine Rolle. Gegen Zwischenurteile, die im Revisionsverfahren ergehen, gibt es sowieso keine Rechtsmittel. Im arbeitsgerichtlichen Verfahren können Grundurteile nicht selbständig angefochten werden. Gleichwohl hat das

[14] RGZ 50, 219 (224).
[15] Vgl. RG, Warn. 1918 Nr. 17 (S. 29/30); RGZ 90, 23 (25).
[16] Gruch. 64, 500.

Bundesarbeitsgericht[17] aber Grundurteile erlassen und zutreffend ausgeführt, es sei unerheblich, daß Grundurteile nach § 61 Abs. 5, § 64 Abs. 3 ArbGG, im Gegensatz zu § 304 Abs. 2 ZPO, nicht selbständig angefochten werden könnten. Diese Vorschriften, heißt es dort[18], bezögen sich nur auf das erstinstanzliche und das zweitinstanzliche Grundurteil, sie hätten jedoch keine Bedeutung für die Revisionsinstanz, deren Urteile ohnehin nicht angefochten werden könnten. Mit Recht hat daher der V. Zivilsenat[19] des Reichsgerichts in der Entscheidung, in der er auf die verschiedene Behandlung der Zwischenurteile in bezug auf die Rechtsmittel hingewiesen hat, diesem Unterschied keine Bedeutung beigemessen, soweit es um die Frage geht, ob sie im Revisionsverfahren erlassen werden können. Das Revisionsgericht, hat er ausgeführt[20], sei deshalb in der Lage, die beantragte Wiedereinsetzung selbst zu erteilen und ebenso die vom Berufungsgericht mit Unrecht als unzulässig verworfene Berufung für zulässig zu erklären. Der V. Zivilsenat des Reichsgerichts hat damit anders als der VI. Zivilsenat[21] des Reichsgerichts entschieden, aber davon abgesehen, die Vereinigten Zivilsenate anzurufen, weil der VI. Zivilsenat von einem früheren Urteil des II. Zivilsenats[22] abgewichen sei, es also Sache des VI. Zivilsenats gewesen wäre, eine Plenarentscheidung herbeizuführen.

Ob das Revisionsgericht gemäß § 565 Abs. 3 Nr. 1 ZPO ein Zwischenurteil erläßt oder ob es die Sache bezüglich aller Streitpunkte an das Berufungsgericht zurückverweist, steht in den Fällen der §§ 303, 304 ZPO im Ermessen des Revisionsgerichts. Nach § 303 ZPO „kann" die Entscheidung durch Zwischenurteil ergehen, wenn ein Zwischenstreit zur Entscheidung reif ist. Das Gericht „kann" gemäß § 304 Abs. 1 ZPO über den Grund vorab entscheiden, falls ein Anspruch nach Grund und Betrag streitig ist. Diese Regelungen gelten auch in der dritten Instanz. Das Revisionsgericht muß aber stets erkennen lassen, in welcher Weise es von seinem Ermessen Gebrauch gemacht hat. Zweifel können darüber nicht bestehen, wenn dies im Tenor der Entscheidung zum Ausdruck gebracht ist, es dort also heißt, das angefochtene Urteil (das die Klage abgewiesen hat) werde aufgehoben, der Anspruch des Klägers sei dem Grund nach gerechtfertigt und die Sache werde zur anderweiten Verhandlung und Entscheidung über die Höhe des Anspruchs an das Berufungsgericht zurückverwiesen. Notwendig, wenn auch

[17] BAG 12, 174 ff.
[18] BAG 12, 174 (184).
[19] Gruch. 64, 500.
[20] RG, Gruch. 64, 500 (501).
[21] RG, Warn. 1918 Nr. 17 (S. 29).
[22] RGZ 12, 375.

empfehlenswert, ist es aber nicht, den Erlaß des Zwischenurteils im Tenor zum Ausdruck zu bringen. Es reicht aus, wenn sich aus den Gründen der revisionsgerichtlichen Entscheidung ergibt, daß ein Urteil nach § 565 Abs. 3 Nr. 1 ZPO erlassen ist.

Eine andere Regelung gilt aber bei den Zwischenurteilen nach § 275 ZPO. Nach Absatz 1 dieser Bestimmung „ist" über prozeßhindernde Einreden besonders zu verhandeln und durch Urteil zu entscheiden, wenn das Gericht auf Antrag oder von Amts wegen eine abgesonderte Verhandlung angeordnet hat. Hat ein Tatsachengericht von dieser — in seinem Ermessen stehenden — Möglichkeit Gebrauch gemacht, dann muß es ein Zwischenurteil erlassen, wenn es das Vorliegen der prozeßhindernden Einrede verneint[23]. Wird auf Grund der abgesonderten Verhandlung nur über diese eine Frage verhandelt, dann muß hierüber auch entschieden werden. Ist das Gericht der Ansicht, es liege eine prozeßhindernde Einrede vor, dann hat es die Klage durch Endurteil als unzulässig abzuweisen[24]. Legt der Kläger gegen ein derartiges Urteil Revision ein, so beschränkt sich die Verhandlung vor dem Revisionsgericht notwendigerweise auf die eine Frage, ob die Einrede, deretwegen die Klage abgewiesen worden ist, vorliegt oder ob dies, wie der Kläger meint, nicht der Fall ist. Es ist also dieselbe prozessuale Situation gegeben wie in der Tatsacheninstanz, wenn eine abgesonderte Verhandlung angeordnet worden ist; wird nur über die prozeßhindernde Einrede verhandelt, muß dieser Streitpunkt auch entschieden werden. Das Revisionsgericht ist daher — ebenso wie die Tatsachengerichte — zum Erlaß eines Zwischenurteils verpflichtet, wenn es das Vorliegen der prozeßhindernden Einrede verneint, und es ist in der Regel davon auszugehen, daß es dieser seiner Verpflichtung auch dann nachgekommen ist, wenn der Tenor der revisionsgerichtlichen Entscheidung hierüber nichts aussagt. Für diese Ansicht spricht auch eine Entscheidung des Reichsgerichts[25] vom 8. Juli 1924. Das Reichsgericht hatte dort im zweiten Rechtsgang die Frage zu prüfen, ob sein Urteil im ersten Rechtsgang ein Zwischenurteil enthalten habe. Das Reichsgericht hatte im ersten Rechtsgang die angefochtene Entscheidung aufgehoben, weil es, im Gegensatz zum Berufungsgericht, der Ansicht war, der Rechtsweg sei zulässig. Offenbar war die Entscheidung über die Zulässigkeit des Rechtswegs nicht im Urteilsspruch aufgenommen worden; sonst hätte über die Frage, wie das erste Urteil auszulegen sei, kein Streit entstehen

[23] Vgl. Baumbach-Lauterbach-Albers-Hartmann, ZPO, 31. Aufl., § 275, 2 A; Blomeyer, ZPR § 83 IV (S. 412); Rosenberg-Schwab, ZPR, 10. Aufl., § 58 III, 2 (S. 264); Stein-Jonas-Schumann-Leipold, ZPO, 19. Aufl., § 275 I, 1.

[24] Vgl. Rosenberg-Schwab, ZPR, 10. Aufl., § 58 III, 2 (S. 264).

[25] RGZ 109, 11 ff.

können. Gleichwohl nahm das Reichsgericht[26] an, das erste Urteil sei eine gemäß § 565 Abs. 3 Nr. 1 ZPO getroffene Entscheidung in der Sache selbst. Im damaligen Verfahren sei vom Oberlandesgericht die Verhandlung auf die Frage der Zulässigkeit des Rechtswegs beschränkt worden; demgemäß habe das Reichsgericht, „indem es entgegen der Entscheidung des Berufungsgerichts . . . den Rechtsweg für zulässig erklärte, über den ihm unterbreiteten Teil des Streitstoffs abschließend" erkannt.

Schließlich gibt es im Revisionsverfahren noch eine dritte Art von Zwischenurteilen. Insoweit die Revision für begründet erachtet wird, heißt es in § 564 Abs. 1 ZPO, ist das angefochtene Urteil aufzuheben. Soweit sie unbegründet ist, bleibt das Urteil also bestehen. Dies kann zur Folge haben, daß das Revisionsgericht aus dem Urteil des Berufungsgerichts ein Teilurteil macht; die teilweise Zurückweisung der Revision führt dazu, daß von der Verurteilung des Beklagten zur Zahlung von 100 000 DM nur die in ihm steckende Verurteilung in Höhe von 80 000 DM übrig bleibt. Das Revisionsgericht verwandelt dann das Berufungsurteil in ein Teilendurteil; über den restlichen Betrag muß das Berufungsgericht später entscheiden. Das Revisionsgericht kann dementsprechend das angefochtene Urteil auch in ein Zwischenurteil verwandeln[27]. Es läßt die in dem Endurteil des Berufungsgerichts getroffene Entscheidung über einen Streitpunkt bestehen und hebt das Urteil nur im übrigen auf. Die Zulässigkeit eines solchen Verfahrens ergibt sich ebenfalls aus § 564 Abs. 1 ZPO. Hat das Berufungsgericht den Beklagten verurteilt und in den Urteilsgründen ausgeführt, der Rechtsweg sei zulässig, so kann das Revisionsgericht die Revision des Beklagten als unbegründet zurückweisen, soweit sie sich gegen die in dem Endurteil enthaltene Entscheidung über die Zulässigkeit des Rechtswegs richtet, und das Urteil nur im übrigen aufheben und die Sache nur insoweit zurückverweisen. Aus dem Endurteil des Berufungsgerichts ist ein Zwischenurteil geworden. Hätte das Berufungsgericht zunächst durch Zwischenurteil den Rechtsweg für zulässig erklärt und der Beklagte dieses Urteil angefochten, dann hätte das Revisionsgericht die Revision zurückgewiesen und damit den Streit der Parteien über die Zulässigkeit des Rechtswegs beendet. Hat das Berufungsgericht von der Möglichkeit, ein Zwischenurteil zu erlassen, keinen Gebrauch gemacht, hat es vielmehr alle Streitpunkte in dem Endurteil entschieden, dann muß das Revisionsgericht die Frage, ob der Rechtsweg zulässig sei, ebenfalls dem Streit der Parteien entziehen können, also berechtigt sein, die Revision, was die Zulässigkeit des Rechtswegs angeht, als

[26] RGZ 109, 11 (13).
[27] Vgl. Reinicke, NJW 1967, 513 (515/516).

unbegründet zurückzuweisen und insoweit von einer Aufhebung des angefochtenen Urteils abzusehen. Es kommt nicht darauf an, ob das Berufungsgericht ein Zwischenurteil erlassen hat; entscheidend ist allein, ob es ein Zwischenurteil hätte erlassen können[28].

Ist der Beklagte zur Zahlung verurteilt worden, so kann das Revisionsgericht die Revision als unbegründet zurückweisen, soweit sie sich gegen den Grund des Anspruchs richtet, und das angefochtene Urteil nur wegen der Höhe des Anspruchs aufheben und die Sache nur insoweit zurückverweisen. Aus dem Endurteil des Berufungsgerichts ist dann ein Grundurteil[29] geworden, das ein Urteilselement des vom Berufungsgericht später zu fällenden Endurteils vorwegnimmt. In gleicher Weise kann das Revisionsgericht Endurteile des Berufungsgerichts in Zwischenurteile nach § 303 ZPO verwandeln und dadurch verhindern, daß über den Zwischenstreit erneut verhandelt und entschieden werden muß.

Das Revisionsgericht ist berechtigt, in dieser Weise vorzugehen. Es ist hierzu aber nicht verpflichtet[30]. Dies beruht, was die Umgestaltung des Berufungsurteils in Zwischenurteile nach den §§ 303, 304 ZPO angeht, auf denselben Gründen, aus denen es im Ermessen des Revisionsgerichts steht, insoweit Zwischenurteile nach § 565 Abs. 3 Nr. 1 ZPO zu erlassen. Es ist den Tatsachengerichten freigestellt, ob sie in diesen Fällen Zwischenurteile fällen wollen; für das Verfahren vor dem Revisionsgericht kann dies nicht anders sein. Die gleiche Regelung gilt bei der Frage, ob das Revisionsgericht die Revision insoweit zurückweisen müsse, als diese sich gegen die Entscheidung des Berufungsgerichts richtet, der Rechtsweg sei zulässig oder eine andere

[28] Vgl. Reinicke, NJW 1967, 513 (515); Stein-Jonas-Grunsky, ZPO, 19. Aufl., § 564 I, 2.

[29] Thomas-Putzo, ZPO, 7. Aufl., § 565 Anm. 3, meinen indes, das Revisionsgericht könne in entsprechender Anwendung des § 538 Abs. 1 Nr. 3 ZPO nur dann ein Grundurteil fällen, wenn das Berufungsgericht die Klage abgewiesen habe. Diese Ansicht ist zutreffend, soweit sie sich auf das Grundurteil bezieht, das nach § 565 Abs. 3 Nr. 1 ZPO erlassen werden kann; wird der Beklagte durch das Berufungsgericht verurteilt, so besteht kein Bedürfnis dafür, daß das Revisionsgericht in einer Vorabentscheidung feststellt, der Anspruch sei dem Grunde nach gerechtfertigt. Hier bietet sich vielmehr die Verfahrensweise nach § 564 Abs. 1 ZPO an, die aber, was Thomas-Putzo nicht bedacht haben, ebenfalls zu einem Grundurteil führt. Von der Möglichkeit, in dieser Weise zu entscheiden, hat das OLG *Frankfurt* Gebrauch gemacht. Es verwandelte das erstinstanzliche Endurteil in ein Zwischen-(Grund-)urteil, indem es die Berufung des Beklagten zurückwies, soweit diese sich gegen den Grund des Klageanspruchs richtete. Der VII. Zivilsenat des Bundesgerichtshofs (BGHZ 60, 14 f.), der über eine gegen dieses Urteil eingelegte Revision zu entscheiden hatte, hat dieses Verfahren nicht beanstandet.

[30] Vgl. Stein-Jonas-Grunsky, ZPO, 19. Aufl., § 564 I, 2.

prozeßhindernde Einrede liege nicht vor. Die Rechtslage ist hier anders als in dem Fall, in dem das Berufungsgericht die Klage als unzulässig abgewiesen und der Kläger hiergegen Revision eingelegt hatte; in diesem Fall ist die Verhandlung vor dem Revisionsgericht auf die Frage beschränkt, ob die prozeßhindernde Einrede vorliegt oder ob dies nicht der Fall ist. Ist nur diese Frage Gegenstand der Verhandlung, dann ist es sachgemäß, daß hierüber auch eine Entscheidung ergeht, wenn die Sache spruchreif ist. Hat das Berufungsgericht aber, weil es das Vorliegen einer solchen Einrede verneinte, zur Sache entschieden, so hat das Revisionsgericht nicht nur die Frage, ob die prozeßhindernde Einrede doch vorliege, sondern über den gesamten Streitgegenstand und über alle Streitpunkte zu entscheiden. Hier bleibt es bei der Regel, daß der Erlaß von Zwischenurteilen im Ermessen der Gerichte steht.

Ergebnis

I.

1. Das Revisionsgericht kann ein isoliertes Zwischenurteil erlassen; dieses Urteil stellt ein vorweggenommenes Urteilselement des später von ihm zu fällenden Endurteils dar.

Beispiel: „Die Revision ist zulässig."

2. In dem Endurteil des Revisionsgerichts, das das Berufungsurteil in vollem Umfang aufhebt, kann ein Zwischenurteil enthalten sein. Dieses stellt ein vorweggenommenes Urteilselement des später vom Berufungsgericht zu erlassenden Endurteils dar. Ein solches Zwischenurteil ist (jedenfalls) zulässig, wenn auch das Berufungsgericht ein solches Urteil hätte fällen können.

Beispiel: „Auf die Revision des Klägers wird das Urteil ... aufgehoben. Der Anspruch ist dem Grunde nach gerechtfertigt. Wegen der Höhe des Anspruchs wird die Sache zur anderweiten Verhandlung und Entscheidung an das Berufungsgericht zurückverwiesen."

3. Das Revisionsgericht kann die Revision gegen die Entscheidung über einen Streitpunkt zurückweisen, das Berufungsurteil nur im übrigen aufheben und die Sache auch nur insoweit an das Berufungsgericht zurückverweisen. Das Revisionsgericht verwandelt damit das Endurteil des Berufungsgerichts in ein Zwischenurteil. Dies ist (jedenfalls) zulässig, wenn ein derartiges Zwischenurteil auch im Berufungsverfahren hätte ergehen können.

Beispiel: „Die Revision des Beklagten ... wird zurückgewiesen, soweit sie sich gegen die Entscheidung über den Grund des Anspruchs richtet. Wegen der Höhe des Anspruchs wird das Urteil aufgehoben und die Sache zur anderweiten Verhandlung und Entscheidung an das Berufungsgericht zurückverwiesen."

II.

Es steht grundsätzlich im Ermessen des Revisionsgerichts, ob es ein Zwischenurteil erlassen will. Von diesem Grundsatz besteht eine Ausnahme, wenn das Berufungsgericht die Klage als unzulässig abgewiesen hat, weil eine Prozeßvoraussetzung fehle oder eine prozeßhindernde Einrede bestehe. Hält das Revisionsgericht diese Auffassung für fehlerhaft, so muß es das angefochtene Urteil aufheben, durch Zwischenurteil feststellen, daß die Prozeßvoraussetzung gegeben sei oder keine prozeßhindernde Einrede vorliege, und die Sache zur materiell-rechtlichen Entscheidung über die Klage an das Berufungsgericht zurückverweisen.

II. Zwischenurteile in der Revisionsinstanz, die nicht in den Vorinstanzen ergehen können

1. § 564 Abs. 1 ZPO als Rechtsgrundlage

Das Revisionsgericht kann also nach § 565 Abs. 3 Nr. 1 ZPO Zwischenurteile erlassen oder Endurteile des Berufungsgerichts durch beschränkte Zurückweisung der Revision nach § 564 Abs. 1 ZPO in Zwischenurteile verwandeln, wenn die Untergerichte derartige Zwischenurteile fällen können. Es fragt sich aber, ob das Revisionsgericht auch dann die Möglichkeit hat, so vorzugehen, wenn solche Zwischenurteile in den Tatsacheninstanzen nicht ergehen können. Der VII. Zivilsenat[31] des Bundesgerichtshofs hat diese Frage in einem Sonderfall bejaht. Das Berufungsgericht hatte den Beklagten Zug um Zug gegen Erstattung der Gegenleistung zur Auflassung eines Grundstücks verurteilt. Der VII. Zivilsenat war der Auffassung, dieses Urteil sei zutreffend, soweit es die Verurteilung zur Auflassung betreffe, jedoch fehlerhaft, soweit über das Zurückbehaltungsrecht des Beklagten entschieden worden war. Er hat die Revision zurückgewiesen, soweit sie sich gegen die Verurteilung zur Auflassung richtete, und das angefochtene Urteil nur in bezug auf das Zurückbehaltungsrecht aufgehoben. Der VII. Zivilsenat[32] hat selbst darauf hingewiesen, daß das Berufungsgericht kein (Zwischen-)Urteil[33] erlassen könne, durch das es den Beklagten zu der von ihm zu erbringenden Leistung verurteile und die vom Kläger zu gewährende Gegenleistung einer späteren Entscheidung vorbehalte. Er hat aus-

[31] BGHZ 45, 287 ff.
[32] BGHZ 45, 287 (288/289).
[33] Der BGH spricht zwar von einem Teilurteil. Ein solches Urteil kommt hier aber nicht in Betracht.

geführt[34], seine Entscheidung entspreche dem Wortlaut des § 564 Abs. 1 ZPO, der die Aufhebung des Urteils nur vorschreibe, „insoweit die Revision für begründet erachtet wird". Diese Begründung überzeugt nicht[35]. § 564 Abs. 1 ZPO gewährt dem Revisionsgericht nicht die Berechtigung, das angefochtene Endurteil in ein Zwischenurteil zu verwandeln. Er setzt eine solche Möglichkeit voraus[36]. Nur dann, wenn ein solches Zwischenurteil ergehen kann, ist die Revision in gewissem Umfang unbegründet; besteht diese Möglichkeit nicht, dann ist sie in vollem Umfange gerechtfertigt. Nehmen wir an, der Beklagte habe gegen die Klage eingewendet, die geltend gemachte Forderung beruhe auf einem sittenwidrigen Vertrag, im übrigen habe der Kläger ihm die Forderung erlassen. Das Berufungsgericht habe die Einwendungen nicht für berechtigt gehalten und den Beklagten demgemäß zur Zahlung verurteilt. Hiergegen habe der Beklagte Revision eingelegt. Das Revisionsgericht sei in Übereinstimmung mit dem Berufungsgericht der Auffassung, der Vertrag sei nicht sittenwidrig. Es halte die Entscheidung aber für fehlerhaft, soweit sie den Abschluß eines Erlaßvertrages verneine; insoweit sei der Rechtsstreit jedoch nicht zur Endentscheidung reif. In einem solchen Fall kann das Revisionsgericht nicht dem § 564 Abs. 1 ZPO entnehmen, es dürfe die Revision des Beklagten zurückweisen, soweit sie sich gegen die Entscheidung des Berufungsgerichts über die Sittenwidrigkeit des Vertrages richte. Es kann sich nicht darauf stützen, daß es dort heißt, das angefochtene Urteil sei nur aufzuheben, „insoweit" die Revision für begründet erachtet werde; denn die Revision des Beklagten ist in vollem Umfang begründet, wenn das Revisionsgericht das angefochtene Urteil nicht in ein Zwischenurteil verwandeln kann, das die Feststellung zum Inhalt hat, der Vertrag sei nicht sittenwidrig. Da das Berufungsgericht ein derartiges Zwischenurteil nicht erlassen kann, muß sich die Berechtigung des Revisionsgerichts, gleichwohl ein solches Urteil zu schaffen, aus einer anderen gesetzlichen Vorschrift oder aus anderen Rechtsgrundsätzen ergeben. Nicht anders liegt es in dem vom VII. Zivilsenat[37] des Bundesgerichtshofs entschiedenen Fall. Da das untere Gericht den Beklagten nicht durch Zwischenurteil zur Auflassung verurteilen und die Entscheidung über das Zurückbehaltungsrecht dem Endurteil überlassen konnte, setzt die beschränkte Zurückweisung der Revision und damit die Umgestaltung des

[34] BGHZ 45, 287 (289).

[35] Vgl. Reinicke, NJW 1967, 513 (515/516).

[36] Vgl. Förster-Kann, ZPO, II. Band, 3. Aufl. (1926), § 564 Anm. 1, die mit Recht darauf hinweisen, daß sich aus § 565 ZPO ergebe, ob das Revisionsgericht in der Sache selbst entscheiden dürfe.

[37] BGHZ 45, 287 ff.

angefochtenen Endurteils in ein Zwischenurteil das Recht des Revisionsgerichts voraus, ein derartiges Zwischenurteil herbeizuführen. Nur wenn diese Möglichkeit besteht, ist die Revision in beschränktem Umfang unbegründet. Besteht sie nicht, so ist zwar eine Revisionsrüge des Beklagten nicht berechtigt, seine Revision aber in vollem Umfang begründet; das Berufungsurteil kann dann nicht, auch nicht bezüglich der Erledigung eines Streitpunktes, bestehen bleiben.

2. *§ 303 ZPO als Rechtsgrundlage*

Die Rechtsgrundlage für eine derartige beschränkte Zurückweisung der Revision (und damit die Verwandlung des angefochtenen Endurteils in ein Zwischenurteil, das das Berufungsgericht nicht hätte fällen können) könnte in § 303 ZPO enthalten sein, wenn man ihn so auslegen könnte, wie dies *Grunsky*[38] vorgeschlagen hat. Vor Erlaß der Emminger-Verordnung[39] vom 13. Februar 1924 konnte ein Zwischenurteil über ein selbständiges Angriffs- oder Verteidigungsmittel oder über einen (prozessualen) Zwischenstreit ergehen. Selbständige Angriffs- oder Verteidigungsmittel haben materiellrechtliche Fragen zum Inhalt; sie sind in § 146 ZPO als Klagegründe, Einreden oder Repliken usw. definiert. Die Gerichte konnten also durch Zwischenurteile feststellen, der Kläger habe dem Beklagten ein Darlehen gegeben, der Einwand des Beklagten, der Vertrag sei sittenwidrig oder der Kläger habe ihm die Forderung erlassen, sei unbegründet oder die Forderung sei nicht verjährt. Sie konnten sich im Zwischenurteil auch auf die Feststellung beschränken, der Beklagte müsse das Grundstück auflassen oder räumen, und die Entscheidung über das vom Beklagten geltend gemachte Zurückbehaltungsrecht dem späteren Endurteil überlassen[40]. Diese Möglichkeiten haben die Gerichte jetzt nicht mehr. Durch die Emminger-Verordnung sind in § 303 ZPO die Worte: „ein einzelnes Angriffs- oder Verteidigungsmittel oder“ gestrichen worden. Ein Zwischenurteil kann also nur über einen prozessualen Zwischenstreit erlassen werden[41], über die Zulässigkeit des Rechtsmittels also, die Wiedereinsetzung in den vorigen Stand, die Vorlegung von Urkunden, die Zulässigkeit eines Beweismittels, die Gültig-

[38] ZZP 84, 129 (142 ff.).

[39] Verordnung über das Verfahren in bürgerlichen Rechtsstreitigkeiten (RGBl., Teil I, 1924, S. 135).

[40] Vgl. weitere Beispiele bei Sydow-Busch-Krantz, ZPO, 18. Aufl. (1925), § 303 Anm. 1.

[41] Vgl. Bettermann, ZZP 79, 392 (393 ff.).

keit eines Prozeßvergleichs und überhaupt über alle prozessualen Fragen, die den Fortgang des Verfahrens betreffen[42].

Der Erlaß von Zwischenurteilen ist eingeschränkt worden, weil es sich in der Praxis herausgestellt habe, daß derartige Zwischenurteile häufig, statt zur Vereinfachung, zur Erschwerung und Verzögerung des Verfahrens geführt hätten[43]. Eine Verzögerung kann einmal dadurch eintreten, daß das Gericht in zahlreichen Terminen jeweils immer nur einen Streitpunkt erledigt, anstatt den Rechtsstreit insgesamt zu entscheiden. Es bestehe die Gefahr, wie *Grunsky*[44] dies anschaulich geschildert hat, daß der Richter nur auf das nächste Steinchen schaue, dabei das Gesamtbild des Prozesses aus den Augen verliere, und sich dieser infolgedessen allzusehr hinziehe. Der Erlaß des Zwischenurteils und die Bindung des Gerichts an dieses Urteil hatten weiterhin zur Folge, daß die unterlegene Partei bezüglich des erledigten Streitpunktes in dieser Instanz keine neuen (vor Erlaß des Urteils eingetretenen) Tatsachen vorbringen konnte[45], auch wenn diese ihr bisher nicht bekannt gewesen waren. Sie war daher gezwungen, das Endurteil abzuwarten und dann Berufung einzulegen. Dies hätte sich erübrigt, wenn das Gericht kein Zwischenurteil erlassen und ihr dadurch nicht die Möglichkeit genommen hätte, diese Tatsachen noch in der alten Instanz vorzutragen. Auch das konnte zur Verzögerung des Verfahrens führen[46].

In der Rechtslehre[47] ist die Einschränkung der Zwischenurteile bedauert worden. In manchen Fällen könnten sie dazu beitragen, einen umfangreichen Streitstoff zu gliedern und das Verfahren übersichtlicher zu gestalten. Sie könnten verhindern, daß die Parteien immer wieder — möglicherweise jeweils mit neuen Tatsachen — auf die alten Streitpunkte zurückkämen und damit das Verfahren verzögerten. *Rosenberg*[48] meint, Zwischenurteile hätten deshalb gerade der Beschleunigung des Rechtsstreits gedient. Dies kann auch dann der Fall sein, wenn die Besetzung einer Kammer häufiger wechselt.

[42] Vgl. zu den Beispielen Stein-Jonas-Schumann-Leipold, ZPO, 19. Aufl., § 303 III.

[43] Vgl. Volkmar, JW 1924, 345 (353); RG, JW 1932, 650 (651).

[44] ZZP 84, 129 (144).

[45] Vgl. RG, Gruch. 48, 1120 (1121/1122); RGZ 62, 337 (339); RG, JW 1913, 137 f.; RGZ 121, 182; BGH, NJW 1965, 1763; Bettermann, ZZP 79, 392 (401); Stein-Jonas-Schumann-Leipold, ZPO, 19. Aufl., § 304, III, 2; Thomas-Putzo, ZPO, 7. Aufl., § 304 Anm. 4; Rosenberg-Schwab, ZPR, 10. Aufl., § 58 IV, 5 b (S. 269).

[46] So zutreffend Bettermann, ZZP 79, 392 (401).

[47] Vgl. Blomeyer, ZPR, § 83 III, 1 (S. 411/412); Grunsky, ZZP 84, 129 (143); Heuer, LZ 1925, 315; Lewis, JW 1931, 3548; Michaels, JW 1925, 735; Reinicke, NJW 1967, 513 (516); Rosenberg-Schwab, ZPR, 10. Aufl., § 58 III, 1 c (S. 264); Stein-Jonas, ZPO, 14. Aufl. (1928), § 303 I; Sonnen, JW 1925, 735.

[48] Zitiert bei Bettermann, ZZP 79, 392 (399).

Über die Streitpunkte, die durch Zwischenurteil erledigt sind, braucht dann nicht erneut beraten und entschieden zu werden. *Heuer*[49], der Vorsitzende einer Kammer für Handelssachen, hat ausgeführt, er habe aus diesem Grunde den Erlaß von Zwischenurteilen geradezu als Bedürfnis empfunden. In § 297 des Entwurfs[50] einer Zivilprozeßordnung von 1931 hat das Reichsjustizministerium demgemäß vorgeschlagen, die alte Fassung des § 303 ZPO wiederherzustellen[51]. In dem Regierungsentwurf[52] eines Gesetzes zur Änderung der Zivilprozeßordnung aus dem Jahre 1970 (Beschleunigungsnovelle) ist davon aber nicht mehr die Rede. Ob die neue Fassung des § 303 ZPO sachgemäß ist oder ob es besser bei der alten Regelung geblieben wäre, läßt sich schwer beurteilen[53]. Die Beantwortung dieser Frage hängt davon ab, in welcher Weise in der Praxis von der Möglichkeit, Zwischenurteile zu erlassen, Gebrauch gemacht worden ist. Darüber fehlen aber die erforderlichen Unterlagen. Selbst wenn man jedoch die neue Regelung für verfehlt hält, muß man sie anwenden; sie ist jedenfalls geltendes Recht[54].

Grunsky[55] meint allerdings, § 303 ZPO n. F. müsse seinem Sinn und Zweck entsprechend eng ausgelegt werden; soweit die alte Regelung nicht zu einer Verzögerung führen könne, müsse sie weitergelten. Zu einer Verzögerung kann ein Zwischenurteil in der Revisionsinstanz nur führen, soweit es sich um ein isoliertes Zwischenurteil handelt. Der Bundesgerichtshof ist daher nicht berechtigt, durch Zwischenurteile nach und nach über die einzelnen Streitpunkte zu entscheiden, gegen deren Beurteilung durch das Berufungsgericht sich die Revision insgesamt wendet. Eine Verzögerung kann aber — denknotwendig — nicht durch den Erlaß von Zwischenurteilen eintreten, die in dem (einen) Endurteil stecken, das über die Revision in vollem Umfang entschieden hat[56]. Der Erlaß solcher Zwischenurteile verzögert den Rechtsstreit vor dem Revisionsgericht nicht und beschleunigt das Verfahren vor dem Berufungsgericht, das über die vom Bundesgerichtshof

[49] LZ 1925, 315.

[50] Veröffentlicht durch das Reichsjustizministerium, Berlin 1931.

[51] Rosenberg, Zu dem Entwurf einer Zivilprozeßordnung (1933), Sonderdruck aus ZZP 57, 185 (239 Fußn. 61), begrüßte diese beabsichtigte Regelung. Reinberger, JR 1932, 87 (89) äußerte sich dagegen kritisch.

[52] Bundestags-Drucksache VI/790.

[53] Bettermann, ZZP 79, 392 (404) hat sich gegen die Einführung des alten Zwischenurteils ausgesprochen. „Die Vorteile dieses Institutes", führt er aus, „wiegen zwar dessen Nachteile auf. Aber ein hinreichend starkes Bedürfnis für das materielle Zwischenurteil vermag ich nicht zu erkennen". Otto, Die Präklusion, S. 53, Fußn. 107, hat ihm zugestimmt.

[54] Grunsky, ZZP 84, 129 (143); Reinicke, NJW 1967, 513 (516).

[55] ZZP 84, 129 (143 ff.).

[56] Zutreffend Grunsky, ZZP 84, 129 (144) und Reinicke, NJW 1967, 513 (516).

entschiedenen Streitpunkte nicht mehr zu befinden hat. Das gleiche gilt, wenn die Revisionsgerichte berechtigt sind, die Revision gegen das angefochtene Urteil insoweit zurückzuweisen, als sie sich gegen die Entscheidung über ein einzelnes Angriffs- oder Verteidigungsmittel richtet; diese Streitpunkte sind dann nicht mehr im Streit. § 303 ZPO würde dann in verschiedener Weise angewendet, je nachdem, ob der Rechtsstreit vor den Tatsacheninstanzen oder vor dem Revisionsgericht schwebt; vor den Tatsacheninstanzen gälte die neue, vor dem Revisionsgericht die alte Fassung. Würde man sich dieser Auffassung anschließen, dann wäre § 303 ZPO eine Rechtsgrundlage für das Revisionsgericht, Zwischenurteile über selbständige Angriffs- oder Verteidigungsmittel zu erlassen, und zwar sowohl nach § 565 Abs. 3 Nr. 1 ZPO als auch durch die Umgestaltung des angefochtenen Endurteils in ein Zwischenurteil gemäß § 564 Abs. 1 ZPO.

Es ist aber nicht möglich, § 303 ZPO in dieser Weise anzuwenden. Diese Auslegung verstößt gegen das Gesetz, das nicht vorgesehen hat, es solle vor dem Revisionsgericht bei der alten Fassung des § 303 ZPO bleiben. Eine Entscheidung gegen den eindeutigen Wortlaut des Gesetzes und den ebenso eindeutigen Willen des Gesetzgebers ist allerdings nicht stets unzulässig. Voraussetzung ist aber immer, daß der Gesetzgeber die Auswirkung der neuen Regelung auf einen bestimmten Fall nicht gesehen hat, also eine Regelungslücke[57] vorliegt. Der Gesetzgeber müßte also nicht erkannt haben, daß er durch die Einschränkung der Zwischenurteile auch die Berechtigung des Revisionsgerichts einschränkte, Zwischenurteile über materielle Angriffs- oder Verteidigungsmittel selbst zu erlassen oder die Berufungsurteile in derartige Zwischenurteile umzugestalten. In den Motiven[58] ist aber bereits dargelegt, eine (teilweise oder) beschränkte Zurückweisung der Revision gemäß § 564 Abs. 1 ZPO (§ 503 des Entwurfs) komme nur in Betracht, soweit das angeordnete Urteil dadurch in ein (Teilurteil oder ein) zulässiges Zwischenurteil verwandelt werde. Es ist dort ausgeführt, die Revision könne als unbegründet zurückgewiesen werden, soweit sie sich gegen ein dem Endurteil vorhergegangenes Zwischenurteil richte, das über ein selbständiges Angriffs- oder Verteidigungsmittel entschieden habe. Das gleiche gelte, wenn zwar kein Zwischenurteil ergangen sei, aber hätte ergehen können. Es heißt dort[59]:

[57] Vgl. Canaris, Die Feststellung von Lücken im Gesetz, Berlin 1964, S. 88; Larenz, Methodenlehre der Rechtswissenschaft, 2. Aufl. Berlin 1969, S. 369 ff.

[58] Hahn-Stegemann, Die gesammten Materialien zur Civilprozeßordnung, 1. Abteilung, 2. Aufl. (1881), S. 372.

[59] Hahn-Stegemann, a. a. O., S. 372.

„Die Aufhebung trifft nicht notwendig das ganze Urteil dem Streitgegenstand nach, sondern nur denjenigen Teil desselben, welcher auf Verletzung des Gesetzes beruht; für den etwaigen Rest ist die Revision zurückzuweisen. Ebenso trifft die Aufhebung nicht notwendig die dem angefochtenen Urteil vorausgegangenen Entscheidungen (also die Zwischenurteile). Soweit dieselben nicht auf Verletzung des Gesetzes beruhen, ist kein Grund vorhanden, die durch dieselben erledigten Streitpunkte von Neuem zur Verhandlung zu bringen. Dasselbe gilt von den in dem angefochtenen Urteile enthaltenen Entscheidungen über selbständige Angriffs- oder Verteidigungsmittel (über die das Berufungsgericht ein Zwischenurteil hätte erlassen können)."

Auch in der Rechtslehre[60] ist die Auswirkung der in § 303 ZPO getroffenen Regelung auf die Möglichkeit des Revisionsgerichts zur beschränkten Zurückweisung der Revision gemäß § 564 Abs. 1 ZPO erkannt worden. Bei teilweiser Aufhebung, ist bei *Seuffert*[61] dargelegt, könne das frühere Urteil bezüglich eines Teils eines Anspruchs oder bezüglich eines zu einem Zwischenurteile geeigneten selbständigen Angriffs- oder Verteidigungsmittels aufrecht erhalten und dadurch der neuen Verhandlung und Entscheidung entzogen werden. Es kann deshalb nicht davon ausgegangen werden, daß dem Gesetzgeber die Auswirkung der neuen Regelung auf die revisionsgerichtlichen Entscheidungen verborgen geblieben sei.

Selbst wenn dies aber der Fall gewesen sein sollte, stünde nicht fest, welche Regelung der Gesetzgeber dann getroffen hätte. Der Erlaß von Zwischenurteilen über materiell-rechtliche Fragen (nach § 565 Abs. 3 Nr. 1 ZPO oder § 564 Abs. 1 ZPO) dient zwar der Beschleunigung des Verfahrens. Die vorweggenommene Entscheidung über einen materiellen Streitpunkt ist aber, wie jede Bindung des Berufungsgerichts, mit Nachteilen verbunden. Das Reichsgericht und der Bundesgerichtshof haben demgemäß, wie im nächsten Kapitel dargelegt wird, ihren Entscheidungen im Rahmen des § 565 Abs. 2 ZPO nur eine geringe Bindungswirkung beigelegt. Dies mag auch der Grund dafür gewesen sein, daß das Reichsgericht kaum Zwischenurteile über selbständige Angriffs- oder Verteidigungsmittel erlassen hat[62]. Die von ihm gefällten Zwischenurteile haben vor allem Entscheidungen über prozeßhindernde Einreden, über prozessuale Zwischenstreitigkeiten und über den Grund des Anspruchs zum Inhalt. Der Gesetzgeber von 1924 hätte deshalb, wenn er die (ihm, wie unterstellt, verborgen gebliebene) Aus-

[60] Vgl. Skonietzki-Gelpcke, ZPO (1911), § 564 Anm. 1; Vierhaus, ZZP 6, 237; von Kries, Die Rechtsmittel des Civilprocesses und des Strafprocesses (1880), S. 334. Von Kries, a. a. O., verlangte allerdings, daß das Berufungsgericht über das Angriffs- und Verteidigungsmittel durch Zwischenurteil entschieden hatte.

[61] Komm. zur Civilprozeßordnung, 10. Aufl. (1908), § 565, 2 d.

[62] Hierauf hat Bettermann, ZZP 79, 392 (404) bereits hingewiesen.

wirkung der neuen Regelung auf die revisionsgerichtlichen Entscheidungen erkannt hätte, möglicherweise von einer Sonderregelung für das Verfahren in der dritten Instanz abgesehen, weil hierfür kein Bedürfnis bestanden hätte.

Nach alledem stellt § 303 ZPO keine Rechtsgrundlage für das Revisionsgericht dar, Zwischenurteile über materiell-rechtliche Streitpunkte gemäß § 565 Abs. 3 Nr. 1 ZPO zu erlassen oder die Endurteile des Berufungsgerichts durch eine beschränkte Zurückweisung der Revision nach § 564 Abs. 1 ZPO in derartige Zwischenurteile umzugestalten. Der VII. Zivilsenat[63] des Bundesgerichtshofs, der das angefochtene Urteil, was die Verurteilung des Beklagten zur Auflassung anging, bestehen gelassen und das Urteil nur wegen des vom Beklagten geltend gemachten Zurückbehaltungsrechts aufgehoben hat, hat demgemäß die Berechtigung seines Vorgehens auch nicht auf § 303 ZPO gestützt.

3. § 546 Abs. 1 ZPO als Rechtsgrundlage

In der Rechtslehre[64] wird die Auffassung vertreten, die Berechtigung des Revisionsgerichts zur beschränkten Zurückweisung der Revision mit der Folge, daß von dem angefochtenen Urteil das eine oder das andere Element, also die Entscheidung über einen oder mehrere materiell-rechtliche Streitpunkte übrig bleibe, rechtfertige sich, unabhängig von der Auslegung des § 303 ZPO, aus anderen prozessualen Bestimmungen. Als derartige Vorschrift wird einmal § 546 Abs. 1 ZPO angesehen.

Nach dieser Vorschrift[65] findet die Revision unter anderem statt, wenn das Oberlandesgericht sie zugelassen hat. Eine Zulassung darf nach § 546 Abs. 2 ZPO nur erfolgen, wenn die Rechtssache grundsätzliche Bedeutung hat. In vielen Fällen hat das Berufungsgericht die Revision wegen einer Rechtsfrage zugelassen, die nur für ein bestimmtes Angriffs- oder Verteidigungsmittel Bedeutung hat. Es fragt sich dann, ob das Oberlandesgericht die Zulassung der Revision mit der Maßgabe beschränken kann, daß das Revisionsgericht nur über diese Rechtsfrage entscheiden darf, oder ob es das angefochtene Urteil stets in vollem Umfang überprüfen muß. Bejaht man die Beschränkung der Revisionszulassung, dann kann das Berufungsgericht sein Urteil bezüglich der Streitpunkte „bestandsfest"[66] machen, für welche die Beantwortung der grundsätzlichen Rechtsfrage ohne Bedeutung ist. Hat

[63] BGHZ 45, 287 (289).
[64] Vgl. Grunsky, ZZP 84, 129 (140).
[65] Für das Arbeitsgerichtsverfahren gilt § 69 Abs. 3 ArbGG.
[66] Grunsky, ZZP 84, 129 (144).

das Berufungsgericht die Revision wegen einer Frage zugelassen, die sich nur auf die Verjährung der eingeklagten Forderung auswirkt, dann kann, wenn eine derartige Beschränkung vorgenommen und zulässig ist, das Berufungsurteil nicht mehr in Frage gestellt werden, soweit es das Zustandekommen des Vertrages bejaht und einen Erlaß der eingeklagten Forderung verneint hat. Ist das Berufungsgericht in der Lage, die Revision in beschränktem Umfang zuzulassen, sein Urteil aber im übrigen dem weiteren Streit der Parteien zu entziehen, dann taucht die Frage auf, ob das Revisionsgericht seinerseits nicht auch berechtigt sein muß, durch eine beschränkte Aufhebung des angefochtenen Urteils die gleiche Rechtslage herbeizuführen, also bestimmte Rechtsfragen durch eine nur beschränkte Aufhebung des Berufungsurteils endgültig zu entscheiden. Wenn zwischen den beiden Möglichkeiten auch kein notwendiger Zusammenhang in dem Sinn bestehe, daß die Aufspaltung des Streitstoffes durch Beschränkung der Rechtsmittelzulassung bzw. der Aufhebung und Zurückverweisung des angefochtenen Urteils nur einheitlich zulässig bzw. unzulässig sein könne, so liege es, heißt es bei *Grunsky*[67], doch nahe, beide Fragen in gleichem Sinne zu beantworten; könne die Zulassung der Revision beschränkt werden, so solle man auch eine beschränkte Aufhebung akzeptieren.

Diese Auffassung erscheint jedoch bedenklich. Dem Revisionsgericht braucht (durch beschränkte Aufhebung des angefochtenen Urteils) nicht gestattet zu sein, was dem Berufungsgericht (durch beschränkte Revisionszulassung) möglich ist. Es kommt darauf an, aus welchem Grund das Berufungsgericht zu einer solchen Beschränkung in der Lage ist, und es fragt sich dann, ob dieser Grund auch ein entsprechendes Vorgehen des Revisionsgerichts rechtfertigt.

Das Revisionsgericht hat zwei Aufgaben[68]. Es soll die Rechtseinheit und die Rechtsfortbildung sichern, und es soll dafür Sorge tragen, daß im Einzelfall sachgemäß entschieden wird. In den Fällen, in denen die Revision wegen der grundsätzlichen Bedeutung der Rechtssache zugelassen wird, tritt die erste Aufgabe in den Vordergrund. Der Bundesgerichtshof, der überlastet ist, soll eine Sache, die als solche nicht revisibel ist, nur entscheiden, wenn sie von grundsätzlicher Bedeutung ist. Es läßt sich daher die Auffassung vertreten, er solle dann auch nur diese Rechtsfrage entscheiden. Im übrigen müsse es bei dem Urteil des Oberlandesgerichts bleiben. Die unter-

[67] ZZP 84, 129 (140).

[68] Vgl. die Begründung zu dem „Entwurf eines Gesetzes zur Änderung des Rechts der Revision in Zivilsachen und in Verfahren vor Gerichten der Verwaltungs- und Finanzgerichtsbarkeit", Bundestags-Drucksache VII/444 (S. 14/15) mit ausführlichen Literaturnachweisen.

legene Partei habe keinen Anspruch darauf, daß der Rechtsstreit auch wegen einer Rechtsfrage überprüft werde, wenn die Rechtssache nur wegen einer anderen Rechtsfrage grundsätzliche Bedeutung habe. Es sei nicht einzusehen, meint Grunsky[69], weshalb das Revisionsgericht in der Lage sein solle, das Zustandekommen eines Vertrages zu prüfen, wenn die Revision nur zur Klärung der Frage zugelassen worden sei, ob der Anspruch verjährt sei. Diese Gründe für eine beschränkte Revisionszulassung sind aber nicht gegeben, wenn es darum geht, ob der Bundesgerichtshof seinerseits das in vollem Umfange angefochtene Berufungsurteil dadurch bezüglich einzelner Streitpunkte bestandsfest machen kann, daß er die Revision in beschränktem Umfang zurückweist und das Urteil nur wegen der übrigen Streitpunkte aufhebt und die Sache auch nur insoweit an das Berufungsgericht zurückverweist. Aus dem den Oberlandesgerichten (möglicherweise) eingeräumten Recht, eine Revision nur beschränkt zuzulassen, ergibt sich also nichts für die Frage, ob das Revisionsgericht das Berufungsurteil nur in beschränktem Umfang aufheben kann.

§ 546 Abs. 1 ZPO ist somit, auch mittelbar, keine Rechtsgrundlage für die Berechtigung des Revisionsgerichts, die Revision wegen einzelner materieller Streitpunkte zurückzuweisen und das angefochtene Berufungsurteil nur im übrigen aufzuheben.

4. § 559 ZPO als Rechtsgrundlage

In der Rechtsprechung[70] und in der Rechtslehre[71] hat man weiterhin versucht, die Berechtigung des Revisionsgerichts zur beschränkten Aufhebung des angefochtenen Urteils mit der Erwägung zu begründen, die unterlegene Partei könne das Berufungsurteil gemäß § 559 ZPO nur bezüglich einzelner Streitpunkte anfechten; die Entscheidung über die Streitpunkte, gegen die sie nicht vorgehe, werde damit bestandsfest. Habe aber eine Partei (dadurch, daß sie die Entscheidung über einzelne Streitpunkte nicht angreife), die Möglichkeit, diese Streitpunkte dem weiteren Rechtsstreit zu entziehen, so müsse das Revisionsgericht (dadurch, daß es die Revision bezüglich einzelner Streitpunkte zurückweise) hierzu ebenfalls berechtigt sein. In dem Urteil, in dem der VII. Zivilsenat[72] des Bundesgerichtshofs die Revision zurückwies, soweit der Beklagte zur Auflassung verurteilt worden war, und das angefochtene Urteil nur wegen des Zurückbehaltungsrechts des Beklagten auf-

[69] Stein-Jonas-Grunsky, ZPO 19. Aufl., § 546 VI, 2 a.
[70] Vgl. BGHZ 45, 287 (289).
[71] Vgl. Grunsky, ZZP 84, 129 (139/148).
[72] BGHZ 45, 287 (289).

hob, ist ausgeführt worden, es bestünden keine Bedenken, daß eine Partei sich gegen ein Urteil nur wegen der Gewährung oder der Versagung des Zurückbehaltungsrechts wende. In einem solchen Fall könne eine Partei ihr Rechtsmittel auf die Frage beschränken, ob die Entscheidung des Gerichts insoweit richtig sei, als sie die Verurteilung des Beklagten von einer Gegenleistung des Klägers abhängig gemacht oder einen entsprechenden Antrag abgelehnt habe. Das Revisionsgericht könne dann das Urteil nur aufheben, soweit es angefochten sei, also nur hinsichtlich der Entscheidung über die vom Kläger zu erbringende Gegenleistung. Könnten aber ein Rechtsmittel und das darauf ergehende Urteil in dieser Weise beschränkt werden, so müsse es auch als zulässig angesehen werden, daß das Revisionsgericht bei einem nur die Zug um Zug-Leistung betreffenden Mangel gleichfalls die Aufhebung des Urteils lediglich insoweit ausspreche, als dies zur Beseitigung des Mangels erforderlich sei, und das Rechtsmittel im übrigen zurückweise. Mit einer entsprechenden Erwägung hat der VII. Zivilsenat[73] des Bundesgerichtshofs auch die Beschränkung der Revisionszulassung begründet. Die Wirksamkeit einer derartig beschränkten Zulassung folge auch daraus, heißt es in dem Urteil[74], daß der Beklagte von sich aus ebenfalls die Revision mit dieser Beschränkung hätte durchführen können. Der VII. Zivilsenat des Bundesgerichtshofs hat seine Ansicht, der Beklagte hätte die Revision in beschränktem Umfang einlegen können, in keiner der beiden Entscheidungen mit einer Begründung versehen. Er sieht diese Möglichkeit als selbstverständlich an. Beide Urteile haben aber den Sonderfall zum Gegenstand, daß dem Rechtsstreit zwei selbständige Forderungen zugrunde lagen, die Forderung des Klägers und die Gegenforderung des Beklagten, deretwegen er im ersten Fall hilfsweise ein Zurückbehaltungsrecht geltend gemacht und mit der er im zweiten Fall hilfsweise aufgerechnet hatte[75]. Hier handelt es sich jedoch um die Frage, ob eine Partei allgemein die Revision in der Weise beschränken kann, daß sie die Entscheidung nur bezüglich bestimmter Streitpunkte angreift und damit das Berufungsurteil wegen der anderen Streitpunkte bestandsfest macht.

[73] BGHZ 53, 152.

[74] BGHZ 53, 152 (155).

[75] In derartigen Fällen kann das Revisionsgericht das angefochtene Urteil, das der Klage stattgegeben hat, durch eine beschränkte Zurückweisung der Revision in ein (in den Tatsacheninstanzen unzulässiges) Zwischenurteil verwandeln, das nur eine Entscheidung über eine Forderung zum Gegenstand hat, wenn es die Auffassung des Berufungsgerichts bezüglich dieser Forderung für richtig (die Revision insoweit also für unbegründet) und nur die Beurteilung der anderen Forderung für fehlerhaft (die Revision insoweit also für begründet) hält, vgl. dazu Reinicke, NJW 1967, 513 ff.

Diese Frage wird im Anschluß an die erste Entscheidung des VII. Zivilsenats[76] des Bundesgerichtshofs von *Grunsky*[77] bejaht. Er weist allerdings selbst darauf hin, daß der VII. Zivilsenat seine Ausführungen bewußt auf den Fall beschränkt habe, daß es einmal um die Leistungspflicht und zum andern um das Zurückbehaltungsrecht gehe. Es sollte jedoch, meint er[78], keinem Zweifel unterliegen, daß das Zurückbehaltungsrecht nicht anders behandelt werden könne als sonstige entscheidungserhebliche Fragen. Wer es für zulässig halte, die Frage des Zurückbehaltungsrechts auszuklammern, könne bei der Verjährung, bei der Frage nach dem Wegfall der Bereicherung usw. nicht gut anders entscheiden. Sollte diese Auffassung zutreffend sein, dann ergibt sich die Frage, ob dem Revisionsgericht nicht ebenfalls allgemein gestattet ist, die Revision gegen die Entscheidung des Berufungsgerichts hinsichtlich bestimmter Streitpunkte zurückzuweisen und diese Streitpunkte damit dem Streit der Parteien zu entziehen. Das Revisionsgericht könnte dann in erheblich größerem Umfang Zwischenurteile erlassen oder schaffen, als dies auf Grund des § 303 ZPO a. F. möglich war. Nach dieser Bestimmung konnten nur Zwischenurteile über selbständige Angriffs- oder Verteidigungsmittel ergehen. Die Frage, ob die Bereicherung weggefallen war, war jedoch kein selbständiges Verteidigungsmittel. Ein solches liegt nicht einmal vor, wenn es darum geht, ob die zur Aufrechnung gestellte Gegenforderung dem Grunde nach gerechtfertigt ist[79]. Mit Recht hat das Reichsgericht[80] ausgeführt, ein Zwischenurteil könne nur dann gefällt werden, wenn feststehe, daß die Gegenforderung unbegründet oder dem Grund und der Höhe nach begründet sei. Denn selbständig, heißt es in einer anderen Entscheidung des Reichsgerichts[81], seien Angriffs- oder Verteidigungsmittel nur dann, wenn sie die Tatbestände erfüllten, die allein rechtsbegründend oder rechtshindernd wirkten, wie voneinander unabhängige Klagegründe oder Einreden. Das Reichsgericht hat deshalb auch den Erlaß eines Zwischenurteils für unzulässig gehalten, durch das lediglich das ausschließliche Verschulden des Beklagten an einem Unfall festgestellt wurde. Keinesfalls gehe es an, hat es entschieden[82], die Frage, ob den Beklagten ein Verschulden treffe, im Wege des § 303 ZPO zu entscheiden; denn hier handele es sich lediglich um ein einzelnes Element der Klagebegründung. Demgegen-

[76] BGHZ 45, 287 (289).
[77] ZZP 84, 129 (139/147).
[78] Grunsky, ZZP 84, 129 (140/141).
[79] Vgl. RGZ 12, 363; RGZ 49, 338; RGZ 90, 23 (25); Sydow, Komm. zur ZPO, 18. Aufl. (1925), § 303 Anm. 1 m. w. N.
[80] RGZ 90, 23 (25).
[81] Gruch. 57, 170 (171).
[82] RG, Gruch. 57, 170 (171).

über hält es *Grunsky*[83] für möglich, daß der Kläger das Berufungsurteil nur angreife, soweit es das Vorliegen eines Tatbestandsmerkmals verneint habe. Dementsprechend müßte das Revisionsgericht berechtigt sein, die in vollem Umfang eingelegte Revision des Klägers wegen einiger Streitpunkte zurückzuweisen und das angefochtene Urteil lediglich wegen der übrigen Streitpunkte aufzuheben und die Sache nur insoweit an das Berufungsgericht zurückzuverweisen. Das Berufungsurteil wäre dann in ein Zwischenurteil umgestaltet, das ausschließlich über Elemente des Klagegrundes entschied, aber nicht über den Klagegrund selbst.

Eine Partei hat aber nicht das Recht, die Revision in dieser Weise zu beschränken. Es bleibt ihr überlassen, ob sie Revision gegen das Berufungsurteil einlegen will. Sie kann auch den Rahmen bestimmen, innerhalb dessen das angefochtene Urteil nachgeprüft werden soll. Der Prüfung des Revisionsgerichts unterliegen nach § 559 Satz 1 ZPO nur die von den Parteien gestellten Anträge. Ist der Beklagte zur Zahlung von 100 000 DM verurteilt worden, so kann er Revision einlegen, soweit er verurteilt ist, mehr als 60 000 DM zu zahlen. Das Revisionsgericht hat dann nur über die restlichen 40 000 DM zu befinden. Es steht auch im Ermessen der Partei, ob und in welchem Umfang sie rügen will, daß das Gesetz in bezug auf das Verfahren verletzt sei (§ 554 Abs. 3 Nr. 2 ZPO); das Revisionsgericht prüft dann nicht, ob andere Verfahrensverstöße gegeben sind. Im materiellen Bereich hat eine Partei aber keine derartigen Möglichkeiten. Bei der Prüfung, ob das Gesetz verletzt sei, ist das Revisionsgericht nach § 559 Satz 2 ZPO an die von den Parteien geltend gemachten Revisionsgründe nicht gebunden. Hiervon kann auch dann keine Ausnahme gemacht werden, wenn die Partei sich ausdrücklich darauf beschränkt, die Entscheidung lediglich bezüglich eines Streitpunktes anzugreifen. Nehmen wir an, der Beklagte sei als Bürge verurteilt worden; in den Entscheidungsgründen heißt es, der Bürgschaftsvertrag sei zwar nur mündlich abgeschlossen worden, er müsse aber nach Treu und Glauben so behandelt werden, wie wenn er formgerecht zustande gekommen wäre. Der Beklagte kann dann die Revision nicht auf die Nachprüfung der Frage beschränken, ob die Forderung, für die er sich verbürgt habe, noch bestehe. Das Revisionsgericht hat vielmehr das angefochtene Urteil in vollem Umfange nachzuprüfen, muß also die Klage abweisen, wenn es der Auffassung ist, die Anwendung des § 242 BGB könne in diesem Fall nicht dazu führen, den formwidrig abgeschlossenen Bürgschaftsvertrag als rechtswirksam anzusehen.

Die Parteien können nur das Urteil (oder einen Teil des Urteils) anfechten, aber nicht ein Urteilselement. Dies gilt im Guten wie im Bösen.

[83] ZZP 84, 129 (147/148).

Der Revisionskläger muß die Revision nach § 554 ZPO begründen. Bei der Prüfung, ob das Gesetz verletzt sei, ist das Revisionsgericht aber nicht an die von den Parteien geltend gemachten Revisionsgründe gebunden. Der Revisionskläger kann also mit der Revision aus einem Grunde Erfolg haben, an den er nicht gedacht hat. Andererseits kann er auch mit Recht auf einen Rechtsfehler hingewiesen haben, ohne daß dies zur Aufhebung des angefochtenen Urteils führt. Die Revision ist nach § 563 ZPO zurückzuweisen, wenn die Entscheidungsgründe zwar eine Gesetzesverletzung ergeben, sich die Entscheidung selbst aber aus anderen Gründen als richtig darstellt. Das Revisionsgericht muß also das gesamte Urteil nachprüfen; nur auf diese Weise kann eine sachgerechte Entscheidung gewährleistet werden.

Ergebnis

Das Revisionsgericht kann grundsätzlich nur dann gemäß § 565 Abs. 3 Nr. 1 ZPO ein Zwischenurteil erlassen oder das angefochtene Urteil durch die beschränkte Zurückweisung der Revision gemäß § 564 Abs. 1 ZPO in ein Zwischenurteil umgestalten, wenn auch die Tatsachengerichte berechtigt sind, Zwischenurteile mit diesem Inhalt zu fällen.

§ 2 Die Bindungswirkung der Zwischenurteile

I. Die Rechtsgrundlage der Bindung

1. Die Bindung des Revisionsgerichts

Nach § 318 ZPO ist das Gericht an die Entscheidung gebunden, die in den von ihm erlassenen (End- und) Zwischenurteilen enthalten ist. Diese Bestimmung gilt auch im revisionsgerichtlichen Verfahren. Hat der Bundesgerichtshof ein isoliertes Zwischenurteil erlassen, z. B. die Zulässigkeit der Revision bejaht, dann gibt es für ihn kein Zurück mehr; er muß über die Revision sachlich entscheiden. Die Bindung tritt auch ein, wenn in dem Endurteil des Bundesgerichtshofs ein Zwischenurteil gemäß § 565 Abs. 3 Nr. 1 ZPO enthalten ist oder wenn er durch eine beschränkte Zurückweisung der Revision nach § 564 Abs. 1 ZPO das Endurteil des Oberlandesgerichts in ein Zwischenurteil umgestaltet hat. Die Bindung des Revisionsgerichts wirkt sich allerdings zunächst nicht aus. Durch das Endurteil hat das Verfahren vor der dritten Instanz sein Ende gefunden, der Rechtsstreit ist dort nicht mehr anhängig; es besteht also für das Revisionsgericht keine

Möglichkeit mehr, tätig zu werden. Die Bindung erlangt aber Bedeutung, wenn der Rechtsstreit im zweiten Rechtsgang erneut vor das Revisionsgericht gelangt. Hat der Bundesgerichtshof das Berufungsurteil, das die Klage abgewiesen hatte, im ersten Rechtsgang aufgehoben, den Anspruch dem Grunde nach für berechtigt erklärt und die Sache wegen der Höhe zur anderweiten Verhandlung und Entscheidung an das Berufungsgericht zurückverwiesen, so ist er an das in seinem Endurteil enthaltene Zwischenurteil gebunden; er kann die Klage nicht abweisen, weil der Beklagte nicht schadensersatzpflichtig sei. Es handelt sich hier nicht um einen Fall der sog. Selbstbindung[1] des Revisionsgerichts an seine frühere Entscheidung. Ein derartiger Fall ist gegeben, wenn das Revisionsgericht die Sache unter Aufhebung des angefochtenen Urteils in vollem Umfang an das Berufungsgericht zurückverwiesen hat und dieses Gericht demgemäß über alle Streitpunkte zu entscheiden hat, aber im Rahmen seiner Entscheidung gemäß § 565 Abs. 2 ZPO an die rechtliche Beurteilung gebunden ist, auf der die Aufhebung seines Urteils beruht. Es fragt sich dann, ob das Revisionsgericht, wenn die Sache erneut zu ihm gelangt, in der gleichen Weise wie das Berufungsgericht gebunden, ob es also gezwungen ist, seiner neuen Entscheidung die rechtliche Beurteilung zugrunde zu legen, die es seiner alten Entscheidung zugrunde gelegt hat. Diese Frage ist umstritten. Es wird, wie im dritten Teil dargelegt wird, die Ansicht vertreten, eine derartige Selbstbindung bestehe nicht oder jedenfalls nicht in allen Fällen. Unbestritten ist aber, daß das Revisionsgericht an das im ersten Rechtsgang von ihm erlassene Zwischenurteil gebunden ist, wenn die Sache wieder zu ihm gelangt. Hier beruht die Bindung auf § 318 ZPO. Der Streitpunkt, über den das Zwischenurteil ergangen ist, ist nicht mehr im Streit; er war vom Berufungsgericht und ist demgemäß auch vom Revisionsgericht im zweiten Rechtsgang nicht mehr zu entscheiden. Es handelt sich hier also nicht, wie bei der Selbstbindung, um die Bindung bei einer noch zu treffenden, sondern um die Bindung an eine bereits getroffene Entscheidung. Die Frage, ob das revisionsgerichtliche Urteil ein Zwischenurteil enthält, ist also von großer Bedeutung. Ist sie zu bejahen, dann tritt eine Bindung an das Zwischenurteil nach § 318 ZPO ein. Ist sie zu verneinen, dann ist die rechtliche Beurteilung, die der Aufhebung des Berufungsurteils zugrunde liegt, für das Revisionsgericht im zweiten Rechtsgang nur bindend, wenn und soweit eine Selbstbindung angenommen wird.

In der Rechtsprechung wird die Frage, ob ein Zwischenurteil ergangen ist, nicht immer richtig beantwortet. Das liegt daran, daß das Revisionsgericht

[1] Vgl. dazu Teil III.

den Erlaß eines Zwischenurteils oft nicht im Urteilsspruch zum Ausdruck bringt. Das OLG *Schleswig*[2] hatte in einem Rechtsstreit die Klage als unzulässig abgewiesen, weil der Rechtsweg nicht gegeben sei. Der Bundesgerichtshof hob dieses Urteil auf und verwies die Sache an das Oberlandesgericht zurück. In den Gründen der (nicht veröffentlichten) Entscheidung legte er dar, daß der Rechtsweg zulässig sei. Das Oberlandesgericht hat die Frage, inwieweit es an das revisionsgerichtliche Urteil gebunden sei, im Rahmen des § 565 Abs. 2 ZPO erörtert. Das wäre nur richtig, wenn die Sache in vollem Umfang, also auch zur Entscheidung über die Zulässigkeit des Rechtswegs an das Berufungsgericht zurückverwiesen worden wäre. Das Urteil des Bundesgerichtshofs ist aber so auszulegen, daß die Entscheidung hierüber bereits in ihm enthalten ist. Das Revisionsgericht ist, wie oben[3] dargelegt, in solchen Fällen verpflichtet, ein Zwischenurteil zu erlassen, und es ist davon auszugehen, daß es seiner Verpflichtung auch nachgekommen ist. Warum soll die Entscheidung über die Zulässigkeit des Rechtswegs vom Oberlandesgericht getroffen werden, wenn der Bundesgerichtshof bereits festgestellt hat, daß der Rechtsweg gegeben ist? Dementsprechend hat das Reichsgericht[4] in einem gleichliegenden Fall dargelegt, sein Urteil im ersten Rechtsgang habe eine gemäß § 565 Abs. 3 Nr. 1 ZPO getroffene Entscheidung in der Sache selbst dargestellt.

Hat das Revisionsgericht das Endurteil des Berufungsgerichts durch beschränkte Zurückweisung der Revision nach § 564 Abs. 1 ZPO in ein Zwischenurteil umgestaltet, so ist es, wenn die Sache erneut zu ihm gelangt, ebenfalls an dieses von ihm geschaffene Zwischenurteil gebunden. Hat es also im ersten Rechtsgang die Revision des Beklagten insoweit zurückgewiesen, als er die Entscheidung über den Grund des Anspruchs angegriffen hat, das Berufungsurteil aber aufgehoben, soweit dieses über die Höhe entschieden hat, dann kann es im zweiten Rechtsgang die Klage ebensowenig wegen einer fehlenden Schadensersatzpflicht des Beklagten abweisen, wie dieses möglich wäre, wenn es nach § 565 Abs. 3 Nr. 1 ZPO den eingeklagten Anspruch (den das Berufungsgericht für unbegründet gehalten hätte) dem Grunde nach für gerechtfertigt erklärt hätte.

Diese Regelung gilt auch im arbeitsgerichtlichen Verfahren. Es ist unerheblich, daß das Grundurteil dort in betreff der Rechtsmittel nicht als Endurteil anzusehen ist, also nicht selbständig angefochten werden kann (vgl. § 61 Abs. 5 ArbGG). Zwar unterliegen der Beurteilung des Revisions-

[2] Urteil vom 14. 4. 1954 — 5 U 20/54, auszugsweise veröffentlicht in ZZP 67, 476.
[3] Vgl. S. 11, 12.
[4] RGZ 109, 11 (13).

gerichts nach § 548 ZPO auch die Entscheidungen, die dem Endurteil **vorausgegangen** sind. Voraussetzung ist aber stets, daß diese Entscheidungen nicht unanfechtbar geworden sind. Das Grundurteil, das durch die beschränkte Zurückweisung der Revision (soweit sie sich gegen die Entscheidung über den Grund des Anspruchs gerichtet hat) entstanden ist, kann jedoch nicht angefochten werden; soweit die Revision zurückgewiesen ist, hat der Rechtsstreit sein Ende gefunden. Durch die Zurückweisung der Revision ist der Streit über den Grund des Anspruchs erledigt; hierüber kann nicht mehr gestritten werden.

2. *Die Bindung des Berufungsgerichts*

An ein revisionsgerichtliches Zwischenurteil ist nicht nur das Revisionsgericht, das es erlassen hat, sondern auch das Berufungsgericht gebunden, an das die Sache zurückgelangt. Hierüber besteht Einigkeit. Eine andere Auffassung würde zu sinnwidrigen Ergebnissen führen. Könnte das Berufungsgericht das Zwischenurteil unbeachtet lassen, sich also bei seiner Entscheidung darüber hinwegsetzen, so müßte diese Entscheidung zwangsläufig auf die Revision der unterlegenen Partei aufgehoben werden; denn das Revisionsgericht ist jedenfalls an das von ihm erlassene Zwischenurteil gebunden. Die Begründung, weshalb auch das Berufungsgericht an das Zwischenurteil des Revisionsgerichts gebunden ist, ist allerdings umstritten. Nach § 318 ZPO besteht eine Bindung des Gerichts an die „von ihm" erlassenen Zwischenurteile; das Zwischenurteil, um das es hier geht, ist aber vom Revisionsgericht und nicht vom Berufungsgericht erlassen. In der Rechtslehre wird deshalb die Ansicht vertreten, § 318 ZPO scheide als Grundlage für eine Bindung aus. Es seien einzig und allein die Stellung der Gerichte im Instanzenzug und der mit der Einrichtung von Rechtsmittelgerichten verfolgte Zweck, die eine Bindung des Vorderrichters zu erzeugen und zu begründen vermöchten[5]. Aus der Stellung der Gerichte im Instanzenzug folgt sicher, daß das untere Gericht das Zwischenurteil des oberen Gerichts nicht aufheben oder ändern kann. Es erscheint aber zweifelhaft, ob hieraus allein auch gefolgert werden kann, daß das Berufungsgericht an den Inhalt der revisionsgerichtlichen Entscheidung gebunden ist. Näher liegt es, der Bedeutung des Instanzenzugs im Rahmen einer entsprechenden Anwendung des § 318 ZPO Rechnung zu tragen. Dementsprechend heißt es bei *Zeuner*[6],

[5] So Schiedermair, Anmerkung zu BGH, JZ 1958, *277* (278). Ebenso Götz, Urteilsmängel und innerprozessuale Bindungswirkung (1956), S. 15.

[6] Die objektiven Grenzen der Rechtskraft im Rahmen rechtlicher Sinnzusammenhänge (1959), S. 66.

man müsse auf Grund des § 318 ZPO auch das Instanzgericht für gebunden halten. Zwar sei dieses Urteil nicht, wie es der Wortlaut des § 318 ZPO vorsehe, von ihm selbst erlassen. Es sei aber rechtlich an die Stelle einer von diesem Gericht gefällten Entscheidung getreten, seine Bindungswirkung dürfe deshalb für das Berufungsgericht nicht geringer sein als die eines entsprechenden eigenen Erkenntnisses. Auch das Reichsgericht[7] geht, als selbstverständlich, davon aus, daß das Berufungsgericht gemäß § 318 ZPO an das vom Reichsgericht erlassene Zwischenurteil gebunden ist.

Hat das Revisionsgericht durch eine beschränkte Zurückweisung der Revision das Berufungsurteil in ein Zwischenurteil umgestaltet, so ergibt sich die Bindung des Berufungsgerichts an diese Entscheidung bereits aus der unmittelbaren Anwendung des § 318 ZPO. Denn das Zwischenurteil, das durch die beschränkte Zurückweisung der Revision und durch die nur beschränkte Aufhebung des angefochtenen Urteils entstanden ist, ist ein Überbleibsel seiner eigenen Entscheidung.

Ergebnis

Das Revisionsgericht und das Berufungsgericht sind an die revisionsgerichtlichen Zwischenurteile nach § 318 ZPO gebunden.

II. Der Nichteintritt der Bindung

1. Das Zwischenurteil ohne Entscheidung

Das Gericht ist nach § 318 ZPO an die Entscheidung gebunden, die in dem von ihm erlassenen Zwischenurteil enthalten ist. Es ist also nicht gebunden, soweit in ihm keine Entscheidung über einen bestimmten Streitpunkt getroffen worden ist. Das versteht sich von selbst, wenn die Entscheidung in das Endurteil gehört. Das gleiche gilt, wenn es im Ermessen des Gerichts steht, den Streitpunkt im Zwischen- oder im Endurteil zu erledigen. Diese Möglichkeit besteht vor allem beim Erlaß eines Grundurteils. Das Gericht kann die Dauer der Rente im Grundurteil bestimmen; es kann diese Frage aber auch dem Betragsverfahren überlassen[8]. Hat der Beklagte mit einer Gegenforderung aufgerechnet, so kann das Gericht über sie im Grundurteil entscheiden; es kann die Entscheidung aber auch im Endurteil treffen,

[7] RGZ 109, 11 (13).
[8] RGZ 98, 222 (224); BGH, LM § 578 ZPO Nr. 6.

wenn sie niedriger als die Klageforderung ist[9]. Hat der Beklagte mitwirkendes Verschulden des Klägers eingewendet, so prüft das Gericht diese Einwendung in der Regel im Verfahren über den Grund; es kann die Entscheidung hierüber aber auch dem Urteil über die Höhe vorbehalten, wenn jedenfalls feststeht, daß das etwaige Mitverschulden des Klägers nicht so groß ist, daß die Klage abgewiesen werden muß. Der Bundesgerichtshof[10] hat an der Rechtsprechung des Reichsgerichts[11] festgehalten, daß der Tatrichter die Entscheidung über das mitwirkende Verschulden des Geschädigten dem Betragsverfahren überlassen darf, wenn dieses nach seiner aus den Entscheidungsgründen deutlich erkennbaren Meinung zweifellos nur zu einer Minderung, nicht zur Beseitigung der Schadenshaftung führen kann.

Das Zwischenurteil, in dem keine Entscheidung enthalten ist, hat aber auch dann keine bindende Wirkung, wenn die Entscheidung in ihm hätte getroffen werden müssen, das Gericht also den Streitpunkt nicht dem Betragsverfahren vorbehalten durfte, sondern verpflichtet war, hierüber im Grundurteil zu befinden. Das gilt z. B. für die Frage, ob der auf Schadensersatz in Anspruch genommene Beklagte rechtswidrig oder schuldhaft gehandelt hat oder ob sein Verhalten für den eingetretenen Schaden kausal gewesen ist. Hat das Gericht hierüber nicht entschieden, dies vielmehr dem Betragsverfahren überlassen, so ist das Grundurteil fehlerhaft. Der Anspruch durfte ohne diese Feststellungen nicht dem Grund nach für gerechtfertigt erklärt werden. Ist dies gleichwohl geschehen, so kann aus dem Grundurteil nicht der Schluß gezogen werden, es sei damit — stillschweigend — auch eine Entscheidung über die Frage getroffen worden, die hätte entschieden werden müssen. Es würde sonst eine Entscheidung wider Willen des Gerichts ergehen, und dieser Entscheidung läge keine Prüfung durch das Gericht zugrunde. Die bindende Wirkung eines Grundurteils, hat der Bundesgerichtshof[12] mit Recht ausgeführt, erstrecke sich nicht auf Streitpunkte, deren Entscheidung es nach den Gründen — gleich ob fehlsam oder nicht — dem Betragsverfahren vorbehalten habe. Bejahe das Grundurteil, fährt der Bundesgerichtshof fort, die Haftung für ein schädigendes Ereignis ohne Prüfung, ob dieses die behaupteten Einzelschäden verursacht habe, so könne aus der Zuerkennung „des" Anspruchs dem Grund nach nicht gefolgert werden, daß damit die Ursächlichkeit des Ereignisses hinsichtlich aller aus ihm hergeleiteten Einzelansprüche der Klage bindend festgestellt worden sei. Dementsprechend heißt es in einem anderen Urteil des Bundesgerichts-

[9] BGHZ 11, 63 (65) m. w. N.
[10] BGHZ 1, 34 (36).
[11] RG, Warn. 1933 Nr. 148; RG, JW 1936, 2313.
[12] NJW 1961, 1465.

hofs[13], nach § 318 ZPO sei das Gericht nur an die Entscheidung gebunden, die in dem von ihm erlassenen Urteil enthalten sei. Schon aus dem Wortlaut dieser Bestimmung folge, daß es für die Reichweite der Bindung nicht maßgebend sein könne, was das Gericht hätte entscheiden sollen, sondern nur, was es habe entscheiden wollen und entschieden habe. Über die Streitpunkte, die das Gericht fehlerhaft nicht in dem Urteil erledigt hat, muß im Betragsverfahren entschieden werden; sonst könnte in dieser Instanz und, wenn das Zwischenurteil vom Revisionsgericht erlassen ist, überhaupt keine Entscheidung über diesen Streitpunkt getroffen werden.

Das fehlerhafte Grundurteil hat aber Bindungswirkung, soweit in ihm Entscheidungen enthalten sind; es ist also nicht in vollem Umfang wirkungslos. Das Gericht ist also insoweit nach Maßgabe des § 318 ZPO gebunden. Nach der Auffassung des Reichsgerichts[14] mußte die Entscheidung über die zur Aufrechnung gestellte Gegenforderung jedenfalls dann im Grundurteil getroffen werden, wenn es sich um eine konnexe Gegenforderung handelte. War dies nicht geschehen, so war das Grundurteil fehlerhaft, aber nicht etwa ohne Wirkungen. Es band das Gericht, das es erlassen hatte, soweit in ihm Entscheidungen getroffen waren. Mit Recht bemängele die Revision, hat das Reichsgericht[15] dargelegt, daß über den Grund des nach Grund und Betrag streitigen Klageanspruchs gemäß § 304 ZPO nicht hätte vorab entschieden werden können, ohne daß die zur Aufrechnung gestellten Gegenforderungen festgestellt worden seien, von deren Höhe der Bestand des Klageanspruchs ganz oder zum Teil abhinge. Hieraus hat das Reichsgericht aber nicht den Schluß gezogen, daß das Grundurteil überhaupt nicht binde. Indessen könne, fährt das Reichsgericht zutreffend fort, der Revision nicht zugegeben werden, daß das Berufungsgericht (weil das Grundurteil keinerlei Wirkung habe) gehalten gewesen wäre, die Schadensersatzansprüche des Klägers allgemein nach ihrem Bestand neu zu prüfen und auf die Einwendungen des Beklagten einzugehen, welche sich gegen den Grund der Klageansprüche richteten. Das Berufungsgericht, heißt es in dem Urteil des Reichsgerichts[16] weiter, sei im Nachverfahren an die im (formell rechtskräftig gewordenen) Zwischenurteil enthaltene, den Klageanspruch dem Grunde nach zuerkennende Entscheidung gebunden (§§ 318, 512 ZPO), auch wenn diese beim Fehlen gesetzlicher Voraussetzungen fehlerhaft gewesen sei. Das Berufungsgericht müsse aber die übergangene Entscheidung (über die Aufrechnung) im Betragsverfahren nachholen, weil hierüber sonst keine

[13] BGHZ 35, 248 (252).
[14] Vgl. RGZ 61, 410; RGZ 123, 6; RG, Warn. 1938 Nr. 81; RGZ 170, 281 (283).
[15] JW 1931, 3545 (3547).
[16] JW 1931, 3545 (3548).

Entscheidung getroffen würde. Ist also vom Revisionsgericht ein Streitpunkt unerledigt geblieben, der im Zwischenurteil hätte erledigt werden müssen, dann ist das Berufungsgericht, das jetzt über die Höhe des Anspruchs zu erkennen hat, an das Grundurteil gebunden und muß den Streitpunkt, der bisher nicht entschieden ist, im Betragsverfahren miterledigen.

2. *Das unzulässige Zwischenurteil*

Auch ein fehlerhaftes Zwischenurteil äußert somit Bindungswirkung. Hierbei ist es gleichgültig, ob der Fehler auf prozessualem Gebiet liegt, das Gericht z. B. seine Zuständigkeit zu Unrecht angenommen hat, oder ob das materielle Recht verletzt worden ist, das Gericht also die Kausalität, die Rechtswidrigkeit und die Schuld des Beklagten (bei Erlaß eines Grundurteils) rechtsirrig bejaht hat. Es fragt sich aber, ob dies auch dann gilt, wenn ein Zwischenurteil als solches nicht hätte ergehen können. Der Fehler des Gerichts besteht hier nicht darin, daß es in dem (zulässigen) Zwischenurteil eine falsche Entscheidung getroffen hat. Das Gericht hätte vielmehr überhaupt kein Zwischenurteil erlassen dürfen, da die Voraussetzungen, unter denen dies geschehen kann, nicht gegeben waren. Derartige Fehlentscheidungen kamen vor Erlaß der Emminger-Verordnung häufiger vor. Die Gerichte durften damals zwar über selbständige Angriffs- oder Verteidigungsmittel, aber nicht über einzelne Elemente hiervon durch Zwischenurteil entscheiden. Es war also zulässig, über die Gegenforderung, aber nicht, über deren Grund durch Zwischenurteil zu erkennen[17]. Es war auch unzulässig, Zwischenurteile über die Fahrlässigkeit des Beklagten oder über ein mitwirkendes Verschulden des Klägers zu fällen. Gleichwohl ist dies gelegentlich geschehen. Das OLG *Kassel* hatte als Berufungsgericht durch Zwischenurteil festgestellt, daß dem Beklagten eine Fahrlässigkeit bei Ausführung und Überwachung des Feuerwerks auch in Beziehung auf den Brand des Nordturms (des Domes in Fulda) zur Last falle. Das Reichsgericht[18] hat dieses prozessuale Vorgehen mit Recht beanstandet. Von einem selbständigen Angriffsmittel könne hier keine Rede sein; mit der Entscheidung eines herausgeschnittenen Teils des Streitstoffs werde eine von dem übrigen Vorbringen unabhängige Grundlage für die Endentscheidung nicht gewonnen. Das OLG *Hamburg* hatte durch Zwischenurteil die Feststellung getroffen, daß der der Klägerin am 14. Januar 1910 an der Ecke der Moorweidenstraße und der Rotenbaumchaussee zugestoßene Unfall in gleichem Maße

[17] Vgl. RGZ 90, 23 (25) m. w. N.
[18] RGZ 82, 206 (211/212).

auf Verschulden des Beklagten und der Klägerin zurückzuführen sei. Es mußte sich vom Reichsgericht[19] belehren lassen, es gehe keinesfalls an, die Frage, ob den Beklagten ein Verschulden treffe, im Wege des § 303 ZPO zu entscheiden; es handele sich insoweit nur um ein einzelnes Element der Klagebegründung.

Nach Erlaß der Emminger-Verordnung kommt es auf die Frage der Selbständigkeit eines Angriffs- oder Verteidigungsmittels nicht mehr an, da über materiell-rechtliche Fragen kein Zwischenurteil mehr ergehen kann. In manchen Fällen wird jedoch gegen diese Regel verstoßen; es wird über einen materiell-rechtlichen Streitpunkt ein Zwischenurteil erlassen. Der Bundesgerichtshof[20] hatte sich mit einer Sache zu befassen, in der ein Landgericht durch Zwischenurteil entschieden hatte, das verklagte Land Nordrhein-Westfalen sei für den anhängigen Rechtsstreit passiv legitimiert. Die Entscheidung über die Sachbefugnis, hat der Bundesgerichtshof mit Recht dargelegt, könne nicht Gegenstand eines Zwischenurteils sein, weil durch ein Zwischenurteil nur über prozessuale Fragen entschieden werden könne, die Entscheidung über die Sachbefugnis aber eine Sachentscheidung sei[21].

Umstritten ist die Frage, ob durch Zwischenurteil entschieden werden kann, die Hauptsache sei nicht erledigt. Die Frage kann nur auftauchen, wenn die Parteien über die Erledigung der Hauptsache streiten, sie also nicht übereinstimmend die Hauptsache für erledigt erklären. Hat der Kläger einseitig eine derartige Erklärung abgegeben, dann ist für den Erlaß eines Zwischenurteils kein Raum. Ist sein Antrag gerechtfertigt, wird diesem durch Endurteil stattgegeben; ist dies nicht der Fall, wird die Klage durch Endurteil abgewiesen. Der Beklagte kann keinen solchen Antrag stellen[22]; der Kläger bestimmt den Streitgegenstand, nicht der Beklagte. Es besteht auch kein Bedürfnis für den Beklagten, gegen den Willen des Klägers zu beantragen, das Gericht möge die Hauptsache für erledigt erklären. Ist die Hauptsache erledigt, bleibt der Kläger aber trotzdem bei seinem alten Antrag, dann ist die Klage abzuweisen. Ist die Hauptsache jedoch nicht erledigt, dann könnte das Gericht dies von sich aus, also ohne einen Antrag

[19] JW 1912, 1107.
[20] BGHZ 8, 383.
[21] BGHZ 8, 383 (384).
[22] BGH, ZZP 74, 210 (212); Baumbach-Lauterbach-Albers-Hartmann, ZPO, 31. Aufl., § 91 a 2 D; Blomeyer, ZPR, § 64 I (S. 312); Habscheid, Festschrift für Friedrich Lent, S. 170 ff.; ders., NJW 1960, 2133; Stein-Jonas-Pohle, ZPO, 19. Aufl., § 91 a IV; Thomas-Putzo, ZPO, 7. Aufl., § 91 a Anm. 8. A. A. Göppinger, Die Erledigung des Rechtsstreits in der Hauptsache (1958), S. 77 (80) und Schwab, ZZP 72, 127 (134 ff.) ders., Anmerkung zu BGH, ZZP 74, 210 (213); ders., in Rosenberg-Schwab, ZPR, 10. Aufl., § 133 III 3 (S. 678).

des Beklagten, durch Zwischenurteil feststellen, wenn es damit einen prozessualen Zwischenstreit entschiede. Der Bundesgerichtshof[23] hat das Vorliegen dieser Voraussetzung bejaht. Zwischenstreit im Sinne des § 303 ZPO, hat er ausgeführt, sei ein innerhalb des Prozesses entstandener Streit über Fragen, die den Fortgang des Verfahrens beträfen; hierzu gehöre insbesondere auch die Frage, ob sich ein Anspruch in der Hauptsache erledigt habe. Dieser Auffassung ist aber nicht zuzustimmen. Hat der Beklagte vorgetragen, er habe während des Rechtsstreits erfüllt, so ist dies ein materiellrechtlicher Einwand. Die Erfüllung tilgt die eingeklagte Forderung. Die Forderung ist erloschen, gleichgültig, ob sie vor oder nach Erhebung der Klage bezahlt worden ist; im ersten Fall muß die Klage als unbegründet abgewiesen, im zweiten (wenn der Kläger dies beantragt) die Hauptsache für erledigt erklärt werden. Kann der Beklagte die Erfüllung nicht beweisen, so muß er verurteilt werden, wenn er keine anderen Einwendungen geltend machen kann. Das Gericht kann (nach Erlaß der Emminger-Verordnung) nicht durch Zwischenurteil feststellen, die Einwendung des Beklagten, er habe die Forderung vor Erhebung der Klage bezahlt, sei unbegründet; das wäre eine unzulässige Entscheidung über einen materiell-rechtlichen Einwand. Es kann ebensowenig durch Zwischenurteil die Feststellung treffen, die Einwendung des Beklagten, er habe nach Erhebung der Klage die Forderung des Klägers erfüllt, sei nicht gerechtfertigt; das wäre ebenfalls eine Entscheidung über einen materiell-rechtlichen Streitpunkt. Das Zwischenurteil, die Hauptsache sei nicht erledigt (weil der Beklagte die Erfüllung nach Erhebung der Klage nicht habe beweisen können), ist aber nichts anderes als eine derartige Entscheidung[24]. Wenn ein Beklagter, heißt es mit Recht bei *Stein-Jonas-Pohle*[25], sich auf einen Umstand berufe, der den Anspruch des Klägers erledige, so stelle dies nur das Vorbringen einer Einwendung dar, die bei der unverändert nötigen Entscheidung über den Klageanspruch wie alle anderen Einwendungen zu prüfen (und, wie zu ergänzen ist, über die wie über alle anderen Einwendungen zu entscheiden) sei. Mit Recht haben *Schumann-Leipold*[26] auch die Auffassung des Reichsgerichts[27] abgelehnt, nach der das Gericht den Streit der Parteien über die Klaglosstellung des Klägers durch Zwischenurteil entscheiden kann. Bei diesem Urteil ist im übrigen zu berücksichtigen, daß der Erlaß des Zwi-

[23] BGHZ 47, 132 (134); ebenso Schwab, Anm. zu BGH, ZZP 74, 210 (213); ders., ZZP 72, 127 (135 ff.).
[24] Ebenso Stein-Jonas-Schumann-Leipold, ZPO, 19. Aufl., § 303 II.
[25] ZPO, 19. Aufl., § 91 aIV.
[26] Stein-Jonas-Schumann-Leipold, ZPO, 19. Aufl., § 303 II.
[27] JW 1939, 169.

schenurteils Unzuträglichkeiten bei der Kostenentscheidung vorbeugen sollte. Diese Unzuträglichkeiten können aber heute auf Grund des § 91 a ZPO nicht mehr eintreten. Es kann nach alledem nicht durch Zwischenurteil festgestellt werden, die Hauptsache sei nicht erledigt. Geschieht dies trotzdem, so liegt ein unzulässiges Zwischenurteil vor. Es wird dann die Frage akut, welche Wirkungen ein derartiges Urteil hat.

Auch Grundurteile können (in vollem Umfang) unzulässig sein. Dies ist vor allem der Fall, wenn bei der Entscheidung über den Grund des Anspruchs dieselben Tat- und Rechtsfragen in Betracht kommen, welche für die Höhe desselben maßgebend sind[28]. Wenn dem Gericht nachgelassen sei, hat das Reichsgericht[29] dargelegt, über Grund und Betrag eines streitigen Anspruchs getrennt zu verhandeln und zu entscheiden, so beruhe dies auf der Erwägung, daß regelmäßig für die Entscheidung über den Anspruchsgrund andere Tat- und Rechtsfragen in Betracht kämen als für die Entscheidung über den Anspruchsbetrag, und daher durch die zulässige Teilung des Prozesses die im Interesse einer gedeihlichen mündlichen Verhandlung zu erstrebende Übersichtlichkeit gefördert werde. Davon könne aber keine Rede sein, wenn, wie bei einem Rechtsstreit über Ansprüche des Anliegers bei Veränderung der Straße, die Erheblichkeit der erlittenen Beeinträchtigung eines Rechts die gesetzliche Voraussetzung für das Entstehen einer Entschädigungspflicht bilde. Da in diesen Fällen die für die Anerkennung des Anspruchs seinem Grund nach und für die Bemessung seines Betrages maßgebenden Tatumstände teils dieselben, teils, wenngleich verschieden, doch in engem Zusammenhang miteinander stünden, sei es kaum durchführbar, zumindest in hohem Maße unzweckmäßig und verwirrend, auch bei derartigen Streitigkeiten den Entschädigungsanspruch als solchen für begründet zu erklären, die Höhe aber unbestimmt zu lassen. Diese Ausführungen hat sich der Bundesgerichtshof[30] in einer Entschädigungssache zu eigen gemacht. Wenn es sich um einen Anspruch wegen Schäden im beruflichen Fortkommen handele, seien die für das Grund- und Betragsverfahren zu treffenden Feststellungen entweder dieselben oder stünden jedenfalls in einem so engen Zusammenhang miteinander, daß es kaum durchführbar, mindestens aber in hohem Maße unzweckmäßig und verwirrend wäre, in einem solchen Fall eine getrennte Entscheidung über Grund und Betrag zuzulassen. Wird in einem solchen Fall gleichwohl ein Grundurteil erlassen, so ist es unzulässigerweise ergangen. Auch hier taucht die Frage auf, welche Wirkungen ein solches Urteil hat.

[28] RG, Gruch. 44, 970.
[29] Gruch. 44, 970 (974 ff.).
[30] MDR 1964, 214.

Der Bundesgerichtshof[31] hat weiter angenommen, ein unzulässiges Zwischenurteil (des Berufungsgerichts) liege auch dann vor, wenn das Landgericht durch ein zulässiges, nicht selbständig anfechtbares Zwischenurteil die Zulässigkeit einer Nichtigkeitsklage festgestellt, das Berufungsgericht die unzulässige Berufung hiergegen aber für zulässig gehalten, jedoch aus Gründen des sachlichen Rechts zurückgewiesen habe. Der Bundesgerichtshof hat die Ansicht vertreten, die Unzulässigkeit der vom Berufungsgericht erlassenen Sachentscheidung nehme dieser nicht den Charakter eines Zwischenurteils. Er meint, zu einem Endurteil, d. h. zu einem Urteil, das den Prozeß für die Instanz endgültig entscheide, hätte das Berufungsgericht in dem bei ihm anhängig gemachten Zwischenstreit nur gelangen können, wenn es auf Unzulässigkeit der Nichtigkeitsklage erkannt und diese demgemäß abgewiesen hätte. Seine die Zulässigkeit der Nichtigkeitsklage bestätigende Entscheidung sei dagegen ebenso wie die von ihm bestätigte Entscheidung des Landgerichts ein Zwischenurteil[32]. Der Auffassung des Bundesgerichtshofs ist jedoch nicht zuzustimmen. Das Berufungsurteil ist kein Zwischenurteil, sondern ein Endurteil. Schon dem Ausgangspunkt des Bundesgerichtshofs, die Unzulässigkeit der vom Berufungsgericht erlassenen Sachentscheidung nehme dieser nicht den Charakter eines Zwischenurteils, ist nicht zu folgen. Der Bundesgerichtshof geht davon aus, es liege ein Zwischenurteil vor, wenn das Berufungsgericht zulässigerweise über die Berufung gegen ein (selbständig anfechtbares) Zwischenurteil entscheide. Dementsprechend heißt es auch bei *Paulsen*[33], die Richtigkeit der Auffassung des Bundesgerichtshofs leuchte ein, wenn man sich vergegenwärtige, daß Urteile der Rechtsmittelinstanzen, die über zulässige, nach §§ 275, 304 ZPO erlassene Zwischenurteile befänden, echte Zwischenurteile seien[34]. Das Gegenteil ist richtig. Das Urteil, das die Berufung gegen ein selbständig anfechtbares Zwischenurteil zurückweist, entscheidet in vollem Umfang über die Berufung. Mit Erlaß dieses Urteils hat das Verfahren in der zweiten Instanz sein Ende gefunden. Damit ist das Berufungsurteil ein Endurteil. Es genügt für das Vorliegen eines Endurteils, daß es die Instanz, es ist nicht erforderlich, daß es den Rechtsstreit beendet[35]. Ist aber die die Berufung zurückweisende Entscheidung des Berufungsgerichts ein Endurteil,

[31] BGHZ 3, 244.

[32] BGHZ 3, 244 (246).

[33] Anm. zu BGH, LM § 511 ZPO Nr. 2.

[34] Auch Rosenberg-Schwab, ZPR 10. Aufl., § 58 III (S. 263); Rosenberg, Anm. zu BGH, ZZP 65, 204 (207); Stein-Jonas-Schumann-Leipold, ZPO, 19. Aufl., § 303 III 2, billigen die Entscheidung des BGH.

[35] Stein-Jonas-Schumann-Leipold, ZPO, 19. Aufl., § 300 I 3.

wenn das Zwischenurteil selbständig angefochten werden kann, so ist die Rechtslage nicht anders, wenn das Zwischenurteil nur zusammen mit dem Endurteil anfechtbar war, es aber gleichwohl angefochten ist und das Berufungsgericht die Berufung nicht, wie es richtig gewesen wäre, als unzulässig verworfen, sondern aus sachlich-rechtlichen Gründen zurückgewiesen hat. Die Unzulässigkeit der vom Berufungsgericht trotzdem erlassenen Sachentscheidung, so muß man die Ausführungen des Bundesgerichtshofs[36] abändern, nimmt dieser nicht den Charakter eines Endurteils. Der Bundesgerichtshof hätte also die Revision gegen das Berufungsurteil nicht verwerfen dürfen, weil eine Revision gegen ein unselbständig anfechtbares Zwischenurteil unzulässig sei; er hätte vielmehr auf die zulässige Revision des Beklagten das angefochtene Berufungsurteil aufheben und die Berufung gegen das landgerichtliche Zwischenurteil als unzulässig verwerfen müssen. In diesem Fall liegt also, entgegen der Auffassung des Bundesgerichtshofs, kein unzulässiges Zwischenurteil vor. Es stellt sich damit hier nicht die Frage nach der Bindungswirkung eines derartigen Urteils. Auf dieses Problem kommt es aber in den oben dargestellten Fällen an.

In der Rechtsprechung[37] und in der Rechtslehre[38] wird allgemein die Ansicht vertreten, das Gericht sei nach § 318 ZPO nur gebunden, wenn das von ihm erlassene Zwischenurteil zulässig sei. Eine Bindung trete nicht ein, wenn es an dieser Voraussetzung fehle. Der Bundesgerichtshof[39] hat diese seine Auffassung lediglich auf die Erwägung gestützt, dies habe das Reichsgericht in ständiger Rechtsprechung ausgesprochen; es bestehe kein Anlaß, von ihr abzuweichen. Das Reichsgericht hat seine Auffassung als so selbstverständlich angesehen, daß es sie niemals mit einer Begründung versehen hat. Dies wäre jedoch erforderlich gewesen. Es ist eine Ausnahme, wenn ein gerichtliches Urteil wie ein Nichturteil behandelt wird. Dies ist aber der Fall, wenn das Zwischenurteil nicht nach § 318 ZPO bindet; es äußert dann keine Wirkung. Es bleibt zwar bestehen; das Gericht, das es gefällt hat, ist aber bei Erlaß des Endurteils in seiner Entscheidung in vollem Umfang frei.

[36] BGHZ 3, 244 (246).

[37] RG, Gruch. 57, 170 (171); RG, Warn. 1914 Nr. 66; RG, JW 1927, 1637 (1638); RG, JW 1931, 3548; BGHZ 3, 244 (247); BGHZ 8, 384 (385); BGHZ 10, 361 (362); BGH, LM § 578 ZPO Nr. 6.

[38] Baumbach-Lauterbach-Albers-Hartmann, ZPO, 31. Aufl., § 303, 3; Rosenberg-Schwab, ZPR, 10. Aufl., § 58 III 1 c (S. 264); Schönke, Anm. zu BGH, NJW 1953, 702; Stein-Jonas-Schumann-Leipold, ZPO, 19. Aufl., § 303 III 2; Wieczorek, ZPO, § 303 A II a 2.

[39] BGHZ 3, 244 (247).

Die innerprozessuale Bindungswirkung ist mit der materiellen Rechtskraft eng verwandt[40]. Es liegt daher nahe, bei der Frage nach dem Eintritt oder Nichteintritt der innerprozessualen Bindungswirkung die Grundsätze heranzuziehen, die bei der materiellen Rechtskraft entwickelt sind. Dort wird die Frage behandelt, wie die Rechtslage sei, wenn ein Urteil mit dem Inhalt, den es habe, nicht hätte ergehen können, die Zivilprozeßordnung also das Gericht nicht ermächtigt habe, eine derartige Entscheidung zu treffen. In diesem Zusammenhang wird der (theoretische) Fall erörtert, daß das Gericht in einem Urteil eine Tatsache feststellt. Hat das Gericht die Feststellung getroffen, ein bestimmtes Bild rühre nicht von Rubens her, dann fragt es sich, welche Wirkung dieses Urteil in einem Rechtsstreit hat, in dem der Verkäufer den Kaufpreis verlangt, der Beklagte aber im Hinblick auf die Unechtheit des Bildes die Wandlung erklärt hat. Ein derartiges Urteil wird als wirkungslos angesehen[41]. Dieser Auffassung ist zuzustimmen. Das Gesetz kann einem Urteil, das es nicht kennt, keine Wirkung beimessen. Dementsprechend fehlt auch einem unzulässigen Zwischenurteil, das mit dem Inhalt, den es hat, vom Gesetz nicht vorgesehen ist, die Bindungswirkung. Das Gericht ist daher im weiteren Verfahren an das Urteil nicht gebunden[42]; es wird so angesehen, als wäre es nicht ergangen.

Dies gilt auch von unzulässigen Zwischenurteilen, die vom Revisionsgericht erlassen werden. Ein solcher Fall wird allerdings kaum eintreten. Sollte es aber einmal geschehen, so ist das Revisionsgericht in diesem und auch in einem späteren Rechtsgang an dieses Urteil nicht gebunden. Auch das Berufungsgericht, an das die Sache zurückgelangt ist, ist insoweit in seiner Entscheidung frei. Es ist nur im Rahmen des § 318 ZPO gebunden, und diese Vorschrift sieht lediglich eine Bindung an zulässige Zwischenurteile vor. Das Berufungsgericht kann das Zwsichenurteil des Revisionsgerichts nicht aufheben, dazu fehlt ihm die Zuständigkeit; es kann aber in seinem Endurteil eine andere Entscheidung treffen, als sie in dem Zwischenurteil enthalten ist.

[40] Vgl. Blomeyer, ZPR, § 87 I 1 b (S. 429); Bötticher, Kritische Beiträge zur Lehre von der materiellen Rechtskraft im Zivilprozeß (1930), S. 74 ff.; Stein-Jonas-Schumann-Leipold, ZPO, 19. Aufl., § 318 I 1; Wieczorek, ZPO, § 318 B; Zeuner, a. a. O. S. 65.

[41] Vgl. Blomeyer, ZPR, § 81 III 2 a (S. 408); Rosenberg-Schwab, ZPR, 10. Aufl., § 61 IV 2 b (S. 294).

[42] So zutreffend Jauernig, Das fehlerhafte Zivilurteil (1958), S. 95; Rosenberg-Schwab, ZPR, 10. Aufl., § 61 IV 1 (S. 293).

3. Besonderheiten beim Grundurteil

Ein Grundurteil kann, wie oben[43] dargelegt, unzulässig sein, wenn die Tatumstände, die für den Grund und für die Höhe des Anspruchs von Bedeutung sind, dieselben sind oder jedenfalls in sehr engem Zusammenhang miteinander stehen; es hat dann keine bindende Wirkung.

Es fragt sich, ob diese Rechtsfolge auch eintritt, soweit das Gericht im Grundurteil eine Entscheidung getroffen hat, die nur für die Höhe der Forderung von Bedeutung ist, die also nicht in das Grundurteil, sondern in das Endurteil gehört. Es ergibt sich dann die Frage, ob das Gericht in einem solchen Fall ausschließlich an die Entscheidung über den Grund gebunden und im übrigen frei oder ob es auch an die zusätzliche Entscheidung gebunden ist, die die Höhe der Forderung betrifft. Das Gericht hat hier, anders als in dem oben[44] behandelten Fall, nicht zu wenig, sondern zu viel entschieden. Es hat nicht Entscheidungen dem Betragsverfahren überlassen, die im Grundurteil hätten getroffen werden müssen, sondern es hat, umgekehrt, Entscheidungen im Grundurteil gefällt, die nur im Betragsverfahren hätten ergehen dürfen. Es läßt sich hier die Ansicht vertreten, das Grundurteil könne nur über den Grund des Anspruchs befinden, nicht (teilweise) auch über seine Höhe; geschehe dies gleichwohl, so sei es insoweit unzulässig. Habe das in vollem Umfang unzulässige Zwischenurteil keine Bindungswirkung, so sei dies bei einem teilweise unzulässigen Zwischenurteil bezüglich des unzulässigen Teils der Fall. Diese Auffassung wurde vom Reichsgericht[45] vertreten. Es hatte eine Entscheidung des Landgerichts zu überprüfen, das den Anspruch des Klägers dem Grund nach für gerechtfertigt erklärt hatte, „und zwar zu folgenden Bruchteilen vom jährlichen Lohn, den der Kläger ohne den Unfall gegenwärtig beziehen würde: 50 % bis zum vollendeten 60. Lebensjahr, 30 % bis zum vollendeten 65. Lebensjahr, 20 % von da bis zum Lebensende, jedoch nicht über das vollendete 70. Lebensjahr hinaus“. Das Reichsgericht hat ausgeführt, das Landgericht habe in unzulässiger Weise dem Betragsverfahren vorgegriffen und den dem Kläger erwachsenen Schaden schon jetzt an dem Grad der ihm verloren gegangenen Arbeitsfähigkeit gemessen. Es liege insoweit weder ein Zwischenurteil nach § 304 ZPO noch ein solches nach § 303 ZPO vor, sondern nur ein unzulässiger Zusatz zu dem Urteil über den Grund des Anspruchs, der die Instanzen weder in dem Verfahren über den Grund des Anspruchs

[43] Vgl. S. 38.
[44] Vgl. S. 33 ff.
[45] JW 1927, 1637 (1638).

noch im Betragsverfahren binde. Der Bundesgerichtshof[46] ist dieser Auffassung in einem Fall gefolgt, in dem die Parteien u. a. darüber stritten, ob die Klageforderung nach § 16 Abs. 1 UmstG 10 : 1 umgestellt oder ob sie eine Wertforderung sei. Das Berufungsgericht hatte § 16 Abs. 1 UmstG angewandt und den eingeklagten Anspruch dem Grunde nach nur zu einem Zehntel für gerechtfertigt erklärt. Der Bundesgerichtshof war der Ansicht, die Frage, ob der Anspruch des Klägers 10 : 1 umgestellt sei, gehöre ausschließlich in das Betragsverfahren, die Entscheidung hierüber im Grundurteil habe keine bindende Wirkung. Enthalte das Urteil über den Grund des Anspruchs unzulässigerweise eine solche Entscheidung, die dem Verfahren über die Höhe vorbehalten sei, so sei sie insoweit unverbindlich[47].

Die Auffassung des Reichsgerichts und des Bundesgerichtshofs, die im Schrifttum[48] Zustimmung gefunden hat, erscheint aber nicht unbedenklich. Die Frage, ob eine Entscheidung im Grund- oder im Betragsverfahren zu erfolgen hat, wird oft nach Zweckmäßigkeitserwägungen beantwortet. Die Dauer der Rente betrifft den Grund der Forderung; diese besteht nach Ablauf der Frist nicht mehr, ist damit auch insoweit nicht mehr dem Grund nach gerechtfertigt. Aus Zweckmäßigkeitsgründen wird es aber zugelassen, die Dauer der Rente im Betragsverfahren festzusetzen[49]. Hat der Beklagte mit einer Gegenforderung aufgerechnet, so ist die Klageforderung in Höhe dieser Gegenforderung getilgt, wie wenn der Beklagte erfüllt hätte. Die Klageforderung besteht insoweit nicht mehr. Ebenso wie über den Einwand der Erfüllung müßte also — wie das Reichsgericht[50] es auch in ständiger Rechtsprechung angenommen hat — über die Aufrechnung im Grundurteil entschieden werden; soweit erfüllt oder aufgerechnet ist, besteht der eingeklagte Anspruch dem Grund nach nicht mehr. Nach der Ansicht des Bundesgerichtshofs[51] kann aber bei Aufrechnung des Beklagten mit Gegenforderungen die Klageforderung auch ohne Erledigung der Gegenforderungen dem Grunde nach für gerechtfertigt erklärt werden, wenn sie jedenfalls zu einem Betrage zuzuerkennen sei, der die zur Aufrechnung gestellten Forderungen übersteige. Der Bundesgerichtshof meint[52], die Rechtsprechung des

[46] BGHZ 10, 361 ff.; vgl. auch BGH, LM § 578 ZPO Nr. 6; BGH, MDR 1964, 214 (215).

[47] BGHZ 10, 361 (362).

[48] Vgl. Pagendarm, Anm. zu BGH, LM § 11 RLG Nr. 1; Rosenberg-Schwab, ZPR, 10. Aufl., § 58 IV 3 (S. 268); Stein-Jonas-Schumann-Leipold, ZPO, 19. Aufl., § 304 I 2 b.

[49] RGZ 98, 222 (224); BGH, LM, § 578 ZPO Nr. 6.

[50] Vgl. RGZ 61, 410; RGZ 123, 6; RG, Warn. 1938 Nr. 81; RGZ 170, 281 (283).

[51] BGHZ 11, 63.

[52] BGHZ 11, 63 (65).

Reichsgerichts beruhe auf einer formalen Betrachtungsweise; sie entspreche nicht einem Gebot prozeßwirtschaftlichen Verfahrens. Es können also Fragen, die „eigentlich" im Grundurteil entschieden werden müßten, zulässigerweise dem Betragsverfahren überlassen werden. Das Betragsverfahren ersetzt insoweit das Verfahren über den Grund. Diese Ersetzungsbefugnis sollte man auch bei dem umgekehrten Fall berücksichtigen, in dem das Grundurteil (auch) einen Streitpunkt entscheidet, der nur die Höhe des Anspruchs betrifft. Gewiß ist das Grundurteil insoweit (also anders als in den vergleichsweise herangezogenen Fällen) fehlerhaft, es kann also, soweit es nicht rechtskräftig geworden ist, aus diesem Grund angefochten werden[53]. Es fragt sich aber, ob ihm insoweit auch die bindende Wirkung im Betragsverfahren versagt werden soll. M. E. wäre es sachgemäß, diesen Mangel des Urteils so zu behandeln wie andere Rechtsfehler auch; das Gericht wäre dann in vollem Umfang an das von ihm erlassene Grundurteil gebunden. Hierfür könnte auch sprechen, daß es oft zweifelhaft sein kann, ob ein Streitpunkt nur im Betragsverfahren geklärt werden kann. Gerade der vom Bundesgerichtshof[54] entschiedene Fall erweckt Bedenken. Warum soll die Frage, ob die eingeklagte Forderung 10 : 1 umgestellt oder ob dies nicht der Fall ist, nur im Verfahren über die Höhe des Anspruchs entschieden werden? Man könnte auch die Auffassung vertreten, durch § 16 Abs. 1 UmstG werde die Forderung als solche auf einen Bruchteil reduziert, wie dies auch bei einem mitwirkenden Verschulden[55] des Klägers der Fall sei, die Forderung bestehe also insoweit dem Grund nach nicht mehr. Möglicherweise hat der Bundesgerichtshof die Ansicht, die Frage sei ausschließlich im Betragsverfahren zu klären, auch nur vertreten, um in dem von ihm zu entscheidenden Fall zu einem sachgerechten Ergebnis zu gelangen. Denn die auf § 75 EinlALR gestützte Klageforderung unterlag, entgegen der Auffassung des Berufungsgerichts, nicht dem § 16 Abs. 1 UmstG[56]. Diesen Rechtsfehler konnte der Bundesgerichtshof, da das Grundurteil formell rechtskräftig geworden war, nur durch die von ihm vertretene Auffassung korrigieren.

Erläßt nach alledem das Revisionsgericht ein Grundurteil und erledigt es in ihm auch einen Streitpunkt, der nur die Höhe der Forderung betrifft, so ist das Revisionsgericht an diese Entscheidung in vollem Umfang gebunden. Das gleiche gilt für das Berufungsgericht, an das die Sache zur Entscheidung über die Höhe des Anspruchs zurückgelangt.

[53] Vgl. Stein-Jonas-Schumann-Leipold, ZPO, 19. Aufl., § 304 I 2 b.
[54] BGHZ 10, 361 ff.
[55] Vgl. BGHZ 1, 34 (36).
[56] Vgl. BGH, NJW 1953, 337 mit Anm. von Forsthoff; Harmening-Duden, Die Währungsgesetze, Komm. zum Umstellungsgesetz, § 13 Anm. 23.

Ergebnis

Ein Zwischenurteil bindet nicht, soweit in ihm über einen bestimmten Streitpunkt keine Entscheidung enthalten ist; dies gilt auch dann, wenn die Entscheidung in ihm getroffen werden mußte.

Ein unzulässiges Zwischenurteil hat keine bindende Wirkung.

Ist im Grundurteil auch eine Entscheidung über einen Streitpunkt enthalten, der ausschließlich die Höhe des Anspruchs betrifft, dann ist das Grundurteil insoweit fehlerhaft, aber nicht wirkungslos.

Diese Regeln gelten auch für Zwischenurteile, die in der Revisionsinstanz ergangen sind.

III. Der Umfang der Bindung

Nach § 318 ZPO ist ein Gericht an die Entscheidung gebunden, die in dem von ihm erlassenen Zwischenurteil enthalten ist. Diese Bindung umfaßt zweierlei[57].

Das Gericht darf einmal die von ihm getroffene Entscheidung nicht aufheben oder abändern; es darf sie nicht widerrufen. Die Bindung enthält also ein Widerrufsverbot[58]. Hat das Gericht durch ein Zwischenurteil festgestellt, daß der Rechtsweg gegeben oder der Kläger partei- oder prozeßfähig ist, so kann es die Entscheidung nicht aufheben, wenn es später zu der Überzeugung gelangt, der Rechtsweg sei doch nicht zulässig oder der Kläger sei, entgegen seiner früheren Ansicht, nicht partei- oder prozeßfähig. Dies gilt auch, wenn das Zwischenurteil in betreff der Rechtsmittel nicht als Endurteil anzusehen ist, also nicht selbständig angefochten werden kann. Es ist gerade der Sinn und Zweck des Zwischenurteils, den Streit der Parteien insoweit für diese Instanz zu beenden.

Das Gericht ist weiter an den Inhalt der von ihm getroffenen Entscheidung gebunden. Hat es ein Grundurteil erlassen, dann kann es die Klage nicht durch Endurteil abweisen, weil der Beklagte nicht schadensersatzpflichtig sei, da er nach der jetzigen Ansicht des Gerichts nicht rechtswidrig oder nicht schuldhaft gehandelt habe. Das Endurteil darf zu dem Zwischenurteil nicht in Widerspruch treten. Man bezeichnet demgemäß diese Bindungswirkung als Widerspruchsverbot. „Nicht der ‚Widerruf' der ergangenen, sondern der Widerspruch, d. h. der im wahrsten Sinne sich ‚wider'

[57] Böttićher, Kritische Beiträge ..., S. 72 ff. Vgl. ferner Blomeyer, ZPR, § 87 I 1 (S. 428/429); Rosenberg-Schwab, ZPR, 10. Aufl., § 60 I 1 (S. 283).

[58] Dagegen Gilles, Rechtsmittel im Zivilprozeß (1972), S. 135 Fußn. 425.

die ergangene Entscheidung kehrende ‚Spruch' einer etwaigen späteren Entscheidung über dieselbe Sache, soll abgeschnitten werden"[59].

Das Berufungsgericht kann also das revisionsgerichtliche Zwischenurteil nicht aufheben oder abändern, und es darf sich zu dieser Entscheidung auch nicht in Widerspruch setzen. Das Berufungsgericht ist aber nur an die „Entscheidung" gebunden, die in dem Zwischenurteil enthalten ist, also an das Urteil, nicht an die Urteilselemente[60]. Die Bindungswirkung nach § 318 ZPO ist in enge Beziehung zur materiellen Rechtskraft zu setzen[61]. Auch Endurteile sind nach § 322 Abs. 1 ZPO der Rechtskraft nur fähig, soweit über den durch die Klage oder die Widerklage erhobenen Anspruch „entschieden" ist. Die innerprozessuale Bindung und die materielle Rechtskraft unterscheiden sich in ihrem Anwendungsbereich. Die innerprozessuale Bindung wirkt sich im anhängigen Verfahren aus, die Rechtskraft in einem zweiten Rechtsstreit. Sie haben aber gemeinsam, daß die Bindung sich nur auf die Entscheidung erstreckt. Der Gesetzgeber hat es abgelehnt, auch die Urteilselemente in Rechtskraft erwachsen zu lassen[62]. Verlangt der Kläger mit der Klage Darlehnszinsen vom Beklagten und wird dieser antragsgemäß verurteilt, weil, wie in den Entscheidungsgründen dargelegt wird, zwischen

[59] Bötticher, Kritische Beiträge ..., S. 76.

[60] RG, JW 1903, 399 (400); RG, Recht 1911, Nr. 3108; RG, JW 1925, 1491; RG, JW 1935, 39; Baumbach-Lauterbach-Albers-Hartmann, ZPO, 31. Aufl., § 318 Anm. 1; Stein-Jonas-Schumann-Leipold, ZPO, 19. Aufl., § 318 III m. w. N.; Thomas-Putzo, ZPO, 7. Aufl., § 318 Anm. 1; Zöller-Degenhart, ZPO, 11. Aufl., § 318 1 b. Dies gilt auch dann, wenn die rechtliche Beurteilung, auf Grund deren das Revisionsgericht das Vorliegen einer Prozeßvoraussetzung bejaht oder das Bestehen einer prozeßhindernden Einrede verneint hat, für die sachlich-rechtliche Entscheidung über die Klage erheblich ist (doppelrelevante Tatsachen). Das Berufungsgericht muß auf Grund seiner Bindung an das Zwischenurteil über die Klage sachlich-rechtlich entscheiden. Es ist aber beim Erlaß dieser Entscheidung frei. Es braucht ihr nicht die Beurteilung zugrunde zu legen, die dazu geführt hat, daß das Revisionsgericht die Klage für zulässig gehalten und damit die Grundlage für eine sachlich-rechtliche Entscheidung geschaffen hat. Die Gründe des Endurteils widersprechen dann zwar den Gründen des (revisionsgerichtlichen) Zwischenurteils. Dieser Widerspruch ist aber in Kauf zu nehmen. Er ist das geringere Übel; das Berufungsgericht soll nicht gezwungen werden, eine (bisher noch nicht ergangene) sachlich-rechtliche Entscheidung zu treffen, die es für fehlerhaft hält. Das Revisionsgericht wird durch diese Auffassung nicht überspielt; es kann seine Ansicht im zweiten Rechtsgang auch im materiellrechtlichen Bereich durchsetzen, vgl. dazu RGZ 109, 11 ff.; BGHZ 35, 248 ff.; OLG Schleswig, ZZP 67, 476; Bötticher, Anm. zu BGH, JZ 1962, 212 ff.

[61] Blomeyer, ZPR, § 87 I 1 b (S. 429); Bötticher, Kritische Beiträge ..., S. 74 ff.; Stein-Jonas-Schumann-Leipold, ZPO, 19. Aufl., § 318 I 1; Wieczorek, ZPO, § 318 B; Zeuner, a. a. O., S. 65.

[62] Dazu eingehend Brox, JuS 1962, 121 ff.

den Parteien ein Darlehnsvertrag zustande gekommen sei und die vom Beklagten geforderten Zinsen vereinbart seien, so erwächst nur die Entscheidung über die eingeklagten Zinsen in Rechtskraft, nicht die Begründung, der Darlehnsvertrag sei zustande gekommen. Wird der Beklagte in einem zweiten Rechtsstreit auf Zahlung weiterer Zinsen oder auf Rückzahlung des Darlehns verklagt, dann kann er geltend machen, er habe mit dem Kläger keinen Darlehnsvertrag geschlossen; das Gericht kann die Klage aus diesem Grunde abweisen. Die Gründe dieses Urteils widersprechen zwar den Entscheidungsgründen im ersten Rechtsstreit. Diesen Widerspruch nimmt das Gesetz aber bewußt in Kauf, um die Nachteile zu vermeiden, die mit der Auffassung verbunden sind, auch die Urteilselemente seien der Rechtskraft fähig. Diese Auffassung, heißt es in den Motiven[63] zu § 283, dem späteren § 293 und dem heutigen § 322 ZPO, führe über die Aufgabe des einzelnen Prozesses und über die Absicht der Parteien hinaus, welche den Gegenstand ihres Streites im Petitum ausgedrückt und begrenzt hätten und in diesem Prozesse nur über diesen Streitpunkt (über die Zinsen für einen bestimmten Zeitraum, nicht die Zinsen überhaupt und vor allem nicht über die Gültigkeit des Darlehnsvertrages) eine richterliche Entscheidung erwarteten. Das Urteil, so wird dort ferner ausgeführt, dürfe nicht weitergehen, als die Absicht der Parteien gegangen sei, und dürfe nicht Folgen erzeugen, deren sich die Parteien im Laufe des Prozesses gar nicht bewußt geworden seien. Daraus ergebe sich[64], daß die Entscheidungsgründe nicht rechtskraftfähig würden, soweit sie nicht eine der Rechtskraft fähige Entscheidung enthielten. Sie könnten aber ein wichtiges Mittel zur Interpretation des Urteils enthalten; es könnte notwendig sein, auf die Gründe des Urteils zurückzugehen, um die wahre Bedeutung der Entscheidung festzustellen. Diese Erwägungen, die zur materiellen Rechtskraft angestellt worden sind, gelten entsprechend auch für die innerprozessuale Bindungswirkung.

Die innerprozessuale Bindungswirkung ist auch nicht etwa deshalb stärker als die Bindung durch die Rechtskraft, weil sie sich in dem anhängigen Verfahren auswirkt. Würde das Gericht von dem Erlaß eines Teil- oder Zwischenurteils absehen, so dürfte das Endurteil allerdings keine Widersprüche enthalten. Das Gericht könnte der Klage nicht teilweise von einer bestimmten Rechtsauffassung aus stattgeben und sie wegen des Restes mit einer Begründung abweisen, die zu dieser Auffassung im Widerspruch stünde. Erläßt das Gericht jedoch ein Teilurteil, so kann es im Schlußurteil die Klage bezüglich des Restbetrages mit einer derartigen Begründung abweisen; der

[63] Hahn-Stegemann, Die gesammten Materialien zur Civilprozeßordnung (1881), S. 291.

[64] Vgl. Hahn-Stegemann, a. a. O., S. 292.

Erlaß eines Teilurteils wirkt sich nicht anders aus, als wenn der Kläger den ihm zugesprochenen Betrag in einem früheren, also in einem anderen Rechtsstreit eingeklagt hätte[65]. Hat das Gericht den Beklagten durch Teilurteil verurteilt, 10 000 DM Schadensersatz zu leisten und die Entscheidung über den Restbetrag dem Schlußurteil vorbehalten, dann kann es die Klage wegen der restlichen 20 000 DM abweisen, weil es, im Gegensatz zu seiner früheren Ansicht, jetzt der Auffassung ist, der Beklagte habe nicht rechtswidrig oder nicht schuldhaft gehandelt oder sein Verhalten habe den Schaden des Klägers nicht verursacht. Dem Gericht ist auf Grund des § 318 ZPO nur untersagt, die Klage auch insoweit abzuweisen, als ihr durch das Teilurteil stattgegeben worden ist. Der Beklagte muß also 10 000 DM zahlen, wenn nicht eine höhere Instanz anders entscheidet.

Es fragt sich jedoch, ob die Gründe eines Zwischenurteils im Rahmen des § 318 ZPO nicht möglicherweise eine größere Bedeutung haben als die eines Teilurteils. Ein Teilurteil erledigt einen Teil des Streitgegenstandes; in diesem Rahmen entscheidet es aber alle Streitpunkte. Das Teil- und das Schlußurteil sind jeweils aus sich heraus verständlich. Ein Zwischenurteil erledigt jedoch nur einen Streitpunkt. Es nimmt dem Endurteil eine Entscheidung ab, die sonst in ihm hätte getroffen werden müssen. Zwischenurteil und Endurteil enthalten also erst zusammengenommen die Erledigung der Punkte, über die die Parteien streiten; sie müssen zusammen gelesen werden.

Bei einem Teilurteil kann aber der Zusammenhang mit dem Schlußurteil ebenso eng sein wie bei einem Zwischenurteil und dem Endurteil. Hat der Kläger auf Feststellung seines Eigentums an einer Sache geklagt und im gleichen Rechtsstreit weiterhin Herausgabe der Sache oder Schadensersatz verlangt oder eine Unterlassungsklage erhoben, so stellt die Entscheidung über die Feststellungsklage durch Teilurteil eine Entscheidung über einen Streitpunkt dar, der für die Entscheidung im Schlußurteil von Bedeutung ist. Auch hier erledigen nur beide Urteile zusammen alle Punkte, über die die Parteien streiten; auch hier müssen also die beiden Urteile zusammengelesen werden. Es besteht daher kein Grund, den Entscheidungsgründen eines Zwischenurteils im Rahmen des § 318 ZPO größere Bedeutung beizumessen als den Gründen eines Teilurteils. Demgemäß heißt es auch in einem Urteil des Reichsgerichts[66], ohne daß zwischen einem Teil- und einem Zwischenurteil unterschieden wird: „Entscheidung i. S. dieser Gesetzesstelle (§ 318 ZPO) ist aber, gleich wie bei § 322 ZPO, nur die im Urteilssatz

[65] Vgl. Stein-Jonas-Schumann-Leipold, 19. Aufl., § 322 VI 8 b m. w. N.
[66] JW 1935, 39 ff.

festgestellte oder abgewiesene sachlich-rechtliche oder prozeß-rechtliche Folge aus dem zugrunde liegenden bestimmten Tatbestand. Nicht aber fallen unter die ‚Entscheidung' die sogenannten Urteilselemente, mag auch, wie sonst, zur Auslegung des Urteilssatzes der Inhalt der Gründe heranzuziehen sein."

Besondere Bedeutung kommt den Entscheidungsgründen bei der Auslegung von Grundurteilen zu. In manchen Fällen bleibt es dem Gericht überlassen, ob es einen Streitpunkt bereits im Grundurteil entscheidet oder ob es die Entscheidung über ihn dem Betragsverfahren überläßt. Dies gilt vor allem für die Dauer einer Rente, die zwar grundsätzlich im Grundurteil geklärt werden soll, aber, wenn Zweckmäßigkeitsgründe im Einzelfall hierfür sprechen, auch dem Verfahren über die Höhe vorbehalten werden kann[67]. Ist im Grundurteil ein Endtermin für die Zahlung der Rente angegeben, so kann dies verschiedene Bedeutung haben. Es kann damit zum Ausdruck gebracht worden sein, über diesen Zeitpunkt hinaus sei der Anspruch jedenfalls nicht begründet, das stehe schon jetzt fest; ob er aber bis zu diesem Termin bestehe, solle im Verfahren über die Höhe des Anspruchs geprüft werden. Die Zeitbestimmung kann aber auch den Inhalt haben, der Anspruch sei, das werde hiermit entschieden, bis zu diesem Zeitpunkt dem Grund nach gerechtfertigt. Ob das eine oder das andere gemeint ist, muß durch Auslegung ermittelt werden. Ein derartiger Fall war Gegenstand eines Urteils des Bundesgerichtshofs[68]. Im Jahre 1956 wurde eine 59jährige Frau bei einem Unfall tödlich verletzt. Ihr Mann machte u. a. einen Anspruch aus § 845 BGB geltend und erwirkte ein Grundurteil, in dem es hieß, der Anspruch des Klägers sei bis zum 31. Dezember 1974 dem Grund nach gerechtfertigt. Der Bundesgerichtshof führte aus, wie weit die Bindungswirkung eines Grundurteils reiche, lasse sich nur durch eine Auslegung im Einzelfall ermitteln. Dabei möge der Bestimmung eines Endzeitpunktes der Rentenverpflichtung unter Umständen nur die Bedeutung zukommen, daß über diesen Zeitpunkt hinaus keine Ansprüche gegeben seien, ohne daß ihre Berechtigung bis zu diesem Zeitpunkt schon grundsätzlich festgestellt sei; die Bestimmung eines Endzeitpunktes stelle dann nur die Feststellung einer Höchstfrist dar. Der Bundesgerichtshof war aber der Auffassung, daß die Zeitbestimmung in dem von ihm zu entscheidenden Falle eine andere Bedeutung hatte. Das Berufungsgericht habe sich nämlich, hat er dargelegt, nicht darauf beschränkt, die statistische Lebenserwartung einer Frau im Alter der Ehefrau des Klägers zu ermitteln, was noch eher die Annahme einer Höchst-

[67] RGZ 98, 222 (224).
[68] LM Nr. 6 zu § 578 ZPO.

frist nahelege; es habe vielmehr weiter festgestellt, es spreche nichts dafür, daß die Verstorbene dieses Lebensalter nicht auch erreicht hätte. Aus dieser Feststellung hat der Bundesgerichtshof gefolgert, daß das Berufungsgericht durch das Grundurteil entschieden habe, der Anspruch sei bis zu dem in dem Urteil angegebenen Zeitpunkt dem Grund nach gerechtfertigt. Diese Beurteilung, heißt es in dem Urteil des Bundesgerichtshofs zu dieser Frage abschließend, werde deshalb (unabhängig davon, ob sie sachlich gerechtfertigt sei) von der Wirkung des § 318 ZPO erfaßt.

Diese Auffassung entspricht der Rechtsprechung des Reichsgerichts. Als Beispiel sei eine Entscheidung[69] aus dem Jahre 1920 aufgeführt, in der der Kläger eine lebenslange Rente nach § 843 BGB verlangt hatte und sein Anspruch vom Berufungsgericht dem Grunde nach für gerechtfertigt erklärt war. Der Urteilstenor spricht hier dafür, daß durch das Grundurteil die Dauer der Rente bestimmt, sie also, wie beantragt, auf Lebenszeit des Klägers zu entrichten war. Gleichwohl hat das Reichsgericht dieses Urteil anders ausgelegt. In dem Berufungsurteil sei ausgeführt, es unterliege keinem Zweifel, daß der Kläger in seiner Erwerbstätigkeit beschränkt sei; wie lange aber diese Beschränkung gedauert habe, „bzw. in Zukunft dauern werde", müsse noch geklärt werden. Mit Recht hat das Reichsgericht hieraus den Schluß gezogen, daß die Rente nicht auf Lebensdauer zugebilligt worden sei. Die Formel des Grundurteils, die eine Beschränkung der Rentendauer nicht ergebe, heißt es zutreffend in dem Urteil des Reichsgerichts[70], sei insoweit nach Inhalt und Tragweite aus den Entscheidungsgründen auszulegen.

Ergebnis

Das Berufungsgericht ist gemäß § 318 ZPO nur an die Entscheidung gebunden, die in dem vom Revisionsgericht erlassenen Zwischenurteil enthalten ist; die Bindung erstreckt sich nicht auf die Gründe dieser Entscheidung. Das gleiche gilt für die Bindung des Revisionsgerichts im zweiten Rechtsgang.

IV. Der Wegfall der Bindung

1. Gegenstandslosigkeit des Zwischenurteils

Auch dem vom Revisionsgericht erlassenen Zwischenurteil kommt eine selbständige Bedeutung nicht zu[71]. Es kann gegenstandslos werden. Das

[69] RGZ 98, 222 ff.
[70] RGZ 98, 222/223.
[71] RGZ 89, 117 (119).

Zwischenurteil bleibt dann bestehen, und es hat auch, nach wie vor, bindende Kraft; diese Bindung kann sich aber nicht mehr auswirken. Dies ist z. B. der Fall, wenn der Kläger nach Erlaß des Zwischenurteils säumig ist; die Klage muß dann nach § 330 ZPO trotz des Zwischenurteils abgewiesen werden. Das gleiche gilt, wenn sich im Verfahren über die Höhe des Anspruchs herausstellt, daß dem Kläger ein ziffermäßig zu berechnender Schaden nicht erwachsen ist[72]. Diese Rechtsfolge kann auch eintreten, wenn der Klage nicht stattgegeben werden kann, weil sich erst im Betragsverfahren ergibt, daß die Prozeßvoraussetzungen nicht gegeben sind[73]. Die Klage muß dann abgewiesen werden; es fehlt an den Voraussetzungen für den Erlaß eines Sachurteils über die Höhe der Forderung. Mit einem derartigen Sachverhalt hatte sich das Reichsgericht[74] einmal zu befassen. Die Ehefrau des Klägers war bei einem Unfall tödlich verletzt worden. Der Kläger nahm den Beklagten zu 1 als Halter und den Beklagten zu 2 als Fahrer des Wagens gemäß § 845 BGB in Anspruch. Der verklagte Halter hatte die Rechtsanwälte beauftragt, die auch für den verklagten Fahrer auftraten. Dieser hatte ihnen aber keine Vollmacht erteilt. Das trat jedoch erst zutage, als das Grundurteil bereits gegen ihn ergangen war. Das Reichsgericht brauchte hier nicht die Frage zu erörtern, ob das Grundurteil seinerseits aufgehoben werden konnte. Die Klage mußte vielmehr abgewiesen werden, weil die Prozeßvoraussetzungen für den Erlaß eines Sachurteils über die Höhe des Anspruchs nicht gegeben waren; der verklagte Fahrer, der die Prozeßführung durch die Anwälte nicht genehmigt hatte, war nicht nach Vorschrift der Gesetze vertreten. Das Grundurteil konnte also aufrecht erhalten bleiben. Es belastete den Beklagten zu 2 nicht; es war gegenstandslos geworden.

2. Die Änderung des Sachverhalts

In den eben dargestellten Fällen bleibt das Zwischenurteil bestehen. Das Urteil behält auch seine bindende Kraft; die Bindung kann sich nur nicht mehr auswirken. Die Bindung kann jedoch auch rechtlich wegfallen. Auch hier wird das Zwischenurteil nicht aufgehoben; es wird aber nicht nur tatsächlich, sondern auch rechtlich wirkungslos. Die im Grundurteil unterlegene Partei versucht oft im Betragsverfahren, diese Rechtsfolge durch den Vortrag neuer, bisher nicht behaupteter Tatsachen herbeizuführen. Es fragt sich, ob der Beklagte nach Erlaß des — im Revisionsverfahren ergangenen — Grundurteils derartige Tatsachen geltend machen und hierdurch dem Grund-

[72] RGZ 89, 117 (119).
[73] Stein-Jonas-Schumann-Leipold, ZPO, 19. Aufl., § 304 III 2.
[74] RGZ 89, 117 ff.

urteil des Revisionsgerichts die bindende Wirkung nehmen kann oder ob die bindende Kraft des Grundurteils den Vortrag neuer Tatsachen ausschließt, also Präklusionswirkung hat.

Diese Frage ist in § 318 ZPO nicht geregelt. Die innerprozessuale Bindungswirkung ist aber mit der materiellen Rechtskraft verwandt[75]. Es ergibt sich daher zunächst das Problem, wie die Rechtslage in derartigen Fällen im Rahmen der materiellen Rechtskraft ist. Die Zivilprozeßordnung enthält keine ausdrückliche Regelung über die zeitlichen Schranken der Rechtskraft. Diese ergibt sich aber (aus § 323 ZPO und vor allem) aus § 767 ZPO. Der Beklagte kann die Zwangsvollstreckungsgegenklage erheben und hierdurch die Zwangsvollstreckung für unzulässig erklären lassen, wenn er Einwendungen vortragen kann, die erst nach dem Schluß der letzten mündlichen Verhandlung entstanden sind. „Denn das Urteil baut sich auf der letzten Tatsachenverhandlung auf und bestimmt damit die Tragweite seiner Rechtskraft"[76]. Die gleiche Regelung muß für die innerprozessuale Bindungswirkung gelten. Der Beklagte kann also nach Erlaß des im Revisionsverfahren ergangenen Grundurteils vor dem Berufungsgericht bisher nicht vorgetragene Tatsachen geltend machen, wenn diese Tatsachen nach der letzten mündlichen Verhandlung vor dem Berufungsgericht[77] im ersten Rechtsgang entstanden sind. Er kann diese Tatsachen[78], die sogenannten nachgeborenen Einwendungen[79], schon im Betragsverfahren vortragen[80]. Er braucht nicht das Urteil über die Höhe abzuwarten und dann die Zwangsvollstreckungsgegenklage gegen dieses Urteil einzulegen. Wollte man dies nicht annehmen, hat das Reichsgericht[81] zutreffend dargelegt, so komme man zu dem praktisch unbrauchbaren Ergebnis, daß das

[75] Blomeyer, ZPR, § 87 I 1 b (S. 429); Bötticher, Kritische Beiträge ..., S. 74 ff.; Stein-Jonas-Schumann-Leipold, ZPO, 19. Aufl., § 318 I 1; Wieczorek, ZPO, § 318 B; Zeuner, Die objektiven Grenzen der Rechtskraft im Rahmen rechtlicher Sinnzusammenhänge, S. 65.

[76] RGZ 144, 220 (222).

[77] Soweit die Tatsachen noch in der Revisionsinstanz vorgebracht werden können, gilt der Schluß der mündlichen Verhandlung vor dem Revisionsgericht.

[78] Nach h. M. müssen sie den tragenden Abweisungs- oder Verurteilungsgrund der Vorentscheidung betreffen. Vgl. Bötticher, ZZP 85, 1 (17); Grunsky, ZZP 76, 165 (167 ff.); Stein-Jonas-Schumann-Leipold, ZPO, 19. Aufl., § 322 X 4; Zeuner, Die objektiven Grenzen der Rechtskraft im Rahmen rechtlicher Sinnzusammenhänge, S. 33 ff.; ders., MDR 1956, 257. Vgl. aber auch Henckel, Prozeßrecht und materielles Recht (1970), S. 150 ff,. 170.

[79] BGH, LM Nr. 6 zu § 578 ZPO.

[80] Vgl. RG, JW 1913, 137; RGZ 121, 180 (182/183); Stein-Jonas-Schumann-Leipold, ZPO, 19. Aufl., § 304 III 2.

[81] JW 1913, 137 (138).

Gericht in dem Verfahren über den Betrag des Anspruchs eine nach Erlaß des Grundurteils von dem Beklagten geleistete Zahlung oder eine ihm nachträglich erwachsene Gegenforderung nicht mehr berücksichtigen dürfte, ihn vielmehr auf die Klage aus § 767 ZPO verweisen müßte. Es könne nicht angenommen werden, heißt es in dem Urteil weiter, daß der Gesetzgeber ein derart umständliches und unpraktisches Verfahren eingeführt habe.

Der Beklagte kann aber anläßlich der Zwangsvollstreckungsgegenklage keine Tatsachen vortragen, die vor der letzten mündlichen Verhandlung in der Tatsacheninstanz entstanden sind, mag er sie auch jetzt erst erfahren haben. Das gleiche gilt für die innerprozessuale Bindungswirkung. Das Grundurteil sei, hat das Reichsgericht[82] ausgeführt, mit den ordentlichen Rechtsmitteln anfechtbar, damit dieser Teil des Streites durch Entscheidung aller Instanzen endgültig erledigt werden könne; diese Regelung würde erheblich entwertet werden, wenn im Betragsverfahren Einwendungen zugelassen würden, deren Grundlagen zwar schon früher gegeben, die den Beklagten aber erst nachträglich bekannt geworden seien. Es müsse, wie im Fall des § 767 ZPO, verlangt werden, daß auch die Grundlage des Einwandes erst später entstanden sei.

Von dieser Regel besteht auch bei der innerprozessualen Bindung nur eine scheinbare Ausnahme in dem Fall, in dem der Beklagte nach Erlaß des Grundurteils erfahren hat, daß der Kläger die eingeklagte Forderung bereits vor Erhebung der Klage abgetreten hatte. Erst die Kenntnis von der Abtretung hat zur Folge, daß der Beklagte nicht mehr nach § 407 Abs. 2 BGB mit befreiender Wirkung an den Kläger zahlen kann. Diese Kenntnis bezieht sich somit nicht auf die Einwendung gegen den festgestellten Anspruch, sondern stellt ihrerseits einen Teil der Einwendung dar[83]; diese ist somit erst nach Erlaß des Grundurteils entstanden. Mit Recht hat das OLG *Düsseldorf*[84] entschieden, der Beklagte könne im Verfahren über den Betrag der Forderung auch gegenüber einem rechtskräftigen Grundurteil noch die Einrede der mangelnden Aktivlegitimation erheben, wenn er erst nach der letzten mündlichen Verhandlung von der Abtretung der Forderung Kenntnis erhalten habe[85].

Hat der Beklagte erst nach diesem Zeitpunkt das der Klage zugrunde liegende Rechtsgeschäft angefochten oder mit einer Gegenforderung auf-

[82] RGZ 138, 212 (214).

[83] RGZ 84, 286 (292); RG, HRR 1932 Nr. 1001.

[84] JW 1930, 1984.

[85] Es ist also unerheblich, daß der Kläger, was Isaac, JW 1930, 1984, und Stein-Jonas-Schumann-Leipold, ZPO, 19. Aufl., § 304 III 2 Fußn. 97, verkannt haben, die Forderung bereits vor Erlaß des Grundurteils abgetreten hatte.

gerechnet, bestanden aber Anfechtungsgrund und Aufrechnungsmöglichkeit schon vorher, dann kann er nach der — in der Rechtslehre[86] allerdings sehr umstrittenen — Auffassung der Rechtsprechung[87] die Zwangsvollstreckungsgegenklage nicht mehr mit Erfolg betreiben. Das gleiche gilt im Rahmen der innerprozessualen Bindungswirkung. Demgemäß hat das Reichsgericht[88] ausgeführt, der Beklagte könne im Betragsverfahren nicht geltend machen, er habe den Vertrag, auf dem die Klageforderung beruhe, nach Erlaß des Grundurteils angefochten, wenn der Anfechtungsgrund schon vor seinem Erlaß bestanden habe; es bestehe in dieser Hinsicht zwischen dem nachträglichen Vorbringen im Betragsverfahren und dem nachträglichen Vorbringen in der Vollstreckungsinstanz nach § 767 ZPO kein Unterschied.

Der Beklagte kann aber in einem (echten) Ausnahmefall auch Tatsachen im Betragsverfahren vortragen, die vor der letzten (maßgeblichen) mündlichen Verhandlung entstanden sind. Dies ist der Fall, wenn ein Wiederaufnahmegrund gegeben ist[89]. Der Bundesgerichtshof[90] hatte einen Sachverhalt zu beurteilen, in dem durch ein rechtskräftiges Grundurteil der auf § 845 BGB gestützte Anspruch des Klägers bis zum 31. Dezember 1974 dem Grund nach für gerechtfertigt erklärt war. Zu diesem Zeitpunkt wäre die durch den Unfall tödlich verletzte Ehefrau des Klägers, die bei dem Unfall 59 Jahre alt war, 77 Jahre alt geworden. Die Beklagten hatten später in den Akten des Versorgungsamtes Behandlungsscheine gefunden, aus denen sich, wie sie vortrugen, ergebe, daß die Ehefrau des Klägers leidend gewesen sei und ohne den Unfall spätestens mit Vollendung des 65. Lebensjahres gestorben wäre. Es ist sachgemäß, daß die Beklagten diesen Wiederaufnahmegrund (§ 580 Nr. 7 b ZPO), der sich auf das Grundurteil bezieht, im Betragsverfahren geltend machen können und, wie der Bundesgerichtshof mit Recht dargelegt hat, auch geltend machen müssen, „denn der einfachere ist dem umständlichen Weg prozessual stets vorzuziehen".

3. Die Änderung der Rechtslage oder der Rechtsprechung

Schließlich ist zu prüfen, ob die Bindungswirkung auch durch eine Gesetzesänderung wegfallen kann. Dieser Fall wird selten vorkommen; er

[86] Blomeyer, ZPR, § 90 II 2 (S. 468); Lent, DR 1942, 868 ff.; Zeuner, Die objektiven Grenzen der Rechtskraft im Rahmen rechtlicher Sinnzusammenhänge, S. 106 ff.

[87] RGZ 64, 228: BAG 3, 17 (19); BGHZ 24, 97; BGHZ 34, 274; BGHZ 42, 37.

[88] RGZ 138, 212 (213).

[89] Vgl. Blomeyer, ZPR, § 106 I 1 (S. 594); Gilles, ZZP 78, 466 (483 ff.); Stein-Jonas-Grunsky, ZPO, 19. Aufl., § 578 I 3; Wilts, NJW 1963, 1532.

[90] LM Nr. 6 zu § 578 ZPO.

kann aber eintreten, wenn nach Erlaß des Grundurteils ein Gesetz mit rückwirkender Kraft erlassen wird, das zur Folge hat, daß der eingeklagte Anspruch nunmehr nicht mehr besteht. Kann das Grundurteil noch angefochten werden, dann kann der Gesetzesänderung im Rechtsmittelverfahren Rechnung getragen werden. Dies ist aber bei den vom Revisionsgericht erlassenen Grundurteilen nicht möglich. Auch hier ist zunächst wieder zu prüfen, wie die Rechtslage in derartigen Fällen im Rahmen der materiellen Rechtskraft ist. Ist in dem neuen Gesetz keine Bestimmung enthalten, die die Anwendung des Gesetzes auf rechtskräftig abgeschlossene Sachverhalte anordnet, dann ist davon auszugehen, daß diese Fälle nicht von dem Gesetz erfaßt werden[91]. In der Rechtslehre[92] ist allerdings vorgeschlagen worden, § 79 BVerfGG entsprechend anzuwenden; der Beklagte solle sich also gegen die Zwangsvollstreckung, falls sie noch nicht durchgeführt worden ist, gemäß § 767 ZPO zur Wehr setzen können. § 79 BVerfGG regelt jedoch den Fall, daß das Gesetz, das der Verurteilung des Beklagten zugrunde lag, verfassungswidrig und damit von Anfang an nichtig war, während das alte Gesetz hier gültig war und nur später, rückwirkend, durch ein anderes Gesetz ersetzt worden ist[93]. In diesem Fall wird man, wie der Bundesgerichtshof[94] zutreffend dargelegt hat, in der Regel nicht annehmen können, daß ein Gesetz, für das rückwirkende Kraft vorgeschrieben sei, sich auch auf die bereits durch rechtskräftiges Urteil definitiv festgestellten Verhältnisse beziehe, deren endgültige Erledigung also nachträglich wieder umgestoßen werden solle. Ob diese Regelung für ein formell rechtskräftiges Grundurteil entsprechend anzuwenden ist, ist zweifelhaft. Der Rechtsstreit ist noch nicht erledigt, er ist noch anhängig, und dem Grundurteil kommt eine selbständige Bedeutung nicht zu[95]; die Klage kann noch abgewiesen werden, wenn der Kläger im Betragsverfahren säumig, ihm kein ziffermäßig zu berechnender Schaden erwachsen ist oder die Prozeßvoraussetzungen für ein Sachurteil nicht gegeben sind. Andererseits ist über den Grund des Anspruchs endgültig entschieden, und auf diesen, nicht auf die Höhe als solche, wirkt sich das neue Gesetz aus. In den Motiven[96] ist die selbständige Anfechtbarkeit des Grundurteils mit der Erwägung begründet worden, es

[91] BGHZ 3, 82; Habscheid, ZZP 78, 401 (428); Stein-Jonas-Schumann-Leipold, ZPO, 19. Aufl., § 322 X 7.

[92] Gaul, Die Grundlagen des Wiederaufnahmerechts und die Ausdehnung der Wiederaufnahmegründe, Bielefeld (1956), S. 211 ff.

[93] So zutreffend Habscheid, ZZP 78, 401 (429).

[94] BGHZ 3, 82 (85).

[95] RGZ 89, 117 (119).

[96] Hahn-Stegemann, Die gesammten Materialien zur Civilprozeßordnung, 1. Abteilung, 2. Aufl. (1881), S. 601.

empfehle sich, über den Grund des Anspruchs eine sichere und unabänderliche Feststellung zu gewinnen. Das Grundurteil hat auch eine Ähnlichkeit mit einem Urteil, durch das festgestellt wird, daß der Beklagte verpflichtet ist, den Schaden des Klägers zu ersetzen. Es erscheint daher sachgerecht, auch bei einem formell rechtskräftigen Grundurteil die Regelung anzuwenden, die im Rahmen der materiellen Rechtskraft gilt[97]. Enthält dieses Gesetz aber eine Bestimmung, wonach es sich auch auf rechtskräftig entschiedene Fälle erstreckt, so ist diese Anordnung auch im Bereich der innerprozessualen Bindung maßgebend. Es ist dann aber stets zu prüfen, ob das Gesetz nicht möglicherweise verfassungswidrig ist; hierbei sind die Grundsätze zu beachten, die das Bundesverfassungsgericht bei der Prüfung von (belastenden) Gesetzen entwickelt hat, die sich „echte" Rückwirkung beigelegt haben[98].

Hat sich die Rechtsprechung nach Erlaß des im Revisionsverfahren ergangenen Grundurteils zum Nachteil des Klägers geändert, so kann dies ebensowenig wie in dem Fall berücksichtigt werden, in dem ein Urteil in materielle Rechtskraft erwachsen ist.

Ergebnis

Auch ein vom Revisionsgericht erlassenes Zwischenurteil wird gegenstandslos, wenn die Klage durch das Endurteil des Berufungsgerichts abgewiesen wird.

Es verliert seine bindende Wirkung, wenn der Beklagte neue (zur Klageabweisung führende) Tatsachen vortragen kann; dies ist der Fall, wenn die Tatsachen nach der letzten mündlichen Verhandlung vor dem Berufungsgericht im ersten Rechtsgang entstanden sind oder dem Beklagten ein Wiederaufnahmegrund zur Seite steht.

Eine Gesetzesänderung läßt in der Regel ein formell rechtskräftiges Zwischenurteil auch dann unberührt, wenn es sich rückwirkende Kraft beilegt. Eine nachträgliche Änderung der Rechtsprechung ist stets unerheblich.

[97] So auch Zöller-Degenhart, ZPO, 11. Aufl., § 318 Anm. 1 b.

[98] Vgl. BVerfGE 13, 261 (270 ff.); BVerfGE 21, 117 (131 ff.); BVerfGE 22, 241 (248); BVerfGE 24, 220 (229); BVerfGE 25, 371 (403 ff.); BVerfGE 30, 392 (401); Schmidt-Bleibtreu-Klein, Komm. z. Grundgesetz für die Bundesrepublik Deutschland, 3. Aufl. (1973), Art. 2 Rdnr. 16 f.

ZWEITES KAPITEL

Die Bindung an die rechtliche Beurteilung des Revisionsgerichts

§ 3 Die Voraussetzungen der Bindung

I. Die Rechtsgrundlage der Bindung

Im ersten Kapitel sind die Fälle behandelt worden, in denen das Revisionsgericht einen Streitpunkt selbst durch ein Zwischenurteil entscheidet. Die Sache gelangt dann insoweit nicht an das Berufungsgericht zurück. Dieses kann über den bereits entschiedenen und damit erledigten Streitpunkt nicht mehr befinden. Es ist an die Entscheidung des Revisionsgerichts gebunden; es kann sie nicht aufheben oder ändern und darf sich in dem von ihm zu erlassenden Endurteil mit ihr auch nicht in Widerspruch setzen. Die Bindung erstreckt sich auf die Entscheidung als solche; an die Entscheidungsgründe ist das Berufungsgericht nicht gebunden.

In diesem — zweiten — Kapitel wird die Rechtslage erörtert, die gegeben ist, wenn das Revisionsgericht keine Entscheidung in der Sache selbst trifft, also keinen Streitpunkt durch Zwischenurteil erledigt, seine Entscheidung sich vielmehr in der Aufhebung des angefochtenen Urteils und der Zurückverweisung der Sache erschöpft. Hier gelangt die Sache in vollem Umfang an das Berufungsgericht zurück. Dieses muß alle Streitpunkte selbst entscheiden. Bei Erlaß der von ihm zu treffenden Entscheidung ist es aber in gewissem Umfang gebunden. Die Bindung kann sich hier nur auf die Gründe des revisionsgerichtlichen Urteils beziehen. § 318 ZPO, der eine Entscheidung voraussetzt, ist nicht anwendbar. Rechtsgrundlage für die Bindung ist vielmehr § 565 Abs. 2 ZPO, der, wie folgt, lautet: „Das Berufungsgericht hat die rechtliche Beurteilung, die der Aufhebung zugrunde gelegt ist, auch seiner Entscheidung zugrunde zu legen.“ Diese Vorschrift gilt auf Grund des § 72 Abs. 3 ArbGG auch im Verfahren vor den Arbeitsgerichten. Im Strafverfahren ist in § 358 Abs. 1 StPO eine gleichlautende Bestimmung enthalten.

§ 565 Abs. 2 ZPO unterscheidet sich also dadurch von § 318 ZPO, daß er keine Bindung an eine — noch gar nicht ergangene — Entscheidung, sondern eine Bindung an die Gründe des revisionsgerichtlichen Urteils anordnet. Er hat mit dieser Vorschrift aber gemeinsam, daß auch er eine innerprozessuale Bindungswirkung herbeiführt. Die Bindung wirkt sich innerhalb desselben, noch nicht beendeten Prozesses aus, und sie hat nur in diesem Rechtsstreit Bedeutung. Dies gilt selbst dann, wenn dieselben Parteien einen gleichliegenden anderen Prozeß führen. Mit Recht hat das Reichsgericht[1] ausgeführt, die Bindung, der das Berufungsgericht in § 565 Abs. 2 ZPO unterworfen werde, bestehe nur für seine Entscheidung nach Aufhebung seines früheren Urteils in der gleichen Sache; in einem späteren neuen Rechtsstreit sei das Berufungsgericht an die rechtliche Auffassung des Reichsgerichts in einem früheren Prozesse auch dann nicht gebunden, wenn der Streit von denselben Parteien geführt werde und dasselbe Rechtsverhältnis zur Grundlage habe.

II. Der Nichteintritt der Bindung

1. Fehlen der rechtlichen Beurteilung

Das Berufungsgericht ist an die „rechtliche Beurteilung" der Sache durch das Revisionsgericht gebunden. Der Gesetzgeber hat diese Formulierung gewählt, um, wie es in den Motiven[2] heißt, die Bindungswirkung gegen die Gefahr einer zu engen Auslegung und Anwendung sicherzustellen; aus diesem Grunde sei statt der Begriffe Rechtsnorm[3], Rechtsansicht[4] oder Rechtsgrundsätze[5] der Ausdruck „rechtliche Beurteilung" gewählt, welchem eine weite Bedeutung beiwohne. Zur rechtlichen Beurteilung gehören die Rechtsausführungen in ihrer Gesamtheit[6]. Sie können sich auf die Gültigkeit, den Anwendungsbereich, den Inhalt von gesetzlichen Bestimmungen beziehen oder Erfahrungssätze und Denkgesetze zum Inhalt haben. Auch die Subsumtion des Sachverhalts unter eine gesetzliche Vorschrift stellt eine rechtliche Beurteilung dar. Das Reichsgericht[7] hat zutreffend dargelegt, daß

[1] JW 1937, 2229.

[2] Hahn-Stegemann, Die gesammten Materialien zur Civilprozeßordnung, 1. Abteilung, 2. Aufl. (1881), S. 372.

[3] So § 683 des preuß. Entwurfs und § 852 Nr. 3 des nordd. Entwurfs.

[4] Darauf stellte es Art. 820 des bayer. Entwurfs ab.

[5] Dieser Vorschlag war u. a. in Art. 11 der preuß. Deklaration vom 6. 4. 1839, in § 3 des Gesetzes v. 20. 3. 1854, in § 623 Abs. 3 des hannov. Entwurfs, in § 712 Abs. 3 des österr. Entwurfs und in § 1023 des sächs. Entwurfs enthalten.

[6] Vgl. Blomeyer, ZPR, § 104 VII, 3 a (S. 582); Thomas-Putzo, ZPO, 7. Aufl., § 565 Anm. 2 b, aa.

[7] Markenschutz und Wettbewerb 1918/1919, 33 = JW 1918, 562 = Warn. 1918 Nr. 195.

die bindende Kraft eines Revisionsurteils, welches die Entscheidung des Berufungsgerichts aufhebt und die Sache an die Vorinstanz zurückverweist, sich nicht nur auf die Ausführungen über Rechtsnormen und Rechtsgrundsätze erstreckt, sondern auch deren Anwendung auf das tatsächliche Vorbringen der Parteien umfaßt. In einer anderen Entscheidung, fährt das Reichsgericht[8] dementsprechend fort: „Hat also das Revisionsgericht diese Anwendung selbst vorgenommen, so ist dies auch für das Berufungsgericht bindend." Hat somit das Revisionsgericht das Verhalten des Beklagten als fahrlässig angesehen[9] oder festgestellt, eine Kündigung sei sittenwidrig oder verstoße nicht gegen die guten Sitten[10], so ist diese Beurteilung für das Berufungsgericht bindend, wenn sie zur Aufhebung seines Urteils geführt hat.

Die Feststellung von Tatsachen stellt jedoch keine rechtliche Beurteilung dar[11]. Eine solche Tätigkeit fällt nicht in den Aufgabenbereich des Revisionsgerichts. Dieses ist vielmehr seinerseits nach § 561 ZPO an die tatsächlichen Feststellungen des Berufungsgerichts gebunden, wenn diese fehlerfrei zustande gekommen sind. Zur Tatsachenfeststellung gehört auch die Beweiswürdigung. Das Revisionsgericht hat, wenn eine entsprechende Revisionsrüge erhoben ist, nachzuprüfen, ob die Beweiswürdigung auf einem Gesetzesverstoß beruht; es kann die von den Tatsachengerichten erhobenen Beweise aber nicht selbst würdigen, also nicht seine Würdigung an die Stelle der tatrichterlichen Würdigung setzen. Enthält das Urteil des Revisionsgerichts gleichwohl Ausführungen zur Beweiswürdigung, so binden sie das Berufungsgericht nicht. Habe das Reichsgericht bei Aufhebung eines Berufungsurteils auch hinsichtlich der Richtigkeit der Tatsachenwürdigung Bedenken und Zweifel geäußert, hat das Reichsgericht[12] mit Recht entschieden, so sei das Berufungsgericht, an das die Sache zurückverwiesen sei, an die diesbezüglichen Ausführungen des Revisionsgerichts nicht gebunden.

Das Revisionsgericht muß allerdings in Ausnahmefällen selbst Tatsachen feststellen[13]. Dies ist u. a. erforderlich, wenn es um die Frage geht, ob die Revision zulässig ist. Das Vorbringen solcher Tatsachen, heißt es bereits in

[8] RGZ 90, 23 (25); vgl. auch RG, JW 1896, 230.
[9] RGZ 90, 23 ff.
[10] Vgl. BAG 16, 21 (25).
[11] Vgl. Lent-Jauernig, ZPR, 15. Aufl. § 74 V, 3 (S. 223); Schönke, Die Bindung des Berufungsgerichts an das Urteil des Revisionsgerichts gemäß § 565 Abs. 2 ZPO (1934), S. 47; Vierhaus, ZZP 6, 217 (231).
[12] Das Recht 1908 Nr. 1425; vgl. auch RG, JW 1901, 8.
[13] Vgl. Stein-Jonas-Grunsky, ZPO, 19. Aufl., § 561 II, 2 m. w. N.

den Motiven[14] zu § 500, dem heutigen § 561 ZPO, welche sich auf die Zulässigkeit des Rechtsmittels bezögen, wie z. B. die Behauptung eines Verzichts, werde durch § 500 nicht berührt. In derartigen Fällen erschöpft sich aber die Bedeutung der vom Revisionsgericht festgestellten Tatsachen bei der Beantwortung der Frage, ob die Revision zulässig ist, so daß sachlich über sie entschieden werden kann, oder ob dies nicht der Fall ist, die Revision also als unzulässig verworfen werden muß. Für eine Bindung des Berufungsgerichts ist hier kein Raum. Demgemäß heißt es bei *Vierhaus*[15], daß eine den Berufungsrichter bindende tatsächliche Beurteilung im Revisionsurteil nicht vorkommen könne. Der Aufsatz von *Vierhaus* ist jedoch im Jahre 1883 erschienen. Seitdem hat sich der — heute von der herrschenden Meinung[16] anerkannte — Grundsatz entwickelt, daß das Revisionsgericht auch in anderen Fällen berechtigt und verpflichtet sei, Tatsachen festzustellen; dies sei vor allem bei den von Amts wegen zu prüfenden Prozeßvoraussetzungen der Fall. Der V. Zivilsenat[17] des Bundesgerichtshofs hatte sich in einem Rechtsstreit, den die Söhne Gerhart Hauptmanns gegeneinander führten, mit der Frage zu befassen, ob der Kläger prozeßführungsbefugt sei. Da es sich bei der Prozeßführungsbefugnis um eine Prozeßvoraussetzung handele, hat er ausgeführt[18], habe das Revisionsgericht die zur Beurteilung ihres Vorliegens notwendigen Tatsachenfeststellungen ohne Bindung an den Tatrichter selbst zu treffen. § 561 ZPO bestimme zwar, fährt der Senat fort, daß der Revisionsrichter hinsichtlich der Tatfrage eingeengt sei. Dieser Grundsatz erleide aber eine wesentliche Durchbrechung, soweit es sich um die Prüfung der Prozeßvoraussetzungen handele. Insoweit sei ein neuer Tatsachenvortrag in der Revisionsinstanz beachtlich und der Revisionsrichter in der Würdigung (sowohl dieses als auch) des bereits vom Berufungsgericht gewürdigten Tatsachenstoffs frei und zur eigenen Beweisaufnahme berufen. Folgt man dieser Ansicht, dann ergibt sich die Frage, ob das Berufungsgericht an die vom Revisionsgericht festgestellten Tatsachen gebunden ist, wenn die Sache wieder in die zweite Instanz gelangt. § 565 Abs. 2 ZPO sieht nur eine Bindung des Berufungsgerichts an die rechtliche

[14] Hahn-Stegemann, Die gesammten Materialien zur Civilprozeßordnung, 1. Abteilung, 2. Aufl. (1881), S. 371.

[15] ZZP 6, 217 (231).

[16] Vgl. RGZ 86, 15 (16); RGZ 159, 83 (84); RGZ 160, 338 (348); BGHZ 7, 280 (284); BGHZ 30, 112 (114); BGHZ 31, 279 (282); Blomeyer, ZPR, § 104 V, 2 (S. 574/575); Mattern, JZ 1963, 649 ff.; Rosenberg-Schwab, ZPR, 10. Aufl. § 146 II, 3 (S. 769); Stein-Jonas-Grunsky, ZPO, 19. Aufl. § 561 II, 2. A. A. Rimmelspacher, Zur Prüfung von Amts wegen im Zivilprozeß (1966), S. 41 ff., 194 ff.

[17] BGHZ 31, 279 ff.

[18] BGHZ 31, 279 (281).

Beurteilung des Revisionsgerichts vor, nicht an dessen Tatsachenfeststellungen. Diese Regelung ist aber getroffen worden, weil der Gesetzgeber davon ausging, das Revisionsgericht könne, von der Zulässigkeit der Revision abgesehen, keine Tatsachen feststellen. Der Gesetzgeber hat also nicht die Bindung an — zulässigerweise getroffene — tatsächliche Feststellungen des Revisionsgerichts verneint; er hat vielmehr eine Regelung hierüber nicht für erforderlich gehalten, weil ein solcher Fall nach der damaligen Rechtsauffassung nicht eintreten konnte. Es fragt sich deshalb, ob § 565 Abs. 2 ZPO in diesem Fall entsprechend anzuwenden ist. Diese Frage richtet sich nach dem Sinn und Zweck der Bindung. Sie wird später[19] behandelt werden. Hier soll der Hinweis genügen, daß § 565 Abs. 2 ZPO jedenfalls eine Bindung des Berufungsgerichts an revisionsgerichtliche Tatsachenfeststellungen nicht ausschließt, soweit das Revisionsgericht berechtigt und verpflichtet war, derartige Feststellungen zu treffen.

2. Fehlen der Kausalität

Nach § 565 Abs. 2 ZPO ist das Berufungsgericht an die rechtliche Beurteilung gebunden, auf der die Aufhebung seines Urteils durch das Revisionsgericht beruht. Unmittelbar aus dem Wortlaut der Vorschrift ergebe sich damit, hat das Reichsgericht[20] zutreffend ausgeführt, daß eine Bindung des erneut mit der Sache befaßten Berufungsgerichts nicht etwa an alle Teile der Beurteilung des Revisionsgerichts stattfinden solle. Es stehe außer Frage, daß der Ergänzungssatz „welcher der Aufhebung zugrunde gelegt ist", nur einen Teil davon der Bindung unterwerfen wolle. Insoweit bestehe unter allen Auslegern der Bestimmung Einigkeit[21].

Für diese Auslegung spricht auch die Entstehungsgeschichte. Der Gesetzgeber hat sich nicht den Verfahrensgesetzen angeschlossen, in denen es hieß, bei dem ferneren Verfahren und der anderweiten Entscheidung hätten sich die Gerichte nach den durch das Erkenntnis des Revisionsrichters festgestellten Rechtsgrundsätzen zu richten[22]. Vorbild für ihn waren vielmehr die

[19] Vgl. S. 147 ff.

[20] DR 1942, 1237 (1238).

[21] Vgl. auch RG, DR 1917 Nr. 445; BGHZ 3, 321 (325) m. w. N. auf die Rechtsprechung des Reichsgerichts; Blomeyer, ZPR, § 104 VII, 3 b (S. 583); Müller-Sax, (KMR), StPO, 6. Aufl. § 358 Anm. 1 b; Schönke, Die Bindung des Berufungsgerichts an das Urteil des Revisionsgerichts gemäß § 565 Abs. 2 ZPO (1934); S. 50; Schultzenstein, ZZP 48, 63 (90); Vierhaus, ZZP 6, 217 (234 ff.).

[22] So § 3 des preuß. Gesetzes vom 20. 3. 1854 und § 60 Abs. 3 der Verordnung vom 24. 6. 1867 für Schleswig-Holstein, Kurhessen und Nassau; vgl. den Wortlaut dieser Bestimmungen bei Vierhaus, ZZP 6, 217 (222 Fußn. 9).

Gesetze und Entwürfe, die anordneten, daß die rechtliche Beurteilung nur maßgebend sei, wenn das Obergericht oder der höchste Gerichtshof sie der ausgesprochenen Vernichtung zugrunde gelegt habe[23].

Eine Bindung kommt deshalb einmal nicht in Betracht, soweit das Revisionsgericht Rechtsgrundsätze entwickelt hat, die zur Entscheidung des vorliegenden Falles nicht erforderlich sind (obiter dicta)[24]. Eine Bindung tritt weiter nicht ein, soweit das Revisionsurteil nur Hinweise enthält[25]; Hinweise sind nur Ratschläge, und Ratschläge können vom Berufungsgericht angenommen oder abgelehnt werden.

Schließlich führt die Billigung von Erwägungen des Berufungsgerichts durch das Revisionsgericht als solche keine Bindung herbei[26]. Die Ausführungen, mit denen das Revisionsgericht dem Berufungsgericht zustimmt, können aber mittelbar der aus einem anderen Grunde unmittelbar ausgesprochenen Aufhebung zugrunde liegen. Ob sie dann an der Bindungswirkung teilnehmen, wird im folgenden erörtert werden. Hier soll festgestellt werden, daß die Billigung in dieser ihrer Eigenschaft nicht dazu führt, das Berufungsgericht in dem neuen Verfahren an seine frühere, vom Revisionsgericht geteilte Ansicht zu binden.

[23] So Art. 750 Abs. 4 der Württembergischen Civilprozeßordnung vom 3. 4. 1868; § 683 des preuß. Entwurfs von 1864 und § 623 Abs. 3 des hannoverschen Entwurfs, vgl. den Wortlaut dieser Vorschriften bei Vierhaus, ZZP 6, 217 (223 Fußn. 9 und 10).

[24] Vgl. dazu Schlüter, Das Obiter dictum, München 1973.

[25] Das ist in der Rechtsprechung und in der Rechtslehre allgemein anerkannt. Vgl. RAG, HRR 1933 Nr. 1432; BGH, JR 1956, 430; Baumbach-Lauterbach-Albers-Hartmann, ZPO, 31. Aufl. § 565, 2 A; Sarstedt, Die Revision in Strafsachen, 4. Aufl. (1962), S. 116. Auch aus der Entscheidung des III. Zivilsenats des RG (JW 1927, 845) kann man nicht, wie Wieczorek, ZPO, § 565 C III c 3 meint, den Schluß ziehen, das RG halte höchstrichterliche Hinweise für das Berufungsgericht für verbindlich. Zwar hat der III. Zivilsenat in diesem Urteil (zu Unrecht) entschieden, eine rechtliche Beurteilung nehme auch dann an der bindenden Kraft gemäß § 565 Abs. 2 ZPO teil, wenn sie in dem aufhebenden und zurückverweisenden Urteil in der Form einer Richtlinie für die künftige Entscheidung des Berufungsgerichts enthalten sei. Zu dieser Entscheidung ist der III. Zivilsenat des RG aber nur deshalb gelangt, weil er der Auffassung war, in der Sache handele es sich nicht um einen Hinweis; die rechtliche Beurteilung, legt er dar, bilde einen Bestandteil der gesamten Gedankenzusammenhänge, auf denen die Aufhebung des früheren Urteils beruhe.

[26] Vgl. Schönke, Die Bindung des Berufungsgerichts an das Urteil des Revisionsgerichts gemäß § 565 Abs. 2 ZPO (1934), S. 61.

Ergebnis

Das Berufungsgericht ist nach § 565 Abs. 2 ZPO nur an die rechtliche Beurteilung des Revisionsgerichts gebunden; die Feststellung von Tatsachen durch das Revisionsgericht stellt keine rechtliche Beurteilung dar. Eine Bindung besteht nur, wenn die rechtliche Beurteilung für die Aufhebung des angefochtenen Urteils kausal ist. An dieser Voraussetzung fehlt es bei den Ausführungen, die zur Entscheidung des vorliegenden Falles nicht erforderlich waren (obiter dicta) und bei Hinweisen. Die Billigung von Erwägungen des Berufungsgerichts durch das Revisionsgericht führt als solche ebenfalls keine Bindung herbei.

§ 4 Der Umfang der Bindung

I. Unmittelbare und mittelbare Aufhebungsgründe

1. Das Problem

Es genügt nach alledem für eine Bindungswirkung nicht, daß die rechtliche Beurteilung in dem Urteil des Revisionsgerichts enthalten ist. Sie muß vielmehr der Aufhebung des Berufungsurteils zugrunde liegen; sie muß diese verursacht haben. Es fragt sich aber, wann dies der Fall ist, wann also die rechtliche Beurteilung für die Aufhebung des Berufungsurteils kausal geworden ist.

Nach *einer* Auffassung ist § 565 Abs. 2 ZPO eng auszulegen. Hiernach tritt die Bindungswirkung nur ein, wenn die rechtliche Beurteilung die Aufhebung unmittelbar herbeigeführt hat. Hat das Revisionsgericht das Urteil des Berufungsgerichts aufgehoben, weil es zu Unrecht die haftungsbegründende Kausalität verneint hat, dann ist das Berufungsgericht im zweiten Rechtsgang an die Auffassung des Revisionsgerichts gebunden, daß diese Kausalität gegeben ist; es muß diese Ansicht seiner neuen Entscheidung zugrunde legen. Hat das Revisionsgericht das angefochtene Urteil aufgehoben, weil bei der Bejahung der Fahrlässigkeit ein Rechtsfehler begangen ist, dann darf das Berufungsgericht, wenn die Sache wieder in die zweite Instanz gelangt, diesen Fehler nicht wiederholen; es muß sich die Beurteilung des Revisionsgerichts zu eigen machen. Ist das angefochtene Urteil aufgehoben, weil die bisher getroffenen Feststellungen nicht ausreichten, um einen Schaden des Klägers zu bejahen, dann darf das Berufungsgericht nicht ohne weitere Ermittlungen zu dem Ergebnis gelangen, ein Schaden sei doch eingetreten; es muß sich insoweit an die Ausführungen des Revisionsgerichts halten. Im übrigen ist das Berufungsgericht nach dieser Auffassung frei. Es kann also, wenn die Aufhebung wegen der Schadenshöhe erfolgt ist, die anderen Ausführungen des Berufungsgerichts jedoch gebilligt worden sind, die Klage abweisen, wenn es, im Gegensatz zu seiner früheren Ansicht, nunmehr der Ansicht ist, der Rechtsweg sei nicht gegeben oder eine Partei sei nicht prozeßführungsbefugt, oder weil es meint, es fehle an der haftungsbegründenden Kausalität oder der Rechtswidrigkeit oder der Schuld. Zwar hätte das Revisionsgericht das Berufungsurteil nicht wegen seiner Ausführungen zur Höhe des Schadens aufgehoben, wenn es der Auffassung gewesen wäre, eine Prozeßvoraussetzung liege nicht vor oder das Verhalten des Beklagten habe den Unfall nicht rechtswidrig und schuldhaft herbeigeführt; es hätte das angefochtene Urteil sonst aufgehoben, weil es an diesen Voraussetzungen fehlt. Die Ausführungen des Berufungsgerichts zu diesen Punkten hat das Revisionsgericht aber gebilligt; mißbilligt hat es lediglich die Darlegungen zur Höhe des Schadens. Nur aus diesem Grund hat es das Berufungsurteil aufgehoben. Was es gebilligt hat, liegt nach dieser Auslegung des § 565 Abs. 2 ZPO der Aufhebung des angefochtenen Urteils nicht zugrunde. Es ist also unerheblich, daß das Revisionsgericht, wenn es den übrigen Ausführungen des Berufungsgerichts nicht zugestimmt hätte, das angefochtene Urteil aus einem anderen Grunde hätte aufheben müssen, als dies geschehen ist.

Es spielt auch keine Rolle, daß das Revisionsgericht überhaupt nicht zu einer Aufhebung des Berufungsurteils gelangt wäre, es die Revision vielmehr als unbegründet zurückgewiesen hätte, wenn es bestimmten Darlegungen des Berufungsgerichts nicht beigetreten wäre. Nehmen wir an, der Kläger, der durch das schuldhafte Verhalten einer Hilfsperson des Beklagten einen Schaden erlitten hat, habe seine Klage auf Ersatz dieses Schadens auf Vertrag und unerlaubte Handlung gestützt, das Berufungsgericht habe das Vorliegen eines Vertrages verneint, der Klage aber stattgegeben, weil der Beklagte den ihm obliegenden Entlastungsbeweis nach § 831 BGB nicht erbracht habe. Das Revisionsgericht billigt die Ausführungen des Berufungsgerichts, die den Abschluß eines Vertrages verneinen, hebt das angefochtene Urteil jedoch auf, weil zu strenge Anforderungen an den Entlastungsbeweis gestellt worden seien. Das Berufungsgericht ist dann im zweiten Rechtsgang an die Beurteilung hierüber gebunden. Im übrigen ist es frei. Kommt es — auch bei gleichbleibendem Sachverhalt — jetzt zu dem Ergebnis, zwischen den Parteien sei ein Vertrag zustande gekommen, dann muß es der Klage stattgeben, ohne daß der Beklagte sich entlasten kann (§ 278 BGB). Das Revisionsgericht hätte zwar das Berufungsurteil nicht aufgehoben, wenn es dieser Auffassung gewesen wäre; es hätte dann nur die Begründung des angefochtenen Urteils mißbilligt, die Entscheidung aber aus einem anderen Grund für richtig gehalten und deshalb (§ 563 ZPO) die Revision zurückgewiesen. Gleichwohl liegt nach der engen Auslegung des § 565 Abs. 2 ZPO die Billigung der Ausführungen zum Fehlen eines Vertragsabschlusses nicht der Aufhebung des angefochtenen Urteils zugrunde. Einen Fehler hat das Berufungsgericht nach der Ansicht des Revisionsgerichts nur bei der Überspannung der Beweisführungspflicht im Rahmen der unerlaubten Handlung gemacht; nur dieser Fehler hat zur Aufhebung des Urteils geführt. Daß das Revisionsgericht anderenfalls (wenn es das Zustandekommen eines Vertrages bejaht hätte), das Berufungsurteil nicht aufgehoben hätte, ist unerheblich. Entscheidend ist allein, was unmittelbar zur Aufhebung des Urteils geführt hat, und das ist der Fehler bei der Anwendung des § 831 BGB.

Diese Auffassung legt also § 565 Abs. 2 ZPO eng aus, so eng wie möglich. Ihr steht eine Meinung gegenüber, die die Bindungswirkung in größerem Umfang bejaht. Nach dieser Ansicht ist die rechtliche Beurteilung des Revisionsgerichts nicht nur dann bindend, wenn sie unmittelbar zur Aufhebung des angefochtenen Urteils geführt hat; es genügt vielmehr, daß sie der Aufhebung mittelbar zugrunde liegt.

Der mittelbare Aufhebungsgrund umfaßt zwei Tatbestände. Einmal ist (auch) die rechtliche Beurteilung bindend, die zur logischen Voraussetzung der aus einem anderen Grund unmittelbar erfolgten Aufhebung gehört[1]. Hat das Revisionsgericht das Berufungsurteil wegen eines sachlich-rechtlichen Fehlers aufgehoben, dann kann das Berufungsgericht die Klage nicht mehr abweisen, weil eine Prozeßvoraussetzung nicht gegeben sei. Voraussetzung für die Aufhebung wegen eines materiell-rechtlichen Fehlers ist das Vorliegen der Prozeßvoraussetzungen[2]. Das angefochtene Urteil hätte somit aus einem anderen Grund, eben deshalb aufgehoben werden müssen, weil es an den Voraussetzungen für den Erlaß eines Sachurteils fehlt. Mittelbar liegt demnach der Aufhebung aus einem sachlich-rechtlichen Grund die (das Berufungsgericht bindende) Beurteilung zugrunde, die Prozeßvoraussetzungen seien gegeben. Wird das Berufungsurteil aufgehoben, weil die Feststellungen des Berufungsgerichts nicht ausreichten, um darzutun, daß die Verletzung, die der Kläger durch ein rechtswidriges und schuldhaftes Ver-

[1] Vgl. Skonietzki-Gelpcke, ZPO (1911), § 565 Anm. 9.

[2] H. M., vgl. Schönke-Kuchinke, ZPR, 9. Aufl. § 74 I, 2 (S. 333). Die Frage, ob die Zulässigkeit der Klage Voraussetzung für das Eingehen auf ihre Begründetheit ist, ist jedoch neuerdings streitig geworden; sie wird verneint von Grunsky, ZZP 80, 55 (58); Lindacher, Anm. zu BAG, NJW 1967, 1389; Rimmelspacher, Zur Prüfung von Amts wegen im Zivilprozeß (1966), S. 109 ff.

halten des Beklagten erlitten hat, den eingeklagten Schaden herbeigeführt habe, dann liegt dieser Auffassung, die unmittelbar zur Aufhebung des Berufungsurteils geführt hat, mittelbar die rechtliche Beurteilung zugrunde, daß der Beklagte rechtswidrig und schuldhaft gehandelt hat; fehlte es hieran, dann hätte das Revisionsgericht das Berufungsurteil aus diesen, logisch vorrangigen, Gründen aufheben müssen[3]. Das Berufungsgericht kann also diese Tatbestandsmerkmale des § 823 Abs. 1 BGB nicht mehr in Frage stellen. Hat das Revisionsgericht das Berufungsurteil aufgehoben, weil eine Klausel des Vertrages oder eine gesetzliche Bestimmung nicht richtig angewendet worden sei, dann beruht diese Entscheidung, mittelbar, auf der rechtlichen Würdigung, daß der Vertrag auf die Parteien anwendbar und gültig sei und die gesetzliche Vorschrift nicht gegen das Grundgesetz verstoße. Diese rechtliche Beurteilung ist auch dann für das Berufungsgericht bindend, wenn sie keinen Ausdruck im Revisionsurteil gefunden hat, ihm vielmehr nur stillschweigend zugrunde liegt. Entscheidend ist allein, daß das Revisionsgericht anderenfalls das Berufungsurteil nicht (unmittelbar) so aufgehoben hätte, wie es geschehen ist.

Der mittelbare und der unmittelbare Aufhebungsgrund können in dieser Fallgruppe miteinander im Zusammenhang stehen, wie dies bei der Anwendbarkeit und der Gültigkeit des Vertrages der Fall sein kann. Ein derartiger Zusammenhang ist aber nicht erforderlich; das Vorliegen einer Prozeßvoraussetzung braucht nichts mit der Begründetheit der Klage zu tun zu haben. Es kommt nur darauf an, daß der mittelbare Aufhebungsgrund die logisch notwendige Voraussetzung für den unmittelbaren Aufhebungsgrund ist.

Die Auffassung, es reiche zur Anwendbarkeit des § 565 Abs. 2 ZPO aus, daß die rechtliche Beurteilung der Aufhebung des Berufungsurteils mittelbar zugrunde liegt, umfaßt weiterhin eine zweite Fallgruppe. Die Aufhebung beruht hiernach auch dann mittelbar auf der rechtlichen Beurteilung des Revisionsgerichts, wenn sie mit dem unmittelbaren Aufhebungsgrund logisch zusammenhängt, wenn sie einen Teil des Gedankenzusammenhangs darstellt, der zu der Aufhebung des Urteils geführt hat[4]. Ein Beispiel für einen derart „untrennbaren Zusammenhang" bildet der Fall, daß das Revisionsgericht die Ausführungen des Berufungsgerichts billigt, es sei kein Vertrag zwischen den Parteien zustande gekommen, der Beklagte hafte also

[3] Dieser Schluß ist allerdings, soweit das Berufungsurteil aus sachlich-rechtlichen Erwägungen aufgehoben wird, nicht zwingend; das Revisionsgericht braucht sich an die Reihenfolge der Tatbestandsmerkmale nicht zu halten.

[4] Schönke, Die Bindung des Berufungsgerichts an das Urteil des Revisionsgerichts gemäß § 565 Abs. 2 ZPO (1954), S. 51 m. w. N.

nicht für das Verschulden seiner Hilfsperson nach § 278 BGB, es aber das Berufungsurteil, das der Klage stattgegeben hat, aufhebt, weil es zu strenge Anforderungen an den Entlastungsbeweis gestellt hat. „Hier beschränkt sich zwar", führt *Matthiessen*[5] aus, „die der Aufhebung unmittelbar zugrunde liegende Erörterung auf den § 831, aber auch die rechtliche Beurteilung aus § 278, die mit derjenigen des Berufungsgerichts übereinstimmt, liegt der Aufhebung mit zugrunde. Denn hätte das Revisionsgericht den § 278 für anwendbar gehalten, so käme es auf den Entlastungsbeweis aus § 831 gar nicht an, dann wäre es also nicht zur Aufhebung des Berufungsurteils, sondern zur Zurückweisung der Revision gekommen. Die rechtliche Beurteilung des Revisionsgerichts aus § 278 ist also mitbestimmend für die Aufhebung geworden." Die Formulierung, es liege hier zwischen dem mittelbaren und dem unmittelbaren Aufhebungsgrund ein „untrennbarer Zusammenhang"[6] vor, ist allerdings irreführend. Die Frage, ob zwischen den Parteien ein Vertrag zustande gekommen ist, hat mit der Frage, ob der Beklagte den Entlastungsbeweis geführt hat, nichts zu tun. Der Zusammenhang besteht allein darin, daß es nicht zur Aufhebung des Urteils gekommen wäre, wenn das Revisionsgericht bezüglich des mittelbaren Aufhebungsgrunds anderer Ansicht gewesen wäre, es also in unserem Beispiel den Abschluß eines Vertrages angenommen hätte.

Der mittelbare Aufhebungsgrund hat also in der ersten Gruppe zur Voraussetzung, daß die Aufhebung aus einem anderen Grund, eben dem unmittelbaren Aufhebungsgrund, erfolgte, in der zweiten, daß die Aufhebung überhaupt ausgesprochen und die Revision nicht zurückgewiesen wurde. Die beiden Fallgruppen haben aber gemeinsam, daß die rechtliche Beurteilung, die der Aufhebung mittelbar zugrunde liegt, stets oder jedenfalls in der Regel — ausdrücklich oder stillschweigend — eine Billigung von Ausführungen des Berufungsgerichts enthält. Die Billigung als solche führt zwar nicht die Bindungswirkung herbei. Ob dies der Fall sein kann, wird später bei der Frage erörtert (und verneint) werden, ob das Revisionsgericht unabhängig von § 565 Abs. 2 ZPO bestimmte Streitpunkte mit der Maßgabe abschließend beurteilen kann, daß diese Beurteilung von dem Berufungsgericht nicht mehr erörtert werden darf. Die Billigung von Ausführungen des Berufungsgerichts durch das Revisionsgericht schließt aber nach dieser Auffassung nicht die Anwendbarkeit des § 565 Abs. 2 ZPO aus, soweit sie, mittelbar, der Aufhebung des Berufungsurteils zugrunde gelegt ist. Nicht alles, was das Revisionsgericht billigt, liegt mittelbar der Aufhebung zu-

[5] Anm. zu RG, JW 1930, 3314 (3315).
[6] Matthiessen, Anm. zu RG, JW 1930, 3315.

grunde. Ist dies jedoch der Fall, dann ist das Berufungsgericht nach dieser Ansicht an die Ausführungen des Revisionsgerichts gebunden; es kann also seiner Entscheidung (auch) insoweit keine andere Auffassung zugrunde legen, als dies im revisionsgerichtlichen Urteil geschehen ist.

Die auch heute noch streitige Frage, ob die enge oder die weite Auslegung des § 565 Abs. 2 ZPO vorzuziehen ist, hat die Rechtsprechung seit eh und je beschäftigt. Bevor diese Frage erörtert wird, soll deshalb eine Übersicht über diese Rechtsprechung gegeben und die Stellungnahme der Rechtslehre zu ihr dargelegt werden.

2. *Der Stand der Meinungen*

a) Die Auffassung der Rechtsprechung

aa) Die Rechtsprechung des Reichsgerichts in Zivilsachen

Das Reichsgericht[7] hat § 565 Abs. 2 ZPO in zahlreichen Urteilen eng ausgelegt und entschieden, die rechtliche Beurteilung, die das Berufungsgericht binde, beziehe sich nur auf die rechtliche Würdigung, welche die Beurteilung des Berufungsgerichts mißbillige und daher die Aufhebung des Berufungsurteils unmittelbar herbeigeführt habe[8]. Dagegen betreffe, heißt es in einem anderen Urteil des Reichsgerichts[9], die Bindung nicht auch solche Punkte, hinsichtlich deren im Revisionsurteil Angriffe der Revision zurückgewiesen worden seien oder ausgesprochen werde, daß die Entscheidung des Berufungsgerichts keinen Rechtsirrtum erkennen lasse. Zwar könne mit einem solchen Ausspruch des Revisionsgerichts auch die Entscheidung verbunden sein, daß das Berufungsurteil auch nicht gemäß § 563 ZPO aus anderen Gründen aufrechterhalten werden könne; aber auch in solchen Fällen liege die Bestätigung der Rechtsansicht des Berufungsgerichts nicht der Aufhebung des Berufungsurteils zugrunde. Die aufhebende Entscheidung des Revisionsgerichts beruhe vielmehr ausschließlich auf der Gesetzesverletzung durch das Berufungsgericht; diese Gesetzesverletzung werde nur nicht durch einen anderen Umstand wieder wettgemacht. Aus diesen Ausführungen ergibt sich, daß das Reichsgericht in dem oben[10] erörterten Fall, in dem der Kläger durch ein Verschulden einer Hilfsperson des Beklagten

[7] Vgl. auch die Übersicht bei Schönke, Die Bindung des Berufungsgerichts an das Urteil des Revisionsgerichts gemäß § 565 Abs. 2 ZPO (1934), S. 52 ff.

[8] RG, JW 1930, 3314 (3315).

[9] HRR 1930 Nr. 826.

[10] Vgl. S. 64 und S. 67.

verletzt worden war, eine Bindung des Berufungsgerichts nur bezüglich seiner Ausführung zu § 831 BGB bejaht, bezüglich der Darlegungen zu dem vertraglichen Anspruch aber verneint. Das Berufungsgericht hat dadurch, daß es den Abschluß eines Vertrages ablehnte, keinen Rechtsfehler begangen; seine Auffassung ist insoweit vom Revisionsgericht nicht mißbilligt, sondern gebilligt worden. Allerdings wäre das Berufungsurteil nicht aufgehoben worden, wenn das Revisionsgericht den Abschluß eines Vertrages angenommen hätte. Das Berufungsurteil, das der Klage stattgegeben hatte, wäre dann im Ergebnis, wenn auch aus einem anderen Grunde, gerechtfertigt gewesen; die Revision hätte also zurückgewiesen werden müssen. Gleichwohl liegt die rechtliche Beurteilung der vertraglichen Ansprüche nach der Ansicht des Reichsgerichts nicht der Aufhebung des Berufungsurteils zugrunde. Das Urteil ist nur wegen der Gesetzesverletzung bei der Anwendung des § 831 BGB aufgehoben worden, „und diese Gesetzesverletzung durch das Berufungsgericht wird nur nicht durch einen anderen Umstand (durch die Annahme, zwischen den Parteien sei ein Vertrag zustande gekommen) wieder wettgemacht“[11].

Das Reichsgericht hat es bei der Bindungswirkung des Revisionsurteils nicht auf den Gegensatz unmittelbarer Aufhebungsgrund — mittelbarer Aufhebungsgrund abgestellt. Es hat vielmehr der Auffassung, die rechtliche Beurteilung beziehe sich nur auf die Würdigung, die das Berufungsurteil mißbillige und die der Aufhebung unmittelbar zugrunde liege, die Ansicht gegenüber gestellt, die Billigung von Darlegungen des Berufungsgerichts durch das Revisionsgericht stelle eine abschließende Beurteilung mit der Folge dar, daß sie im zweiten Rechtsgang nicht mehr in Frage gestellt werden könne. Diese Ansicht, zu der später Stellung genommen wird, wurde in einer Reihe von Entscheidungen vom III. Zivilsenat[12] des Reichsgerichts vertreten. Sie ist aber in der grundlegenden Entscheidung[13] vom 21. Januar 1942 aufgegeben worden. Der III. Zivilsenat des Reichsgerichts zog daraus, daß er seine frühere Rechtsprechung in diesem Punkte aufgab, die Folgerung, daß nur der unmittelbare Aufhebungsgrund bindende Wirkung hat. Die Rechtsprechung der übrigen Senate, heißt es in dem Urteil[14], lasse keine Abweichung von der Auffassung erkennen, daß die in § 565 Abs. 2 ZPO angeordnete Bindung nur solche Punkte betreffe, deren Beurteilung mißbilligt worden sei und infolgedessen die Aufhebung unmittelbar herbei-

[11] RG, HRR 1930 Nr. 826.

[12] Vgl. RGZ 90, 23 (25); RGZ 91, 134 (136); RG Markenschutz und Wettbewerb 1918/19, 33 = JW 1918, 562.

[13] RG, DR 1942, 1237 ff.

[14] RG, DR 1942, 1237 (1239).

geführt habe, daß hingegen insoweit, als ein Angriff der Revision zurückgewiesen oder ausgesprochen worden sei, daß die Beurteilung des Berufungsgerichts rechtsirrtumsfrei oder als zutreffend zu bestätigen sei, das Berufungsgericht bei erneuter Würdigung in tatsächlicher oder rechtlicher Hinsicht frei sei. Das Reichsgericht hat also die Frage, ob die Billigung von Ausführungen des Berufungsgerichts durch das Revisionsgericht mittelbar der Aufhebung zugrunde liege und daher an der Bindungswirkung teilnehme, gar nicht gestellt. Es ist, als selbstverständlich, davon ausgegangen, daß sie zu verneinen sei, und eine Bindung, wenn überhaupt, nur in Betracht kommen könne, wenn man annehme, insoweit habe eine abschließende Beurteilung stattgefunden, die eine erneute Erörterung ausschließe.

In einigen Entscheidungen hat das Reichsgericht aber in der Sache die Auffassung vertreten, auch der mittelbare Aufhebungsgrund habe der Aufhebung eines Berufungsurteils zugrunde gelegen, auch insoweit sei daher eine Bindung des Berufungsgerichts eingetreten. Das Berufungsgericht ist dann in einem Punkte gebunden, obwohl es in dieser Beziehung noch keinen Rechtsfehler begangen hat, der vom Revisionsgericht hätte gerügt werden können. Das Reichsgericht stellt es in diesen Entscheidungen auch nicht darauf ab, daß die rechtliche Würdigung mittelbar der Aufhebung zugrunde liege. Es führt vielmehr aus, das Berufungsurteil sei aus einem bestimmten Grund (Erwägung a) aufgehoben worden; das Berufungsgericht sei also insoweit an die rechtliche Beurteilung des Revisionsgerichts gebunden. Eine andere Darstellung (Erwägung b) des Revisionsgerichts stehe aber mit dieser (bindenden) rechtlichen Würdigung „in engem Zusammenhang“[15], sie bilde „einen Bestandteil der gesamten Gedankenzusammenhänge, auf denen die Aufhebung des früheren Urteils“[16] beruhe. Das Reichsgericht geht davon aus, der enge Zusammenhang zwischen der Erwägung a und der Erwägung b habe zur Folge, daß auch diese der Aufhebung des Berufungsurteils unmittelbar zugrunde liege. In der Sache wird in diesen Entscheidungen aber die Auffassung vertreten, auch der mittelbare Aufhebungsgrund habe bindende Wirkung, wenn er dem unmittelbaren logisch vorausgehe oder mit ihm logisch zusammenhänge.

Zwei Entscheidungen, in denen das Reichsgericht im Ergebnis ausnahmsweise auch den mittelbaren Aufhebungsgrund an der Bindungswirkung teilnehmen läßt, sind besonders anschaulich.

[15] RG, Warn. 1928 Nr. 168.

[16] RG, JW 1927, 845; vgl. auch RG, JW 1906, 361 (362); RG, Warn. 1929 Nr. 87.

In dem ersten Rechtsstreit[17] handelte es sich darum, ob die Einrede des Schiedsvertrages begründet sei. Die Parteien waren Buchmacher und als solche einem Vertrag beigetreten, der ein Bezirksschiedsgericht des Verbandes konzessionierter Buchmacher Deutschlands und, als Berufungsgericht, ein großes Verbandsschiedsgericht vorsah. Es fragte sich, ob der Vertrag auch Anwendung finde, wenn auch der Wettende Buchmacher war. Weiter war umstritten, ob die Schiedsgerichtsklausel bereits in Kraft getreten sei; dies war zweifelhaft, weil nur das Bezirksschiedsgericht, aber noch nicht das große Verbandsschiedsgericht gebildet worden war. Das Reichsgericht hatte die erste Frage in Übereinstimmung mit dem Berufungsgericht bejaht, das Berufungsurteil aber wegen eines Rechtsfehlers bei der Behandlung der zweiten Frage aufgehoben. Im zweiten Rechtsgang führte das Reichsgericht[18] aus, es könne nunmehr nicht mehr in Zweifel gezogen werden, daß der Vertrag auch dann anwendbar sei, wenn beide Parteien Buchmacher seien. Die Auffassung, daß der Vertrag auch in diesem Fall gelte, hänge mit dem Grund, aus dem die Aufhebung erfolgt sei (also dem Rechtsfehler bei der Behandlung der zweiten Frage, ob die Schiedsgerichtsklausel bereits in Kraft getreten sei), so eng zusammen, daß auch sie zur rechtlichen Beurteilung gehöre, die zur Aufhebung des Berufungsurteils geführt habe. Das Problem aber, für welchen Personenkreis ein Vertrag gilt, hat mit dem weiteren Problem, ob eine bestimmte Klausel dieses Vertrages bereits wirksam geworden ist, nichts zu tun. Da das Revisionsgericht die Bejahung der ersten Frage durch das Berufungsgericht im ersten Rechtsgang gebilligt hatte, beruhte die Aufhebung des Berufungsurteils, wenn man es nur auf den unmittelbaren Aufhebungsgrund abstellt, nicht auf dieser rechtlichen Würdigung. Darauf, ob die Schiedsgerichtsklausel bereits Wirksamkeit erlangt hatte, kam es allerdings nur an, wenn der Vertrag auch in dem Fall anwendbar war, daß beide Parteien Buchmacher waren. Die erste Frage ging der zweiten logisch voraus. Ihre Bejahung war Voraussetzung für die Aufhebung des Berufungsurteils wegen eines Rechtsfehlers bei der Behandlung der zweiten Frage; sie stellt aber nicht den Aufhebungsgrund oder einen Teil des Aufhebungsgrunds dar.

In der zweiten Entscheidung[19] hatte die verklagte Bank einen Scheck des klagenden Kunden eingelöst und dessen Konto dementsprechend belastet. Hiergegen wandte sich der Kläger, da der Scheck verfälscht war. Das Berufungsgericht hatte die Klage abgewiesen, weil ein Verschulden des Klägers vorgelegen habe. Das Reichsgericht hob dieses Urteil auf, da die

[17] RG, Warn. 1926 Nr. 157.
[18] RG, Warn. 1928 Nr. 168.
[19] RGZ 100, 55 ff.

Ausführungen des Berufungsgerichts zur Schuld des Klägers und zum Mitverschulden der Beklagten fehlerhaft seien. Im zweiten Rechtsgang machte die verklagte Bank mit der Revision geltend, es komme auf das Verschulden der Parteien nicht an, da ihr, auch wenn der Kläger nicht schuldhaft gehandelt habe, ein Anspruch aus Auftrag zustehe. Das Reichsgericht hat ausgeführt, dieser Revisionsangriff gehe fehl. Die Revision setze sich, heißt es in dem Urteil[20], insoweit in Widerspruch zu der Rechtsauffassung, die der Aufhebung des früheren Berufungsurteils durch das erste Urteil des erkennenden Senats zugrunde liege. Denn nach diesem Urteil sei ein Erstattungsanspruch der Beklagten nur für begründet erachtet worden, weil die infolge der Verfälschung des Schecks geleistete Zuvielzahlung durch eine schuldhafte Verletzung des Scheckvertrages auf seiten des Klägers verursacht worden sei. An diese Rechtsauffassung sei gemäß § 565 Abs. 2 ZPO das Berufungsgericht bei der erneuten Verhandlung und Entscheidung des Rechtsstreits im zweiten Rechtszug gebunden. Daß das frühere Revisionsurteil bei der Begründung dieser Rechtsansicht auf die von der Revision als verletzt bezeichnete Vorschrift nicht eingegangen sei, sei belanglos. Unmittelbare Aufhebungsgründe des Berufungsurteils waren aber nur die Rechtsfehler, die das Berufungsgericht bei der Bejahung des Verschuldens durch den Kläger und der Verneinung eines Mitverschuldens durch die Beklagte gemacht hatte. Die Auffassung des Berufungsgerichts, daß die Bank nur dann einen Anspruch gegen den Kläger habe, wenn dieser schuldhaft den Scheckvertrag verletzt habe, ist vom Revisionsgericht gebilligt worden. Das Berufungsgericht hat insoweit keinen Fehler gemacht, den das Revisionsgericht gerügt hätte. Aus diesem Grunde konnte daher das Berufungsurteil nicht aufgehoben worden sein. Gewiß hätte das Reichsgericht das Berufungsurteil nicht wegen der rechtlichen Behandlung der Schuldfrage aufgehoben, wenn die Beklagte auch dann einen Anspruch gegen den Kläger gehabt hätte, falls dieser nicht schuldhaft gehandelt hätte. Die Erwägung, den Kläger müsse ein Verschulden treffen, ist aber nur die logische Voraussetzung für den Aufhebungsgrund; sie stellt nicht den unmittelbaren Aufhebungsgrund oder einen Teil dieses Aufhebungsgrunds dar.

Diese Entscheidungen sind aber nur Ausnahmen. In der Regel[21] hat das Reichsgericht an seiner Auffassung festgehalten, daß die in § 565 Abs. 2 ZPO angeordnete Bindung nur solche Punkte betreffe, deren Beurteilung mißbilligt worden sei und infolgedessen die Aufhebung unmittelbar herbei-

[20] RGZ 100, 55 (59/60).

[21] Der VII. Zivilsenat des Reichsgerichts (HRR 1930 Nr. 826) hat ausgeführt, es handele sich bei dieser Auslegung des § 565 Abs. 2 ZPO um die ständige Rechtsprechung des Reichsgerichts.

geführt habe. In der Entscheidung vom 21. Januar 1942 faßt der III. Zivilsenat[22] des Reichsgerichts die nunmehr von allen Senaten geteilte Rechtsauffassung zusammen.

In folgenden 5 Fällen tritt danach keine Bindungswirkung ein:

1. Das Revisionsurteil erwähnt einen Teil des Streitstoffes nicht; es entscheidet vielmehr ausschließlich auf Grund anderer Teile des Streitstoffes.

2. Das Revisionsurteil erwähnt den Streitpunkt zwar, stellt seine Beurteilung aber dahin.

3. Das Revisionsurteil verweist wegen eines Teils des Streitstoffes auf die Würdigung durch das Berufungsgericht und stellt mit mehr oder weniger eingehender Begründung die Abwesenheit rechtlicher Irrtümer fest.

4. Das Revisionsurteil bestätigt die Bescheidung durch das Berufungsgericht zwar im Ergebnis, aber mit anderer Begründung.

5. Das Revisionsurteil beanstandet die Würdigung eines Streitpunktes durch das Berufungsgericht, stellt seine Beurteilung jedoch als für die Entscheidung unwesentlich hin.

Eine Bindung ist vielmehr nur im folgenden 6. Fall gegeben:

6. Das Revisionsgericht beanstandet die Würdigung eines Streitpunktes durch das Berufungsgericht und knüpft hieran die Aufhebung des Berufungsurteils.

bb) Die Rechtsprechung des Bundesgerichtshofs in Zivilsachen

Der Auffassung des Reichsgerichts hat sich der Bundesgerichtshof[23] angeschlossen. Dies geschah zuerst durch ein Urteil des I. Zivilsenats[24] des Bundesgerichtshofs vom 6. November 1951. Der Senat hatte über eine Schadensersatzforderung einer schwedischen Versicherungsgesellschaft gegen die Bundesrepublik zu entscheiden, der ein Zusammenstoß des bei der Klägerin versicherten Dampfers „Bothnia" mit dem Hilfskreuzer „Schiff 10" der früheren deutschen Kriegsmarine zugrunde lag. Es ging hier zunächst um das Problem, ob die etwaige Forderung der Klägerin von § 14 UmstG

[22] DR 1942, 1237 (1238).

[23] Vgl. hierzu Hussla, DRiZ 1964, 33 ff. m. w. N. auf nicht veröffentlichte Urteile des Bundesgerichtshofs.

[24] BGHZ 3, 321 ff.

erfaßt wurde. War dies der Fall, dann war die Klage abzuweisen, weil keine Umstellung erfolgt war. War aber § 14 UmstG nicht anwendbar, dann war zu prüfen, ob der Zusammenstoß auf ein Verschulden der Besatzung des Hilfskreuzers zurückzuführen war. Das Berufungsgericht hatte der Klage dem Grunde nach stattgegeben, weil die Voraussetzungen des § 14 UmstG nicht gegeben seien und die Besatzung des Hilfskreuzers schuldhaft gehandelt habe. Der Oberste Gerichtshof[25] für die Britische Zone hatte als Revisionsgericht die Ausführungen zum Umstellungsgesetz gebilligt, das Berufungsurteil aber aufgehoben, weil ein Beweisangebot der Beklagten übergangen worden sei. Im zweiten Rechtsgang tauchte das Problem auf, ob das Berufungsgericht bei der umstellungsrechtlichen Behandlung der Sache durch das Revisionsgericht gebunden war. Unmittelbarer Aufhebungsgrund war ein verfahrensrechtlicher Fehler (bei der Feststellung des Verschuldens). Mittelbar lag dieser Aufhebung aber die rechtliche Beurteilung zugrunde, daß § 14 UmstG nicht anzuwenden sei. Denn anderenfalls wäre das Berufungsurteil aus diesem Grunde aufgehoben (und die Klage abgewiesen) worden. Die Klägerin, zu deren Gunsten die umstellungsrechtliche Frage entschieden war, wolle, hat der I. Zivilsenat[26] des Bundesgerichtshofs ausgeführt, § 565 Abs. 2 ZPO weit auslegen; sie meine, das Berufungsgericht sei auch an die mittelbaren Grundlagen der Aufhebung gebunden. Dieser Auffassung, heißt es in dem Urteil weiter, vermöge der Senat aber nicht beizutreten. Eine Bindung bestehe nur wegen der Punkte, deren rechtsirrtümliche Würdigung die Aufhebung unmittelbar herbeigeführt habe[27]. Das Berufungsgericht war also, was die Umstellung der eingeklagten Forderung anging, nicht an seine frühere, vom Revisionsgericht gebilligte, Auffassung gebunden. Es war vielmehr berechtigt und verpflichtet, diese Frage erneut zu prüfen. Kommt es hierbei zu einer anderen Auffassung, muß es die Klage abweisen, obwohl das Berufungs- und das Revisionsgericht im ersten Rechtsgang die Ansicht vertreten hatten, die Voraussetzungen des § 14 UmstG seien nicht gegeben.

Dieser engen Auslegung des § 565 Abs. 2 ZPO ist der IV. Zivilsenat[28] des Bundesgerichtshofs in einer Scheidungssache gefolgt. Der Senat hat im ersten Rechtsgang die Ausführungen des Berufungsgerichts gebilligt, die Zerrüttung der Ehe beruhe auf dem überwiegenden Verschulden des klagenden Mannes; er hatte das angefochtene Urteil aber aufgehoben, weil es § 48 Abs. 2 S. 2 EheG a. F. verletzt habe. Es fragte sich im zweiten Rechtsgang, ob das

[25] OGHZ 2, 378 ff.
[26] BGHZ 3, 321 (325).
[27] BGHZ 3, 321 (326).
[28] FamRZ 1963, 282 ff.

Berufungsgericht die Auffassung vertreten konnte, die Zerrüttung der Ehe beruhe nicht überwiegend auf dem Verschulden des Mannes. Der IV. Senat hat diese Frage auch für den Fall bejaht, daß keine neuen Tatsachen vorgetragen worden seien. Die Ausführungen des Senats, der die Auffassung des Berufungsurteils zur überwiegenden Schuld des Mannes gebilligt habe, schlössen es nicht aus, daß die Schuld des Klägers im zweiten Rechtsgang erneut und selbständig geprüft werde. Nach § 565 Abs. 2 ZPO, heißt es in dem Urteil des Senats[29], sei aber das Berufungsgericht nur an die Beurteilung des Revisionsgerichts wegen derjenigen Punkte gebunden, deren rechtsirrtümliche Würdigung die Aufhebung unmittelbar herbeigeführt habe. Das Berufungsgericht konnte also im zweiten Rechtsgang die Auffassung vertreten, die Zerrüttung der Ehe sei nicht überwiegend auf ein Verschulden des Klägers zurückzuführen, obwohl es im ersten Rechtsgang die entgegengesetzte Ansicht vertreten hatte und diese Ansicht vom Revisionsgericht geteilt worden war.

Auch der VIII. Zivilsenat[30] des Bundesgerichtshofs hat § 565 Abs. 2 ZPO in dieser Weise ausgelegt. Der Senat hatte im ersten Revisionsurteil das angefochtene Urteil des Berufungsgerichts wegen eines Gesetzesverstoßes bei einer sachlich-rechtlichen Frage aufgehoben. Er war, als selbstverständlich, ebenso wie das Berufungsgericht davon ausgegangen, daß die Beklagte rechts- und damit parteifähig war. Erst im zweiten Rechtsgang war dies zweifelhaft geworden. Die Aufhebung des Berufungsurteils war unmittelbar wegen einer Verletzung des materiellen Rechts erfolgt. Mittelbar lag ihr aber die Beurteilung zugrunde, die Beklagte sei parteifähig. Anderenfalls hätte das Berufungsurteil aus diesem Grunde aufgehoben (und die Klage abgewiesen) werden müssen. Der VIII. Zivilsenat hat eine Bindung des Berufungsgerichts abgelehnt, weil die stillschweigende Bejahung der Parteifähigkeit der Beklagten nicht unmittelbar zu der rechtlichen Würdigung gehöre, welche die Aufhebung des Berufungsurteils herbeigeführt habe.

Auch der V. Zivilsenat[31] des Bundesgerichtshofs hat §565 Abs. 2 ZPO eng ausgelegt. Er hatte im ersten Revisionsurteil die Auffassung des Berufungsurteils gebilligt, daß ein Testament in einer bestimmten Weise auszulegen sei, das Berufungsurteil aber aufgehoben, weil die Frage der Anfechtung des Testaments nicht fehlerfrei behandelt worden sei. Unmittelbarer Aufhebungsgrund war der Rechtsfehler bei der Verneinung der Anfechtung. Mittelbar lag der Aufhebung aber die Auffassung zugrunde, daß das Testament so ausgelegt werde, wie es das Berufungsgericht getan hatte;

[29] FamRZ 1963, 282 (283).
[30] MDR 1959, 121 ff.
[31] NJW 1969, 661 ff.

anderenfalls wäre eine Anfechtung nicht in Betracht gekommen. Der Senat hat eine Bindung insoweit abgelehnt und den Leitsatz aufgestellt: „Hat das Revisionsgericht Rügen gegen die Auslegung eines Testaments für unbegründet erachtet, das Urteil aber aus dem Gesichtspunkt der Anfechtung aufgehoben, so ist das Berufungsgericht nach Zurückverweisung nicht gehindert, das Testament anders auszulegen." Der V. Zivilsenat hat sich damit in der Sache der engen Auslegung des § 565 Abs. 2 ZPO angeschlossen und die Auffassung abgelehnt, daß auch dem mittelbaren Aufhebungsgrund eine bindende Wirkung zukomme. Er hat dies allerdings nicht klar erkannt. Er hat ausgeführt, die Auffassung, ob nur der unmittelbare Aufhebungsgrund binde, müsse überprüft werden. Er könne diese Frage aber offen lassen, da die im ersten Revisionsurteil enthaltenen Darlegungen zur Auslegung des Testaments der Aufhebung des angefochtenen Urteils überhaupt nicht, also auch nicht mittelbar zugrunde gelegen hätten, „auch nicht etwa um deswillen, weil die nach dem Sachverhalt in Betracht zu ziehende Anfechtung des Testaments eine bestimmte Auslegung zur Voraussetzung hat"[32]. Diese Auffassung ist nicht zutreffend. Wenn eine Anfechtung nur in Betracht kommt, falls das Testament in einer bestimmten Weise, nämlich so ausgelegt wird, wie dies im Revisionsurteil geschehen ist, dann liegt diese Auslegung der Aufhebung des Berufungsurteils unter dem Gesichtspunkt der Anfechtung mittelbar zugrunde; denn anderenfalls hätte der Senat das Berufungsurteil nicht wegen eines Rechtsverstoßes bei der Verneinung der (gar nicht in Betracht kommenden) Anfechtung aufheben können. In der Sache enthält demnach dieses Urteil des V. Zivilsenats auch ein Bekenntnis zur engen Auslegung des § 565 Abs. 2 ZPO.

In einigen Entscheidungen hat der Bundesgerichtshof allerdings in Sonderfällen[33] anders entschieden. Er hat jedoch auch in diesen Urteilen betont, daß grundsätzlich nur der unmittelbare Aufhebungsgrund bindende Wirkung habe. Das Reichsgericht und der Bundesgerichtshof, hat der II. Zivilsenat[34] des Bundesgerichtshofs ausgeführt, hätten den Standpunkt vertreten, daß das Berufungsgericht nur an die rechtliche Würdigung des Revisionsgerichts gebunden sei, die unmittelbar die Aufhebung herbeigeführt habe. Diese Auffassung will der II. Zivilsenat auch nicht in Frage stellen. Er meint nur, es handele sich in der von ihm zu entscheidenden Sache um einen Sonderfall, der ausnahmsweise eine andere Beurteilung erforderlich mache.

[32] BGH, NJW 1969, 661/662.
[33] Vgl. BGHZ 6, 76 ff.; BGH, NJW 1963, 956 ff.; BGHZ 22, 370; BGH, WM 1962, 415.
[34] BGHZ 22, 370 (373).

Diese Sonderfälle werden später[35] erörtert. Hier soll die Feststellung genügen, daß jedenfalls in der Regel nur der unmittelbare Aufhebungsgrund das Berufungsgericht bindet[36].

cc) Die Rechtsprechung des Reichs- und des Bundesarbeitsgerichts

Das Reichsarbeitsgericht hat zu der Frage, wie § 565 Abs. 2 ZPO auszulegen ist, nicht ausdrücklich Stellung genommen; es ist sich der Problematik dieser Frage nicht bewußt geworden. In einer Entscheidung[37] hat es sich der engen, in einer anderen[38] der weiten Auslegung angeschlossen, jeweils als sei diese Auslegung selbstverständlich.

Das Bundesarbeitsgericht hat sich, im Gegensatz zum Reichsarbeitsgericht, ausdrücklich zu der Frage geäußert, wie § 565 Abs. 2 ZPO auszulegen sei. In einer Kündigungsschutz-Sache[39] hatte es im ersten Urteil die Auffassung des Berufungsgerichts gebilligt, die Kündigung, um deren Gültigkeit es ging, sei betriebsbedingt (§ 1 Abs. 2 Satz 1 KSchG); es hatte das angefochtene Urteil aber aufgehoben, weil das Landesarbeitsgericht die Vorschrift des § 1 Abs. 2 KSchG über die Auswahl der zu Entlassenden verletzt habe. Im zweiten Rechtsgang hatte das Landesarbeitsgericht die Klage abgewiesen, weil es jetzt, im Gegensatz zu seiner früheren, vom Bundesarbeitsgericht gebilligten Meinung zu der Ansicht gelangt war, die Kündigung sei nicht betriebsbedingt. Das Bundesarbeitsgericht hat hierin einen Verstoß gegen § 565 Abs. 2 ZPO gesehen. Das Landesarbeitsgericht, hat der II. Senat[40] ausgeführt, sei sicherlich an die Rechtsansicht des Bundesarbeitsgerichts gebunden, daß die Frage der Auswahl der aus dringenden betrieblichen Erfordernissen zu Entlassenden in der vorgeschriebenen Weise erörtert werden müsse; auf dieser Ansicht beruhe die Aufhebung des früheren Berufungsurteils unmittelbar. Die Bindung erstrecke sich aber darüber hinaus auch

[35] Vgl. dazu S. 116 ff.

[36] Diese Auffassung vertritt auch der I. Senat des Bundesgerichtshofs in LM Nr. 3 zu § 675 BGB. In der gleichen Weise hat der I a Senat des Bundesgerichtshofs, GRUR 1967, 548 (551), § 41 x Abs. 2 PatG ausgelegt, der der Vorschrift des § 565 Abs. 2 ZPO wörtlich entspricht. „Es ist ferner zu beachten", heißt es in dem Beschluß des I a Senats, „daß die Bindung der Vorinstanz an die rechtliche Beurteilung des Revisionsgerichts ... sich auf diejenigen Punkte beschränkt, deren rechtsirrtümliche Würdigung durch die Vorinstanz die Aufhebung ihrer ersten Entscheidung unmittelbar herbeigeführt hat, ..."

[37] RAG 26, 343 (345).

[38] RAG 6, 139 (143).

[39] BAG 10, 355 ff.

[40] BAG 10, 355 (358).

auf die Annahme der Betriebsbedingtheit der Kündigungen; denn diese Annahme sei die Voraussetzung dafür gewesen, daß das Bundesarbeitsgericht überhaupt auf die Frage der Auswahl habe eingehen können. Dementsprechend hat das Bundesarbeitsgericht[41] folgenden Leitsatz aufgestellt: „Die Bindung des Berufungsgerichts an die Beurteilung des Revisionsgerichts beschränkt sich nicht auf die Entscheidungsgründe des Revisionsurteils, die unmittelbar zur Aufhebung des Berufungsurteils geführt haben, sondern erstreckt sich auch auf die vorhergehenden Gründe jedenfalls insoweit, als diese die notwendige Voraussetzung für die unmittelbaren Aufhebungsgründe waren."

Auch in einer anderen Entscheidung hat sich der II. Senat[42] des Bundesarbeitsgerichts ausdrücklich zur weiten Auslegung des § 565 Abs. 2 ZPO bekannt. Er hatte dort im ersten Rechtsgang das Berufungsurteil aufgehoben, weil dieses bei der Prüfung der Sittenwidrigkeit der Kündigung § 138 BGB verletzt habe. Im zweiten Rechtsgang vertrat das Landesarbeitsgericht die Auffassung, die — vom Beklagten ausgesprochene — Kündigung verstoße gegen Treu und Glauben und sei deshalb unwirksam. Das Bundesarbeitsgericht[43] hat hierin, unter Bezugnahme auf seine frühere Entscheidung, einen Verstoß gegen § 565 Abs. 2 ZPO gesehen. Indem das Bundesarbeitsgericht dem Landesarbeitsgericht aufgegeben habe, die Sittenwidrigkeit der Kündigung genauer als bisher zu prüfen, habe es gleichzeitig entschieden, daß zur Annahme einer Unwirksamkeit der Kündigung ein geringerer Verstoß, der die Voraussetzungen des § 138 BGB nicht erfülle, nicht ausreiche; an diese Auffassung sei das Landesarbeitsgericht gebunden. Der II. Senat des Bundesarbeitsgerichts hat sich also auch in dieser Entscheidung zu der Ansicht bekannt, daß auch der mittelbare Aufhebungsgrund bindende Wirkung habe.

Der V. Senat des Bundesarbeitsgerichts hat jedoch von einem solchen Bekenntnis Abstand genommen. Er hat in einer Entscheidung[44] offengelassen, ob sich die Bindungswirkung des revisionsgerichtlichen Urteils nur auf den unmittelbaren Aufhebungsgrund beschränke oder ob sie sich auch auf die den unmittelbaren Aufhebungsgründen vorhergehenden Gründe insoweit erstrecke, als diese die notwendige Voraussetzung für die unmittelbaren Aufhebungsgründe seien. In einer anderen Entscheidung hat der V. Senat[45] des Bundesarbeitsgerichts die weite Auslegung des § 565 Abs. 2

[41] BAG 10, 355 (356).
[42] BAG 16, 21 ff.
[43] BAG 16, 21 (25).
[44] BAG, DB 1967, 1037.
[45] DB 1972, 1832.

ZPO abgelehnt. Er hatte dort im ersten Rechtsgang das angefochtene Urteil wegen mehrerer Verfahrensverstöße aufgehoben. In dieser Entscheidung hatte er erwogen, ob das Urteil des Landesarbeitsgerichts sich trotz dieser Verfahrensverstöße im Ergebnis als richtig erweise; er hatte aber diese Möglichkeit verneint. Im zweiten Rechtsgang hat der V. Senat dargelegt, an diese Erwägungen sei das Landesarbeitsgericht nicht gebunden. Dadurch allein, heißt es in dem Urteil[46], seien die Erwägungen des ersten Revisionsurteils nicht zu Aufhebungsgründen geworden, und zwar weder unmittelbar noch auch mittelbar. Es bedürfe daher keines näheren Eingehens auf die Frage, ob die dem unmittelbaren Aufhebungsgrund vorangehenden Gründe eine Bindung im Sinne des § 565 Abs. 2 ZPO bewirkten. Die Erwägungen, die nach der Ansicht des V. Senats nicht an der Bindungswirkung teilnehmen, lagen aber, was der Senat nicht erkannt hat, mittelbar der Aufhebung zugrunde; denn wäre der Senat hier zu einer anderen Ansicht gekommen, hätte er das angefochtene Urteil nicht aufgehoben, sondern die Revision zurückgewiesen. Der V. Senat des Bundesarbeitsgerichts hat sich hier also in der Sache der engen Auslegung des § 565 Abs. 2 ZPO angeschlossen.

dd) Die Rechtsprechung des Reichsgerichts und des Bundesgerichtshofs in Strafsachen

Das Reichsgericht hat sich nicht mit der Frage auseinandergesetzt, wie § 358 Abs. 1 StPO auszulegen ist. In einer Entscheidung ist es allerdings, ohne dies zu begründen, von einer weiten Auslegung ausgegangen. Der 2. Strafsenat hatte im ersten Revisionsurteil die Ansicht der Vorinstanz gebilligt, dem Angeklagten sei das Bewußtsein der Rechtswidrigkeit wegen der Körperverletzung nicht nachzuweisen. Im zweiten Revisionsurteil[47] heißt es dann kurz und bündig, daran sei die Vorinstanz im zweiten Rechtsgang nach § 358 Abs. 1 StPO gebunden. Aus welchem Grund der Senat das angefochtene Urteil aufgehoben hatte, ist im zweiten Revisionsurteil (nur diese Entscheidung ist veröffentlicht) nicht angegeben. Möglicherweise hatte er die Ausführungen des Tatrichters zur fahrlässigen Körperverletzung mißbilligt. War dies der Fall, dann lag der Aufhebung, mittelbar, die rechtliche Beurteilung des Senats zugrunde, er stimme der Verneinung der vorsätzlichen Körperverletzung zu. Denn anderenfalls hätte er das Urteil der Vorinstanz (auch) aus diesem Grunde und nicht (nur) wegen des Rechts-

[46] BAG, DB 1972, 1832.
[47] RG, JW 1927, 2856.

fehlers bei der Behandlung der fahrlässigen Körperverletzung aufgehoben. Möglicherweise hat der Senat aber eine Bindung des Vorderrichters auch angenommen, weil er der Ansicht war, die Frage, ob der Angeklagte vorsätzlich gehandelt habe, sei dadurch, daß er die Auffassung des Vorderrichters im ersten Rechtsgang gebilligt habe, abschließend mit der Maßgabe verneint worden, daß sie später nicht mehr in Zweifel gezogen werden könne.

Der Bundesgerichtshof hat sich lediglich in einigen Urteilen mit der Auslegung des § 358 Abs. 1 StPO befaßt. Der 1. Strafsenat[48] hat ausgeführt, § 358 Abs. 1 StPO binde den Tatrichter nur an die rechtliche Beurteilung des Revisionsgerichts, die der Aufhebung des Urteils zugrunde liege, aber nicht an einen Hinweis auf die Rechtsprechung zu einem anderen Gegenstand. Dementsprechend hat der 4. Strafsenat[49] des Bundesgerichtshofs dargelegt: Hebe das Revisionsgericht ein Urteil auf, weil es an einem Verfahrensverstoß leide, dann sei das Erstgericht nur an die Auslegung der Verfahrensvorschrift gebunden, auf deren Verletzung die Aufhebung beruhe; in der Sachfrage bleibe der Vorderrichter hingegen frei. Dem ist zuzustimmen. Die materiellrechtlichen Ausführungen des Revisionsgerichts sind nichts anderes als unverbindliche Hinweise; sie sind Ratschläge, die der Tatrichter annehmen oder ablehnen kann.

Anders lag es aber in einer Sache, in der der 1. Strafsenat[50] des Bundesgerichtshofs im ersten Revisionsurteil folgenden Erfahrungssatz aufgestellt hat: „Daß sich ein Fahrgast in angetrunkenem Zustand während einer Fahrt auf der Ladefläche eines Lastwagens auf dessen Umrandungsbrett setzt, weil er keine andere Sitzgelegenheit hat, und bei einem Anstreifen an einem Baum infolge dieser Sitzweise verletzt wird, ist keineswegs ein so ungewöhnliches Ereignis, daß es auch bei sorgfältiger Überlegung nicht berücksichtigt zu werden brauchte.“ Das Landgericht hat sich diesen Erfahrungssatz, der zur Aufhebung seiner Entscheidung geführt hatte, in der neuen Verhandlung nicht zu eigen gemacht. Es hat den angeklagten Fahrer freigesprochen. In seinem Urteil finden sich die Ausführungen: „Damit aber, daß W (der bei dem Unfall tödlich Verletzte) sich auf das Seitenbrett setzen würde, hat der Angeklagte nicht gerechnet, hat auch damit nicht rechnen müssen oder rechnen können“[51]. Im zweiten Rechtsgang meinte der 4. Strafsenat, es sei zweifelhaft, ob diese Rechtsausführungen nicht einen Verstoß gegen § 358 Abs. 1 StPO enthielten. Er hat die Frage

[48] JR 1957, 430.
[49] VRS 34, 356.
[50] VRS 12, 208 (209).
[51] VRS 12, 208 (209).

aber offen gelassen und das Urteil auf eine Sachrüge aufgehoben. Es besteht jedoch kein Zweifel, daß das Landgericht auch bei enger Auslegung des § 358 Abs. 1 StPO gegen diese Vorschrift verstoßen hat, da, wie der 4. Strafsenat im zweiten Revisionsurteil ausgeführt hatte, die Strafkammer keine neuen, andersartigen Tatsachen festgestellt habe. Es ist verständlich, daß es am Schluß[52] des zweiten revisionsgerichtlichen Urteils heißt, der Senat habe es für angezeigt gehalten, von der ihm in § 354 Abs. 2 StPO eingeräumten Befugnis Gebrauch zu machen.

Auch der 3. Strafsenat[53] des Bundesgerichtshofs hat einmal rügen müssen, daß die Vorinstanz, das Schwurgericht in Frankfurt a. M., § 358 Abs. 1 StPO verletzt habe. Das OLG *Frankfurt a. M* hatte im ersten Rechtsgang als Revisionsgericht (1948) über ein Urteil zu befinden, durch das die Angeklagte wegen Beihilfe zum Mord in einer unbestimmten Anzahl von Fällen zu 8 Jahren Zuchthaus verurteilt worden war. Das Revisionsgericht hatte die Ansicht des Schwurgerichts gebilligt, in einem bestimmten Vorgang (Fall Sch.) liege kein selbständiger Fall der Beihilfe. Es hatte aber die Auffassung des Schwurgerichts mißbilligt, dieser Vorgang stelle ein Anzeichen für die „allgemeine Mitwirkung" der Angeklagten dar; zu dieser Annahme reichten die bisher getroffenen Feststellungen nicht aus. Nachdem das Schwurgericht die Angeklagte im zweiten Rechtsgang freigesprochen hatte, dieses Urteil aber wiederum vom OLG *Frankfurt a. M.* aufgehoben worden war, verurteilte es die Angeklagte im dritten Rechtsgang wegen Beihilfe zum Mord zu einer Zuchthausstrafe von 3 Jahren, obwohl es im Falle Sch. (dem einzigen Fall, der übrig geblieben war) keine neuen Tatsachen festgestellt hatte, es sah in diesem Vorgang nunmehr einen selbständigen Fall der Beihilfe und meinte, in dieser Beurteilung sei es frei, da das Revisionsgericht im ersten Rechtsgang mit dem Schwurgericht darüber einig gewesen sei, daß ein derartiger selbständiger Fall nicht vorliege, und es die Aufhebung nur ausgesprochen habe, weil die Feststellungen nicht ausreichten, um „eine allgemeine Mitwirkung" zu bejahen. Dieses Ergebnis hätte das Schwurgericht doch stutzig machen sollen. Stimmt das Revisionsgericht mit der Vorinstanz darüber überein, daß keine grobe Fahrlässigkeit gegeben sei, hebt es aber das angefochtene Urteil auf, weil die festgestellten Tatsachen nicht genügten, um eine leichte Fahrlässigkeit anzunehmen, dann kann die Vorinstanz bei gleichbleibendem Sachverhalt später nicht zu einem Ergebnis kommen, es liege grobe Fahrlässigkeit vor. Ist sie an die rechtliche Beurteilung des Revisionsgerichts gebunden, die

[52] VRS 12, 208 (211).
[53] NJW 1953, 1880 ff.

Feststellungen reichten zur Annahme einer leichten Fahrlässigkeit nicht aus, dann setzt sie sich mit dieser Beurteilung in Widerspruch, wenn sie in der neuen Verhandlung meint, die Feststellungen genügten (zwar nicht zur Bejahung der leichten, wohl aber) zur Bejahung einer groben Fahrlässigkeit. Nicht anders lag es in dem Fall, den das Schwurgericht *Frankfurt a. M.* zu entscheiden hatte. Der 3. Strafsenat des Bundesgerichtshofs hat sich als drittes Revisionsgericht mit dem Unterschied zwischen einem selbständigen Fall einer Beihilfe zum Mord und einem Anzeichen für eine allgemeine Mitwirkung hierzu nicht befaßt. Er hat ausgeführt[54], das Schwurgericht habe im ersten Rechtsgang entschieden, daß die bisher ermittelten Tatsachen die Annahme einer Beihilfe zum Mord nicht trügen. An diese rechtliche Würdigung sei das Schwurgericht gebunden; da keine neuen Tatsachen ermittelt worden seien, hätte es die Angeklagte freisprechen müssen. Dieser Auffassung ist im Ergebnis auch dann zuzustimmen, wenn § 358 Abs. 1 StPO eng auszulegen ist, also nur der unmittelbare Aufhebungsgrund bindende Wirkung hat.

In einer Strafsache, in der es um eine Beihilfe zur Freiheitsberaubung im Amt mit Todesfolge ging, hatte das BayObLG als Revisionsgericht (1950) die Auffassung der Vorinstanz gebilligt, es genüge nicht, daß der Gehilfe die Rechtswidrigkeit der Freiheitsberaubung hätte erkennen können. Fehle die Erkenntnis der Rechtswidrigkeit der Freiheitsberaubung, heißt es in dem revisionsgerichtlichen Urteil[55], so scheide die Anwendung der §§ 239 und 341 StGB aus, gleichviel ob die Unkenntnis auf einem Rechtsirrtum oder einem tatsächlichen Irrtum beruhe, und gleichviel, ob dieser Irrtum entschuldbar sei oder nicht. Das BayObLG[56] hob das Urteil, das den Angeklagten verurteilt hatte, aber auf, weil die Ausführungen, die den Vorsatz des Angeklagten bejahten, widerspruchsvoll seien. Das Schwurgericht sprach den Angeklagten im zweiten Rechtsgang frei, weil dem Angeklagten die Erkenntnis der Rechtswidrigkeit der Freiheitsberaubung gefehlt habe. Der 1. Strafsenat[57] des Bundesgerichtshofs war im zweiten Rechtsgang der Ansicht, es genüge zur Bestrafung wegen vorsätzlicher Freiheitsberaubung, wenn der Angeklagte, der sich über Tatsachen nicht geirrt habe, bei gehöriger Anspannung seines Gewissens das Bewußtsein, mit seinem Verhalten Unrecht zu fördern, hätte haben können; es sei nicht erforderlich, daß er dies Bewußtsein gehabt habe. Es fragte sich, ob der 1. Strafsenat seiner Entscheidung diese Auffassung zugrunde legen konnte oder ob er (falls man

[54] NJW 1953, 1880 (1881).
[55] BayObLGSt. 1949/51, 174 (187).
[56] BayObLGSt. 1949/51, 174 (193).
[57] BGHSt. 3, 357 (365).

die Selbstbindung bejaht) insoweit an die entgegengesetzte Ansicht des BayObLG gebunden war. Der 1. Strafsenat verneinte eine Bindung nach § 358 Abs. 1 StPO, weil die — seinen Ausführungen entgegenstehenden — Darlegungen des BayObLG der Aufhebung des ersten Urteils nicht zugrunde gelegen hätten. Mit ihnen habe es lediglich die entsprechende Meinung des Landgerichts gutgeheißen. Aufgehoben habe es das Urteil, weil es widersprüchliche Feststellungen getroffen habe; nur insoweit sei eine Bindungswirkung eingetreten. „Dagegen vermochte die bloße Billigung der tatrichterlichen Rechtsauffassung keine Bindung für die neue Verhandlung herbeizuführen“[58].

Mit dieser Entscheidung hat der 1. Strafsenat des Bundesgerichtshofs ein klares Bekenntnis zu der Auffassung abgelegt, daß nur der unmittelbare Aufhebungsgrund Bindungswirkung hat. Denn mittelbar lag der Aufhebung des ersten Urteils durch das BayObLG die Ansicht zugrunde, es genüge zur Bestrafung wegen Beihilfe zur Freiheitsberaubung nicht, daß der Gehilfe die Rechtswidrigkeit der Freiheitsberaubung habe erkennen können. Die Aufhebung eines Urteils wegen Fehlens widerspruchsfreier Feststellungen zum Vorsatz hat zur logischen Voraussetzung, daß es auf diese Feststellungen ankommt, und dies ist nur der Fall, wenn das Bewußtsein der Rechtswidrigkeit erforderlich ist, es also nicht ausreicht, daß der Angeklagte das Bewußtsein der Rechtswidrigkeit hätte haben können. Hierbei ist es, entgegen der Ansicht von *Sarstedt*[59], auch gleichgültig, ob die im ersten Urteil der Vorinstanz getroffenen Feststellungen nach der Meinung des BayObLG zur Bejahung einer etwaigen „Fahrlässigkeit“ ausgereicht hätten. Wäre dies der Fall gewesen, dann hätte das BayObLG, wenn es die entgegengesetzte (später vom 1. Strafsenat des Bundesgerichtshofs entwickelte) Auffassung vertreten hätte, allerdings das angefochtene Urteil nicht aufgehoben, sondern, wenn auch mit anderer Begründung, bestätigt. Reichten die Feststellungen jedoch nach der Ansicht des BayObLG nicht einmal zur Annahme einer etwaigen „Fahrlässigkeit“ aus, dann hätte es zwar das angefochtene Urteil auch aufheben müssen, wenn es, was die Erforderlichkeit des Bewußtseins der Rechtswidrigkeit anging, anderer Ansicht gewesen wäre. Es hätte das Urteil aber aus einem anderen Grunde aufheben müssen. Es hätte dann den Rechtsfehler, um dessentwillen das Urteil nicht bestehen bleiben konnte, nicht darin sehen können, daß die Feststellungen nicht zur Bejahung des Bewußtseins der Rechtswidrigkeit ausreichten; der zur Aufhebung führende Rechtsfehler hätte dann vielmehr darin bestanden, daß die Fest-

[58] BGHSt. 3, 357 (367).
[59] Anm. zu KG, JR 1958, 268 (270).

stellungen nicht zur Annahme genügten, der Angeklagte hätte das Bewußtsein der Rechtswidrigkeit haben können. Die Auffassung, das Vorliegen dieses Bewußtseins sei erforderlich, lag also, mittelbar, dem Urteil des BayObLG zugrunde, gleichgültig, ob es der Meinung war, die im ersten Urteil enthaltenen Tatsachen genügten zur Annahme, der Angeklagte hätte das Bewußtsein haben können; logische Voraussetzung für die Aufhebung eines Urteils wegen Fehlens ausreichender Feststellungen zum Vorsatz ist es stets, daß der Vorsatz erforderlich ist, Fahrlässigkeit also nicht genügt. Das Urteil des 1. Strafsenats des Bundesgerichtshofs ist daher so zu lesen, wie wenn hinter den Worten, die bloße Billigung der tatrichterlichen Rechtsauffassung vermöge keine Bindung für die neue Verhandlung herbeizuführen, der Satz stünde: „Dies gilt auch dann, wenn die Billigung der tatrichterlichen Rechtsauffassung mittelbar der — aus einem anderen Grund unmittelbar ausgesprochenen — Aufhebung des angefochtenen Urteils zugrunde liegt."

Ein ebenso klares Bekenntnis zur entgegengesetzten Ansicht hat in der Sache das Kammergericht[60] abgegeben. Der Angeklagte war von einer Strafkammer freigesprochen worden, obwohl er einen Stoff (Plasmal) in den Verkehr gebracht hatte, der, wie der Angeklagte wußte, nach dem Lebensmittelgesetz nicht in den Verkehr gebracht werden durfte. Der Freispruch war offenbar auf die Stimmen der Schöffen zurückzuführen[61]. Denn nachdem in dem Urteil die Feststellungen getroffen waren, die zu einer Verurteilung hätten führen müssen, findet sich nur der später vom Kammergericht[62] als lapidar bezeichnete Satz: „Gleichwohl hat die Kammer eine Schuldfeststellung gegen den Angeklagten nicht treffen können." Das Kammergericht hob dieses Urteil auf, weil die vom Berufungsgericht ermittelten Tatsachen den Freispruch nicht trügen. Im zweiten Rechtsgang sprach die Strafkammer den Angeklagten wieder frei, diesmal mit der Begründung, Plasmal falle nicht unter die Stoffe, die nach dem Lebensmittelgesetz nicht in den Verkehr gebracht werden dürften. Das Kammergericht[63] sah hierin einen Verstoß gegen § 358 Abs. 1 StPO; die Strafkammer sei im zweiten Rechtsgang an die rechtliche Würdigung des Kammergerichts gebunden, daß Plasmal zu den verbotenen Stoffen gehöre. Die Strafkammer hat aber nur dann einen derartigen Rechtsverstoß begangen, wenn auch der mittelbare Aufhebungsgrund an der Bindungswirkung teilnimmt. Denn unmittelbar ist das erste Urteil nur deshalb aufgehoben worden, weil die getroffenen Fest-

[60] JR 1958, 268 ff.
[61] Vgl. auch Sarstedt, Anm. zu KG, JR 1957, 270 (272).
[62] JR 1957, 270 (271).
[63] JR 1958, 268 (269).

stellungen den Freispruch nicht trügen. Das Kammergericht hätte allerdings das erste Urteil nicht aufgehoben, sondern, mit anderer Begründung, bestätigt, wenn es der Auffassung gewesen wäre, Plasmal sei kein verbotener Stoff. „Die Aufhebung beruht also — so seltsam es klingen mag — darauf", führt *Sarstedt*[64] aus, „daß das Revisionsgericht dem Tatrichter insoweit (Plasmal sei verboten) zustimmte." Sie beruht jedoch nur mittelbar darauf. Da das Kammergericht dies ausreichen läßt, hat es, worauf *Sarstedt*[65] zutreffend hingewiesen hat, einen Beleg für die Ansicht geliefert, daß zur Aufhebungsansicht auch die Beurteilung der mit ihr notwendig verbundenen rechtlichen Vorfragen gehöre. Das Kammergericht hat sich mit dieser Meinung, ohne es zu merken, zu der Auffassung des 1. Strafsenats[66] des Bundesgerichtshofs in Widerspruch gesetzt, wonach die bloße Billigung der tatrichterlichen Rechtsauffassung auch dann keine Bindung herbeiführt, wenn sie mittelbar der Aufhebung zugrunde liegt.

b) Die Auffassung der Rechtslehre

Die vom Reichsgericht und vom Bundesgerichtshof vertretene enge Auslegung des § 565 Abs. 2 ZPO hat in der Rechtslehre Zustimmung und Ablehnung gefunden. Beigetreten ist ihr insbesondere *Blomeyer*[67]. Anhänger der entgegengesetzten Meinung ist vor allem *Schönke*[68].

Grunsky[69] schlägt demgegenüber eine Mittellösung vor. Er meint, eine über den unmittelbaren Aufhebungsgrund hinausgehende Bindung trete insoweit (aber auch nur insoweit) ein, als die zur Aufhebung führenden Gründe zwingend vom Vorhandensein oder Fehlen anderer Erfolgsvoraussetzungen abhingen. In diesem Sinne müsse das Berufungsgericht davon ausgehen, daß alle unverzichtbaren Prozeßvoraussetzungen gegeben seien, wenn die Aufhebung aus sachlich-rechtlichen Gründen erfolgt sei. Beruhe die rechtliche Beurteilung durch das Revisionsgericht auf einer bestimmten

[64] Anm. zu KG, JR 1958, 268 (270).

[65] Anm. zu KG, JR 1958, 268 (270).

[66] BGHSt. 3, 357 ff.

[67] ZPR, § 104 VII, 3 b (S. 583). Ebenso Baumbach-Lauterbach-Albers-Hartmann, ZPO, 31. Aufl. § 565, 2 A; Reinicke, NJW 1967, 513; Schröder in Schönke-Schröder-Niese, ZPR 8. Aufl. (1956), § 88 IV, 3 a (S. 408); Thomas-Putzo, ZPO, 7. Aufl. § 565 Anm. 2 b, bb; Zöller-Karch, ZPO, 11. Aufl. § 565 Anm. 2.

[68] Die Bindung des Berufungsgerichts an das Urteil des Revisionsgerichts gemäß § 565 Abs. 2 ZPO (1934), S. 51 ff. m. w. N. auf die ältere Literatur. Heute vertritt vor allem Schwab in Rosenberg-Schwab, ZPR. 10. Aufl. § 147 IV, 3 c (S. 776) diese Ansicht.

[69] Stein-Jonas-Grunsky, ZPO, 19. Aufl. § 565 II, 2 b.

Auslegung des Klageantrags, so sei diese Auslegung auch für das Berufungsgericht bindend. In der Annahme, daß der tragende Aufhebungsgrund andere Gründe zwingend voraussetze, hält *Grunsky* jedoch Vorsicht für geboten. Sei eine Forderung nach Grund und Höhe streitig und habe das Revisionsgericht das angefochtene Urteil mit der Begründung aufgehoben, die zur Höhe gemachten Ausführungen seien fehlerhaft, so könne das Berufungsgericht das Bestehen des Anspruchs verneinen, weil das Revisionsgericht es in der Hand habe, das Urteil aufzuheben, ohne sich zum Grund des Anspruchs zu äußern. *Grunsky*[70] tritt demgemäß den oben wiedergegebenen Entscheidungen des Bundesarbeitsgerichts entgegen. Habe das Revisionsgericht in einer Kündigungsschutz-Sache[71] das angefochtene Urteil aufgehoben, weil der Beklagte bei der Wahl der zu entlassenden Arbeitnehmer möglicherweise sachfremde Erwägungen angestellt habe, so könne sich das Berufungsgericht noch auf den Standpunkt stellen, die Kündigung sei nicht betriebsbedingt. Keinesfalls, meint er weiter, könne der Ansicht des Bundesarbeitsgerichts[72] gefolgt werden, das Berufungsgericht könne eine Kündigung nicht wegen eines Verstoßes gegen Treu und Glauben für nichtig halten, wenn sein erstes Urteil vom Bundesarbeitsgericht aufgehoben worden sei, damit es prüfe, ob die Kündigung sittenwidrig sei.

Der Auffassung des 1. Strafsenats[73] des Bundesgerichtshofs wird in der Strafrechtslehre[74] allgemein zugestimmt. Gleichwohl wird aber vielfach[75] die Ansicht vertreten, es nähmen auch die Gründe an der Bindungswirkung teil, die der unmittelbaren Aufhebung vorausgingen und eine notwendige Voraussetzung für den (unmittelbaren) Aufhebungsgrund darstellten. „Zur Aufhebungsansicht ..." (zur rechtlichen Beurteilung also, die der Aufhebung zugrunde liegt), führt *Sax*[76] aus, gehöre auch die Beurteilung der mit ihr notwendig verbundenen rechtlichen Vorfragen. Lege das Revisionsgericht der Aufhebung eines Urteils ein Gesetz zugrunde, so habe es damit bindend über die Vorfrage entschieden, daß das Gesetz verfassungsmäßig sei, auch wenn das Urteil darüber keine Ausführungen enthalte. Die Rechtslage könne

[70] Stein-Jonas-Grunsky, ZPO, 19. Aufl. § 565 II, 2 b und § 565 II, 2 b, Fußn. 30.
[71] BAG 10, 355 ff.
[72] BAG 16, 21 ff.
[73] BGHSt. 3, 357 ff.
[74] Kleinknecht, StPO, 31. Aufl., § 358 Anm. 1; Meyer in Löwe-Rosenberg, StPO, 22. Aufl. § 358 Anm. 2; Mohrbotter, ZStrW 84, 612 (637 Fußn. 65); Müller-Sax (KMR), StPO 6. Aufl. § 358 Anm. 1 b; Eb. Schmidt, StPO (1957), § 358 Rndnr. 5.
[75] Kleinknecht, StPO. 31. Aufl. § 358 Anm. 1; Meyer in Löwe-Rosenberg, StPO, 22. Aufl. § 358 Anm. 2; Sarstedt, Anm. zu KG, JR 1958, 268 (270); Müller-Sax (KMR) StPO, 6. Aufl. § 358 Anm. 1 c.
[76] Müller-Sax (KMR) StPO, 6. Aufl. § 358 Anm. 1 c.

bei anderen stillschweigenden Vorentscheidungen nicht anders sein. Habe das Revisionsgericht ein Urteil, durch das der Angeklagte wegen Beleidigung bestraft worden sei, aus materiell-rechtlichen Gründen aufgehoben, so sei damit das Vorliegen eines Strafantrages bejaht; hieran sei der Tatrichter gebunden. In diesen Fällen kann aber eine Bindung nur angenommen werden, wenn auch der mittelbare Aufhebungsgrund an der Bindungswirkung teilnimmt. Diese Auffassung steht jedoch im Widerspruch zu der Entscheidung des 1. Strafsenats[77] des Bundesgerichtshofs, die in der Rechtslehre allgemein gebilligt wird. Dieser Widerspruch ist jedoch nicht erkannt. Andererseits wird in der Strafrechtslehre[78] aber auch die Ansicht vertreten, daß nur die rechtliche Beurteilung bindend sei, die die Aufhebung des angefochtenen Urteils unmittelbar herbeigeführt habe.

Zusammenfassung

Die Frage, ob nur der unmittelbare oder auch der mittelbare Aufhebungsgrund die Vorinstanz nach § 565 Abs. 2 ZPO und § 358 Abs. 1 StPO bindet, ist in der Rechtsprechung und der Rechtslehre nicht abschließend geklärt.

3. Die Lösung

a) Die Regel

Die Frage, ob nur der unmittelbare oder ob auch der mittelbare Aufhebungsgrund bindende Wirkung entfaltet, ist von großer Tragweite. Der Bundesgerichtshof hat im Jahre 1970 41,3 %, im Jahre 1971 42,4 % und im Jahre 1972 47,4 % der angefochtenen Berufungsurteile aufgehoben und die Sache jeweils zur anderweiten Verhandlung und Entscheidung zurückverwiesen[79]. Fast die Hälfte der Berufungsurteile, die mit der Revision angegriffen worden waren, sind daher wieder an das Berufungsgericht zurückgelangt. In den meisten dieser Entscheidungen werden Ausführungen enthalten sein, durch die Erwägungen des Berufungsurteils gebilligt worden sind, und in vielen Fällen werden diese Ausführungen mittelbar der Aufhebung zugrunde liegen; hätte der Bundesgerichtshof diesen Erwägungen

[77] BGHSt. 3, 357 ff.

[78] Mohrbotter, ZStrW 84, 612 (637).

[79] Das waren in Jahre 1970 400, im Jahre 1971 409 und im Jahre 1972 416 Fälle, vgl. die Statistik in Mitteilungen der Bundesrechtsanwaltskammer 1973, 123, 124.

nicht zugestimmt, wären die angefochtenen Urteile nicht oder jedenfalls nicht so aufgehoben worden, wie es geschehen ist. Die Frage, in welchem Umfang die Berufungsgerichte gebunden sind, wird also häufig aktuell. Gleichwohl findet sich in den Urteilen der Revisionsgerichte keine eingehende Auseinandersetzung mit diesem Problem. Entweder gehen die Gerichte als selbstverständlich von der einen oder der anderen Auffassung aus, oder sie begründen ihre Ansicht nur mit ein paar Sätzen. Auch in der Rechtslehre wird der Frage keine große Aufmerksamkeit gewidmet. *Schönke*[80] hat sie zwar in seiner Monographie des längeren abgehandelt. Aber seine Ausführungen enthalten im wesentlichen nur eine Darstellung und eine Analyse der reichsgerichtlichen Entscheidungen. Die Begründung für seine Ansicht, auch der mittelbare Aufhebungsgrund nehme an der Bindungswirkung teil, ist recht knapp. Auch in den Kommentaren und den Lehrbüchern wird das Problem im allgemeinen[81] nur kurz erörtert. Aufgabe dieser Arbeit soll es sein, der streitigen Frage näher nachzugehen.

aa) Der Wortlaut des § 565 Abs. 2 ZPO

Alle Auslegung geht vom Wortlaut aus. Hiernach hat das Berufungsgericht die rechtliche Beurteilung, die der Aufhebung zugrunde liegt, auch seiner Entscheidung zugrunde zu legen. Die rechtliche Beurteilung, auf der die Aufhebung beruht, ist, abstrakt gesehen, die Beurteilung, daß eine Auffassung des Berufungsgerichts fehlerhaft ist und das angefochtene Urteil deshalb nicht bestehen bleiben kann. Das Berufungsgericht ist an diese Würdigung gebunden. Es muß sich die Ansicht des Revisionsgerichts zu eigen machen, seine frühere Auffassung als unrichtig ansehen und deswegen aufgeben; es darf sie in dem neuen Urteil nicht mehr vertreten, also den Fehler, den es nach der — bindenden — Meinung des Revisionsgerichts insoweit begangen hat, nicht noch einmal machen. Es ist damit an den unmittelbaren Aufhebungsgrund gebunden. Der Wortlaut des Gesetzes spricht dafür, daß das Berufungsgericht im übrigen frei ist. § 565 Abs. 2 ZPO ist bei natürlicher Betrachtungsweise so zu lesen, wie wenn dort stünde: „Das Berufungsgericht darf den Rechtsfehler, den es nach der Auffassung des Revisionsgerichts begangen hat, im zweiten Rechtsgang nicht wiederholen." Es könnte hinzugefügt werden: „Im übrigen ist das Berufungsgericht frei;

[80] Die Bindung des Berufungsgerichts an das Urteil des Revisionsgerichts gemäß § 565 Abs. 2 ZPO (1934), S. 51 ff.

[81] Lediglich Blomeyer, ZPR, § 104 VII, 3 b (S. 583/584) macht hiervon eine Ausnahme.

dies gilt auch für die rechtliche Beurteilung des Berufungsgerichts, die, ausdrücklich oder stillschweigend, die Billigung des Revisionsgerichts gefunden hat." Gewiß hätte das Revisionsgericht das angefochtene Urteil (möglicherweise) nicht oder aus einem anderen Grunde aufgehoben, wenn es bestimmte Ausführungen des Berufungsurteils nicht gebilligt hätte. Es hat sie aber gebilligt und das Berufungsurteil deshalb mit der Begründung aufgehoben, die in der revisionsgerichtlichen Entscheidung enthalten ist; nur diese rechtliche Beurteilung hat die Aufhebung des angefochtenen Urteils herbeigeführt. Die Auffassung, auch die zustimmenden Ausführungen des Revisionsgerichts lägen, mittelbar, der konkreten Aufhebung zugrunde (weil es sonst nicht zu einer Aufhebung oder jedenfalls zu einer Aufhebung aus einem anderen Grunde gekommen wäre), ist gekünstelt. Wenn das Revisionsgericht das Berufungsurteil wegen Fehler bei der Berechnung des Schadens aufgehoben hat, dann hat es, wenn man die Dinge unbefangen betrachtet, die angefochtene Entscheidung nicht (auch) deshalb aufgehoben, weil es die Auffassung des Berufungsgerichts gebilligt hat, die Prozeßvoraussetzungen seien gegeben oder der Beklagte habe rechtswidrig oder schuldhaft gehandelt; daran ändert nichts, daß seine Entscheidung anders gelautet haben würde, wenn es die Ausführungen des Berufungsgerichts auch insoweit mißbilligt hätte.

Es ist auch bezeichnend, daß das Reichsgericht die Auffassung, auch der mittelbare Aufhebungsgrund liege der Aufhebung im Sinne des § 565 Abs. 2 ZPO zugrunde, niemals erörtert hat. Es hat in den oben[82] wiedergegebenen Fällen, in denen es diese Vorschrift ausnahmsweise weit ausgelegt hat, seine Ansicht nicht mit der Erwägung begründet, die Aufhebung des Berufungsurteils im ersten Rechtsgang habe auch auf den im ersten Revisionsurteil gebilligten Äußerungen des Berufungsgerichts beruht. Es war vielmehr der Auffassung, wegen der (vermeintlich) engen Beziehung zwischen dem unmittelbaren und dem mittelbaren Aufhebungsgrund liege auch dieser der Aufhebung unmittelbar zugrunde.

Auch der III. Zivilsenat[83] des Reichsgerichts hat, als er vorübergehend für eine weite Bindung des Berufungsgerichts eintrat, einen anderen Weg eingeschlagen. Er hat die Meinung vertreten, die Ausführungen, mit denen das erste Revisionsurteil den Darlegungen des angefochtenen Berufungsurteils zugestimmt habe, seien im zweiten Rechtsgang deshalb bindend, weil die Fragen insoweit abschließend mit der Maßgabe beantwortet seien, daß sie

[82] Vgl. S. 71 ff.

[83] Vgl. RGZ 90, 23 (25); RGZ 91, 134 (136); Markenschutz und Wettbewerb 1918/19, 33 = JW 1918, 562.

später nicht mehr erörtert werden könnten. Dies zeigt sich besonders deutlich in dem sog. Indigo-Fall[84], in dem es um die Frage ging, ob der Beklagte seine vertragliche Schweigepflicht verletzt hatte und damit schadensersatzpflichtig geworden war. Das Reichsgericht hatte dem Berufungsgericht darin zugestimmt, daß der Beklagte zur Geheimhaltung aller geschäftlichen Angelegenheiten verpflichtet war, das Berufungsurteil aber aufgehoben, weil es die Feststellung des Berufungsgerichts für bedenklich hielt, auch die Bekanntgabe von Einzelheiten der Indigo-Gewinnung verstoße gegen die Schweigepflicht. Im zweiten Revisionsurteil führte das Reichsgericht aus, das Berufungsgericht habe in der neuen Verhandlung nicht mehr die Frage stellen dürfen, ob der Beklagte sich verpflichtet habe, über alle ihm bekannt werdenden geschäftlichen Angelegenheiten zu schweigen; diese Frage sei im ersten Revisionsurteil abschließend beantwortet worden. Soweit das Berufungsgericht dies im zweiten Urteil gleichwohl erörtert habe, sei es über seine Aufgabe hinausgegangen. Das Reichsgericht hat also seine Ansicht, das Berufungsgericht sei insoweit gebunden gewesen, nicht damit begründet, es habe die von ihm gebilligten Darlegungen des Berufungsgerichts der Aufhebung des ersten Berufungsurteils mittelbar zugrunde gelegt.

Der Wortlaut des § 565 Abs. 2 ZPO spricht nach alledem, worauf auch der Bundesgerichtshof[85] mit Recht hingewiesen hat, für die Ansicht, das Berufungsgericht sei nur an den unmittelbaren Aufhebungsgrund gebunden. Er schließt aber die Auffassung, auch der mittelbare Aufhebungsgrund nehme an der Bindungswirkung teil, nicht schlechthin aus.

bb) Die Entstehungsgeschichte des § 565 Abs. 2 ZPO

Für die enge Auslegung des § 565 Abs. 2 ZPO spricht weiter die Entstehungsgeschichte dieser Vorschrift. In den Motiven ist allerdings die Frage, ob nur die rechtliche Beurteilung bindet, die der Aufhebung unmittelbar zugrunde liegt oder ob das Berufungsgericht auch an den mittelbaren Aufhebungsgrund gebunden ist, nicht ausdrücklich erörtert worden. Offenbar ist niemand (wie auch das Reichsgericht später nicht) auf den Gedanken gekommen, revisionsgerichtliche Ausführungen, welche Erwägungen des Berufungsgerichts billigten, hätten die Aufhebung des angefochtenen Urteils (mit-)herbeigeführt. Für diese Annahme gibt die Stellungnahme des Gesetzgebers zu dem „Entwurf einer Civilprozeßordnung für den Norddeutschen

[84] RG, Markenschutz und Wettbewerb 1918/19, 33.
[85] BGHZ 3, 321 (326); BGH, GRUR 1967, 548 (551).

Bund“[86] ein Anzeichen. Dieser Entwurf enthielt bei der Regelung der Nichtigkeitsbeschwerde, der Vorläuferin der Revision, die Bestimmung, die Vorinstanz müsse der neuen Entscheidung die Rechtsnormen zugrunde legen, die der oberste Gerichtshof der Vernichtung des Urteils zugrunde gelegt habe (§ 852 Nr. 3). Neben dieser Vorschrift war aber vorgesehen, daß ein selbständiges Angriffs- oder Verteidigungsmittel für den Rechtsstreit als endgültig erledigt anzusehen sei, wenn der oberste Gerichtshof es für unbegründet erklärt habe (§ 852 Nr. 1). In der Zivilprozeßordnung hat nur die erste Bestimmung Eingang gefunden[87], die zweite ist nicht Gesetz geworden. Soweit das Revisionsgericht also Revisionsrügen als unbegründet zurückweist und damit die Ausführungen des Berufungsgerichts billigt, tritt keine endgültige Erledigung ein; die Fragen sind vielmehr im zweiten Rechtsgang erneut zu entscheiden. Diese Regelung wird aber vereitelt, wenn der mittelbare Aufhebungsgrund an der Bindungswirkung teilnimmt. Denn dieser mittelbare Aufhebungsgrund besteht im allgemeinen in nichts anderem als in (der Zurückweisung von Revisionsrügen und damit) der Billigung von Ausführungen des Berufungsgerichts. Diese rechtliche Behandlung der vom Revisionsgericht gebilligten Erwägungen im Berufungsurteil wäre dann zwar nicht formell erledigt, das Berufungsgericht müßte über sie entscheiden. Es wäre aber bei dem Erlaß der Entscheidung gebunden. Es müßte seinem neuen Urteil seine frühere, vom Revisionsgericht gebilligte Auffassung zugrunde legen; es könnte diese Fragen nicht mehr überprüfen. In der Sache wären sie daher erledigt. Damit träte das Gegenteil von der Regelung ein, die der Gesetzgeber treffen wollte, als er § 852 Nr. 1 des Entwurfs nicht übernahm.

Daß die Billigung von berufungsgerichtlichen Erwägungen durch das Revisionsgericht in der Regel einen mittelbaren Aufhebungsgrund darstellt, ergibt sich auch aus den Ausführungen von *Schönke*, dem Hauptvertreter der weiten Auslegung des § 565 Abs. 2 ZPO. Er meint allerdings[88], daß vielfach der Ausspruch darüber, daß etwas zu billigen sei, deswegen nicht der Aufhebung zugrunde liege, weil er sich nur auf nebenbei geäußerte Ansichten beziehe. Damit wären aber nur obiter dicta und Hinweise von der Bindung ausgenommen. *Schönke*[89] bringt auch nur ein einziges Beispiel für seine Ansicht, daß die Zurückweisung von Angriffen der Revision und die Billigung der rechtlichen Beurteilung durch die Vorinstanz der Aufhebung

[86] Berlin 1871, S. 2594.

[87] Vgl. Vierhaus, ZZP 6, 217 (235, Fußn. 38).

[88] Schönke, Die Bindung des Berufungsgerichts an das Urteil des Revisionsgerichts gemäß § 565 Abs. 2 ZPO (1934), S. 61.

[89] A. a. O. S. 61.

auch nicht mittelbar zugrunde zu liegen brauchten. Er nimmt auf eine Entscheidung des Reichsgerichts[90] in Strafsachen Bezug und führt aus, die Aufhebung beruhe hier auf der Auffassung des Reichsgerichts, die Darlegungen des Instanzrichters genügten nicht zum Nachweis der Fahrlässigkeit des Täters; die Ausführungen, mit denen das Reichsgericht die Anwendung des § 230 Abs. 2 StGB a. F. billige, lägen auch nicht mittelbar der Aufhebung zugrunde, da sie keinen Teil des Zusammenhangs bildeten, der zur Aufhebung geführt habe. Die Ansicht *Schönkes* überzeugt aber nicht. Nach § 230 Abs. 2 StGB a. F. wurde wegen fahrlässiger Körperverletzung strenger bestraft, wer vermöge seines Amtes, Berufes oder Gewerbes zur Aufmerksamkeit besonders verpflichtet war. Hätte das Reichsgericht die Auffassung der Vorinstanz, der Angeklagte gehöre zu diesem Personenkreis, nicht gebilligt, dann hätte es das angefochtene Urteil aus diesem Grunde aufgehoben und die Sache an die Vorinstanz zurückverwiesen, damit sie den Sachverhalt weiter aufkläre; denn die bisher getroffenen Feststellungen reichten nicht aus, um einen einfachen Fall der Körperverletzung anzunehmen. Da das Reichsgericht das angefochtene Urteil aber nur aufgehoben hat, weil die bisher ermittelten Tatsachen zur Annahme einer Fahrlässigkeit nicht genügten, liegt der Aufhebung, so wie sie erfolgt ist, mittelbar die Ansicht zugrunde, § 230 Abs. 2 StGB a. F. sei auf den Täter anwendbar.

Wenn wir von den obiter dicta, die in dem zu entscheidenden Rechtsstreit keine Bedeutung haben, absehen, bleiben für billigende Äußerungen, die keinen mittelbaren Aufhebungsgrund bilden, nur die Hinweise übrig. Im allgemeinen finden sich aber in Hinweisen keine zustimmenden Äußerungen des Revisionsgerichts. Diese enthalten vielmehr Ratschläge für die zukünftige Behandlung der Sache; einen Rat braucht das Berufungsgericht aber nicht, soweit es eine richtige Auffassung vertreten hat. Immerhin kann ein Hinweis eine Zustimmung des Revisionsgerichts zum Inhalt haben. Ist das Berufungsurteil, durch das der Beklagte zum Schadensersatz verurteilt worden war, aufgehoben worden, weil (der Beklagte den Schaden des Klägers zwar herbeigeführt und auch rechtswidrig gehandelt habe, aber) die Feststellungen zur Fahrlässigkeit nicht ausreichten, so kann das Revisionsurteil Ausführungen darüber enthalten, daß die Auffassung des Berufungsgerichts zur Höhe des Schadens bedenkenfrei sei. Die Billigung der Darlegungen des Berufungsgerichts zur Kausalität und Rechtswidrigkeit liegen dann der Aufhebung des Berufungsurteils mittelbar zugrunde; denn hätte das Revisionsgericht sie mißbilligt, so hätte es das angefochtene Urteil aus diesen Gründen aufheben müssen. Die Erörterung des Berufungsgerichts zur Höhe des

[90] JW 1931, 3369.

Schadens ist aber nicht vor-, sondern nachrangig; das Revisionsgericht hätte das Berufungsurteil auch dann wegen der unzureichenden Feststellungen zur Fahrlässigkeit aufheben müssen, wenn es die Berechnung der Schadenshöhe mißbilligt hätte. Die Zustimmung des Revisionsgerichts zu diesem Punkt stellt also nur einen Hinweis dar, das Berufungsgericht könne, ohne einen Rechtsfehler zu begehen, dem neuen Urteil insoweit seine alte Auffassung zugrunde legen. Die Vertreter der weiten Auslegung des § 565 Abs. 2 ZPO müßten also neben der Bindung des Berufungsgerichts an den unmittelbaren Aufhebungsgrund (die Feststellungen zur Fahrlässigkeit reichten nicht aus) auch eine Bindung bezüglich der Ausführungen zur Kausalität und Rechtswidrigkeit bejahen, bei der Entscheidung über die Höhe des Schadens wäre das Berufungsgericht aber auch nach ihrer Ansicht frei.

Bei dieser Auslegung wird § 565 Abs. 2 ZPO so angewendet, wie wenn er lautete: „Das Berufungsgericht ist an die rechtliche Beurteilung des Revisionsgerichts gebunden; dies gilt jedoch nicht, soweit es sich in dem Revisionsurteil um (obiter dicta oder) Hinweise für die künftige Behandlung der Sache handelt." Eine derartige Regelung hat der Gesetzgeber aber gerade nicht treffen wollen.

Der Wortlaut des Gesetzes und seine Entstehungsgeschichte stellen somit starke Indizien für die Auffassung dar, nur die rechtliche Beurteilung sei bindend, auf der die Aufhebung unmittelbar beruhe. Da der Wortlaut aber nicht schlechthin eindeutig ist und die Entstehungsgeschichte bei der Auslegung an Bedeutung verliert, je älter das Gesetz wird[91], soll weiter auf den Sinn und Zweck des § 565 Abs. 2 ZPO eingegangen werden.

cc) Der Sinn und Zweck des § 565 Abs. 2 ZPO

Die Ansichten über den Sinn und Zweck des § 565 Abs. 2 ZPO haben sich im Laufe der Zeit gewandelt. In den Motiven[92] heißt es, es widerspreche nicht der Würde des Gerichts, daß es genötigt sei, „ein rechtskräftiges Urteil, und etwas anderes ist das Revisionsurteil nicht, zur Ausführung zu bringen". Diese Auffassung ist aber bereits im Jahre 1875 von dem Abgeordneten *Reichensperger* widerlegt worden. In den Motiven werde zwar, führte er aus[93], zur Rechtfertigung des Entwurfs gesagt, die Bindung des Berufungs-

[91] BVerfG, NJW 1973, 1221 (1225).

[92] Hahn-Stegemann, Die gesammten Materialien zur Civilprozeßordnung, 1. Abteilung, 2. Aufl. (1881), S. 372.

[93] Hahn-Stegemann, Die gesammten Materialien zur Strafprozeßordnung, 1. Abteilung, 2. Aufl. (1885), S. 1043.

gerichts an den Ausspruch des Kassationshofs sei mit der Würde des Instanzgerichts nicht unverträglich, weil das Urteil des Revisionsgerichts, soweit es gehe, als eine Entscheidung in der Sache, als in Rechtskraft beruhend, anzusehen sei. Dies stehe jedoch mit dem Begriff der Rechtskraft in Widerspruch. Rechtskraft liege nur insoweit vor, als über den erhobenen Anspruch entschieden sei; bloße Entscheidungsgründe würden niemals rechtskräftig. Ein kassierendes Urteil des Revisionsgerichts erhalte nun zwar eventuell die Endentscheidung gewissermaßen in ventre; bloße Entscheidungsgründe würden aber niemals rechtskräftig. Damit hat *Reichensperger* den entscheidenden Gesichtspunkt klar erkannt. Urteile sind der (materiellen) Rechtskraft nur insoweit fähig, als über den durch die Klage oder die Widerklage erhobenen Anspruch entschieden ist, § 322 Abs. 1 ZPO. Das Revisionsurteil, das das Berufungsurteil aufhebt und die Sache zurückverweist, enthält aber keine Entscheidung über den Anspruch. Es erledigt, auch teilweise, den Rechtsstreit nicht. Gleichwohl ist in einigen Entscheidungen des Reichsgerichts die Bindungswirkung des § 565 Abs. 2 ZPO auf die Rechtskraft zurückgeführt worden; der Rechtsstreit sei in dem einen, wenn auch nur ein Element des demnächstigen Urteils darstellenden, Punkte als rechtskräftig entschieden anzusehen[94], er sei in diesen Richtungen rechtskräftig erledigt[95]. Diese Auffassung ist überholt[96]. Mit Recht hat der Gemeinsame Senat[97] der obersten Gerichtshöfe des Bundes sie mit der kurzen Erwägung abgetan, die Bindung könne nicht aus der Rechtskraft erklärt werden, weil nur die Entscheidung über den erhobenen Anspruch in Rechtskraft erwachsen könne, das Revisionsgericht in derartigen Fällen aber überhaupt nicht über diesen entschieden habe.

Die Bindung kann auch nicht, wie dies früher gelegentlich[98] angenommen wurde, auf eine Art materieller Rechtskraft zurückgeführt werden. Rechtskraft und Bindungswirkung stehen vielmehr zueinander im Gegensatz. Die Rechtskraft setzt eine Entscheidung (über den Streitgegenstand) voraus, die

[94] RGZ 58, 286 (289).

[95] RG, Markenschutz und Wettbewerb 1918/19, 33.

[96] Vgl. RG, DR 1942, 1237 (1238); Bettermann, DVBl. 1955, 22; Mayer, Die Spruchgerichte 1949, 60 (61); Rosenberg, ZPR. 9. Aufl., § 143 III, 1 b (S. 716); Schröder, Festschrift für Niksich, S. 205 (210); Schönke, Die Bindung des Berufungsgerichts an das Urteil des Revisionsgerichts gemäß § 565 Abs. 2 ZPO (1934) S. 27 f.; Vierhaus, ZZP 6, 217 (226/227); Willms, NJW 1953, 481 (482); a. A. aber Flume, DVBl. 1953, 65 (66).

[97] BGHZ 60, 392 (396).

[98] RGZ 149, 157 (164). Vgl. auch Schröder, Festschrift für Nikisch, S. 205 (207); er meint, es handele sich „um eine Art von Teilentscheidung oder Zwischenurteil über Rechtsfragen oder Urteilselemente“.

Bindungswirkung bereitet sie vor. Die Rechtskraft verhindert, daß in einem zweiten Prozeß eine andere Entscheidung getroffen werden kann als im ersten; sie ist erforderlich, weil sonst der Rechtsfrieden nicht gewährleistet werden kann. Die Bindungswirkung hat diese Aufgabe nicht, da eine Entscheidung (über den Streitgegenstand) noch nicht ergangen ist.

Die Bindungswirkung hat schließlich, wie heute erkannt ist[99], auch nichts mit der formellen Rechtskraft zu tun. Ein Urteil ist formell rechtskräftig, wenn es nicht mehr angefochten werden kann. Aus der Unanfechtbarkeit eines Urteils kann aber kein Schluß auf seine bindende Wirkung gezogen werden.

In älteren Entscheidungen[100] des Reichsgerichts findet sich gelegentlich auch der, allerdings mehr beiläufige, Hinweis auf § 318 ZPO. Auch diese Vorschrift setzt aber eine Entscheidung (über einen Streitpunkt) voraus; hieran fehlt es bei den revisionsgerichtlichen Urteilen, die das Berufungsurteil aufheben und die Sache zurückverweisen; diese Urteile bereiten die künftigen Entscheidungen nur vor[101].

In der Rechtslehre[102] ist früher die Ansicht vertreten worden, die Bindungswirkung beruhe darauf, daß das Verfahren vor dem Revisionsgericht und das spätere Verfahren vor dem Berufungsgericht „eine Einheit" bildeten. Daß eine Einheit vorliege, ist aber nur eine Konstruktion, aus der keine Rechtsfolgen abgeleitet werden können; sie dient nur dazu, das auf andere Weise gewonnene Ergebnis dogmatisch darzustellen. Überdies handelt es sich um eine schlechte Konstruktion. Sie kann nicht „erklären", warum gegen das zweite Berufungsurteil Revision eingelegt werden kann; denn das Verfahren vor dem Berufungsgericht und das Verfahren vor dem Revisionsgericht sind hiernach ein und dasselbe Verfahren, und gegen ein Urteil, das im Revisionsverfahren ergeht, ist kein Rechtsmittel zulässig[103].

Die Bindungswirkung beruht auch nicht, wie vielfach[104] angenommen wird, auf dem Wesen des Instanzenzuges. Aus ihm ergibt sich nur, daß das

[99] Vgl. RGSt. 59, 241 (244); Götz, Urteilsmängel und innerprozessuale Bindungswirkung, Diss. Frankfurt a. M. 1956, S. 15; Schönke, Die Bindung des Berufungsgerichts an das Urteil des Revisionsgerichts gemäß § 565 Abs. 2 ZPO (1934), S. 29; a. A. RG, Warn. 1914 Nr. 344.

[100] RGZ 58, 286 (289); RGZ 149, 157 (163).

[101] Das ist heute allgemein anerkannt, vgl. den Beschluß des Gemeinsamen Senats der obersten Gerichtshöfe des Bundes, BGHZ 60, 392 (396).

[102] Vierhaus, ZZP 6, 217 (229).

[103] Darauf hat bereits Struckmann, ZZP 6, 391 (396) hingewiesen.

[104] RG, Warn. 1914, Nr. 344; Götz, Urteilsmängel und innerprozessuale Bindungswirkung, Diss. Frankfurt, S. 15; ders. JZ 1959, 681 (683 u. 688); Schiedermair, Anm. zu BGH, JZ 1958, 277 (278).

obere Gericht ein Urteil des unteren Gerichts aufheben kann, der umgekehrte Weg aber ausgeschlossen ist. Er mag weiter zur Folge haben, daß das untere Gericht, wenn die Sache wieder zu ihm zurückgelangt, dem Urteil des oberen Gerichts nicht widersprechen kann[105]. Aber eine Entscheidung (über den Streitgegenstand oder einen Streitpunkt) ist hier noch nicht getroffen. § 565 Abs. 2 ZPO fügt auch nicht, wie *Götz*[106] meint, der sich aus dem Instanzenzug ergebenden negativen Seite der Bindungswirkung eine positive hinzu. Ohne § 565 Abs. 2 ZPO gibt es vielmehr überhaupt keine Bindung[107], weder in negativer noch in positiver Hinsicht.

Entgegen der Auffassung von *Schönke*[108] liegt der Grund der Bindung auch nicht in der nach dem Prinzip der Revision vorausgesetzten Fähigkeit des Revisionsgerichts, einen Tatbestand besser rechtlich beurteilen zu können als das Berufungsgericht. Wäre dies der Bindungsgrund, dann müßte das Berufungsgericht an alle Ausführungen des Revisionsgerichts gebunden sein. Auch bei Hinweisen würde sich die Fähigkeit des Revisionsgerichts auswirken, einen Tatbestand besser beurteilen zu können als die Vorinstanz.

Die Bindungswirkung läßt sich weiterhin nicht, wie *Schröder*[109] annimmt, auf prozeßwirtschaftliche Erwägungen zurückführen. Die Bindung eines Richters beim Erlaß einer Entscheidung an die rechtliche Beurteilung eines anderen ist ein schwerwiegender Eingriff in die richterliche Freiheit, den Sachverhalt so zu entscheiden, wie er es für richtig hält. Er kann daher nicht lediglich oder vor allem im Interesse der Prozeßökonomie erfolgen. Überdies wäre auch hier nicht einzusehen, warum das Berufungsgericht bei dieser Begründung der Bindung frei sein soll, soweit in dem revisionsgerichtlichen Urteil nur Hinweise enthalten sind.

Der Geltungsgrund der innerprozessualen Bindungswirkung dürfte auch nicht, wie *Götz*[110] meint, letztlich in dem für eine gedeihliche Rechtsprechung unerläßlichen Vertrauen der Bürger in die Rechtspflege zu erblicken sein. Eine Partei kann erst dann auf eine gerichtliche Entscheidung vertrauen, wenn der Rechtsstreit endgültig erledigt ist. Sie kann sich nicht einmal darauf verlassen, daß die Beurteilung, die der Aufhebung des an-

[105] Vgl. S. 31.
[106] JZ 1959, 681 (688).
[107] Bötticher, MDR 1961, 805 (807 Fußn. 3).
[108] Die Bindung des Berufungsgerichts an das Urteil des Revisionsgerichts gemäß § 565 Abs. ZPO (1934), S. 35. Ebenso Schultzenstein, ZZP 48, 63 (77).
[109] Festschrift für Nikisch, S. 205 (211 und 214). Ebenso Thieme, ZBR 1954, 193 (194).
[110] JZ 1959, 681.

gefochtenen Urteils unmittelbar zugrunde liegt, für den Ausgang des Prozesses maßgebend ist; werden neue Tatsachen vorgetragen, dann kann es auf Grund des neuen Sachverhalts auf diese rechtliche Würdigung nicht mehr ankommen.

Das Prinzip der Prozeßökonomie und das Vertrauen auf die maßgebende Bedeutung der revisionsgerichtlichen Beurteilung können zwar im Zusammenhang mit anderen Erwägungen im Rahmen der Auslegung des § 565 Abs. 2 ZPO Berücksichtigung finden; sie reichen aber nicht aus, um die in dieser Vorschrift angeordnete Bindung zu begründen.

Die bisher erörterten Gesichtspunkte erklären somit nicht die Notwendigkeit der in § 565 Abs. 2 ZPO angeordneten Bindungswirkung. Der Grund für diese Regelung liegt vielmehr in der Eigenart des revisionsgerichtlichen Verfahrens. Das Revisionsgericht hat zwei Aufgaben[111]. Es muß die Rechtseinheit wahren und für die Sachgerechtigkeit der Entscheidung im Einzelfall Sorge tragen. Es kann diese Aufgabe, ohne daß hierzu besondere Vorschriften erlassen werden müßten, nur erfüllen, soweit es den Rechtsstreit abschließen, also die Revision zurückweisen oder das angefochtene Urteil aufheben und in der Sache selbst entscheiden kann. Dies ist aber nur möglich, wenn der Rechtsstreit zur Endentscheidung reif ist. In vielen Fällen liegt diese Voraussetzung jedoch nicht vor. Der Sachverhalt muß — vom Standpunkt des Revisionsgerichts aus — weiter aufgeklärt werden. Die Aufklärung kann nicht durch das Revisionsgericht erfolgen, § 561 ZPO. Hätte dieses selbst die erforderlichen Tatsachen zu ermitteln, dann müßte es mit einer Unzahl von Richtern besetzt werden. So viele geeignete Richter gibt es aber nicht; man könnte dann kaum noch von der Fähigkeit des Revisionsgerichts sprechen, einen Tatbestand besser rechtlich beurteilen zu können als das Berufungsgericht[112]. Das Revisionsgericht ist deshalb auf die Entscheidung von Rechtsfragen beschränkt; es ist, wenn weitere Tatsachen festgestellt werden müssen, gezwungen, die Sache — nach Aufhebung des angefochtenen Urteils — an das Berufungsgericht zur anderweiten Verhandlung und Entscheidung zurückzuverweisen, damit dieses den Sachverhalt weiter aufklärt. Wenn das Berufungsgericht jetzt nicht an die rechtliche Beurteilung gebunden wäre, die der Aufhebung seines ersten Urteils zugrunde liegt, dann könnte es dieselbe Entscheidung treffen wie im ersten

[111] Vgl. die Begründung zu dem „Entwurf eines Gesetzes zur Änderung des Rechts der Revision in Zivilsachen und in Verfahren vor Gerichten der Verwaltungs- und Finanzgerichtsbarkeit", Bundestags-Drucksache 7/444 (S. 14/15) mit ausführlichen Literaturnachweisen.

[112] Schönke, Die Bindung des Berufungsgerichts an das Urteil des Revisionsgerichts gemäß § 565 Abs. 2 ZPO (1934), S. 35.

Rechtsgang, und es könnte sie auch mit derselben Begründung versehen. Es träte dann die gleiche Rechtslage ein, die im ersten Rechtsgang gegeben war. Die Einlegung der Revision und der Erlaß der revisionsgerichtlichen Entscheidung wären ohne Wirkung gewesen. Das Berufungsgericht könnte eine Auffassung vertreten, die von Entscheidungen anderer Berufungsgerichte oder des Revisionsgerichts abwiche, die Rechtseinheit wäre nicht gewährleistet. Es wäre auch in der Lage, der Ansicht des Revisionsgerichts entgegenzutreten und damit zu verhindern, daß eine Endentscheidung ergeht, die das Revisionsgericht für sachgerecht hält. Zwar würden sich die Berufungsgerichte in vielen Fällen, auch wenn sie dazu nicht gezwungen würden, der Ansicht des Revisionsgerichts anschließen. Hierbei würde auch die Erwägung eine Rolle spielen, daß ihr Urteil sonst wiederum aufgehoben werden würde. Dies wird aber nicht immer so sein, und es braucht auch nicht auf dem Eigensinn der Vorinstanz zu beruhen, wenn dies der Fall wäre. Das Berufungsgericht kann nach erneuter, unvoreingenommener Prüfung der Rechtslage zu der Überzeugung kommen, daß die rechtliche Beurteilung des Revisionsgerichts fehlerhaft ist. Die Berufungsrichter müssen dann, wenn sie an diese Beurteilung nicht gebunden wären, so entscheiden, wie sie es für richtig halten; sie würden sich sonst einer Rechtsbeugung schuldig machen. Dann aber wäre die Entscheidung des Revisionsgerichts ein Schlag ins Wasser; sie bliebe ohne Wirkung. Die in § 565 Abs. 2 ZPO angeordnete Bindung ist also erforderlich, damit das Revisionsgericht seine Ansicht durchsetzen kann[113].

Nach der Ansicht des Gemeinsamen Senats[114] der obersten Gerichtshöfe des Bundes soll § 565 Abs. 2 ZPO (§ 358 Abs. 1 StPO) verhindern, daß die endgültige Entscheidung der Sache dadurch verzögert oder gar verhindert werde, daß sie ständig zwischen Vorinstanz und Revisionsgericht hin- und hergeschoben werde, weil keines der beiden Gerichte seine Rechtsauffassung ändere. Diese Begründung, die auf eine Entscheidung des Reichsgerichts[115] zurückgeht, trifft jedoch nicht den Kern. Daß ohne eine Bindung des Berufungsgerichts die Sache ständig zwischen dem Berufungsgericht und dem Revisionsgericht hin- und hergeschoben werden könnte, ist nicht der eigentliche Grund für die Notwendigkeit der Bindung. Man könnte diese Gefahr (theoretisch) dadurch beseitigen, daß man jeder Partei lediglich das Recht gäbe, das Berufungsurteil nur einmal mit der Revision anzugreifen. Die Sache könnte dann nicht mehr endlos hin- und hergeschoben werden.

[113] Vgl. Schönke, Die Bindung des Berufungsgerichts an das Urteil des Revisionsgerichts gemäß § 565 Abs. 2 ZPO (1934) S. 36.

[114] BGHZ 60, 392 (396).

[115] RG, Warn. 1914 Nr. 344.

Gleichwohl wäre aber § 565 Abs. 2 ZPO nicht überflüssig. Denn ohne Bindung wäre das Berufungsgericht frei; es brauchte sich nicht an die rechtliche Beurteilung zu halten, auf der die Aufhebung seines ersten Urteils beruht. Der entscheidende Grund für die Bindung liegt also darin, daß das Revisionsgericht ohne Bindung des Berufungsgerichts nicht in der Lage ist, seine Ansicht durchzusetzen und damit die ihm obliegende Aufgabe zu erfüllen, für die Rechtseinheit und die Sachgerechtigkeit des Urteils im Einzelfall zu sorgen.

Daß dies der wahre Grund für die Bindung ist, kommt auch in anderen Ausführungen des Gemeinsamen Senats der obersten Gerichtshöfe des Bundes zum Ausdruck. Es wird dort einmal dargelegt[116], es handele sich bei § 565 Abs. 2 ZPO (und den entsprechenden Vorschriften in den anderen Verfahrensgesetzen) um Vorschriften besonderer Art, durch die die Bindung der Vorinstanz an die rechtliche Beurteilung des Revisionsgerichts isoliert angeordnet sei. Hiermit stellt der Gemeinsame Senat es, ohne dies allerdings näher darzulegen, auf die Eigenart des revisionsgerichtlichen Verfahrens ab. Er führt weiter aus[117], § 565 Abs. 2 ZPO institutionalisiere lediglich, um den angestrebten Erfolg zu erzielen, die ohnehin bestehende, sich aus dem Instanzenzug ergebende Autorität des übergeordneten Gerichts; es solle durch diese Vorschrift vermieden werden, daß sich das Berufungsgericht im Einzelfall nicht an die der Aufhebung zugrunde liegende Rechtsauffassung des Revisionsgerichts halte. Diesen Ausführungen liegt die Erwägung zugrunde, daß das Revisionsgericht die ihm anvertraute Aufgabe anderenfalls nicht erfüllen kann.

Es muß also sichergestellt werden, daß das Revisionsgericht seine Ansicht verwirklichen kann. Eine solche Notwendigkeit besteht aber nur, wenn die rechtliche Beurteilung des Revisionsgerichts von der Auffassung des Berufungsgerichts abweicht. Eine Bindung ist nur erforderlich, wenn ein Anlaß für sie gegeben ist. Hieran fehlt es, soweit das Revisionsgericht die Ansicht der Vorinstanz billigt. Es muß dafür Sorge getragen werden, daß das Berufungsgericht den alten Fehler, dessentwillen sein erstes Urteil aufgehoben worden ist, im zweiten Rechtsgang nicht wiederholt. Eine derartige Gefahr besteht aber nicht, soweit die Vorinstanz nach der Auffassung des Revisionsgerichts keinen Rechtsfehler begangen hat.

Durch § 565 Abs. 2 ZPO soll somit erreicht werden, daß die rechtliche Beurteilung des Revisionsgerichts sich auswirken kann. Dieser Sinn und Zweck erfordert nur eine Bindung an den unmittelbaren Aufhebungsgrund.

[116] BGHZ 60, 392 (396).
[117] BGHZ 60, 392 (397).

Nur insoweit besteht ein Streit zwischen dem Berufungsgericht und dem Revisionsgericht, nur insoweit die Notwendigkeit, dafür zu sorgen, daß das Revisionsgericht Sieger im Streit bleibt. Soweit das Revisionsgericht Ausführungen des Berufungsgerichts billigt, fehlt dieser Konflikt und damit das Bedürfnis, eine Bindung anzuordnen. Der mittelbare Aufhebungsgrund enthält aber die Billigung von Darlegungen des Berufungsgerichts. Gerade weil das Revisionsgericht diesen Ausführungen zugestimmt hat, hat es das Berufungsurteil aus einem anderen Grunde, dem unmittelbaren Aufhebungsgrund, aufgehoben. Sinn und Zweck des § 565 Abs. 2 ZPO erfordern also nur eine Bindung an den unmittelbaren Aufhebungsgrund. Sie schließen allerdings auch die weite Auslegung dieser Vorschrift nicht aus. Diese kann sich jedoch nicht auf den Sinn und Zweck der Bindung stützen. Sie muß auf anderen Gründen beruhen.

dd) Die Rechtssicherheit

Diese Gründe müssen schwerwiegend sein. Die Bindung schränkt den Richter in seiner Aufgabe ein, einen Streit so zu entscheiden, wie das Gesetz es nach seiner Überzeugung anordnet. Zwar verstößt die Bindung nicht, wie in der Rechtslehre[118] gemeint wird, gegen Art. 97 GG. Diese Vorschrift schützt den Richter, wie das Bundesverfassungsgericht[119] mit Recht entschieden hat, nur vor Eingriffen durch die Legislative und die Exekutive; sie gewährleistet die rechtliche Unabhängigkeit im Verhältnis der Richter zu den Trägern nichtrichterlicher Gewalt. Sie gilt aber nicht im Verhältnis der Gerichte untereinander. Es handelt sich jedoch um eine Ausnahme von dem Grundsatz, daß der Richter bei der Gesetzesanwendung nur an das Gesetz und sein Gewissen gebunden ist[120].

Die Bindung darf daher nur angeordnet werden, soweit sie im Interesse einer ordnungsmäßigen Rechtspflege unumgänglich ist. Bloße Zweckmäßigkeitserwägungen reichen hierzu nicht aus.

Wie sehr die Bindung eines Richters an die rechtliche Beurteilung eines anderen Gerichts die rechtliche Stellung eines Richters berührt, zeigt auch die Entstehungsgeschichte der Bindungsvorschriften. In den Motiven[121]

[118] Mohrbotter, ZStrW 84, 612 (614).

[119] BVerfGE 12, 67 (71). Ebenso BGH, JZ 1952, 110 (111/112); Bettermann-Nipperdey-Scheuner, Die Grundrechte, III. Bd., 2. Halbband (1959), S. 536; Peters, Strafprozeß, 2. Aufl. (1966), § 17 IV, 3 c (S. 101).

[120] Gemeinsamer Senat der obersten Gerichtshöfe des Bundes, BGHZ 60, 392 (396/397).

[121] Hahn-Stegemann, Die gesammten Materialien zur Civilprozeßordnung, 1. Abteilung, 2. Aufl. (1881), S. 372.

wurde ausdrücklich (wenn auch mit fehlerhafter Begründung) darauf hingewiesen, daß die Bindung nicht als der Würde des Gerichts widersprechend angesehen werden könne. Diese Auffassung stieß aber in der Strafprozeßkommission des Reichstages auf Widerspruch. Die Vorschrift des Entwurfs, führte der Abgeordnete *Reichensperger* aus, verletze vielmehr in der Tat die Würde des unteren Gerichts[122], die unteren Gerichte müßten davor behütet werden, sich in der Beurteilung von Rechtsfragen willenlos und sklavisch dem Reichsgericht unterzuordnen[123]. Ähnlich äußerte sich der Abgeordnete *Herz*. Durch § 319 Abs. 1 des Entwurfs, dem späteren § 358 Abs. 1 StPO, werde, meinte er[124], dem Kassationshof eine Stellung eingeräumt, wie sie dem Gericht nicht gebühre. Er werde zum Gesetzgeber erhoben, dem die untere Instanz sklavisch gehorchen müsse. Eine derartige Omnipotenz dürfe auch dem obersten Gerichtshof nicht eingeräumt werden[125]. Die Vorschrift ist demgemäß bei der ersten Lesung abgelehnt worden; sie wurde erst in der zweiten Lesung angenommen.

Da Sinn und Zweck des § 565 Abs. 2 ZPO nur eine Bindung des Gerichts an den unmittelbaren Aufhebungsgrund erfordern, müssen nach alledem andere, schwerwiegende Gründe gegeben sein, die, darüber hinausgehend, auch eine Bindung an den mittelbaren Aufhebungsgrund unumgänglich machen.

Als derart schwerwiegender Grund kommt das Gebot der Rechtssicherheit in Betracht. Diesem Gebot wird bei der weiten Auslegung des § 565 Abs. 2 ZPO in größerem Umfang Rechnung getragen als bei der Ansicht, nur der unmittelbare Aufhebungsgrund habe bindende Wirkung. Dies zeigt der Fall, der in dieser Untersuchung[126] bereits dazu gedient hat, den Unterschied zwischen den beiden Auffassungen zu veranschaulichen. Der Kläger, der durch eine Hilfsperson des Beklagten einen Schaden erlitten

[122] Hahn-Stegemann, Die gesammten Materialien zur Strafprozeßordnung, 1. Abteilung, 2. Aufl. (1885), S. 1043.

[123] Hahn-Stegemann, Die gesammten Materialien zur Strafprozeßordnung, 2. Abteilung, 2. Aufl. (1886), S. 1428.

[124] Hahn-Stegemann, Die gesammten Materialien zur Strafprozeßordnung, 1. Abteilung, 2. Aufl. (1885), S. 1042.

[125] Schon 1858 hat Arnold, GS 10, 98 (102) in scharfer Form gegen die Bindungsvorschrift Stellung genommen: „Die Richter, an welche die Sache verwiesen ist, müssen ihre Ansicht unabhängig von anderer Meinung aussprechen. Wer von dieser Pflicht, die zugleich ein Recht ist, abweicht, verletzt seinen Eid, belästigt sein Gewissen und handelt wider die Würde seines Amtes und wider seine Ehre: er täuscht in unwürdiger Weise, wenn er als seine Überzeugung und als sein Urteil ausspricht, was nicht seine Ansicht, sondern knechtisches Nachbeten anderer Ansicht ist".

[126] Vgl. S. 64 und S. 67.

hatte, nahm diesen aus Vertrag und unerlaubter Handlung auf Schadensersatz in Anspruch. Das Berufungsgericht verneinte den Abschluß eines Vertrages, gab der Klage aber aus § 831 BGB statt; das Revisionsgericht stimmte den Ausführungen des Berufungsgerichts zum Fehlen eines Vertrages zu, hob das angefochtene Urteil aber auf, weil es zu strenge Anforderungen an den Entlastungsbeweis gestellt habe, und verwies die Sache an das Berufungsgericht zurück, damit der Sachverhalt in dieser Hinsicht weiter aufgeklärt werde. Nach der weiten Auslegung steht damit (soweit nicht für den Abschluß des Vertrages neue Tatsachen vorgetragen werden) fest, daß zwischen den Parteien kein Vertrag zustande gekommen ist; der Rechtsstreit geht jetzt nur um die Frage, ob der Beklagte sich entlasten kann. Hierauf beschränken sich nunmehr die Ausführungen der Parteien. Damit ist eine feste Grundlage für die weitere Führung des Rechtsstreites gegeben; sie kann künftig nicht mehr in Frage gestellt werden. Der Beklagte kann sich darauf verlassen, daß er nicht vertraglich haftet. Nach der engen Auslegung des § 565 Abs. 2 ZPO muß das Berufungsgericht aber im zweiten Rechtsgang die Frage, ob zwischen den Parteien vertragliche Beziehungen bestehen, erneut prüfen; kommt es zu der Überzeugung, daß dies der Fall ist, muß es der Klage stattgeben, ohne daß es darauf ankommt, ob der Beklagte seinen Verrichtungsgehilfen sorgfältig ausgewählt und überprüft hat. Die Parteien können, auch wenn der Sachverhalt sich nicht geändert hat, zu dieser Frage erneut Ausführungen machen; der Beklagte kann sich, obwohl das Revisionsgericht die Ansicht des Berufungsgerichts insoweit gebilligt hat, nicht darauf verlassen, daß eine Haftung aus Vertrag ausscheidet. Lehnt das Berufungsgericht im zweiten Rechtsgang wiederum den Abschluß eines Vertrages ab, wird das Urteil aber aufgehoben, weil das Berufungsgericht einen Zeugen nicht vernommen hat, dann kann das Berufungsgericht im dritten Rechtsgang, im Gegensatz zu seiner früheren, in zwei Rechtsgängen vom Revisionsgericht gebilligten Auffassung, nunmehr den Abschluß eines Vertrages bejahen. Die durchgeführten Beweisaufnahmen waren damit überflüssig. Der Prozeß ist erheblich verzögert worden. Die Parteien können durch eine derartige Prozeßführung zur Verzweiflung getrieben werden.

Hat das Berufungsgericht eine sachlich-rechtliche Entscheidung getroffen, ist sein Urteil aber wegen eines Rechtsfehlers in dieser Hinsicht aufgehoben und die Sache zurückverwiesen worden, so kann das Berufungsgericht im zweiten (oder auch erst im dritten) Rechtsgang die Klage als unzulässig abweisen, weil der Rechtsweg nicht gegeben sei. Die Mühe, die mit der Klärung der sachlich-rechtlichen Streitpunkte verbunden war, ist vergeblich gewesen. Es ist viel Zeit vergangen, es sind hohe Kosten entstanden, und es ist nichts erreicht. Die Parteien stehen nach vielen Jahren da, wo sie am

Anfang standen. Ihr Vertrauen zu den Gerichten ist dahin. Nach der weiten Auslegung des § 565 Abs. 2 ZPO kann aber im zweiten Rechtsgang nicht mehr in Frage gestellt werden, daß die vertraglichen Beziehungen zwischen den Parteien nicht bestehen und daß die Prozeßvoraussetzungen vorliegen, der Rechtsweg also gegeben ist. Das Rechtsgut der Rechtssicherheit ist daher bei dieser Auslegung des Gesetzes insoweit besser gewahrt.

Dies ist auch der Grund, weshalb das Bundesarbeitsgericht[127] für eine weite Bindung des Berufungsgerichts eintritt. Es meint[128], das Revisionsurteil könne sonst nicht seine Aufgabe erfüllen, den Prozeß in die vom Revisionsgericht als richtig erkannte Bahn zu lenken und ihn von dieser Bahn dem Ende entgegenzuführen. Der Ausgang des Prozesses sei dann nicht abzusehen; es entstehe eine unerträgliche Rechtsunsicherheit, die der Gesetzgeber nicht gewollt haben könnte. Auch das Reichsgericht hat Bedenken gegen die Auffassung geäußert, daß im ersten Rechtsgang beantwortete Fragen (die der Aufhebung nicht unmittelbar zugrunde lägen) im zweiten Rechtsgang wieder aufgegriffen würden. „Die gegenteilige Auffassung würde eine unbeschränkte und unabsehbare Wiederholung der Erörterung bereits völlig und abschließend erledigter Streitpunkte ermöglichen, die nicht bloß der in § 565 Abs. 2 ZPO beabsichtigten Begrenzung der Aufgabe des Berufungsrichters widersprechen würde, sondern überhaupt mit den Anforderungen einer gesunden Prozeßführung unvereinbar wäre und insbesondere eine unerträgliche Prozeßverschleppung zur Folge haben müßte“[129].

Bei der Frage, ob die weite Auslegung des § 565 Abs. 2 ZPO aus diesem Grunde den Vorzug verdient, ist aber nicht darauf abzustellen, wie sich die Ansicht, nur der unmittelbare Aufhebungsgrund binde das Berufungsgericht, auswirken kann; es ist allein maßgebend, wie sich diese Auffassung im Rechtsleben tatsächlich auswirkt. Würde sich herausstellen, daß die Möglichkeiten, die oben dargestellt sind, sich häufig verwirklichen, dann wäre eine sachgemäße Prozeßführung nicht gewährleistet; dies wäre aus rechtsstaatlichen Gesichtspunkten unerträglich. Hierbei spielte auch keine Rolle, daß der historische Gesetzgeber, wie oben[130] dargetan, davon ausging, daß nur die rechtliche Beurteilung des Revisionsgerichts bindend ist, die der Aufhebung des Berufungsurteils unmittelbar zugrunde liegt. Die Auslegung einer Gesetzesnorm, hat das Bundesverfassungsgericht[131] zutreffend ausgeführt, könne auf die Dauer nicht immer bei dem ihr zu ihrer Entstehungs-

[127] BAG 10, 355.
[128] BAG 10, 355 (358).
[129] RGZ 90, 23 (26); RGZ 91, 134 (136).
[130] Vgl. S. 90 ff.
[131] NJW 1973, 1221 (1225).

zeit beigelegten Sinn stehen bleiben. Es sei zu berücksichtigen, welche vernünftige Funktion sie im Zeitpunkt der Anwendung haben könne.

Entscheidend ist also die Rechtswirklichkeit. Es fragt sich, ob es häufig geschieht, daß die Vorinstanz die früher vertretenen, vom Revisionsgericht gebilligten Ansichten im zweiten oder dritten Rechtsgang aufgibt, damit den festen Grund, auf dem der Rechtsstreit bisher geführt ist, verläßt und den Prozeß nunmehr in eine neue Bahn lenkt, so daß er in der Sache von neuem beginnt. Hierüber liegt kein statistisches Material vor. Es können aber Rückschlüsse daraus gezogen werden, wie sich die Berufungsgerichte verhalten, wenn sie Hinweise vom Revisionsgericht erhalten, die für den Verlauf des Verfahrens von Bedeutung sind, aber keine bindende Wirkung haben. In der Regel befolgen die Berufungsgerichte diese Hinweise[132]. Sie sind dankbar für den Rat, den sie vom Revisionsgericht erhalten. Die Revisionsrichter verfügen im allgemeinen über mehr Erfahrung als die Berufungsrichter, auch haben sie für die Bearbeitung der einzelnen Sache mehr Zeit. Würden die Berufungsgerichte die Hinweise weitgehend unbeachtet lassen, dann würden die Revisionsgerichte von ihnen absehen. Sie sind aber, im Gegenteil, dazu übergegangen, sie häufiger zu geben. Die Berufungsrichter werden auch in der Regel eine von ihnen bisher vertretene Ansicht im zweiten Rechtsgang nicht aufgeben, wenn diese die Billigung des Revisionsgerichts erhalten hat. Sie müßten anderenfalls damit rechnen, daß ihr zweites Urteil ebenfalls aufgehoben würde. Es ist ihnen nicht daran gelegen, die feste Grundlage zu verlassen, auf der sie den Rechtsstreit bisher geführt haben, und in der Sache einen neuen Prozeß zu beginnen. Auch sie sind daran interessiert, daß der Prozeß sachgemäß betrieben und einem baldigen Ende zugeführt wird. Sie werden also bemüht sein, das Gut der Rechtssicherheit zu wahren, und ein ständiges Hin und Her der Ansichten vermeiden. Wenn auch das zweite und möglicherweise das dritte Berufungsurteil aufgehoben wird, dann liegt es in der Regel nicht daran, daß das Berufungsgericht von seiner bisher vertretenen, vom Revisionsgericht gebilligten Ansicht abweicht; es hat seinen Grund vielmehr darin, daß es neue Rechtsfehler begeht.

Es ist in der Rechtswirklichkeit auch nicht etwa so, daß die Revisionsgerichte für eine weite Bindung eintreten und die Berufungsgerichte eine größere Freiheit erstreben. Es kommt, wie in dieser Arbeit[133] bereits dargelegt, allerdings vor, daß die Berufungsgerichte sich nicht einmal an den

[132] Vgl. Blomeyer, ZPR, § 104 VII, 3 b (S. 584); Bruns, ZPR (1968), § 54 VII, 4 b (S. 473 Fußn. 105); Jessen, NJW 1970, 183 (184). Zu den gleichen Erfahrungen im französischen Recht vgl. Sommerlad, NJW 1974, 123 (124).

[133] Vgl. S. 81.

unmittelbaren Aufhebungsgrund halten. Das Revisionsgericht wird die Sache dann im zweiten Rechtsgang an einen anderen Senat des Berufungsgerichts verweisen[134]. Das sind aber Ausnahmen. In der Regel schließen sich die Berufungsgerichte der rechtlichen Beurteilung der Revisionsgerichte an, mag diese der Aufhebung ihres Urteils unmittelbar oder mittelbar zugrunde liegen. In manchen Fällen halten sie sich sogar für gebunden, wenn sie frei sind. So hat das Bundesarbeitsgericht[135] im zweiten Rechtsgang die Entscheidung eines Landesarbeitsgerichts aufgehoben, weil es sich an das erste revisionsgerichtliche Urteil in zu starkem Maße für gebunden erachtet hatte. Mit Recht hat *Bötticher*[136] in einer Anmerkung zu dieser Entscheidung ausgeführt, das Landesarbeitsgericht habe sich unter dem Dach einer fälschlich angenommenen Bindung in der Tat die Sache zu einfach gemacht. Ein solcher Fall war auch in der grundlegenden Entscheidung des III. Zivilsenats[137] des Reichsgerichts gegeben, auf die bereits mehrfach hingewiesen wurde.

Daß für die weite Auslegung des § 565 Abs. 2 ZPO kein Bedürfnis besteht, ergibt sich schließlich aus der Art und Weise, wie diese Bestimmung vom Reichsgericht angewandt worden ist. Das Reichsgericht, das über die größte revisionsgerichtliche Erfahrung verfügt hat, hat diese Vorschrift im Laufe der Zeit immer enger ausgelegt, also nur dem unmittelbaren Aufhebungsgrund bindende Wirkung zukommen lassen und dem Berufungsgericht im übrigen völlige Freiheit gewährt. Dies wäre sicher nicht geschehen, wenn das Reichsgericht eine stärkere Bindung der Berufungsgerichte für erforderlich gehalten hätte. Im Jahre 1917 hatte der III. Zivilsenat[138] des Reichsgerichts (allerdings im Widerspruch zu den übrigen Senaten) noch die oben wiedergegebenen Ausführungen gemacht, es würde einer gesunden Prozeßführung widersprechen und eine unerträgliche Prozeßverschleppung

[134] Von dieser Möglichkeit wird das Revisionsgericht auch dann (schon im ersten Rechtsgang) Gebrauch machen, wenn es die Beweiswürdigung des Berufungsgerichts für verfehlt hält, z. B. Verstöße gegen die Lebenserfahrung oder allgemeine Erfahrungssätze annimmt. Es fällt den Richtern der Tatsachengerichte oft schwerer, sich von einer früheren Beweiswürdigung zu lösen, als eine Rechtsansicht aufzugeben; sie können leicht der Versuchung erliegen, das alte Ergebnis mit neuer Begründung wiederherzustellen. Aus diesem Grund hat der Bundesgerichtshof es auch in dem früher erörterten Fall (VRS 12, 208, 211) „für angezeigt gehalten, von der ihm nach § 354 Abs. 2 StPO eingeräumten Befugnis Gebrauch zu machen". Er hätte sich Arbeit erleichtert, wenn er diese Möglichkeit schon im ersten Rechtsgang genutzt hätte.

[135] AP Nr. 12 zu § 565 ZPO.

[136] AP Nr. 12 zu § 565 ZPO.

[137] DR 1942, 1237.

[138] RGZ 90, 23 (26); RGZ 91, 134 (136).

zur Folge haben, wenn im zweiten Rechtsgang Fragen wieder aufgerollt werden könnten, die im ersten erledigt seien. Diese Auffassung hat er aber im Jahre 1942 ausdrücklich aufgegeben[139]. Es hatte sich damit bei allen Senaten des Reichsgerichts die Ansicht durchgesetzt, daß die Billigung von Rechtsausführungen des Berufungsgerichts zu keiner Bindung führt.

Gleichwohl kann diese Auffassung im Einzelfall zu schwer erträglichen Ergebnissen führen. In einem Fall[140], der bereits früher[141] erörtert worden ist, hatte das Berufungsgericht ein Testament so ausgelegt, daß ein bestimmter Gewinn zu dem für die Berechnung eines Vermächtnisses maßgebenden Nachlasse hinzuzurechnen sei. Als sein Urteil wegen eines Rechtsfehlers, den es bei dieser Auslegung begangen hatte, aufgehoben war, hat es im zweiten Rechtsgang dieselbe Ansicht vertreten. Der Bundesgerichtshof hatte nunmehr gegen diese Auslegung nichts einzuwenden, hob das zweite Berufungsurteil aber auf, weil der Sachvortrag der Beklagten nicht unter dem Gesichtspunkt der Anfechtung geprüft worden sei. Im dritten Rechtsgang änderte dann das Berufungsgericht seine Ansicht; es legte das Testament jetzt so aus, daß dieser Gewinn nicht dem Nachlaß hinzuzurechnen sei. Auf die Frage, ob das Testament angefochten werden konnte, kam es damit nicht mehr an. Es war dadurch viel Zeit verloren und unnötige Mühe aufgewandt.

In einer Kündigungsschutz-Sache[142], die ebenfalls schon erwähnt worden ist[143], hatte das Bundesarbeitsgericht die Ausführungen des Landesarbeitsgerichts gebilligt, daß die Kündigung betriebsbedingt war, das Urteil aber aufgehoben, weil es die Darlegungen über die Auswahl der zu Entlassenden für fehlerhaft hielt. Im zweiten Rechtsgang nahm nun das Landesarbeitsgericht an, die Kündigung sei nicht betriebsbedingt gewesen; damit spielte die Auswahl der zu Entlassenden keine Rolle mehr. Als auch gegen dieses Urteil Revision eingelegt wurde, hatte das Bundesarbeitsgericht sich im Jahre 1961 mit der Wirksamkeit von Kündigungen zu befassen, die im Jahre 1954 ausgesprochen worden waren. Dieser Fall hat das Bundesarbeitsgericht u. a. dazu veranlaßt, § 565 Abs. 2 ZPO weit auszulegen und darzulegen, das Revisionsgericht könne anderenfalls nicht seine Aufgabe erfüllen, den Prozeß in die vom Revisionsgericht als richtig erkannte Bahn zu lenken und ihn auf dieser Bahn seinem Ende zuzuführen[144].

[139] RG, DR 1942, 1237.
[140] BGH, NJW 1969, 661.
[141] Vgl. S. 75 f.
[142] BAG 10, 355.
[143] Vgl. S. 77 f. und S. 86.
[144] BAG 10, 355 (358).

Die Frage, ob diese Einzelfälle eine stärkere Bindung erfordern, kann erst beantwortet werden, wenn geprüft wird, ob diese Auffassung andere Nachteile mit sich bringt. Mit dieser Frage befassen sich die folgenden Ausführungen.

ee) Die Praktikabilität

Das Problem, in welchem Umfang das Berufungsgericht an die revisionsgerichtliche Beurteilung gebunden ist, ist von großer Bedeutung. Es stellt die Grundlage für das weitere Verfahren dar. Soweit das Berufungsgericht seiner Entscheidung die Auffassung des Revisionsgerichts zugrunde zu legen hat, braucht es den Streitpunkt nicht mehr zu erörtern; es darf es nicht einmal tun. Nur soweit es frei und damit für die von ihm zu treffende Entscheidung verantwortlich ist, hat es die Sache zu prüfen, wie wenn ein Urteil des Revisionsgerichts noch nicht erlassen worden wäre. Es muß also für das Berufungsgericht leicht feststellbar sein, inwieweit es gebunden und inwieweit es frei ist. Es kann sich sonst leicht über den Umfang der Bindung irren. Ist dies der Fall, dann verstößt das Berufungsurteil, das im zweiten Rechtsgang ergeht, gegen § 565 Abs. 2 ZPO und muß schon aus diesem Grunde vom Revisionsgericht aufgehoben werden[145]. Die Klarheit der Grenzziehung ist somit ein Kriterium für den Wert oder den Unwert der engen oder der weiten Auslegung.

Hat nur der unmittelbare Aufhebungsgrund bindende Wirkung, so ergeben sich keine Schwierigkeiten bei der Beantwortung der Frage, in welchem Umfang das Berufungsgericht gebunden ist. In dem Revisionsurteil ist der Fehler, der zur Aufhebung geführt hat, aufgezeigt; diesen Fehler darf das Berufungsgericht nicht wiederholen. Im übrigen ist es frei. Der — bindende — Aufhebungsgrund ist ohne weiteres von den — unverbindlichen — Hinweisen zu unterscheiden. Sind in dem Berufungsurteil mehrere Rechtsfehler enthalten, so ist allerdings stets zu prüfen, ob das Revisionsgericht das angefochtene Urteil wegen aller Rechtsfehler oder lediglich wegen eines Rechtsfehlers aufgehoben und auf die anderen nur hingewiesen hat[146]. In der Regel ergibt sich dies klar aus dem Revisionsurteil. Im Einzelfall können aber, wie der vom Bundesgerichtshof entschiedene „Schockschäden-Fall“[147] zeigt, Zweifel auftauchen. Sie sind jedoch durch eine Aus-

[145] Die Befolgung dieser Vorschrift hat das Revisionsgericht von Amts wegen zu beachten, vgl. RGZ 94, 11 (13); RG, DRiZ 1929 Nr. 313; BGHZ 3, 321 (324); BGH, GRUR 1967, 548 (550); KG, GA 74, 307.

[146] BGH, WM 1969, 165 (166/167).

[147] BGHZ 56, 163.

legung der Urteilsgründe zu beheben. Der unmittelbare Aufhebungsgrund, der in dem Revisionsurteil ausdrücklich dargelegt ist und auf den die Aufhebung gestützt ist, ist auch leicht von dem mittelbaren Aufhebungsgrund, der die Aufhebung als solche nicht herbeigeführt hat, abzugrenzen[148]. Der Bundesgerichtshof hat zwar in einem Fall[149], der später[150] erörtert wird, einen mittelbaren Aufhebungsgrund als einen unmittelbaren angesehen. Dieser Fehler beruht aber nicht auf der Schwierigkeit der Abgrenzung der beiden Aufhebungsgründe voneinander, sondern auf einem Irrtum des Gerichts.

Welche Aufhebungsgründe dem revisionsgerichtlichen Urteil mittelbar zugrunde liegen, läßt sich jedoch oft nur schwer ermitteln. Das kann einmal der Fall sein, wenn das Revisionsgericht, falls es von einer anderen Rechtsauffassung ausgegangen wäre, das angefochtene Urteil nicht hätte aufheben dürfen, sondern, wenn auch mit anderer Begründung, hätte bestätigen müssen. Welches diese andere Rechtsauffassung ist, ist noch verhältnismäßig leicht zu erkennen, wenn sich das Revisionsgericht mit dieser Ansicht, die vielleicht schon vom Berufungsgericht erörtert worden ist, auseinandersetzt. Diese Voraussetzung ist aber nicht immer gegeben. So hat das Reichsgericht[151] in dem Fall, in dem eine Bank einen verfälschten Scheck ihres Bankkunden eingelöst und dessen Konto belastet hatte, das Berufungsurteil aufgehoben, weil das Berufungsgericht das Verschulden der Beteiligten fehlerhaft beurteilt hatte. Es war nicht auf die Frage eingegangen, ob der Bank möglicherweise — aus Auftrag — auch dann ein Anspruch gegen ihren Kunden zustand, wenn diesen kein Verschulden traf und sie ihrerseits schuldhaft gehandelt hatte. Diese Frage wurde vielmehr erst im zweiten Rechtsgang gestellt. Mittelbar lag die Verneinung dieser Frage aber dem ersten Revisionsurteil zugrunde; anderenfalls hätte das Reichsgericht das Berufungsurteil, das der Klage stattgegeben hatte, nicht aufgehoben, sondern, wenn auch mit anderer Begründung, bestätigen müssen. Da die Frage aber im ersten Rechtsgang überhaupt nicht erörtert wurde, war der Umfang der Bindung nicht ohne weiteres erkennbar.

Der mittelbare Aufhebungsgrund ist auch dann relativ leicht festzustellen, wenn das Berufungsurteil (unmittelbar) wegen eines Rechtsfehlers aufgehoben worden ist, der — logisch zwingend — erst geprüft werden kann, wenn eine andere Frage bejaht worden ist. Ist das angefochtene Urteil aus

[148] Die gegenteilige Ansicht von Ascher, Anm. zu BGH, LM Nr. 5 zu § 565 Abs. 2 ZPO ist nicht zutreffend.

[149] BGHZ 6, 76 (80).

[150] Vgl. S. 116 ff.

[151] RGZ 100, 55.

einem sachlich-rechtlichen Grund aufgehoben, so ist dies nach der herrschenden Lehre[152] nur möglich, wenn die Prozeßvoraussetzungen vorliegen. Mittelbar liegt also der Aufhebung wegen eines materiell-rechtlichen Fehlers die Auffassung zugrunde, daß die Prozeßvoraussetzungen gegeben sind; dies ist auch dann der Fall, wenn das Berufungsurteil und das Revisionsurteil hierüber keine Ausführungen enthalten und die Bedenken über ihr Vorliegen erst im zweiten Rechtsgang geltend gemacht worden sind[153].

Erhebliche Schwierigkeiten ergeben sich aber, wenn eine zwingende Reihenfolge der Untersuchung nicht vorgeschrieben ist. Hat das Revisionsgericht das Berufungsurteil, das einer Schadensersatzklage stattgegeben hatte, aufgehoben, weil die Ausführungen zum Schaden fehlerhaft seien, so ergibt sich die Frage, ob der Aufhebung mittelbar die Beurteilung zugrunde liegt, daß die Ausführungen des Berufungsgerichts zur haftungsbegründenden Kausalität, zur Rechtswidrigkeit und zur Schuld zutreffend sind. Hat das Revisionsgericht diese Darlegungen ausdrücklich gebilligt, so liegt die Annahme nahe, es hätte das Berufungsurteil anderenfalls (auch) wegen dieser Rechtsfehler aufgehoben. Aber zwingend ist diese Schlußfolgerung nicht. Das Revisionsgericht hätte das Berufungsurteil auch wegen der fehlerhaften Erörterung zum Schaden aufheben und auf die übrigen Mängel nur hinweisen können. Das Revisionsgericht ist nicht gezwungen, eine bestimmte Reihenfolge einzuhalten. So hat der V. Zivilsenat[154] des Bundesgerichtshofs das Berufungsurteil wegen eines Mangels aufgehoben, den das Berufungsgericht bei der Verneinung des nur hilfsweise geltend gemachten Zurückbehaltungsrechts begangen hatte, obwohl die Bejahung der Klageforderung auf schweren Fehlern beruhte; insoweit hat sich der Senat nur mit unverbindlichen Hinweisen begnügt. Hätte der Senat die Ausführungen zur Klageforderung gebilligt oder hätte er zu ihr keine Stellung genommen, so wäre der Schluß voreilig gewesen, die (stillschweigende) Billigung der Darlegungen zur Klageforderung lägen der Aufhebung (wegen der fehlerhaften Verneinung des Zurückbehaltungsrechts) mittelbar zugrunde, weil der Senat anderenfalls das Berufungsurteil aus diesen Gründen aufgehoben hätte. Die Entscheidung des V. Zivilsenats des Bundesgerichtshofs zeigt, daß der Senat das Urteil wegen der unrichtigen Behandlung des Zurückbehaltungsrechts aufhob, obwohl er die Auffassung, die Klageforderung sei ent-

[152] Vgl. Schönke-Kuchinke, ZPR, 9. Aufl. § 74 I, 2 (S. 333); Stein-Jonas-Schumann-Leipold, ZPO, 19. Aufl. § 274 I, 1. A. A. Grunsky, ZZP 80, 55 (58); Lindacher, Anm. zu BAG, NJW 1967, 1389; Rimmelspacher, Zur Prüfung von Amts wegen im Zivilprozeß (1966), S. 109 ff.

[153] Vgl. BGH, MDR 1959, 121.

[154] WM 1969, 165.

standen, für fehlerhaft hielt. Der Weg des V. Zivilsenats ist ungewöhnlich und auch wenig empfehlenswert, weil das Berufungsgericht die entscheidenden Fehler bei der Bejahung der Klageforderung wiederholen kann, ohne gegen § 565 Abs. 2 ZPO zu verstoßen; gesetzlich unzulässig ist er aber nicht. In vielen Fällen wird daher das Berufungsgericht vor der unlösbaren Schwierigkeit stehen zu ermitteln, aus welchen Gründen das Revisionsgericht das (wegen eines anderen Fehlers unmittelbar aufgehobene) Urteil aufgehoben hätte, wenn es in bestimmten Punkten die Auffassung des Berufungsgerichts mißbilligt hätte.

Hiervon hängt aber der Umfang der Bindung ab. Eine Bindung tritt nur dann ein, wenn das Revisionsgericht, das es bei der Aufhebung des Urteils auf die Fehler bei der Verneinung des Zurückbehaltungsrechts oder bei der Berechnung des Schadens abgestellt hatte, das angefochtene Urteil wegen der Fehler bei der Bejahung der Klageforderung oder der haftungsbegründenden Kausalität, der Rechtswidrigkeit oder der Schuld aufgehoben haben würde, falls es solche Fehler festgestellt hätte. Nur in diesem Fall liegt die Billigung dieser Ausführungen des Berufungsgerichts mittelbar der Aufhebung, so wie sie erfolgt ist, zugrunde. Wie soll das Berufungsgericht aber eine solche Feststellung treffen können, wenn hierüber im Revisionsurteil keine Ausführungen enthalten sind?

Derartige Schwierigkeiten wird der II. Zivilsenat[155] des Bundesgerichtshofs im Auge gehabt haben, als er ausführte, der tragende Grund für die enge Auslegung des § 565 Abs. 2 ZPO gehe „dahin, daß eine Beschränkung der Wirkung dieser Vorschrift auf die unmittelbaren Aufhebungsgründe notwendig" sei, „um eine klare Grenzziehung zu gewinnen. Sonst bestände Unsicherheit darüber, ob z. B. ein vom Revisionsurteil mitbeurteilter, für die Endentscheidung wesentlicher, aber für die Aufhebung unmaßgeblicher Streitpunkt und eine logisch vorausliegende und billigend entschiedene oder unerwähnt gelassene Frage bindend entschieden" oder ob dies nicht der Fall sei. Mag die Unsicherheit der Grenzziehung auch nicht der tragende Grund für die enge Auslegung des § 565 Abs. 2 ZPO sein, jedenfalls spricht sie gegen die Ansicht, auch der mittelbare Aufhebungsgrund habe bindende Wirkung[156]. Das Berufungsgericht muß klar und eindeutig wissen, in wel-

[155] BGHZ 22, 370 (374).

[156] Das gilt nicht für die von Grunsky (Stein-Jonas-Grunsky, ZPO 19. Aufl., § 565 II, 2 b) vertretene Mittellösung. Eine Unsicherheit bei der Abgrenzung kann sich hier nicht ergeben, da Grunsky den mittelbaren Aufhebungsgrund nur insoweit an der Bindungswirkung teilnehmen läßt, als die zur Aufhebung führenden Gründe zwingend vom Vorhandensein oder Fehlen anderer Erfolgsvoraussetzungen abhängen.

chen Punkten es gebunden und in welchen es frei ist. Eine Auffassung, die dies nicht gewährleistet, ist nicht praktikabel. Eine derart klare Grenzziehung ist aber, wie der I. Zivilsenat[157] des Bundesgerichtshofs zutreffend dargelegt hat, „unmöglich".

Wie verschieden die Frage beantwortet werden kann, ob eine Auffassung des Revisionsgerichts mittelbar der Aufhebung des Berufungsurteils zugrunde liegt, soll abschließend an einigen Beispielen aus der Rechtsprechung veranschaulicht werden.

Das Bundesarbeitsgericht[158] hatte das erste Berufungsurteil aufgehoben, weil die Frage, ob eine Kündigung sittenwidrig sei, fehlerhaft entschieden sei. Das Landesarbeitsgericht hielt im zweiten Rechtsgang die Kündigung für nichtig, da sie gegen Treu und Glauben verstoße. Das Bundesarbeitsgericht sah hierin eine Verletzung des § 565 Abs. 2 ZPO. Indem das Bundesarbeitsgericht, heißt es in dem Revisionsurteil[159], dem Landesarbeitsgericht aufgegeben habe, die Sittenwidrigkeit der Kündigung genauer als bisher zu prüfen, habe es gleichzeitig entschieden, daß zur Annahme einer Unwirksamkeit ein geringerer Verstoß, der die strengen Voraussetzungen des § 138 BGB nicht erfülle, nicht ausreichen solle. Diese Auffassung ist auch dann bedenklich, wenn man die weite Auslegung des § 565 Abs. 2 ZPO vertritt[160]. Im ersten Rechtsgang war die Frage, ob die Kündigung gegen Treu und Glauben verstieß, nicht geprüft; es war nur die Sittenwidrigkeit erörtert worden. Da diese Prüfung unzureichend war, ist das Urteil des Landesarbeitsgerichts aufgehoben worden. Damit ist auch nicht mittelbar entschieden, daß die Kündigung jedenfalls nicht gegen Treu und Glauben verstoße.

Das BayObLG[161] hatte dem Urteil der Vorinstanz zugestimmt, das Bewußtsein der Rechtswidrigkeit sei eine Voraussetzung für die Verurteilung des Angeklagten wegen einer Freiheitsberaubung; es hat aber das angefochtene Urteil aufgehoben, weil die Feststellungen hierüber zur Bejahung des Vorsatzes nicht ausreichten. In dieser Arbeit[162] ist bereits dargelegt, daß die Auffassung des ersten Revisionsgerichts, das Bewußtsein der Rechtswidrigkeit müsse vorliegen, mittelbar der Aufhebung des Urteils zugrunde lag.

[157] BGHZ 3, 321 (326).
[158] BAG 16, 21 (25).
[159] BAG 16, 21 (25).
[160] Mit Recht hat Grunsky, Stein-Jonas-Grunsky, ZPO, 19. Aufl. § 565 II, 2 b, Fußn. 30, ausgeführt, „dem kann ... nicht gefolgt werden".
[161] BayObLGSt. 1949/51, 174 (187).
[162] Vgl. S. 84.

Sarstedt[163] ist demgegenüber aber der Meinung, die Auffassung des ersten Revisionsgerichts über die Erforderlichkeit des Bewußtseins der Rechtswidrigkeit habe der Aufhebung des Berufungsurteils auch nicht mittelbar zugrunde gelegen.

Das Reichsgericht[164] hatte ein Urteil der Vorinstanz gebilligt, soweit dieses der Auffassung war, der Angeklagte gehöre zu dem Personenkreis, der von § 230 Abs. 2 StGB a. F. erfaßt werde, das angefochtene Urteil aber aufgehoben, weil die Feststellungen der Vorinstanz nicht genügten, um das Vorliegen der Fahrlässigkeit zu bejahen.

Schönke[165] meint, die Ausführungen des Reichsgerichts lägen, soweit es der Auffassung der Vorinstanz zugestimmt habe, auch nicht mittelbar der Aufhebung des Urteils zugrunde. Dies ist nicht richtig, weil davon ausgegangen werden muß, daß das Reichsgericht das Urteil, falls es die Ansicht der Vorinstanz insoweit mißbilligt hätte, (auch) aus diesem Grund aufgehoben hätte. Denn am Ende der Entscheidung des Reichsgerichts heißt es, da eine Fahrlässigkeit bisher nicht ausreichend festgestellt sei, müsse das angefochtene Urteil aufgehoben werden. Die Rüge, daß § 230 Abs. 2 StGB a. F. durch Anwendung verletzt sei, habe „nicht zu diesem Ergebnis geführt"[166], weil der Angeklagte vermöge seines Gewerbes zu besonderer Aufmerksamkeit verpflichtet gewesen sei. Hätte das Reichsgericht diese Auffassung nicht vertreten, also die entsprechende Ansicht der Vorinstanz mißbilligt, dann hätte die Rüge, daß § 230 Abs. 2 StGB a. F. verletzt sei, „zu diesem Ergebnis (also zur Aufhebung des angefochtenen Urteils) geführt".

ff) Die Sachgerechtigkeit

Die weite Auslegung des § 565 Abs. 2 ZPO hat darüber hinaus den Nachteil, daß sie eine sachgerechte Entscheidung verhindern kann. Die Berufungsrichter werden im allgemeinen nur dann ihre frühere, vom Revisionsgericht gebilligte Ansicht aufgeben, wenn sie nunmehr der Auffassung sind, sie sei unhaltbar. Sprechen gute Gründe für beide Ansichten, werden sie vielfach im Interesse der Kontinuität der Rechtsprechung bei ihrer alten Meinung bleiben[167]. Sind sie aber der Überzeugung, daß die Gründe für ihre

[163] Anm. zu KG, JR 1958, 268 (270).

[164] JW 1931, 3369.

[165] Die Bindung des Berufungsgerichts an das Urteil des Revisionsgerichts gemäß § 565 Abs. 2 ZPO (1934), S. 61.

[166] RG, JW 1931, 3369 (3370).

[167] BAG 12, 278 (284).

neue Ansicht schwerwiegend sind oder haben sie möglicherweise erkannt, daß sie sich früher geirrt oder daß sie wesentliche Gesichtspunkte übersehen haben, dann müssen sie auch das Recht haben, sich von ihrer alten, fehlerhaften Auffassung zu lösen. Die innerprozessuale Bindung nach § 565 Abs. 2 ZPO unterscheidet sich insoweit wesentlich von der Bindung an die rechtskräftig entschiedene Sache. Dort ist die Entscheidung bereits im ersten Rechtsstreit getroffen; dies hat zur Folge, daß hiervon im zweiten Prozeß nicht abgewichen werden darf. Bei der Bindung an die rechtliche Beurteilung des Revisionsgerichts ist aber noch keine Entscheidung ergangen; es ist weder über den Streitgegenstand noch über einen Streitpunkt entschieden. Es geht vielmehr darum, inwieweit die Berufungsrichter bei dem Erlaß der von ihnen noch zu treffenden Entscheidung gebunden sind. Das Gerechtigkeitsgefühl reagiert in beiden Fällen verschieden. Es nimmt es hin, daß grundsätzlich eine Entscheidung, wenn sie getroffen ist und Rechtskraft erlangt hat, auch dann bestehen bleibt und durchgeführt werden kann, wenn sie sich nachträglich als falsch herausstellt[168]; der Rechtsfrieden wäre sonst gefährdet. Bei der Bindung nach § 565 Abs. 2 ZPO würden aber, folgte man der weiten Auslegung dieser Bestimmung, die Berufungsrichter gezwungen, eine Entscheidung zu fällen, die sie bereits bei ihrem Erlaß für unrichtig halten. Eine Bindung darf hier nur eintreten, soweit sie unumgänglich notwendig ist, und dies ist sie nur, soweit es sich um den unmittelbaren Aufhebungsgrund handelt, da sonst das Revisionsgericht die ihm übertragenen Aufgaben nicht sachgemäß wahrnehmen kann.

Die Sachgerechtigkeit würde auch bei der weiten Auslegung des § 565 Abs. 2 ZPO in erheblich stärkerem Ausmaß leiden als bei einer Bindung ausschließlich an den unmittelbaren Aufhebungsgrund. Dies wäre nicht nur der Fall, weil die Aufhebungsgründe dann zahlreicher wären. Die Fehler-

[168] Nach der ständigen Rechtsprechung des Reichsgerichts und des Bundesgerichtshofs hat allerdings derjenige, der dadurch einen Vermögensschaden erleidet, daß ein anderer gegen ihn arglistig ein rechtskräftiges unrichtiges Urteil herbeiführt oder ein unrichtiges Urteil sittenwidrig ausnutzt, einen Schadensersatzanspruch aus § 826 BGB, vgl. RGZ 46, 75 (79); RGZ 61, 359 (365); RGZ 78, 389 (393); RGZ 155, 55 (59); RGZ 168, 1 (12); BGH, NJW 1951, 759; BGHZ 26, 391 (396 ff.); BGH, WM 1974, 264 (265). In der Rechtslehre wird jedoch diese Ansicht weitgehend abgelehnt, vgl. Blomeyer, ZPR, § 107 II (S. 606 ff.); Bruns, FamRZ 1957, 201 (203); Gaul, JuS 1962, 1 (2 ff.); ders. JZ 1964, 515; ders. AcP 1968, 27 (40 ff.); Jauernig, ZZP 66, 398 ff.; Lukes, ZZP 72, 99; G. Reinicke, NJW 1952, 3; Thumm, Die Klage aus § 826 BGB gegen rechtskräftige Urteile in der Rechtsprechung des Reichsgerichts und des Bundesgerichtshofs (1959), S. 58 ff.; vgl. aber auch Bernhardt, ZZP 66, 77 ff.; Zöller-Degenhart, ZPO, 11. Aufl., § 322 (Vorbem.), Anm. 9 c.

quellen sind größer. Die Revisionsrichter werden sich, wenn sie das Berufungsurteil wegen eines Rechtsfehlers aufheben, die Sache nach allen Richtungen hin überlegen; sie werden wegen der Tragweite ihrer Entscheidung die Probleme, so gut es geht, zu Ende denken. Hieran kann es aber fehlen, soweit sie die eine oder die andere Rechtsauffassung des Berufungsgerichts billigen, sie aber zu diesem Zeitpunkt schon wissen, daß sie das Berufungsurteil aus einem anderen Grunde aufheben. Eine derartige Billigung, hat *Mayer*[169] mit Recht ausgeführt, könnte allzu leicht ausgesprochen werden, ohne daß die Konsequenzen voll durchdacht worden seien.

Die Fehlerquellen sind weiter deshalb groß, weil die Gerichte im ersten Rechtsgang die Problematik, die im zweiten auftaucht, übersehen haben können. So sind in einem vom Bundesgerichtshof[170] entschiedenen Rechtsstreit die Zweifel, ob die Beklagte parteifähig ist, erst im zweiten Rechtsgang aufgetreten. In mehreren Fällen[171] haben die Gerichte auch im ersten Rechtsgang nicht an die Möglichkeit gedacht, daß eine Vorschrift, die sie angewendet haben, gegen das Grundgesetz verstößt, sie sind, ebenso wie die Parteien, als selbstverständlich davon ausgegangen, daß sie verfassungsgemäß sei. Erst im zweiten Rechtsgang ist die Frage problematisch geworden. Ist das Berufungsgericht auch an den mittelbaren Aufhebungsgrund gebunden, dann muß es nunmehr von der Gültigkeit der gesetzlichen Bestimmung ausgehen. Ist das Berufungsurteil aufgehoben, weil eine gesetzliche Vorschrift nicht richtig angewendet worden ist, dann liegt, mittelbar, der Aufhebung des Urteils die rechtliche Beurteilung zugrunde, daß das Gesetz, das diese Vorschrift enthält, verfassungsgemäß und damit gültig sei. Die Berufungsrichter sind dann an eine rechtliche Beurteilung gebunden, die in der Sache nicht stattgefunden hat; das Problem ist vom Berufungsgericht und vom Revisionsgericht nicht gesehen und deshalb nicht durchdacht worden, eine Abwägung der Gründe für und gegen die Gültigkeit des Gesetzes, eine „Beurteilung"[172] im eigentlichen Sinne ist nicht erfolgt. Es hat insoweit auch an einem Rechtsgespräch zwischen dem Gericht und den Parteien gefehlt; die Parteien werden durch diese Regelung „überfahren", sie können sich zu der Frage der Verfassungsmäßigkeit des Gesetzes nicht äußern. Gerade diese Fälle zeigen die schweren Bedenken, die gegen die Bindung an die mittelbaren Aufhebungsgründe sprechen. Im ersten Rechts-

[169] Die Spruchgerichte 1949, 60 (62).

[170] MDR 1959, 121.

[171] Vgl. BVerfGE 2, 406 (411 ff.); BVerfGE 6, 222 (242); BVerfG, HFR 1970, 448.

[172] Vgl. Gräber, DStR 1971, 620 (622).

gang ist die Frage nicht gesehen und deshalb nicht erörtert worden; im zweiten wird sie gesehen, kann aber nicht erörtert werden, weil bereits eine Bindung eingetreten ist. Die Endentscheidung beruht dann auf einer Erwägung, die nicht angestellt worden ist; die Gültigkeit des Gesetzes kann nur damit begründet werden, daß die Gerichte im ersten Rechtsgang die Frage, daß es möglicherweise ungültig sei, übersehen haben. Derartige Fehlerquellen sind nicht gegeben, wenn das Berufungsgericht nur an die rechtliche Beurteilung gebunden ist, die der Aufhebung seines Urteils unmittelbar zugrunde liegt. Hier ist das Problem vom Revisionsgericht als Problem erkannt, durchdacht und mit den Parteien besprochen worden. Die Gewähr für die Richtigkeit[173] ist daher bei dem unmittelbaren Aufhebungsgrund erheblich größer als bei einem mittelbaren[174].

Eine letzte Fehlerquelle kann schließlich in einer zu großen Aufteilung der Verantwortung liegen. Das Berufungsgericht hat die neue Entscheidung nicht in vollem Umfang zu verantworten. Es ist nicht verantwortlich, soweit es an die rechtliche Beurteilung des Revisionsgerichts gebunden ist; hierfür hat — ausschließlich — das Revisionsgericht einzustehen. Je größer nun die Bindung des Tatrichters ist, um so weniger wird er dieses Urteil als seine Entscheidung ansehen. Auch dies kann dazu führen, daß die Berufungsrichter, resignierend, ein Ergebnis hinnehmen, zu dem sie niemals gelangt wären, wenn sie in größerem Umfang für die Entscheidung verantwortlich gewesen wären.

Bei dem Widerstreit zwischen Rechtssicherheit und Gerechtigkeit muß daher bei der Auslegung des § 565 Abs. 2 ZPO das Gebot der Gerechtigkeit den Vorrang haben. Mit Recht hat *Blomeyer*[175] diese Ansicht mit der Erwägung begründet, die Rechtssicherheit verlange zwar eine möglichst umfassende Bindung als feste Grundlage des weiteren Verfahrens, die Gerechtigkeit erfordere aber die Beschränkung der Bindung auf den für das Verfahren unerläßlichen Umfang. Der Gemeinsame Senat[176] für die obersten Gerichtshöfe des Bundes hat auch zutreffend darauf hingewiesen, daß § 565 Abs. 2 ZPO nur eine Verfahrensvorschrift sei, die letztlich der — richtigen — Anwendung des materiellen Rechts dienen solle. Schließlich hat auch der

[173] Vgl. Schlüter, Das Obiter dictum, München 1973, S. 28 ff. und S. 184.

[174] Das gilt auch für die mittelbaren Aufhebungsgründe, die, wie die Prozeßvoraussetzungen — logisch zwingend — Voraussetzung für einen unmittelbaren Aufhebungsgrund sind. Aus diesem Grunde ist die von Grunsky (Stein-Jonas-Grunsky, ZPO, 19. Aufl. § 565 II, 2 b) vertretene Mittellösung, die nur diese (mittelbaren) Aufhebungsgründe an der Bindungswirkung teilnehmen läßt, ebenfalls abzulehnen.

[175] ZPR, § 104 VII, 3 b (S. 583).

[176] BGHZ 60, 392 (397).

Bundesgerichtshof[177] dargelegt, der Widerstreit zwischen der Rechtssicherheit und der materiellen Gerechtigkeit müsse hier dadurch gelöst werden, daß § 565 Abs. 2 ZPO auf den unmittelbaren Aufhebungsgrund eingeengt werde. Überdies ist auch zu beachten, daß die Rechtssicherheit ihrerseits bei der weiten Auslegung der Bindungsvorschriften dadurch leidet, daß häufig über den Umfang der Bindung Ungewißheit herrscht.

Dieselben Nachteile ergeben sich für den Strafprozeß. Die Gründe, die für eine enge Auslegung des § 565 Abs. 2 ZPO ausschlaggebend waren, erfordern es auch hier, die Bindungswirkung nach § 358 Abs. 1 StPO auf die rechtliche Beurteilung des Revisionsgerichts zu beschränken, die unmittelbar zur Aufhebung des Berufungsurteils geführt hat.

Ergebnis

Die Vorinstanz ist nach § 565 Abs. 2 ZPO und § 358 Abs. 1 StPO grundsätzlich nur an die rechtliche Beurteilung des Revisionsgerichts gebunden, die der Aufhebung des angefochtenen Urteils unmittelbar zugrunde liegt.

b) Die Zulässigkeit oder Unzulässigkeit von Ausnahmen

Vier Entscheidungen des Bundesgerichtshofs geben Veranlassung zu prüfen, ob von dem Grundsatz, daß nur der unmittelbare Aufhebungsgrund bindende Wirkung hat, für bestimmte Fallgruppen Ausnahmen zu machen sind.

aa) Stellungnahme zu BGHZ 6, 76

In dem ersten Fall, in dem Miterben gegeneinander prozessierten, ging es um die Frage, ob die Kläger der Beklagten, die auf Grund eines Vermächtnisses ein zum Nachlaß gehörendes Grundstück verwaltete, diese Rechtsstellung wirksam entzogen hatten. Der Oberste Gerichtshof[178] für die Britische Zone hat als erstes Revisionsgericht die Auffassung des Berufungsgerichts gebilligt, daß die Kläger beim Vorliegen eines wichtigen Grundes der Beklagten kündigen konnten; er hatte aber das Berufungsurteil, das der Klage stattgegeben hatte, aufgehoben, weil es den Begriff des wichtigen Grundes verkannt habe. Im zweiten Rechtsgang tauchte das Problem auf, ob

[177] BGHZ 22, 370 (374).
[178] OGHZ 4, 223 (224).

erneut geprüft werden könne (und müsse), ob die Kläger beim Vorliegen eines wichtigen Grundes zur Kündigung berechtigt seien. Diese Frage war im ersten Rechtsgang mit der Begründung bejaht worden, ein derartiges Recht beruhe auf einem allgemeinen Rechtsgrundsatz, der in den §§ 626, 712 BGB, § 70 HGB zum Ausdruck gekommen sei und der über den Bereich des Vertragsrechts hinausgehe. Die Revision trat dieser Ansicht im zweiten Rechtsgang entgegen. Der IV. Zivilsenat des Bundesgerichtshofs hielt diese Rüge für unbegründet. Die Beklagte könne, führte er aus[179], jetzt nicht mehr geltend machen, daß die Kläger ihr das Verwaltungsrecht überhaupt nicht entziehen könnten. Der Senat legte die Rechtsprechung des Reichsgerichts und des Bundesgerichtshofs dar, nach der nur bezüglich der Punkte eine Bindung eintrete, deren rechtsirrtümliche Würdigung die Aufhebung unmittelbar herbeigeführt habe. Dieser Rechtsverstoß hat, worauf der Senat[180] mit Recht hinweist, darin bestanden, daß das Berufungsgericht den Begriff des wichtigen Grundes nicht richtig angewendet hatte; über das Bestehen des allgemeinen Rechtsgedankens, beim Vorliegen eines wichtigen Grundes könne gekündigt werden, stimmten Berufungsgericht und Revisionsgericht aber im ersten Rechtsgang überein. Gleichwohl hat der IV. Zivilsenat des Bundesgerichtshofs eine Bindung an das Bestehen dieses Grundsatzes angenommen. Für die Frage, inwieweit das Berufungsgericht an die rechtliche Würdigung des Revisionsgerichts gebunden sei, hat er ausgeführt[181], sei zu beachten, daß ein Rechtsbegriff seiner Natur nach mit der Rechtsordnung und insbesondere mit dem Gesetz, in dem er enthalten sei, verbunden sei. Erst durch diese Verknüpfung werde er zu einem Rechtsbegriff. Sie bestimme seinen Inhalt. Der vorliegende Fall liege dadurch besonders, daß der Rechtssatz, in dem der Begriff des wichtigen Grundes stecke, nicht eine bestimmte gesetzliche Vorschrift, sondern ein allgemeiner Rechtsgrundsatz sei, den das Revisionsgericht als solchen erkannt und bezeichnet habe. Werde das angefochtene Urteil aufgehoben, weil ein derartiger Begriff rechtlich verkannt sei, dann beruhe „die Aufhebung auch unmittelbar auf dem Bestehen des allgemeinen Rechtssatzes, von dem der Begriff nur ein Teil“ sei, „ohne den er hier überhaupt kein Rechtsbegriff sein würde und inhaltlich nicht bestimmt werden könnte“[182]. Das Berufungsgericht sei daher bei seiner erneuten Entscheidung daran gebunden, daß der Beklagten das auf dem Vermächtnis beruhende Verwaltungsrecht von den Miterben aus

[179] BGHZ 6, 76 (79).
[180] BGHZ 6, 76 (79).
[181] BGHZ 6, 76 (79/80).
[182] BGHZ 6, 76 (80).

wichtigem Grunde entzogen werden könne. Der IV. Zivilsenat[183] hat demgemäß folgenden Leitsatz aufgestellt: „Hat das Revisionsgericht ein Urteil aufgehoben, weil das Berufungsgericht einen Rechtsbegriff, der Teil eines sich aus der Rechtsordnung ergebenden und vom Revisionsgericht anerkannten allgemeinen Rechtsgrundsatzes ist, verkannt hat, dann ist das Berufungsgericht auch insoweit gebunden, als es sich um das Bestehen dieses allgemeinen Rechtsgrundsatzes handelt."

Diese Auffassung überzeugt nicht. Ob das Kündigungsrecht aus wichtigem Grunde auf einer gesetzlichen Vorschrift oder auf einem allgemeinen Rechtsgedanken beruht, der seinerseits Ausdruck in anderen gesetzlichen Vorschriften gefunden hat, kann für den Umfang der Bindung nicht von Bedeutung sein. Nehmen wir an, die betreffende Regelung sei durch eine gesetzliche Vorschrift getroffen worden, es sei aber zweifelhaft, ob dieses Gesetz wirksam sei. Hat das erste Revisionsurteil der Auffassung des Berufungsgerichts zugestimmt, das Gesetz sei gültig, hat es das Berufungsurteil aber aufgehoben, weil der Begriff des wichtigen Grundes nicht fehlerfrei angewandt worden sei, dann kann das Berufungsgericht im zweiten Rechtsgang das Gesetz für nichtig halten. Das (wirksame) Bestehen der gesetzlichen Regelung ist Voraussetzung für eine Kündigung aus wichtigem Grunde. Die Gültigkeit des Gesetzes liegt mittelbar, aber auch nur mittelbar, der zur Aufhebung führenden rechtlichen Beurteilung zugrunde, die getroffenen Feststellungen reichten für die Annahme eines wichtigen Grundes aus. Der mittelbare Aufhebungsgrund nimmt aber an der Bindungswirkung nicht teil. Es ist kein Grund ersichtlich, von dieser Regelung eine Ausnahme zu machen, wenn, wie hier, die Kündigung aus wichtigem Grunde (nicht von dem Bestehen einer — wirksamen — gesetzlichen Regelung, sondern) von dem Bestehen eines allgemeinen Rechtsgedankens abhängt. Wie würde überdies der IV. Zivilsenat entschieden haben, wenn im ersten Rechtsgang die Kündigungsmöglichkeit nicht auf einem allgemeinen Rechtsgrundsatz, der in den §§ 626, 712 BGB, § 70 HGB zum Ausdruck gelangt sei, sondern auf eine analoge Anwendung dieser Vorschriften gestützt worden wäre?

Die Auffassung des IV. Zivilsenats des Bundesgerichtshofs kann auch nicht mit *Ascher*[184] auf die Erwägung gestützt werden: „Die Verkennung eines Rechtsbegriffs selbst setzt das Bestehen des Rechtssatzes, dessen untrennbarer Teil der Begriff ist, voraus." Richtig ist, daß die Verkennung eines Rechtsbegriffs die Existenz eines Rechtssatzes voraussetzt, in dem er enthalten ist. Warum soll der Rechtsbegriff aber ein „untrennbarer Teil"

[183] BGHZ 6, 76.
[184] Anm. zu BGH, LM Nr. 5 zu § 565 Abs. 2 ZPO.

des Rechtssatzes sein? Die beiden Fragen, auf die es ankommt, können getrennt werden. Die erste Frage lautet: „Sind Miterben beim Vorliegen eines wichtigen Grundes berechtigt, die auf einem Vermächtnis beruhende Verwalterstellung eines Dritten zu kündigen?“ Die zweite Frage hat zum Inhalt: „Liegt ein derartiger Grund vor?“ Die zweite Frage kann sinnvollerweise nur gestellt werden, wenn die erste bejaht ist; die erste ist präjudiziell für die zweite, ihre Bejahung Voraussetzung dafür, daß die zweite aufgeworfen werden kann[185]. Die Ansicht von *Johannsen*[186], es handele sich dabei nicht nur um eine dem Aufhebungsgrund vorausgehende rechtliche Beurteilung, ist nicht zutreffend. Entweder ist die rechtliche Beurteilung (über das Bestehen des allgemeinen Rechtsgedankens) mittelbar Voraussetzung für die aus einem anderen Grunde (Verkennung des Begriffs wichtiger Grund) unmittelbar ausgesprochene Aufhebung, oder sie stellt einen Teil des unmittelbaren Aufhebungsgrundes dar; sie kann aber nicht beides zugleich sein. Da die Auffassung über das Bestehen des allgemeinen Rechtsgedankens Voraussetzung für die Aufhebung des Berufungsurteils ist (so wie diese erfolgt ist) und damit mittelbar der Aufhebung des angefochtenen Urteils zugrunde liegt, kann sie nicht zugleich Teil des unmittelbaren Aufhebungsgrundes sein.

Nach der Auffassung des IV. Zivilsenats[187] des Bundesgerichtshofs widerspricht „diese hier zu § 565 Abs. 2 ZPO vertretene Rechtsansicht ... nicht der von dem I. Zivilsenat in der grundlegenden Entscheidung BGHZ 3, 321 ... vertretenen Ansicht“. Der Senat hat diesen Satz nicht begründet. Eine Begründung dafür gibt es auch nicht. Die beiden Entscheidungen widersprechen sich. Der IV. Zivilsenat stimmt mit dem I. Zivilsenat zwar darin überein, daß nur der unmittelbare Aufhebungsgrund bindende Wirkung hat. Der IV. Zivilsenat versteht aber unter dem unmittelbaren Aufhebungsgrund etwas anderes als der I. Zivilsenat (und die fast einmütige Rechtsprechung und Rechtslehre). Nach der Auffassung des I. Zivilsenats liegt nur dann ein unmittelbarer Aufhebungsgrund vor, wenn der beanstandete Rechtsfehler als solcher zur Aufhebung geführt hat; er hat zur Folge, daß das Berufungsgericht diesen Fehler nicht wiederholen darf. Der Rechtsverstoß bestand in dem Miterben-Fall darin, daß das Berufungsgericht den Begriff des wichtigen Grundes verkannt hat; diesen Fehler darf das Berufungsgericht nicht erneut begehen. Eine Gesetzesverletzung lag aber nicht darin, daß es die Kündigung aus wichtigem Grunde auf einen allgemeinen Rechtsgedanken gestützt hat; insoweit hat das Revisionsgericht dem Berufungsurteil gerade

[185] Vgl. Bötticher, Anm. zu BAG, MDR 1961, 885 (886).
[186] Anm. zu BGH, LM Nr. 6 zu § 565 Abs. 2 ZPO.
[187] BGHZ 6, 76 (80).

zugestimmt. Das Berufungsgericht kann daher wegen dieses Punktes einen Rechtsfehler nicht wiederholen; es hat ihn nicht begangen. Es ist damit im zweiten Rechtsgang in seiner Beurteilung über das Bestehen der Kündigungsmöglichkeit beim Vorliegen eines wichtigen Grundes frei.

Der IV. Zivilsenat hat in der Sache eine Bindung an den mittelbaren Aufhebungsgrund bejaht, diese Auffassung aber nicht offen vertreten, sondern mit der Erwägung verschleiert, es sei, weil der Fall besonders liege, ein unmittelbarer Aufhebungsgrund gegeben. Der Fall liegt aber nur deswegen besonders, weil der vom Berufungsgericht nicht richtig angewendete Rechtsbegriff in einem allgemeinen Rechtsgedanken und nicht in einer gesetzlichen Bestimmung enthalten ist. Dieser Unterschied rechtfertigt die weitergehende Bindung nicht; für die Interessen der Beteiligten ist es gleichgültig, ob der Begriff, dessen unrichtige Anwendung zur Aufhebung des Berufungsurteils geführt hat, Teil eines allgemeinen Rechtsgrundsatzes oder einer gesetzlichen Bestimmung ist. Es besteht daher kein Grund, insoweit eine Ausnahme von der Regel zu machen, daß nur die rechtliche Würdigung bindet, die der Aufhebung des Berufungsurteils unmittelbar zugrunde liegt.

Die in dem Leitsatz des IV. Zivilsenats aufgestellte Rechtsauffassung ist nach alledem nicht haltbar.

bb) Stellungnahme zu BGHZ 22, 370

Auch der II. Zivilsenat[188] des Bundesgerichtshofs vertritt im Anschluß an die grundlegende Entscheidung des I. Zivilsenats[189] die Ansicht, daß nur die rechtliche Würdigung bindet, die unmittelbar zur Aufhebung des Berufungsurteils geführt hat. Er macht hiervon aber eine Ausnahme für einen Sonderfall. Dem Streit der Parteien lag folgender Sachverhalt zugrunde. Der Kläger hatte mit dem Beklagten einen Vergleich geschlossen, auf Grund dessen er von diesem Wechsel in Höhe von 295 000 DM erhielt. Später focht er den Vergleich wegen arglistiger Täuschung an und klagte auf Feststellung, daß dieser nichtig sei. Das Berufungsgericht wies die Klage ab. Am Tage nach dem Erlaß des Berufungsurteils präsentierte der Kläger dem Beklagten die Wechsel und erhielt diese eingelöst. Gleichwohl legte er Revision ein. Es fragte sich, ob der Kläger durch die Empfangnahme der Wechselsummen den angefochtenen Vergleich „bestätigt“ habe. War dies der Fall, dann war er durch die Abweisung seiner Klage nicht mehr beschwert und die Revision unzulässig. Der II. Zivilsenat war der Ansicht, von einer

[188] BGHZ 22, 370 (374).
[189] BGHZ 3, 321.

Bestätigung des Vergleichs könne keine Rede sein; „da der Kläger ein berechtigtes Interesse daran" gehabt habe, „die ihm, sei es auf Grund des Vergleichs, sei es auf Grund fortbestehenden Gesellschaftsverhältnisses zustehenden Wechselsummen zu erhalten, und durch seine eigene Anfechtungserklärung nicht gut gezwungen sein konnte, entweder die Wechsel für die Dauer des Prozesses zu stunden oder den Vergleich zu bestätigen". Der Senat hielt demgemäß die Revision für zulässig und hob das Berufungsurteil auf, weil die Behandlung der Anfechtung fehlerhaft sei. Das Berufungsgericht (der Bundesgerichtshof hatte die Sache an einen anderen Senat zurückverwiesen) vertrat die Ansicht, der Kläger habe durch die Vorlegung der Wechsel und die Entgegennahme der Wechselsumme schlüssig zu erkennen gegeben, daß er seine Behauptung, arglistig getäuscht zu sein, nicht mehr aufrecht erhalte. Er wies deshalb die Klage ab, ohne auf die arglistige Täuschung einzugehen. Der II. Senat hat in diesem Verhalten des Berufungsgerichts einen Verstoß gegen § 565 Abs. 2 ZPO gesehen; das Berufungsgericht sei an die im ersten Revisionsurteil enthaltene rechtliche Beurteilung gebunden, durch die Vorlegung der Wechsel habe der Kläger den Vergleich nicht bestätigt.

Diese Beurteilung lag der Aufhebung des Berufungsurteils allerdings nur mittelbar zugrunde (wäre der II. Zivilsenat in diesem Punkte anderer Ansicht gewesen, dann hätte er das Berufungsurteil nicht aufgehoben, sondern die Revision als unzulässig verworfen). Unmittelbar war das angefochtene Urteil aufgehoben worden, weil die Ausführungen des Berufungsgerichts zur Anfechtung des Vergleichs mißbilligt wurden[190]. Gleichwohl hat der Senat eine Bindung angenommen und damit bewußt eine Ausnahme von der engen Auslegung des § 565 Abs. 2 ZPO gemacht.

Er hat diese Entscheidung einmal mit der Erwägung begründet, die Beschränkung dieser Vorschrift auf die unmittelbaren Aufhebungsgründe sei notwendig, um eine klare Grenzziehung zu gewinnen; es bestehe sonst Unklarheit über den Umfang der Bindung. Eine solche Unklarheit könne aber „bei einer vom Revisionsgericht beurteilten Rechtsmittelvoraussetzung ... nicht entstehen"[191]. Hier ergebe sich eine klare Abgrenzung aus der Sache selbst, nämlich daraus, daß das Revisionsgericht die Revision für zulässig gehalten habe. Das Berufungsgericht sei daher in formeller und materieller Hinsicht gebunden.

Diese Begründung überzeugt nicht. Einmal liegt, entgegen der Ansicht des II. Zivilsenats, der tragende Grund für die enge Auslegung des § 565

[190] BGHZ 22, 370 (371).
[191] BGHZ 22, 370 (374/375).

Abs. 2 ZPO nicht in der Schwierigkeit, den Umfang der Bindung abzugrenzen. Der wichtigste Grund für die Beschränkung der Bindung auf den unmittelbaren Aufhebungsgrund ist vielmehr darin zu sehen, daß die Sachgerechtigkeit der zu treffenden Entscheidung bei der weiten Auslegung der Bindungsvorschrift nicht gewährleistet ist. Es kommt weiter auch nicht darauf an, ob im Einzelfall der Umfang der Bindung feststeht. Solche Feststellungen können auch getroffen werden, wenn das Berufungsurteil wegen materiell-rechtlicher Fehler aufgehoben wird und der mittelbare Aufhebungsgrund darin besteht, daß ausdrücklich oder stillschweigend das Vorliegen von Prozeßvoraussetzungen bejaht wird. Gleichwohl wird das Berufungsgericht insoweit nicht gebunden.

Der II. Zivilsenat[192] meint weiter, würde man in dem von ihm zu entscheidenden Sonderfall keine Bindung an den mittelbaren Aufhebungsgrund annehmen, dann wäre das Berufungsgericht berechtigt, die Voraussetzungen für die Zulässigkeit der Revision frei zu würdigen und auf diese Weise das Ergebnis der Entscheidung des Revisionsgerichts über die Zulässigkeit der Revision zu überprüfen.

Auch diese Begründung trägt die Entscheidung nicht. Das Berufungsgericht hat dadurch, daß es die Bedeutung der Wechselpräsentierung in materieller Hinsicht untersucht, nicht die Zulässigkeit der Revision in Frage gestellt. Es hat die Vorlegung der Wechsel bei der sachlich-rechtlichen Entscheidung anders gewürdigt als der Bundesgerichtshof im Rahmen der Zulässigkeit der Revision. Damit hat es sich aber nicht gegen die Zulässigkeit der Revision gewendet. Es hat die Entscheidung hierüber hingenommen; es hätte sonst überhaupt kein Urteil erlassen können.

Der entscheidende Grund für die Auffassung des II. Zivilsenats des Bundesgerichtshofs liegt aber in der Erwägung, das Berufungsgericht dürfe bei der materiell-rechtlichen Beurteilung nicht anders entscheiden als er bei der Zulässigkeit der Revision, weil „der Fortgang des Rechtsstreits und damit die materielle Würdigung jener Zulässigkeitsvoraussetzung nur möglich ist, weil das Revisionsgericht die Revision für zulässig gehalten hat“[193].

Die rechtliche Würdigung der Wechselvorlegung ist doppelrelevant. Sie ist sowohl für die Zulässigkeit der Revision als auch für die Begründetheit der Klage von Bedeutung. Sieht man in ihr eine Bestätigung des Vergleichs, dann ist die Revision nicht zulässig und die Klage unbegründet (es bleibt demgemäß bei der Abweisung der Klage durch das Berufungsgericht). Ist man jedoch der Auffassung, der Kläger habe durch die Vorlegung der

[192] BGHZ 22, 370 (374).
[193] BGHZ 22, 370 (374).

Wechsel den Vergleich nicht bestätigt, dann ist die Revision zulässig und die Klage begründet, wenn der Vergleich wirksam angefochten ist. Das entscheidende Problem ist also, ob das Berufungsgericht in materieller Hinsicht gebunden ist, wenn das Revisionsgericht eine Frage, die auch in dieser Hinsicht von Bedeutung ist, im prozessualen Bereich (bei der Zulässigkeit der Revision) in bestimmter Weise beantwortet hat.

Schröder[194] hat in einer Anmerkung zu der Entscheidung des II. Zivilsenats eine Bindung bejaht. Er meint, ein und dieselbe Frage (Liegt in der Vorlegung der Wechsel eine Bestätigung des Vergleichs?) könne in demselben Rechtsstreit nicht verschieden beantwortet werden, je nachdem, ob sie sich prozessual oder materiell auswirke. Er bildet demgemäß folgendes Beispiel[195]: „Hat ... der erste Richter die Klage wegen Unzuständigkeit abgewiesen, weil er der Meinung war, der — formbedürftige — Vertrag, in dem eine Zuständigkeitsvereinbarung mit enthalten war, sei nicht in gehöriger Form abgeschlossen, und hebt das Rechtsmittelgericht auf die Berufung des Klägers das Urteil mit der Begründung auf, der Vertrag entspreche den Formvorschriften, so kann der erste Richter, an den die Sache zurückverwiesen wird, den Kläger nicht mit der Begründung abweisen, der geltend gemachte Anspruch sei wegen Formmangels des Vertrages nicht begründet worden."

Das Beispiel ist jedoch verfehlt. Es handelt sich in diesem Fall nicht um eine Bindung des ersten Richters an die rechtliche Beurteilung des Berufungsgerichts auf Grund des (im Verhältnis der zweiten zur ersten Instanz möglicherweise entsprechend anwendbaren) § 565 Abs. 2 ZPO, sondern höchstens um eine Bindung des ersten Richters an die vom Berufungsgericht getroffene Entscheidung gemäß dem (unmittelbar oder entsprechend anzuwendenden) § 318 ZPO[196]. In dem Endurteil des Berufungsgerichts ist ein Zwischenurteil enthalten, durch das die Zuständigkeit des Gerichts bejaht wird; die prozeßhindernde Einrede der Unzuständigkeit des Gerichts ist, wie es in § 538 Abs. 2 ZPO heißt, „erledigt". Das Berufungsgericht hebt das angefochtene Urteil nicht auf und verweist die Sache zurück, damit der erste Richter unter Zugrundelegung der rechtlichen Beurteilung des Berufungsgerichts erneut über die Zuständigkeit entscheide. Die Entscheidung hierüber ist bereits getroffen; sie steckt in dem Endurteil des Berufungsgerichts. Die Zurückverweisung erfolgt vielmehr ausschließlich, damit der erste Richter zur Sache erkennt. Der erste Richter ist also nicht bei der erneuten Ent-

194 JZ 1957, 446 (447).
195 Schröder, Anm. zu BGH, JZ 1957, 446 (448).
196 Zutreffend Schiedermair, Anm. zu BGH, JZ 1958, 277 (278).

scheidung über die Zuständigkeit an die rechtliche Beurteilung des Berufungsgerichts gebunden; er hat über die Zuständigkeit nicht mehr zu befinden. Die Sache liegt nicht anders als in dem vom Reichsgericht[197] entschiedenen Fall, in dem das Revisionsgericht, entgegen der Ansicht des Berufungsgerichts, den Rechtsweg für zulässig hielt und die Sache an das Berufungsgericht zurückverwies. Mit Recht hat das Reichsgericht[198] im zweiten Rechtsgang ausgeführt, das erste Revisionsurteil habe, was die Zulässigkeit des Rechtswegs angehe, gemäß § 565 Abs. 3 ZPO selbst entschieden, so daß das Berufungsgericht (nicht nach § 565 Abs. 2 ZPO an die rechtliche Beurteilung des Revisionsgerichts, sondern) nach § 318 ZPO an die vom Revisionsgericht getroffene Entscheidung gebunden sei. Das Beispiel von *Schröder* zeigt, daß die maßgebliche Frage anders beantwortet werden muß. Das Problem der doppelten Relevanz war auch in der vom Reichsgericht entschiedenen Sache aufgetaucht. Ein und dieselbe Frage (Schloß ein bestimmtes Landesgesetz die Entschädigung aus?) war sowohl für die Zulässigkeit des Rechtswegs als auch für die Begründetheit der Klage von Bedeutung. Die Verneinung dieser Frage war Voraussetzung für die Zulässigkeit des Rechtswegs und für die Begründetheit der Klage. Gleichwohl war das Reichsgericht der Auffassung, das Berufungsgericht sei bei der materiell-rechtlichen Behandlung des Klageanspruchs nicht an die Auffassung des Reichsgerichts gebunden, das Landesgesetz schließe die Entschädigung nicht aus; es könne das Gesetz vielmehr anders auslegen (obwohl, wenn man diese Ansicht vertritt, der Rechtsweg nicht gegeben wäre). Der Auffassung des Reichsgerichts ist zuzustimmen[199]. Der Widerspruch (ein und dieselbe Frage wird in demselben Prozeß verschieden beantwortet) ist hinzunehmen; er ist das geringere Übel. Das Berufungsgericht soll, nachdem das Reichsgericht die Zulässigkeit des Rechtswegs bejaht hat, nur verpflichtet sein, sachlich-rechtlich zu entscheiden, aber nicht gezwungen werden, eine (nach seiner Ansicht) unrichtige Entscheidung zu treffen. Seine Auffassung kann dann vom Revisionsgericht im zweiten Rechtsgang überprüft werden. Es wurde demgemäß auch in diesem Sonderfall keine Ausnahme von der Regel gemacht, daß das Berufungsgericht im Rahmen des § 318 ZPO nur an die Entscheidung als solche, aber nicht an die Entscheidungsgründe gebunden ist. Dieselben Erwägungen sprechen hier dafür, bei der doppelten Auswirkung einer rechtlichen Beurteilung keine Ausnahme von dem Grundsatz zu machen, daß nur der unmittelbare Aufhebungsgrund bindende Wirkung hat. Das Berufungsgericht war demgemäß bei der sachlichen Entschei-

[197] RGZ 109, 11.
[198] RGZ 109, 11 (13).
[199] Vgl. S. 46, Fußn. 60.

dung über die Klage in der Würdigung der Wechselvorlegung frei. Seine Auffassung unterliegt allerdings im zweiten Rechtsgang der Überprüfung durch das Revisionsgericht. Daß die Beantwortung einer Rechtsfrage in bestimmter Hinsicht erst die Grundlage für die weitere Tätigkeit des Tatsachengerichts darstellt, bindet dieses Gericht also nicht bei der sachlichrechtlichen Entscheidung[200].

Schröder[201] versucht, das Urteil des II. Zivilsenats[202] des Bundesgerichtshofs mit einer anderen Erwägung zu stützen. Er meint, bei der rechtlichen Würdigung der Vorlegung der Wechsel gehe es — letztlich — um eine Entscheidung über die Erledigung der Hauptsache, die unzweifelhaft eine materielle Entscheidung sei. Hätte der Kläger zunächst Revision eingelegt und dann die Wechsel präsentiert, so wäre die Beschwer in dem maßgebenden Zeitpunkt der Einlegung der Revision vorhanden gewesen. Das Revisionsgericht hätte dann — im Streitfall — materiell-rechtlich über die Erledigung der Hauptsache entscheiden müssen. Wäre die Entscheidung negativ ausgefallen, so hätte das Berufungsgericht die Erledigung der Hauptsache nicht entgegen der Meinung des Revisionsgerichts bejahen können. Die Rechtslage könne nicht anders sein, wenn der Kläger die Wechsel vor Einlegung der Revision präsentiert habe. Es handele sich auch hier um „die gleiche sachliche Frage", möge sie sich auch in die Frage der prozessualen Beschwer verwandelt haben.

Diese Auffassung ist nicht überzeugend. Der Ausgangspunkt ist verfehlt. Das Revisionsgericht hätte, wenn der Kläger die Wechsel nach der Einlegung der Revision präsentiert hätte, keine — materiell-rechtliche — Entscheidung über die Erledigung der Hauptsache treffen können. Dies wäre, von anderen Bedenken abgesehen, nur möglich, wenn die Parteien dies beantragt hätten. Der Kläger stellt aber keinen derartigen Antrag; er ist der Ansicht, die Hauptsache sei nicht erledigt, und die Beklagte, die sie für erledigt hält, kann nicht einseitig beantragen, die Hauptsache für erledigt zu erklären[203]; der Kläger und nicht der Beklagte bestimmt den Streitgegenstand.

[200] Von dieser Auffassung ist auch der VI. Zivilsenat des BGH (BGHZ 31, 358) ausgegangen.

[201] Anm. zu BGH, JZ 1957, 446 (447).

[202] BGHZ 22, 370.

[203] Vgl. BGH, ZZP 74, 210 (212); Baumbach-Lauterbach-Albers-Hartmann, ZPO, 31. Aufl., § 91 a 2 D; Blomeyer, ZPR, § 64 I (S. 312); Habscheid, Festschrift für Friedrich Lent, S. 153 (171); ders. NJW 1960, 2132 ff.; Stein-Jonas-Pohle, ZPO, 19. Aufl., § 91 a IV; Thomas-Putzo, ZPO, 7. Aufl., § 91 a Anm. 8. A. A. Göppinger, Die Erledigung des Rechtsstreits in der Hauptsache (1958) S. 77 ff. (80) und Schwab, ZZP 72, 134; ders. Anm. zu BGH, ZZP 74, 210 (213); ders. in Rosenberg-Schwab, ZPR, 10. Aufl., § 133 III, 3 (S. 678).

Das Revisionsgericht hätte das Vorbringen der Beklagten, der Kläger habe die Wechsel nach Einlegung der Revision präsentiert und die Wechselbeträge entgegengenommen, auch nicht anderweit sachlich-rechtlich verwerten dürfen. Tatsachen, die nach der letzten mündlichen Verhandlung vor dem Berufungsgericht eingetreten sind, können grundsätzlich auch dann nicht bei der materiell-rechtlichen Entscheidung berücksichtigt werden, wenn sie unstreitig sind[204]. Von diesem Grundsatz mag eine Ausnahme bestehen, wenn die Hauptsache von beiden Parteien oder jedenfalls vom Kläger für erledigt erklärt wird; diese Voraussetzung lag aber nicht vor.

Wie bedenklich die Auffassung des II. Zivilsenats des Bundesgerichtshofs ist, zeigt gerade der zu entscheidende Fall. Der Senat hat die Vorlegung der Wechsel nach Erlaß des Berufungsurteils — durch die Bindung des Berufungsgerichts an seine bei der Zulässigkeit der Revision ausgesprochene Beurteilung — im Ergebnis auch sachlich-rechtlich als erste und einzige Instanz gewürdigt. Dieses Verfahren bringt die Gefahr einer unrichtigen Entscheidung mit sich. Diese Gefahr hat sich in dem vom II. Senat entschiedenen Fall verwirklicht. Seine Ansicht überzeugt nicht[205]. Zwar liegt in der Vorlegung der Wechsel und in der Empfangnahme der Wechselsummen keine „Bestätigung" des Vergleichs. Ist dieser wirksam angefochten, kann er nicht durch eine einseitige Bestätigung, sondern nur durch eine Neuvornahme wirksam werden. Der Kläger hat auch nicht, wie das Berufungsgericht[206] im zweiten Rechtsgang meint, zu erkennen gegeben, er halte die Behauptung, arglistig getäuscht zu sein, nicht mehr aufrecht. Das ist eine Unterstellung, die nicht gerechtfertigt ist. Wenn der Kläger diese Auffassung fallen ließe, könnte er die Klage zurücknehmen; die Nichtigkeit des Vergleichs kann ausschließlich auf der Anfechtung wegen der arglistigen Täuschung beruhen. Der Kläger betreibt aber den Rechtsstreit weiter und gibt damit — eindeutig — zu erkennen, daß er an seinem alten Vorbringen festhält.

Der Kläger macht sich jedoch eines widersprüchlichen Verhaltens schuldig und verstößt damit gegen Treu und Glauben, wenn er die Rechte aus dem Vergleich in Anspruch nimmt, gleichzeitig aber dessen Unwirksamkeit geltend macht. Hierfür ist es unerheblich, daß er, wenn der Vergleich nichtig ist, möglicherweise Ansprüche gegen die Beklagte hat, die den Betrag übersteigen, für den er die Wechsel erhalten hat. Die Wechsel sind ihm aufgrund des Vergleichs für Forderungen gegeben, die durch den Vergleich begründet

[204] Vgl. den Meinungsstand zu dieser Frage bei Stein-Jonas-Grunsky, ZPO, 19. Aufl. § 561 II, 2 g.

[205] Vgl. Schröder, Anm. zu BGH, JZ 1957, 446 (447).

[206] Vgl. BGHZ 22, 370 (372).

worden sind. Diese Forderungen stehen ihm nicht zu, wenn dieser nichtig ist. In dem Vergleich hatte der Kläger u. a. einen Geschäftsanteil an die Beklagte abgetreten und hierfür Wechsel in Höhe von 160 000 DM erhalten. Der Kläger macht jetzt aber geltend, die Abtretung der Geschäftsanteile sei nichtig. Dann darf er die Wechsel, die ihm als Gegenleistung für die Abtretung gegeben sind, nicht verwerten, mögen ihm auch andere Ansprüche gegen die Beklagte zustehen. Für derartige Ansprüche sind ihm die Wechsel nicht gegeben worden. Nimmt der Kläger die Vorteile aus dem Vergleich in Anspruch, so muß er auch die Nachteile auf sich nehmen, die mit dessen Abschluß verbunden sind. Er kann demgemäß die Nichtigkeit des Vergleichs nicht mehr geltend machen.

cc) Stellungnahme zu BGH, WM 1962, 415

Der II. Zivilsenat des Bundesgerichtshofs hat seine Auffassung in einer anderen Entscheidung bestätigt.

Es fragte sich hier, ob die Beklagte bei der Einlegung der Revision wirksam vertreten war. Diese Frage hing ebenso wie die Begründetheit der Klage davon ab, ob der Rechtsvorgänger der Kläger unbeschränkter Inhaber von bestimmten Geschäftsanteilen an der verklagten GmbH oder ob er insoweit treuhänderisch gebunden war. Der II. Zivilsenat erhob hierüber Beweis und kam zu dem Ergebnis, daß eine treuhänderische Bindung vorgelegen habe. Dies hatte zur Folge, daß die Revision wirksam eingelegt war. Der II. Zivilsenat[207] führte nun unter Bezugnahme auf die frühere Entscheidung (BGHZ 22, 370) aus, an diese rechtliche Beurteilung wäre das Berufungsgericht, wenn die Sache zurückverwiesen würde, auch bei der sachlich-rechtlichen Entscheidung über die Klage gebunden; es müsse demgemäß die Klage abweisen. Hieraus zog der Senat die Folgerung, daß er selbst in der Sache entscheiden könne, die Sache also nicht an das Berufungsgericht zurückverweisen müsse. Er hat demgemäß das Berufungsurteil, das der Klage stattgegeben hatte, aufgehoben und die Klage abgewiesen. Ob der II. Zivilsenat diese Entscheidung selbst treffen konnte, mag offen bleiben. Jedenfalls kann der Begründung seiner Auffassung nicht zugestimmt werden. Hätte der II. Zivilsenat die Sache an das Berufungsgericht zurückverwiesen, so wäre dieses Gericht, wie oben dargetan, bei der sachlich-rechtlichen Entscheidung über die Klage nicht an die rechtliche Beurteilung gebunden gewesen, die das Revisionsgericht veranlaßt hatte, die Zulässigkeit der Revision anzunehmen.

[207] WM 1962, 415 (418/419).

Nach alledem ist das Berufungsgericht — entgegen der Auffassung des II. Zivilsenats des Bundesgerichtshofs — bei der materiell-rechtlichen Entscheidung über den Klageanspruch nicht an die rechtliche Beurteilung des Revisionsgerichts gebunden, die dazu geführt hat, daß die Zulässigkeit der Revision bejaht wurde. Es bleibt auch in diesem Sonderfall bei der Regel, daß nur der unmittelbare Aufhebungsgrund bindende Wirkung hat.

dd) Stellungnahme zu BGH, NJW 1963, 956

Auch der I b Zivilsenat des Bundesgerichtshofs hat in einem Fall § 565 Abs. 2 ZPO weit ausgelegt. Die Klägerin hatte von der Beklagten verlangt, sie solle unterlassen, Erzeugnisse einer Filmfabrik unter dem Namen „Kodak" in den Verkehr zu bringen. Der Senat[208] hatte in Übereinstimmung mit dem Berufungsgericht den Antrag so verstanden, daß die Unterlassungspflicht auch in allen ausländischen Staaten gelten solle, in denen die Beklagte geschäftlich tätig werde. Von dieser Voraussetzung ausgehend, hatte der Senat das angefochtene Urteil aufgehoben, weil die Frage, ob der Klägerin insoweit Unterlassungsansprüche zustünden, sich jeweils nach dem Recht des Landes richte, in dem die Beklagte die Erzeugnisse absetze, das Berufungsgericht hierüber aber keine Feststellungen getroffen habe. Im zweiten Rechtsgang machte die Klägerin geltend, die Unterlassung, die sie von der Beklagten verlange, habe sich von vornherein nur auf die deutschen Gebiete bezogen. Der I b Senat hat, wiederum in Übereinstimmung mit dem Berufungsgericht, die Ansicht vertreten, es stehe auf Grund des ersten Revisionsurteils fest, daß der Klageantrag anders auszulegen sei, der Unterlassungsanspruch sich also auch auf die Tätigkeit der Beklagten in den ausländischen Staaten erstrecke. Diese Auslegung, hat er ausgeführt[209], habe die verfahrensrechtliche Grundlage gebildet, auf der die der Aufhebung zugrunde gelegten sachlich-rechtlichen Erwägungen des Revisionsgerichts überhaupt erst möglich gewesen seien. Diese Erwägungen, die untrennbar mit der weiten Auslegung des Klageantrags verknüpft seien, könnten von der verfahrensrechtlichen Grundlage, ohne die sie gegenstandslos würden, nicht gelöst werden. Sie seien Bestandteil der auf ihr beruhenden sachlich-rechtlichen Beurteilung und folglich mit dieser für die weitere Sachverhandlung bindend.

Diese Auffassung steht im Widerspruch zu der Ansicht, nach der nur die rechtliche Beurteilung bindende Wirkung hat, welche die Aufhebung des

[208] GRUR 1960, 372.
[209] BGH, NJW 1963, 956 (957).

Berufungsurteils unmittelbar herbeigeführt hat. Unmittelbarer Aufhebungsgrund war das Fehlen von Feststellungen über die Begründetheit der Unterlassungsansprüche in den ausländischen Staaten. Auf diese Feststellungen kam es allerdings nur an, wenn der Klageantrag so aufgefaßt wurde, daß der Unterlassungsanspruch der Klägerin sich auch auf die Tätigkeit der Beklagten in diesen Ländern bezog. Bei dieser Auslegung des Klageantrags hatte das Berufungsgericht jedoch — nach der Ansicht des Revisionsgerichts — keinen Fehler gemacht; insoweit hatte der I b Zivilsenat die Auffassung des Berufungsgerichts gebilligt. Nur die rechtliche Würdigung, welche die Beurteilung des Berufungsgerichts mißbilligt und daher die Aufhebung des Berufungsurteils unmittelbar herbeigeführt hat, hat aber nach der engen Auslegung des § 565 Abs. 2 ZPO bindende Wirkung. Der I b Zivilsenat des Bundesgerichtshofs hat sich in dieser Entscheidung (stillschweigend) von dieser Auslegung des § 565 Abs. 2 ZPO gelöst und einen mittelbaren Aufhebungsgrund an der Bindungswirkung teilnehmen lassen. Daß der Unterlassungsanspruch sich auch auf die ausländischen Staaten erstreckte, war eine logisch notwendige Voraussetzung für den unmittelbaren Aufhebungsgrund, es fehle an den entsprechenden Feststellungen über das Recht dieser Länder. Diese Annahme war aber kein Teil, und erst recht nicht ein untrennbarer Teil des unmittelbaren Aufhebungsgrunds.

Man mag diese Auslegung des Klageantrags „als einen Teil des Gedankenganges“ bezeichnen, „der zu der Aufhebung des Urteils in der Vorinstanz geführt hat“. Hieraus ergibt sich aber eine bindende Wirkung nur, wenn man mit *Schönke*[210] auch die mittelbaren Aufhebungsgründe an der Bindungswirkung teilnehmen läßt. Die entgegengesetzte Auffassung stellt es nicht darauf ab, ob die rechtliche Beurteilung einen Teil des Gedankenzusammenhanges bildet, der die Aufhebung des Berufungsurteils zur Folge gehabt hat. Sie läßt vielmehr ausschließlich entscheiden, ob das Revisionsgericht bestimmte Ausführungen des Berufungsgerichts mißbilligt und das Berufungsurteil aus diesem Grund aufgehoben hat. Der Entscheidung des I b Zivilsenats kann also nur zugestimmt werden, wenn von der Regel, daß nur der unmittelbare Aufhebungsgrund bindet, für den hierzu entscheidenden Sonderfall, in dem der mittelbare Aufhebungsgrund eine bestimmte Auslegung des Klageantrags zum Inhalt hat, eine Ausnahme zu machen ist.

Die Rechtslage ist jedoch hier nicht anders als in den anderen Fällen, in denen die rechtliche Beurteilung, die unmittelbar zur Aufhebung des Berufungsurteils führt, nur ergehen kann, weil das Revisionsgericht bestimmte

[210] Die Bindung des Berufungsgerichts an das Urteil des Revisionsgerichts gemäß § 565 Abs. 2 ZPO (1934), S. 51 ff.

Ausführungen des Berufungsgerichts gebilligt hat. Nur wenn das Revisionsgericht, ausdrücklich oder stillschweigend, der Ansicht des Berufungsgerichts zustimmt, der Rechtsweg sei gegeben oder die Beklagte sei parteifähig, kann es das angefochtene Urteil wegen eines sachlich-rechtlichen Mangels aufheben. Die Bejahung der Prozeßvoraussetzungen ist auch in diesen Fällen, wie in der vom I b Zivilsenat entschiedenen Sache, „die verfahrensrechtliche Grundlage, auf der die der Aufhebung zugrunde gelegten sachlich-rechtlichen Erwägungen des Revisionsgerichts überhaupt erst möglich wurden". Gleichwohl kann das Berufungsgericht im zweiten Rechtsgang die Klage abweisen, weil der Rechtsweg nicht zulässig oder die Beklagte nicht parteifähig sei. Daß die rechtliche Beurteilung, welche der Aufhebung des Berufungsurteils unmittelbar zugrunde liegt, im weiteren Verfahren gegenstandslos wird, wenn das Berufungsgericht sich von bestimmten, vom Revisionsgericht gebilligten Ausführungen löst und insoweit eine andere Auffassung vertritt, nimmt die Ansicht, die nur dem unmittelbaren Aufhebungsgrund bindende Wirkung zukommen läßt, bewußt in Kauf, weil die Meinung, nach der auch die mittelbaren Aufhebungsgründe binden, andere, schwerwiegende Nachteile mit sich bringt, die vor allem darin liegen, daß in zahlreichen Fällen der Erlaß einer sachgerechten Entscheidung gefährdet wird. Es liegen also in dem vom I b Zivilsenat entschiedenen Fall keine Gründe vor, die es rechtfertigen, von der Regel, daß § 565 Abs. 2 ZPO eng auszulegen sei, eine Ausnahme zu machen.

Ergebnis

Von dem Grundsatz, daß nur die rechtliche Beurteilung des Revisionsgerichts bindet, welche die Aufhebung des Berufungsurteils unmittelbar herbeigeführt hat, ist auch für Sonderfälle keine Ausnahme zu machen. Der entgegenstehenden Auffassung des Bundesgerichtshofs ist nicht zu folgen. Es gelten demgemäß folgende Rechtssätze:

1. Hat das Revisionsgericht ein Urteil aufgehoben, weil das Berufungsgericht einen Rechtsbegriff (wichtigen Grund) verkannt hat, der ein Teil eines allgemeinen Rechtsgrundsatzes ist (beim Vorliegen eines wichtigen Grundes kann gekündigt werden), dann ist das Berufungsgericht — entgegen BGHZ 6, 76 — nicht gebunden, soweit es sich um das Bestehen dieses allgemeinen Rechtsgrundsatzes handelt.

2. Liegt der Aufhebung eines Berufungsurteils mittelbar eine bestimmte rechtliche Beurteilung bei der Bejahung der Zulässigkeit der Revision zu-

grunde, dann ist das Berufungsgericht, wenn diese Würdigung auch im sachlich-rechtlichen Bereich von Bedeutung ist (bei doppelrelevanten Tatsachen), — entgegen BGHZ 22, 370 und BGH, WM 1962, 415 — bei der Entscheidung über die Begründetheit der Klage nicht an die Auffassung des Revisionsgerichts gebunden, die zur Zulässigkeit der Revision geführt hat.

3. Beruht die Aufhebung des Berufungsurteils mittelbar auf einer bestimmten Auslegung des Klageantrags, so kann das Berufungsgericht — entgegen BGH, NJW 1963, 956 — den Klageantrag auch bei gleichbleibendem Sachverhalt anders als das Revisionsgericht auslegen.

c) Besonderheiten bei der Prüfung der Verfassungsmäßigkeit eines Gesetzes

In der Rechtsprechung[211] ist in Zweifel gezogen worden, „ob eine Bindungswirkung hinsichtlich der Verfassungsmäßigkeit einer Vorschrift überhaupt möglich ist". Dieser Erwägung liegt der Gedanke zugrunde, die Verfassungsmäßigkeit eines Gesetzes sei so wichtig, daß ein Gericht, das ein Gesetz für verfassungswidrig hält, nicht durch eine verfahrensrechtliche Vorschrift daran gehindert werden solle, gemäß Art. 100 Abs. 1 GG die Entscheidung des Bundesverfassungsgerichts einzuholen; die in § 565 Abs. 2 ZPO vorgesehene Bindungswirkung müsse dementsprechend eingeschränkt werden, die rechtliche Beurteilung, die der Aufhebung des Berufungsurteils zugrunde liege, sei ausnahmsweise nicht bindend, soweit sie die Verfassungsmäßigkeit eines Gesetzes bejahe.

Diese Auffasung findet jedoch im Gesetz keine Stütze. Art. 100 Abs. 1 GG will nicht die Prüfung der Verfassungsmäßigkeit eines Gesetzes erleichtern, sondern die Entscheidung darüber, daß ein Gesetz gegen die Verfassung verstößt, auf das Bundesverfassungsgericht verlagern. Kann das Berufungsgericht die Verfassungsmäßigkeit eines Gesetzes auf Grund der Verfahrensvorschriften nicht in Frage stellen, dann besteht keine Möglichkeit mehr, das Gesetz für verfassungswidrig zu halten; für eine Verlagerung der Entscheidung ist kein Raum. Mit Recht hat das Bundesverfassungsgericht[212] dargelegt, Art. 100 Abs. 1 GG habe die richterliche Entscheidungsfreiheit gegenüber dem bisherigen Rechtszustand nicht erweitern wollen. Konnte also das Berufungsgericht vor dem Inkrafttreten des Art. 100 Abs. 1 GG die Verfassungsmäßigkeit eines Gesetzes auf Grund des § 565 Abs. 2 ZPO nicht verneinen, so kann es die Sache auch jetzt nicht dem Bun-

[211] BFH 88, 182 (183) = BStBl. III 1967, 317; BFH 90, 501 (503) = BStBl. II 1968, 183.
[212] BVerfGE 2, 406 (411).

desverfassungsgericht vorlegen. Dies gilt auch für den Fall, daß das Berufungsgericht die Auffassung des Revisionsgerichts, das Gesetz verstoße nicht gegen das Grundgesetz, für unrichtig hält. Das Berufungsgericht ist im Rahmen des § 565 Abs. 2 ZPO an eine (nach seiner Ansicht) fehlerhafte Würdigung des Revisionsgerichts gebunden. Dabei könne es, wie das Bundesverfassungsgericht[213] zutreffend ausgeführt hat, nicht entscheidend sein, welche seiner tragenden Erwägungen fehlerhaft sei. Es liege kein Grund vor, die *eine* Frage der Verfassungsmäßigkeit des anzuwendenden Gesetzes anders zu behandeln[214]. Nach alledem ist das Berufungsgericht nicht berechtigt und verpflichtet, die Entscheidung des Bundesverfassungsgerichts einzuholen, wenn es durch § 565 Abs. 2 ZPO daran gehindert ist, ein Gesetz für verfassungswidrig zu halten und damit als nichtig anzusehen.

Diese Erwägungen können aber nur von Bedeutung sein, wenn § 565 Abs. 2 ZPO das Berufungsgericht auch an die rechtliche Beurteilung des Revisionsgerichts bindet, die der Aufhebung mittelbar zugrunde liegt. Nach der hier vertretenen Meinung, daß nur der unmittelbare Aufhebungsgrund bindet, sind sie gegenstandslos; der Fall, daß das Berufungsgericht an die rechtliche Beurteilung des Revisionsgerichts über die Verfassungsmäßigkeit eines Gesetzes gebunden ist, kann nicht eintreten. Hält das Berufungsgericht im ersten Rechtsgang ein Gesetz für verfassungswidrig, muß es die Entscheidung des Bundesverfassungsgerichts einholen. Nimmt es an, das Gesetz sei verfassungsgemäß, ist jedoch das Revisionsgericht der Ansicht, das Gesetz sei verfassungswidrig, so ist das Revisionsgericht verpflichtet, nach Art. 100 Abs. 1 GG vorzugehen. Ist das Revisionsgericht in Übereinstimmung mit dem Berufungsgericht der Auffassung, das Gesetz entspreche dem Grundgesetz, hebt es das Berufungsurteil aber aus einem anderen Grunde auf, dann ist das Berufungsgericht im zweiten Rechtsgang nicht (an seine frühere und) an die Ansicht des Revisionsgerichts über die Verfassungsmäßigkeit des Gesetzes gebunden. Insoweit hat das Revisionsgericht die Ausführungen des Berufungsgerichts gebilligt. Aufgehoben ist das Berufungsurteil wegen eines anderen Rechtsfehlers. Nur diesen Fehler darf das Berufungsgericht nicht wiederholen. Im übrigen ist es in seiner Entscheidung frei. Nach der Auffassung, daß nur der unmittelbare Aufhebungsgrund bindende Wirkung hat, könnte das Berufungsgericht also, wenn es Art. 100 Abs. 1 GG nicht gäbe, das Gesetz selbst für verfassungswidrig halten. Auf Grund dieser Vorschrift ist die Zuständigkeit hierzu auf das Bundesverfassungsgericht übergegangen. Das Berufungsgericht kann also, wenn es im zweiten Rechts-

[213] BVerfGE 2, 406 (412/413).
[214] Ebenso BFH 101, 36 (40) = BStBl. II 1971, 209.

gang der Überzeugung ist, das Gesetz verstoße gegen das Grundgesetz, die Entscheidung des Bundesverfassungsgerichts einholen. Für eine Verlagerung der Entscheidung über die Verfassungsmäßigkeit des Gesetzes ist noch Raum.

Die Ausführungen des Bundesverfassungsgerichts sind also nur verständlich, wenn man von der Auffassung ausgeht, die rechtliche Beurteilung des Revisionsgerichts, mit der es die Ansicht des Berufungsgerichts billigt, habe bindende Wirkung, falls sie der Aufhebung, die unmittelbar aus einem anderen Grund erfolgt ist, mittelbar zugrunde liegt. Von dieser Ansicht geht das Bundesverfassungsgericht[215] auch aus. Es ist sich offenbar nicht bewußt gewesen, daß die Auslegung der verfahrensrechtlichen Bindungsvorschriften in dieser Hinsicht umstritten und zweifelhaft ist. Es hält die weite Auslegung dieser Bestimmungen für selbstverständlich. Bejahe ein übergeordnetes Gericht, heißt es demgemäß in dem ersten, grundlegenden Beschluß[216], in einem zurückverweisenden Urteil die Verfassungsmäßigkeit eines Gesetzes, so sei damit die Frage der Verfassungsmäßigkeit ebenso endgültig entschieden, wie wenn dieser Ausspruch in einem den Rechtsstreit abschließenden Urteil des höheren Gerichts enthalten wäre. „Das Gericht", wird in einem späteren Beschluß [217] ausgeführt, „an welches das Verfahren zurückverwiesen wird, hat insoweit nicht mehr zu entscheiden. Erst auf Grund und im Rahmen der bereits erfolgten Revisions- oder Berufungsentscheidung wird es für das weitere Verfahren erneut zuständig. Da das zurückverweisende Gericht über die Frage der Verfassungsmäßigkeit der von ihm für anwendbar erklärten Gesetze bereits entschieden haben muß, ist das Gericht zweiter Instanz ... nicht mehr Gericht im Sinne des Art. 100 Abs. 1 GG." Diese Darlegungen sind nur sinnvoll, wenn man die in dieser Arbeit — im Anschluß an die ständige Rechtsprechung des Reichsgerichts und des Bundesgerichtshofs — abgelehnte Ansicht vertritt, auch die mittelbaren Aufhebungsgründe nähmen an der Bindungswirkung teil.

Es könnte sich aber die Frage stellen, ob § 565 Abs. 2 ZPO nicht ausnahmsweise dann weit auszulegen ist, das Berufungsgericht also auch an den mittelbaren Aufhebungsgrund gebunden ist, wenn dieser Grund in der Bejahung der Verfassungsmäßigkeit eines Gesetzes besteht. § 565 Abs. 2 ZPO wäre dann, im Gegensatz zu den anfangs angestellten Erörterungen nicht in engerem, sondern in weiterem Umfang als im Regelfall anzuwenden, die Bindung nicht schwächer, sondern stärker. Eine derartige Auslegung könnte eine zu häufige Inanspruchnahme des Bundesverfassungsgerichts

[215] BVerfGE 2, 406 (410 ff.); BVerfGE 6, 222 (242); BVerfG, HFR 1970, 448 ff.
[216] BVerfGE 2, 406 (411).
[217] BVerfGE 6, 222 (242).

verhindern. Sie ist aber nicht möglich; sie findet im Gesetz keine Stütze. Sie widerspricht dem Wortlaut und dem Sinn und Zweck des Art. 100 Abs. 1 GG. Diese Bestimmung hat nur die Aufgabe, die Zuständigkeit über die Entscheidung der Verfassungsmäßigkeit eines Gesetzes auf das Bundesverfassungsgericht zu verlagern. Das Bundesverfassungsgericht[218] hat mit Recht ausgeführt, Art. 100 Abs. 1 GG habe nicht den Sinn, die (durch die Bindungswirkung eingeschränkte) richterliche Unabhängigkeit materiell gegenüber dem bisherigen Rechtszustand zu erweitern. Er hat aber auch nicht den Sinn, die Entscheidungsfreiheit des Gerichts gegenüber der bisherigen Rechtslage einzuschränken. Da der Richter vor dem Inkrafttreten des Grundgesetzes im zweiten Rechtsgang ein Gesetz für verfassungswidrig halten konnte, das im ersten Revisionsurteil als verfassungsgemäß angesehen worden ist, ist das Berufungsgericht nach diesem Zeitpunkt zur Vorlegung nach Art. 100 Abs. 1 GG berechtigt und verpflichtet.

Es bestünde sonst auch eine nicht verständliche Diskrepanz zwischen der rechtlichen Behandlung des vor- und des nachkonstitutionellen Rechts. Das Berufungsgericht wäre bei nachkonstitutionellen Gesetzen an die Würdigung des Revisionsgerichts gebunden, ein Verstoß gegen das Grundgesetz liege nicht vor. Bei einem vorkonstitutionellen Gesetz wäre es jedoch in seiner Entscheidung frei; denn für die Annahme, auch bei der Bejahung der Verfassungsmäßigkeit dieser Gesetze gelte die stärkere Bindung, fehlt es an jedem Grund.

Ergebnis

Nach alledem ist dem Bundesverfassungsgericht nicht zuzustimmen. Seine Ansicht, „das Gericht, an welches das Verfahren zurückverwiesen wird, hat insoweit (über die Verfassungsmäßigkeit des vom Revisionsgericht für verfassungsmäßig gehaltenen Gesetzes) nicht mehr zu entscheiden", beruht auf einer irrigen Auslegung der verfahrensrechtlichen Bindungsvorschriften. Das Berufungsgericht hat nach diesen Bestimmungen auch dann über die Verfassungsmäßigkeit eines Gesetzes zu entscheiden, wenn das Revisionsgericht in Übereinstimmung mit der Auffassung des Berufungsgerichts im ersten Rechtsgang einen Verstoß gegen das Grundgesetz verneint hat, und es ist bei dieser Entscheidung nicht an die Rechtsansicht des Revisionsgerichts gebunden; kommt es zu dem Ergebnis, das Gesetz verstoße gegen das Grundgesetz, muß es gemäß Art. 100 Abs. 1 GG die Entscheidung des Bundesverfassungsgerichts einholen.

[218] BVerfGE 2, 406 (411).

II. Die Bindung an die der Zurückverweisung zugrunde liegende rechtliche Beurteilung

1. Das Problem

Grundsätzlich liegt die rechtliche Beurteilung, die (unmittelbar) zur Aufhebung des Berufungsurteils geführt hat, auch der Zurückverweisung zugrunde. Hat das Revisionsgericht[219] das angefochtene Urteil aufgehoben, weil das Berufungsgericht einen Zeugen nicht vernommen hat, so beruhen die Aufhebung und die Zurückverweisung auf der rechtlichen Würdigung des Revisionsgerichts, daß das Berufungsgericht diesen Zeugen hätte vernehmen müssen. Aufhebungsgrund und Zurückverweisungsgrund sind identisch. Hat das Revisionsgericht das Berufungsurteil aufgehoben, weil die vom Berufungsgericht getroffenen Feststellungen nicht ausreichten, um das Vorliegen eines wichtigen Grundes[220] oder der Fahrlässigkeit des Angeklagten[221] anzunehmen, so beruht die Zurückverweisung auf derselben rechtlichen Beurteilung wie die Aufhebung. Die Sache wird zurückverwiesen, damit der Sachverhalt weiter aufgeklärt wird. Ihr liegt die Rechtsauffassung zugrunde, die bisherigen Feststellungen trügen die Entscheidung nicht. Ein und dieselbe rechtliche Beurteilung hat zwei Auswirkungen. Sie führt die Aufhebung des Berufungsurteils herbei, weil in ihm ein Rechtsfehler enthalten ist und ein fehlerhaftes Urteil nicht bestehen bleiben kann; sie hat die Zurückverweisung zur Folge, damit der Fehler, auf Grund dessen die Aufhebung erfolgt ist, im zweiten Rechtsgang vermieden wird.

Aufhebungsgrund und Zurückverweisungsgrund brauchen aber nicht identisch zu sein. An einer derartigen Identität fehlt es, wenn das Revisionsgericht das Berufungsurteil aufgehoben hat, weil dem Kläger, entgegen der Auffassung des Berufungsgerichts, kein vertraglicher Anspruch zustehe, und es die Sache zurückverwiesen hat, damit geprüft werde, ob ein Anspruch aus unerlaubter Handlung gegeben sei. Die Aufhebung beruht auf der Auffassung des Revisionsgerichts, die Ansicht des Berufungsgerichts, der Kläger habe vertragliche Rechte gegen den Beklagten, sei fehlerhaft. Der Zurückverweisung liegt die rechtliche Würdigung des Revisionsgerichts zugrunde, der Kläger könne seine Ansprüche möglicherweise auf die Vorschriften über die unerlaubte Handlung stützen.

[219] Vgl. OGHZ 2, 379 (387).
[220] OGHZ 4, 223 (226).
[221] RG, JW 1931, 3369 (3370).

Das Auseinanderfallen von Aufhebungs- und Zurückverweisungsgrund wird in einigen revisionsgerichtlichen Entscheidungen besonders anschaulich. Ein Landesarbeitsgericht hatte einer Gehaltsklage eines kaufmännischen Angestellten gegen den stillen Gesellschafter des Geschäftsinhabers stattgegeben, weil dieser weitgehenden Einfluß auf die Geschäftsführung genommen habe und sich deshalb rechtlich so behandeln lassen müsse, wie wenn er Gesellschafter einer offenen Handelsgesellschaft wäre. Das Bundesarbeitsgericht[222] hielt diese Auffassung für verfehlt und hob das Berufungsurteil deshalb auf. Es verwies die Sache an das Landesarbeitsgericht zurück, weil der Kläger, der als Vertrauensmann des Beklagten im Geschäft tätig gewesen sei, aus diesem Grunde einen Anspruch aus Treu und Glauben habe, über dessen Zeitdauer und Höhe noch Feststellungen getroffen werden müßten. Aufhebungs- und Zurückverweisungsgrund sind hier verschieden. Der Aufhebung lag die rechtliche Würdigung des Bundesarbeitsgerichts zugrunde, der Beklagte könne rechtlich nicht wie ein Gesellschafter einer offenen Handelsgesellschaft behandelt werden. Die Zurückverweisung beruhte auf der Ansicht, dem Kläger stehe ein Anspruch nach Treu und Glauben zu, solange er in dem Geschäft als Vertrauensmann des Beklagten tätig gewesen sei.

Der V. Zivilsenat[223] des Bundesgerichtshofs hatte einen Fall zu entscheiden, in dem der Kläger vom Beklagten Geldersatz dafür verlangte, daß dieser bei der Errichtung eines achtstöckigen Wohnblocks auf sein Grundstück übergebaut hatte. Der Senat hob das Berufungsurteil, das der Klage stattgegeben hatte, mit der Erwägung auf, der Kläger könne seinen Anspruch, entgegen der Ansicht des Berufungsgerichts, nicht auf § 951 BGB stützen. Er verwies die Sache zurück, damit das Berufungsgericht prüfe, ob der Kläger nach Treu und Glauben einen Ausgleichsanspruch gegen den Beklagten geltend machen könne.

Schließlich hatte der I. Zivilsenat[224] des Bundesgerichtshofs eine Sache zu beurteilen, die ein geradezu klassisches Beispiel darstellt. Der Kläger hatte von der Beklagten, einer Bank, die Auszahlung seines ursprünglich auf Reichsmark lautenden Guthabens verlangt. Das Berufungsgericht gab der Klage 10 (RM) : 1 (DM) statt. Der I. Zivilsenat[225] des Obersten Gerichtshofs für die Britische Zone, der als erstes Revisionsgericht zu entscheiden hatte, hob das Urteil auf, soweit es die Forderung zu mehr als 10 : 0,65 um-

[222] BAG 2, 71 ff.
[223] BGHZ 41, 157 ff.
[224] LM Nr. 3 zu § 675 BGB.
[225] OGHZ 4, 177 (179 ff.).

gestellt hatte. Der Senat führte aus, der restliche Anspruch könne aber möglicherweise aus einem anderen Grunde berechtigt sein. Die verklagte Bank habe sich mit ihrer Verpflichtung gegenüber dem Kläger in Verzug befunden und sei ihm deshalb schadensersatzpflichtig; der Verzugsschaden des Klägers könne darin bestanden haben, daß jetzt eine geringere Umstellung als 10 : 1 stattgefunden habe. Der I. Zivilsenat verwies die Sache zurück, damit das Berufungsgericht Feststellungen zur Höhe des Schadens treffe. Die Aufhebung des Urteils hat hier mit der Zurückverweisung nichts zu tun. Aufgehoben ist das Urteil, weil das Berufungsgericht die Forderung fehlerhaft umgestellt hatte. Zurückverwiesen wurde die Sache zur Feststellung, ob der Kläger den Differenzbetrag als Verzugsschaden geltend machen könne.

In den Fällen, in denen Aufhebungs- und Zurückverweisungsgrund verschieden sind, taucht die Frage auf, ob das Berufungsgericht auch an die rechtliche Beurteilung des Revisionsgerichts gebunden ist, die (nicht der Aufhebung, sondern lediglich) der Zurückverweisung zugrunde liegt.

Der Wortlaut des § 565 Abs. 2 ZPO sieht nur eine Bindung an die rechtliche Beurteilung vor, die der Aufhebung zugrunde gelegt ist. Es fragt sich aber, ob das Problem damit bereits gelöst ist. Das Reichsgericht und das Reichsarbeitsgericht haben diese Frage nicht erörtert. Auch das Bundesarbeitsgericht hat sie nicht behandelt, obwohl es in dem „Stiller Gesellschafter-Fall"[226] dazu Veranlassung hatte. Es hat das Problem nicht gesehen. Es hat nicht zwischen Aufhebungs- und Zurückverweisungsgrund unterschieden, sondern nur ausgeführt[227], auf Grund des § 565 Abs. 2 ZPO müsse das Berufungsgericht von der Auffassung des Bundesarbeitsgerichts ausgehen, daß der Beklagte, wenngleich stiller Gesellschafter, für das vom Firmeninhaber geschuldete Gehalt des Klägers so lange mithafte, als das zwischen ihm und dem Kläger bestehende Vertrauensverhältnis bestanden habe. In der Sache hat das Bundesarbeitsgericht damit eine Bindung an die rechtliche Beurteilung bejaht, die ausschließlich der Zurückverweisung zugrunde lag.

Der Bundesgerichtshof hat die entscheidende Frage jedoch in voller Klarheit erkannt. Der V. Zivilsenat[228] hat mit Recht ausgeführt, er habe das Berufungsurteil im ersten Rechtsgang aufgehoben, weil § 951 BGB nicht anwendbar sei, und er habe die Sache aus einem anderen Grunde, nämlich deshalb zurückverwiesen, damit das Berufungsgericht prüfe, ob dem Kläger

[226] BAG 2, 71 und BAG 7, 237.
[227] BAG 7, 237 (238).
[228] NJW 1970, 754.

ein Ausgleichsanspruch nach Treu und Glauben zustehe. Diese Ausführungen haben mit dem Aufhebungsgrund nichts zu tun. „Aufgehoben wurde die vorhergehende Entscheidung allein deshalb", heißt es zutreffend in dem Revisionsurteil[229], „weil das OLG damals der Beklagten gem. § 951 BGB einen Anspruch ... zuerkannt hatte, während die Ausführungen des Senats zum Ausgleichsanspruch der Urteilsaufhebung nicht zugrunde gelegen haben." Der Senat hat dann die Frage aufgeworfen, ob man der Bindungswirkung einen weiteren Umfang zugestehen und sie auch auf die Gründe erstrecken solle, aus denen das Revisionsgericht die Sache in die Vorinstanz zurückverwiesen habe. Der V. Zivilsenat hat diese Frage aber offen gelassen, weil das Berufungsgericht auch dann, wenn eine derartige Bindung bestanden haben würde, sich im Rahmen dieser Bindungswirkung gehalten und nicht gegen § 565 Abs. 2 ZPO verstoßen hätte. Der I. Zivilsenat[230] hat jedoch hierüber entschieden. „Danach", hat der Senat zunächst dargelegt, „ist ein Unterschied zu machen zwischen der rechtlichen Beurteilung des Revisionsgerichts, die zur Aufhebung, und derjenigen, die zur Zurückverweisung geführt hat. Der Aufhebung des ersten Berufungsurteils hat hier nur die Rechtsansicht des Obersten Gerichtshofs für die Britische Zone (der als erstes Revisionsgericht entschieden hatte) zugrunde gelegen, daß das Berufungsgericht die Klageforderung nicht im Verhältnis 10 : 1, sondern nur im Verhältnis 10 : 0,65 hätte umstellen dürfen. Die weiteren Ausführungen des Revisionsgerichts über den Verzug der Beklagten und die sich daraus etwa ergebenden Schadensersatzansprüche der Klägerin haben dagegen nicht zur Aufhebung, sondern zur Zurückverweisung geführt". Der I. Zivilsenat hat dann entschieden, daß insoweit keine Bindung gegeben sei; sie bestehe nur, soweit die rechtliche Beurteilung der Aufhebung zugrunde liege. Der Senat hat seine Meinung allerdings nicht mit einer Begründung versehen. Die Rechtslehre[231] hat sich dieser Ansicht angeschlossen. Auch sie begnügt sich aber mit dem Hinweis auf den Wortlaut des § 565 Abs. 2 ZPO. Es ist im folgenden zu prüfen, ob diese Auffassung zutreffend oder ob das Berufungsgericht auch an die rechtliche Beurteilung gebunden ist, die der Zurückverweisung zugrunde liegt.

[229] BGH, NJW 1970, 754.

[230] BGH, LM Nr. 3 zu § 675 BGB.

[231] Blomeyer, ZPR, § 104 VII, 3 b (S. 583); Schönke, Die Bindung des Berufungsgerichts an das Urteil des Revisionsgerichts gemäß § 565 Abs. 2 ZPO (1934) S. 51 und 101 ff.; Schultzenstein, ZZP **48, 63 (89).**

2. *Die Lösung*

a) Die Begründung der Bindung

aa) Der Wortlaut des § 565 Abs. 2 ZPO

Der Wortlaut des § 565 Abs. 2 ZPO spricht gegen eine Bindung des Berufungsgerichts an die rechtliche Würdigung, auf der die Zurückverweisung beruht; das Berufungsgericht braucht hiernach nur die rechtliche Beurteilung zu beachten, die der Aufhebung zugrunde gelegt ist, nicht aber die rechtliche Würdigung, die die Zurückverweisung herbeigeführt hat. Der Gesetzgeber hat aber möglicherweise das Problem nicht gesehen, ist vielmehr von der Regel ausgegangen, daß die rechtliche Beurteilung, die zur Aufhebung des Berufungsurteils geführt hat, sich mit der rechtlichen Würdigung deckt, die die Zurückverweisung zur Folge hatte. Er kann die Ausnahmen, in denen dies nicht der Fall ist, übersehen haben. Hätte er sie gesehen, hätte er vielleicht, als „selbstverständlich", auch eine Bindung an die rechtliche Beurteilung eintreten lassen, die der Zurückverweisung zugrunde liegt. Noch 1934 ist *v. Richthofen*[232], der damals Senatspräsident am Reichsgericht war, unbefangen, als sei dies „selbstverständlich", von der Ansicht ausgegangen, in § 565 Abs. 2 ZPO sei eine Bindung des Berufungsgerichts an die rechtliche Beurteilung vorgeschrieben, die der Aufhebung und der Zurückverweisung zugrunde gelegt worden sei. Auch der Gemeinsame Senat der obersten Gerichtshöfe des Bundes hat keinen Unterschied zwischen dem Aufhebungs- und dem Zurückverweisungsgrund gemacht. In seinem Beschluß[233] ist an mehreren Stellen von der rechtlichen Auffassung des Revisionsgerichts die Rede, die es der Zurückverweisung zugrunde gelegt habe. Dies ist sogar im Leitsatz des Beschlusses der Fall, in dem es heißt[234], ein oberster Gerichtshof des Bundes sei in bestimmten Fällen nicht an die „der Zurückverweisung zugrunde liegende Rechtsauffassung" gebunden. In der Rechtslehre[235] findet sich schließlich auch die Äußerung, die Unterscheidung zwischen dem Aufhebungs- und dem Zurückverweisungsgrund sei „etwas gekünstelt".

Der Wortlaut stellt somit ein Indiz für die Auffassung dar, das Berufungsgericht sei nur an die rechtliche Beurteilung des Revisionsgerichts gebunden, die die Aufhebung des angefochtenen Urteils herbeigeführt hat. Er schließt aber die entgegengesetzte Ansicht, nach der auch die rechtliche

232 DR 1934, 483.
233 BGHZ 60, 392 (395, 396, 397, 398, 399).
234 BGHZ 60, 392.
235 Gräber, DStR 1971, 620 (623).

Würdigung bindend ist, die der Zurückverweisung zugrunde gelegen hat, nicht aus[236].

bb) Die Entstehungsgeschichte des § 565 Abs. 2 ZPO

Aus der Beratung des Entwurfs einer Civilprozeßordnung ergibt sich für unser Problem nichts; in den Materialien ist es nicht behandelt worden. Aus der Entstehungsgeschichte eines anderen Gesetzes kann aber der Schluß gezogen werden, daß dieser Gesetzgeber von der Auffassung ausging, § 565 Abs. 2 ZPO sehe nur eine Bindung an den Aufhebungsgrund vor. In § 274 Abs. 4 des Entwurfs einer Reichsabgabenordnung war eine Vorschrift enthalten, die den gleichen Wortlaut hatte wie § 565 Abs. 2 ZPO. In den Beratungen des zuständigen Ausschusses der Verfassungsgebenden Deutschen Nationalversammlung[237] wurde aber, darüber hinausgehend, auch eine Bindung an die Gründe vorgesehen, die der Zurückverweisung zugrunde liegen. In Absatz 4, heißt es in dem Ausschußbericht, würden den Gründen für die Aufhebung der angefochtenen Entscheidung die Gründe für die Rückverweisung gleichgestellt. Es solle vermieden werden, daß die untere Instanz den zufälligen Umstand, daß die obere Instanz einen Teil ihrer Rechtsausführung nicht mit der Aufhebung, sondern mit der Rückverweisung verbunden habe, von der unteren Instanz zur Außerachtlassung dieses Teiles der rechtlichen Beurteilung ausnütze. Diese Begründung läßt nicht erkennen, ob der Ausschuß das Problem, um das es geht, klar erkannt hat. Er ist aber der Ansicht gewesen, daß ohne die von ihm vorgeschlagene Änderung die Vorinstanz möglicherweise nicht an die rechtliche Würdigung gebunden sei, die zur Zurückverweisung der Sache geführt habe. Dieser Auffassung kann aber bei der Auslegung des § 565 Abs. 2 ZPO keine maßgebende Bedeutung beigemessen werden.

cc) Der Sinn und Zweck des § 565 Abs. 2 ZPO

Bei der Frage, wie § 565 Abs. 2 ZPO in dieser Hinsicht auszulegen sei, kommt es entscheidend auf den Sinn und Zweck der Vorschrift an. Hier-

[236] Ebenso Kraemer, ZZP 59, 314 (316). Schultzenstein, ZZP 48, 63 (88), meint dagegen, „diesem klaren und bestimmten Wortlaute gegenüber ist alles weitere ausgeschlossen, daher auch das, was außer der Aufhebung allein noch in Frage kommen könnte: die Zurückverweisung der Sache zur anderweiten Verhandlung ..., so daß die dieser Zurückverweisung zugrunde gelegte rechtliche Beurteilung keine bindende Kraft hat".

[237] Vgl. Verhandlungen der Verfassungsgebenden Deutschen Nationalversammlung, Bd. 339, Anl. 1460 zu dem stenogr. Bericht, S. 1405.

nach soll das Revisionsgericht in der Lage sein, seine Rechtsansicht durchzusetzen; anderenfalls kann es nicht seine Aufgabe erfüllen, die Rechtseinheit zu wahren und für ein sachgerechtes Urteil im Einzelfall zu sorgen. Die Erfüllung dieser Aufgaben wird dem Revisionsgericht nicht unmöglich gemacht, wenn das Berufungsgericht nicht an die der Zurückverweisung zugrunde liegende rechtliche Beurteilung gebunden ist, sie wird ihm aber erschwert. Hat das Revisionsgericht das Berufungsurteil wegen eines Rechtsfehlers aufgehoben und die Sache aus anderen Gründen zur weiteren Aufklärung des Sachverhalts zurückverwiesen, so könnte das Berufungsgericht es beim Fehlen einer Bindung an die der Zurückverweisung zugrunde liegende Würdigung ablehnen, den Sachverhalt in dieser Hinsicht aufzuklären. Das Revisionsgericht könnte dieses Berufungsurteil im zweiten Rechtsgang aufheben, weil es die mangelnde Aufklärung für fehlerhaft hält. Im zweiten Revisionsurteil liegt dann die Auffassung, es müßten in bestimmter Hinsicht weitere Ermittlungen angestellt werden, der Aufhebung und nicht nur der Zurückverweisung zugrunde. Der Berufungsrichter ist also im dritten Rechtsgang an die Auffassung des Revisionsgerichts gebunden; er muß nunmehr die erforderlichen Feststellungen treffen. Der Rechtsstreit kann somit nicht endlos hin- und hergeschoben werden, wie es der Fall wäre, wenn das Berufungsgericht nicht an die der Aufhebung zugrunde liegende rechtliche Würdigung des Revisionsgerichts gebunden wäre. Es fragt sich aber, ob eine Regelung sinnvoll ist, wonach der Berufungsrichter erst im dritten Rechtsgang (auf Grund des zweiten Revisionsurteils) und nicht bereits im zweiten Rechtsgang (auf Grund des ersten Revisionsurteils) an die Auffassung des Revisionsgerichts gebunden ist. Hätte das Landesarbeitsgericht (weil es nicht an die rechtliche Beurteilung des Bundesarbeitsgerichts gebunden sei, die die Zurückverweisung herbeigeführt habe) es abgelehnt, die Zeitdauer festzustellen, in der der Kläger der Vertrauensmann des Beklagten gewesen sei, und hätte es auch keine Feststellungen zur Höhe des Anspruchs getroffen, so hätte das Bundesarbeitsgericht[238] das Urteil des Landesarbeitsgerichts schon aus diesen Gründen aufheben und die Sache erneut an das Landesarbeitsgericht zurückverweisen müssen; die Aufhebung dieses Urteils beruhte dann auf der rechtlichen Beurteilung des Bundesarbeitsgerichts, dem Kläger stehe für die Zeit ein Gehalt zu, in der er Vertrauensmann des Beklagten gewesen sei. Das Bundesarbeitsgericht hätte also seine Ansicht durchsetzen können. Aber ein Rechtsgang wäre vergebens gewesen; es wären hohe Kosten entstanden und Jahre vertan. Dem Sinn und Zweck des § 565 Abs. 2 ZPO wird daher besser durch die Auffassung Rechnung getragen, das

[238] Vgl. BAG 7, 237 ff.

Berufungsgericht sei auch an die rechtliche Beurteilung des Revisionsgerichts gebunden, auf der (nur) die Zurückverweisung beruht. Diese Auffassung verdient also den Vorzug.

Demgemäß hält auch *Schönke*[239] eine Bindung des Berufungsgerichts an die der Zurückverweisung zugrunde liegende rechtliche Beurteilung des Revisionsgerichts für sachgemäß. Auch in diesen Fällen solle das Revisionsgericht die Möglichkeit haben, seine Rechtsauffassung zur Geltung zu bringen, es sollten ihm durch die Bindung für eine etwaige zweite Revision die nötigen Unterlagen verschafft werden. *Schönke*[240] meint allerdings, im Gegensatz zu der hier vertretenen Ansicht, diese Regelung könne nur durch den Gesetzgeber erfolgen.

b) Der Umfang der Bindung

Bei der Frage, in welchem Umfang das Berufungsgericht an die der Zurückverweisung zugrunde liegende rechtliche Beurteilung gebunden ist, ist von dem Umfang seiner Bindung an die rechtliche Beurteilung auszugehen, die der Aufhebung seines Urteils zugrunde liegt.

Hat das Revisionsgericht das Berufungsurteil wegen eines Verfahrensfehlers aufgehoben, so ist das Berufungsgericht bei der Behandlung der materiell-rechtlichen Frage frei. Es muß den Zeugen vernehmen und eine Beweiswürdigung nachholen, wenn das Revisionsgericht das Berufungsurteil aufgehoben hat, weil dies nicht geschehen war. Das Berufungsgericht kann dann aber (auch bei gleichbleibendem Sachverhalt) ein Urteil erlassen, in dem es auf den erhobenen Beweis und das Ergebnis der Beweiswürdigung nicht ankommt. Es erscheint auf den ersten Blick sonderbar, daß das Berufungsgericht eine Beweisaufnahme und eine Beweiswürdigung durchführen muß, obwohl es der Auffassung ist, dies sei für seine Entscheidung nicht erheblich. Gleichwohl muß es aber diese Aufgaben erfüllen. Sinn und Zweck dieser Verpflichtung bestehen darin, dem Revisionsgericht die erforderlichen Unterlagen zu verschaffen, damit es im zweiten Rechtsgang eine Endentscheidung treffen kann und nicht gezwungen ist, die Sache wiederum an das Berufungsgericht zurückzuverweisen.

Die Berufungsgerichte halten sich nicht immer an diese ihre Verpflichtung. So ist das OLG *Hamburg* in dem „Wechselvorlegungs-Fall"[241] nicht auf die

[239] Die Bindung des Berufungsgerichts an das Urteil des Revisionsgerichts gemäß § 565 Abs. 2 ZPO (1934) S. 101 ff.
[240] A. a. O., S. 102.
[241] BGHZ 22, 370 ff.

Anfechtung des Vergleichs eingegangen, obwohl der unmittelbare Aufhebungsgrund darin bestand, daß die bisher getroffenen Feststellungen nicht ausreichten, um eine Anfechtung wegen arglistiger Täuschung auszuschließen. Das Oberlandesgericht hätte also die nach der Ansicht des II. Zivilsenat des Bundesgerichtshofs für erforderlich gehaltenen Feststellungen treffen müssen. Es wäre dann allerdings berechtigt gewesen, die Klage abzuweisen, weil der Kläger sich auf die durch die Anfechtung herbeigeführte Nichtigkeit des Vergleichs nach Treu und Glauben nicht berufen dürfe. Zwar war, von diesem Standpunkt aus, die Beweisaufnahme überflüssig. Ihre Durchführung hätte aber den Vorteil gehabt, daß der Bundesgerichtshof im zweiten Rechtsgang von seiner Auffassung aus, durch die Wechselvorlegung habe der Kläger keine Rechte verloren, hätte durcherkennen können. Da das Berufungsgericht aber auf die Anfechtung nicht zurückgekommen war, mußte das Revisionsgericht auch das zweite Berufungsurteil aufheben. Ein dritter Rechtsgang war erforderlich; er wäre überflüssig gewesen, wenn das Oberlandesgericht im zweiten Rechtsgang die Frage der Anfechtung geklärt hätte.

Für die Verpflichtung des Berufungsgerichts, eine (von seiner Auffassung aus) nicht erforderliche Beweisaufnahme durchzuführen, um das Revisionsgericht im zweiten Rechtsgang in die Lage zu versetzen, die Sache selbst zu entscheiden, gibt die grundlegende Entscheidung des I. Zivilsenats[242], auf die in dieser Arbeit schon wiederholt hingewiesen worden ist, ein gutes Beispiel. Das erste Berufungsurteil war aufgehoben, weil die Feststellung fehlerhaft war, der Zusammenstoß sei auf ein Verschulden der Besatzung des Hilfskreuzers zurückzuführen[243]; das Berufungsgericht hätte hierzu die vom Beklagten benannten Zeugen vernehmen müssen. Das Oberlandesgericht mußte also im zweiten Rechtsgang die Zeugen vernehmen; das Übergehen der entsprechenden Beweisantritte war der unmittelbare Aufhebungsgrund für die Aufhebung seines ersten Urteils. Das Berufungsgericht hätte dann aber, wenn es die Frage des Verschuldens geklärt hätte, die Klage aus einem Grunde abweisen können, der mit dem Verschulden der Besatzung nichts zu tun hatte. Als solcher Grund kam die Anwendung des § 14 UmstG in Betracht. Die Beweisaufnahme war, wenn die Anwendung dieser Vorschrift bejaht wurde, überflüssig; die Forderung des Klägers war dann nicht in DM umgestellt und die Klage aus diesem Grunde abzuweisen. Dem Nachteil einer (möglicherweise) unnötigen Beweisaufnahme steht aber der Vorteil gegenüber, daß das Revisionsgericht im zweiten Rechtsgang die Sache nicht

[242] BGHZ 3, 321 ff. Vgl. S. 73 f., 90, 111, 120.
[243] Vgl. die erste Revisionsentscheidung in OGHZ 2, 379 ff.

erneut an das Berufungsgericht zurückverweisen muß. Hätte also das Berufungsgericht im zweiten Rechtsgang die Anwendbarkeit des § 14 UmstG bejaht, der Bundesgerichtshof sie aber wiederum verneint, dann hätte er nunmehr durcherkennen können, die Sache wäre zur Endentscheidung reif gewesen.

Die Beweisaufnahme war damit nach der Ansicht des Berufungsgerichts überflüssig, nach der Auffassung des Revisionsgerichts, auf die es letztlich ankommt, jedoch erheblich. Die Gefahr, daß die Beweisaufnahme auch nach der Ansicht des Revisionsgerichts unnötig war, kann nur eintreten, wenn das Revisionsgericht seine Ansicht, die es im ersten Rechtsgang vertreten hat (und die der Aufhebung des Berufungsurteils nur mittelbar zugrunde lag), im zweiten Rechtszug aufgibt, wenn der I. Zivilsenat also im zweiten Rechtsgang die Anwendbarkeit des § 14 UmstG im Gegensatz zu seinem ersten Revisionsurteil bejaht hätte. Daß das Berufungsgericht die Beweisaufnahme durchführen mußte, aber gleichwohl berechtigt war, die Klage bei gleichbleibendem Sachverhalt aus einem anderen Grund abzuweisen, hat der I. Zivilsenat mit Recht ausdrücklich festgestellt. „Aufgehoben worden ist das erste Berufungsurteil“, heißt es zutreffend in der Entscheidung[244], „nur wegen Ablehnung von Beweisanträgen, somit wegen Verfahrensmängeln. Nur so weit hat das Revisionsgericht das erste Berufungsurteil mißbilligt. Diesen vom Revisionsgericht gerügten Fehler durfte das Berufungsgericht nicht erneut begehen. Es mußte also die Beweise erheben. Weiter ging seine Bindung nicht. Da das Berufungsgericht dem Beweis nachgegangen ist, kommt ein Verstoß gegen § 565 Abs. 2 ZPO nicht in Betracht. Bei seiner erneuten sachlich-rechtlichen Beurteilung (über die Anwendbarkeit des § 14 UmstG) war das Berufungsgericht in der Entscheidung frei“.

Schließt man sich der in dieser Arbeit vertretenen Auffassung an, auch die der Zurückverweisung zugrunde liegende Beurteilung des Revisionsgerichts binde das Berufungsgericht, so gelten die oben angestellten Erwägungen zum Umfang der Bindung auch für diesen Fall. Das Berufungsgericht mußte also in dem Rechtsstreit[245], in dem der Kläger von der verklagten Bank Auszahlung seines Guthabens verlangte, feststellen, ob der Kläger durch die nicht rechtzeitige Auszahlung des Guthabens einen Schaden erlitten und welche Höhe dieser Schaden gegebenenfalls hatte. Insoweit war es an die rechtliche Beurteilung des Revisionsgerichts, auf der die Zurückverweisung der Sache beruhte, gebunden. Das Berufungsgericht brauchte aber seiner Entscheidung nicht die Auffassung des Revisionsgerichts zu-

[244] BGHZ 3, 321 (326).
[245] OGHZ 4, 177 und BGH, LM Nr. 3 zu § 675 BGB.

grunde zu legen, die nicht rechtzeitige Auszahlung des Guthabens sei auf ein Verschulden der Beklagten zurückzuführen. Diese Ansicht lag der Zurückverweisung nur mittelbar zugrunde. Eine Bindung besteht aber (wie an den unmittelbaren Aufhebungsgrund so auch hier) nur an den unmittelbaren Zurückverweisungsgrund. Der Grund für die Zurückverweisung bestand darin, daß das Revisionsgericht die nach seiner Ansicht erforderlichen Feststellungen nicht selbst treffen durfte. Diese Aufgabe muß das Berufungsgericht übernehmen. Es kann dann aber die Klage abweisen, weil es den Rechtsirrtum der Beklagten über ihre Verpflichtung zur Auszahlung des Guthabens wegen der unübersichtlichen Rechtslage nach dem Kriege für entschuldbar hielt. Von dieser Auffassung ist das Berufungsgericht dann auch, im Widerspruch zum ersten Revisionsurteil, in seinem zweiten Urteil ausgegangen[246]. Insoweit war es auch nach der in dieser Arbeit vertretenen Ansicht frei, da nur der unmittelbare Zurückverweisungsgrund bindende Wirkung hat. Hätte das Berufungsgericht diese Feststellung getroffen, dann hätte das Revisionsgericht im zweiten Rechtsgang selbst zur Sache entscheiden können, wenn es die im ersten Revisionsurteil (vom Obersten Gerichtshof[247] für die Britische Zone) vertretene Auffassung, nicht aufgegeben hätte, die festgestellten Tatsachen reichten aus, um ein Verschulden der Beklagten anzunehmen.

Die Bindung an die der Zurückverweisung zugrunde liegende rechtliche Beurteilung hat also lediglich zum Inhalt, daß das Berufungsgericht die Feststellungen treffen muß, deren Fehlen zur Zurückverweisung geführt hat; im übrigen ist das Berufungsgericht frei. Die Berufungsrichter können hier nicht in größerem Umfang gebunden sein als in dem Fall, in dem sie an die der Aufhebung zugrunde liegende rechtliche Beurteilung des Revisionsgerichts gebunden sind. Dies zeigt sich deutlich, wenn der „Verzugsschaden-Fall"[248] abgewandelt wird. Nehmen wir an, das Berufungsgericht hätte die eingeklagte Forderung 10 : 0,65 umgestellt, der Klage aber in vollem Umfang (10 : 1) stattgegeben, weil die Beklagte sich im Schuldnerverzug befunden und der Kläger dadurch einen Schaden in Höhe des Restbetrages erlitten habe. Hat dann das Revisionsgericht das Berufungsurteil insoweit aufgehoben, als der Klage in größerem Umfange als 10 : 0,65 stattgegeben worden ist, weil (die Beklagte sich zwar im Verzug befunden habe, aber) die Darlegungen zum Schaden nicht ausreichten, so muß das Berufungsgericht die fehlenden Feststellungen im zweiten Rechtsgang treffen. Sein Urteil ist aufgehoben worden, weil die Angaben über die Höhe des Schadens nicht

[246] Vgl. BGH, LM Nr. 3 zu § 675 BGB.
[247] OGHZ 4, 177 (180 ff.).

genügten; die unzulängliche Berechnung des Schadens war der unmittelbare Aufhebungsgrund. Das Berufungsgericht konnte aber, wenn es dieser seiner Verpflichtung nachgekommen war, die Klage abweisen, falls es nunmehr, im Gegensatz zu seiner im ersten Rechtsgang vertretenen und vom Revisionsgericht gebilligten Auffassung, der Meinung war, die Beklagte habe nicht schuldhaft gehandelt. Die Ansicht des Revisionsgerichts, es liege ein Verschulden der verklagten Bank vor, lag der Aufhebung nur mittelbar zugrunde; insoweit hatte das Revisionsgericht die im ersten Berufungsurteil vertretene Auffassung gebilligt. Die Rechtslage kann nicht anders sein, wenn das Berufungsgericht auf den Verzug der Beklagten nicht eingegangen war, weil es die Forderung 10 : 1 umgestellt hatte, das Revisionsgericht aber von sich aus den Verzug der Beklagten bejaht und die Sache nur zur Berechnung des Schadens zurückverwiesen hatte.

Für die Auffassung, das Berufungsgericht sei an die rechtliche Beurteilung des Revisionsgerichts gebunden, die der Zurückverweisung unmittelbar zugrunde liegt, spricht schließlich noch folgende Erwägung. Es wird erstrebt, das Recht der Revision bei den einzelnen Revisionsgerichten zu vereinheitlichen. Die Bundesregierung hat einen Entwurf eines Gesetzes zur Änderung des Rechts der Revision in Zivilsachen und in Verfahren vor Gerichten der Verwaltungs- und Finanzgerichtsbarkeit[249] vorgelegt, der das Recht des Zugangs zum Revisionsgericht neu regelt und bei dieser Gelegenheit das Recht der Revision in der Zivilprozeßordnung, dem Arbeitsgerichtsgesetz, der Verwaltungs- und der Finanzgerichtsordnung, soweit ein Zusammenhang mit der Neuregelung besteht und, soweit möglich, auch im übrigen vereinheitlichen soll[250]. In diesem Entwurf sind die Bindungsvorschriften nicht erwähnt. Diese werden also auch dann, wenn der Entwurf Gesetz werden sollte, einstweilen in ihrer alten Fassung bestehen bleiben. Es sollte aber versucht werden, die Vorschriften, soweit dies sachgemäß und möglich ist, einheitlich auszulegen. Die Revisionsgerichte haben dieselben Aufgaben und bei der Erfüllung dieser Aufgaben die gleiche Schwierigkeit, die darin besteht, daß sie selbst keine Tatsachen feststellen können. Es muß dafür Sorge getragen werden, daß sie ihre Ansicht durchsetzen können; hierzu dienen die Bindungsvorschriften. Die Bestimmungen, die in der Verwaltungs-[251], der Sozial-[252] und der Finanzgerichtsbarkeit[253] gelten, enthalten

[248] BGH, LM Nr. 3 zu § 675 BGB.
[249] Bundestags-Drucksache 7/444.
[250] Bundestags-Drucksache 7/444, S. 1/2.
[251] § 144 Abs. 6 VwGO.
[252] § 170 Abs. 4 SGG.
[253] § 126 Abs. 5 FGO.

heute keine ausdrückliche Bindung an die der Zurückverweisung zugrunde liegende rechtliche Beurteilung des Revisionsgerichts. Dies war aber in früheren Vorschriften[254] der Fall; dort war vorgesehen, daß die Vorinstanz an die rechtliche Beurteilung gebunden war, die der Aufhebung und der Zurückverweisung zugrunde lag. Es ist nun, wie im zweiten Teil dieser Arbeit[255] näher dargelegt wird, allgemein anerkannt, daß die neuen Bestimmungen sich inhaltlich nicht von den alten Vorschriften unterscheiden, sie also so ausgelegt werden müssen, wie wenn sie noch den früheren Wortlaut hätten, der eine Bindung an die der Aufhebung und der Zurückverweisung zugrunde liegende rechtliche Beurteilung anordnete. Es besteht kein Grund dafür, in den einzelnen Verfahren die Bindung an die der Zurückverweisung zugrunde liegende rechtliche Beurteilung verschieden zu regeln. Die Auslegung des § 565 Abs. 2 ZPO, wie sie hier vertreten wird, dient daher der erstrebten Rechtsvereinheitlichung[256].

Ergebnis

Das Berufungsgericht ist auch an die rechtliche Beurteilung des Revisionsgerichts gebunden, die der Zurückverweisung zugrunde liegt. Es ist verpflichtet, die Feststellungen zu treffen, deren Fehlen die Zurückverweisung unmittelbar herbeigeführt hat. Im übrigen ist es frei; es braucht seiner Entscheidung nicht die rechtliche Würdigung zugrunde zu legen, auf der die Zurückverweisung mittelbar beruht.

III. Die Bindung an tatsächliche Feststellungen des Revisionsgerichts

Das Berufungsgericht ist nach § 565 Abs. 2 ZPO an die rechtliche Beurteilung des Revisionsgerichts gebunden, die unmittelbar zur Aufhebung seines Urteils geführt hat. Eine Bindung an die tatsächlichen Feststellungen sieht das Gesetz nicht vor. Es ist nicht Aufgabe des Revisionsgerichts, derartige

[254] Vgl. § 90 Abs. 2 der Mil. Reg. VO Nr. 165; § 275 Abs. 4 RAO 1919; § 296 Abs. 4 RAO 1931.

[255] Vgl. S. 201 und S. 212.

[256] Mit Recht schlägt Kollhosser, JZ 1973, 8 (12), vor, für einen „allgemeinen Teil" des Verfahrensrechts übergreifende allgemeine Grundsätze herauszuarbeiten, die für die vergleichbaren Institutionen aller Verfahrensordnungen gleichermaßen passen. Die Bindungsvorschriften gehören zu diesen übergreifenden allgemeinen Grundsätzen; zur Frage der Rechtsvereinheitlichung vgl. aber auch Möhring, JZ 1974, 369 (370).

Feststellungen zu treffen; es ist vielmehr seinerseits nach § 561 ZPO an die tatsächlichen Feststellungen des Berufungsgerichts gebunden. Von dieser Regel bestehen aber Ausnahmen. In den Motiven[257] ist bereits dargelegt, daß das Revisionsgericht bei der Prüfung, ob die Revision zulässig sei, darauf angewiesen sein könne, den Sachverhalt in dieser Hinsicht aufzuklären, zum Beispiel Beweis darüber zu erheben, ob die unterlegene Partei auf die Einlegung der Revision verzichtet habe. Diese Tatsachen sind aber nur bei der Entscheidung über die Zulässigkeit der Revision von Bedeutung. Sie wirken sich nicht in anderer Hinsicht aus, so daß kein Fall eintreten kann, in dem das Berufungsgericht an diese tatsächlichen Feststellungen des Revisionsgerichts gebunden sein kann. Inzwischen hat sich aber die Ansicht durchgesetzt, das Revisionsgericht sei nicht nur bei der Zulässigkeit der Revision, sondern bei allen von Amts wegen zu beachtenden Prozeßvoraussetzungen berechtigt und verpflichtet, selbst die erforderlichen Ermittlungen zu erheben. Diese Auffassung entspricht jedenfalls der herrschenden Meinung[258], wenn auch im einzelnen über den Umfang der Aufklärungspflicht Streit[259] besteht. Hierauf soll aber nicht eingegangen werden. Gegenstand dieser Untersuchung ist nur die Frage, inwieweit das Berufungsgericht, an das die Sache zurückgelangt, an die tatsächlichen Feststellungen gebunden ist, die das Revisionsgericht zulässigerweise getroffen hat.

Der II. Zivilsenat[260] des Bundesgerichtshofs hatte dieses Problem in einer Sache zu lösen, die schon unter einem anderen Gesichtspunkt behandelt worden ist. Es fragte sich, ob eine Frau M, die für die verklagte GmbH den Prozeß geführt und auch die Revision eingelegt hatte, hierzu legitimiert war. Das hing davon ab, ob der Rechtsvorgänger der Kläger unbeschränkter oder nur treuhänderisch gebundener Inhaber von Geschäftsanteilen der Beklagten war. Diese Frage richtete sich wieder danach, ob eine bestimmte Urkunde von dem Rechtsvorgänger der Kläger unterschrieben oder ob diese Unterschrift gefälscht war. Der II. Zivilsenat hat hierüber einen Zeugen vernehmen lassen und das Gutachten eines Schriftsachverständigen eingeholt; er ist dann zu der Überzeugung gelangt, die Unterschrift unter der Urkunde sei echt, Frau M demgemäß prozeßführungsbefugt. Wenn nun der Senat nicht, wie es der Fall war (aber möglicherweise nicht hätte der Fall sein

[257] Hahn-Stegemann, Die gesammten Materialien zur Civilprozeßordnung, 1. Abteilung, 2. Aufl. (1881), S. 371.

[258] Vgl. Mattern, JZ 1963, 649 ff. und Stein-Jonas-Grunsky, ZPO, 19. Aufl. § 561 II, 2 c m. w. N.

[259] Gegen die herrschende Meinung Rimmelspacher, Zur Prüfung von Amts wegen im Zivilprozeß (1966), S. 41 f., 190 ff.

[260] WM 1962, 415. Vgl. S. 127 f.

dürfen), durcherkannt, sondern die Sache an das Berufungsgericht zurückverwiesen hätte, dann wäre die Frage aufgetaucht, ob das Berufungsgericht an die vom Revisionsgericht getroffene tatsächliche Feststellung, die Urkunde sei von dem Rechtsvorgänger der Kläger unterschrieben, gebunden gewesen wäre oder ob es die vom Bundesgerichtshof erhobenen Beweise anders hätte würdigen dürfen.

Diese Frage ist bereits am Anfang[261] des Kapitels bei der Darlegung des Begriffs der rechtlichen Beurteilung aufgeworfen worden. Es ist dort darauf hingewiesen, daß der Gesetzgeber bei Erlaß der Zivilprozeßordnung von der damaligen Rechtsauffassung ausging, es könne kein Fall eintreten, in dem eine Bindung des Berufungsgerichts an tatsächliche Feststellungen des Revisionsgerichts in Betracht komme. Er hatte daher keinen Anlaß, einen solchen Fall zu regeln. Er hat aber eine derartige Bindung nicht ausschließen wollen. Nachdem sich nunmehr herausgestellt hat, daß derartige Fälle doch akut werden können, fragt es sich, ob eine entsprechende Anwendung des § 565 Abs. 2 ZPO zu einer Bindung des Berufungsgerichts an die tatsächlichen Feststellungen des Revisionsgerichts führen kann. Dies richtet sich nach dem Sinn und Zweck des § 565 Abs. 2 ZPO. Da hierauf bei den früheren Ausführungen noch nicht eingegangen war, war die Beantwortung der Frage zurückgestellt worden; sie soll jetzt nachgeholt werden.

§ 565 Abs. 2 ZPO ist geschaffen worden, damit das Revisionsgericht seine Rechtsansicht durchsetzen kann. Ohne die dort vorgesehene Bindung wäre das Berufungsgericht berechtigt, im zweiten Rechtsgang dieselbe Auffassung zu vertreten, die das Revisionsgericht als fehlerhaft angesehen und deretwegen es das Berufungsurteil aufgehoben hat. Die Sache könnte zwischen den beiden Gerichten endlos hin- und hergeschoben werden. Das Revisionsgericht wäre nicht in der Lage, die ihm anvertrauten Aufgaben zu erfüllen. Diese Erwägungen treffen auch dann zu, wenn es — ausnahmsweise — um die Frage geht, ob das Berufungsgericht an den vom Revisionsgericht ermittelten Sachverhalt gebunden ist. Brauchte das Berufungsgericht die vom II. Zivilsenat[262] des Bundesgerichtshofs getroffene Feststellung, die betreffende Urkunde sei echt, nicht gelten zu lassen, könnte es vielmehr die Vernehmung des Zeugen und das Gutachten des Sachverständigen anders würdigen, dann könnte es zu dem Ergebnis gelangen, daß Frau M nicht prozeßführungsbefugt und die Beklagte damit nicht wirksam vertreten sei. Wäre dieses Urteil vom Revisionsgericht aufgehoben worden, könnte das Berufungsgericht im dritten Rechtsgang wieder an seiner alten Rechtsauffassung festhalten. Die Sache könnte also zwischen ihm und dem Revisions-

[261] Vgl. S. 60 f.
[262] WM 1962, 415.

gericht endlos hin- und hergeschoben werden, das Revisionsgericht könnte seine Ansicht nicht durchsetzen. Man wird daher in derartigen Fällen das Berufungsgericht an die vom Revisionsgericht getroffenen tatsächlichen Feststellungen binden müssen[263].

Eine Bindung fällt allerdings weg, wenn neue Tatsachen vorgetragen werden, aus denen sich ergibt, daß die Unterschrift doch gefälscht war. Fehlt es aber hieran, so bleibt die Bindung bestehen. Das Berufungsgericht kann somit die Beweise nicht anders würdigen, als es die Revisionsrichter getan haben. Mit Recht hat demgemäß der II. Zivilsenat[264] ausgeführt, das Berufungsgericht sei „an die tatsächlichen Feststellungen gebunden, ... die das Revisionsgericht zur Klärung der Legitimation des gesetzlichen Vertreters einer Partei ... getroffen" ... habe. Soweit diese Feststellung auch für die materiell-rechtliche Entscheidung über die Klage von Bedeutung sein sollte, ist das Berufungsgericht jedoch frei[265]. Die Rechtsauffassung, die das Revisionsgericht im prozessualen Bereich (bei der Bejahung einer Prozeßvoraussetzung) vertreten hat, bindet, wie oben[266] dargelegt, das Berufungsgericht nicht, soweit diese Auffassung auch für die sachlich-rechtliche Entscheidung erheblich ist. Bei der Bindung an die tatsächlichen Feststellungen kann die Rechtslage nicht anders sein.

Ergebnis

Das Berufungsgericht ist (bei gleichbleibendem Sachverhalt) an die tatsächlichen Feststellungen des Revisionsgerichts gebunden, wenn dieses Gericht ausnahmsweise derartige Feststellungen getroffen hat.

IV. Die Bindung durch eine abschließende Beurteilung des Revisionsgerichts

1. Das Problem

Das Reichsgericht hat in einigen Urteilen die Auffassung vertreten, das Berufungsgericht dürfe eine Frage nicht mehr erörtern, die das Revisionsgericht abschließend beantwortet habe. Grundlegend ist die Entscheidung des

[263] Ebenso Wieczorek, ZPO, § 565 C II b 2.
[264] BGH, WM 1962, 415 (418/419).
[265] A. A. allerdings der II. Zivilsenat des BGH, vgl. BGHZ 22, 370 und BGH, WM 1962, 415 (418).
[266] Vgl. S. 120 ff.

III. Zivilsenats[267] vom 13. März 1917, in der es heißt: Habe das Revisionsgericht eine bestimmte Frage abschließend bejaht, dann stehe es dem Berufungsgericht nicht mehr zu, ihre Beantwortung in Zweifel zu ziehen; die gegenteilige Meinung würde eine unbeschränkte und unabsehbare Wiederholung der Erörterung bereits erledigter Streitpunkte ermöglichen, die nicht bloß der in § 565 Abs. 2 ZPO beabsichtigten Begrenzung der Aufgabe des Berufungsrichters widersprechen würde, sondern überhaupt mit den Anforderungen einer gesunden Prozeßführung unvereinbar wäre und insbesondere eine unerträgliche Prozeßverschleppung zur Folge haben müsse.

Die abschließende Beantwortung einer Frage durch das Revisionsgericht kann in verschiedener Weise von Bedeutung sein. Sie umfaßt, was in der Rechtsprechung und der Rechtslehre nicht klar erkannt worden ist, zwei Fallgruppen.

In der einen Gruppe erschöpft sich die Wirkung der abschließenden Behandlung eines Streitpunktes durch das Revisionsgericht in dem Verbot, im zweiten Rechtsgang neue Tatsachen festzustellen und dadurch wieder in die Erörterung bereits endgültig beantworteter Fragen einzutreten. Die Bindungswirkung nach § 565 Abs. 2 ZPO ist hier aber nicht durch die abschließende Regelung, sondern dadurch eingetreten, daß das Revisionsgericht eine Auffassung des Berufungsgerichts für fehlerhaft erachtet und aus diesem Grunde das Berufungsurteil aufgehoben hat. Die abschließende Beantwortung einer Frage führt also keine Bindung herbei, sondern verhindert nur (durch das Verbot, neue Tatsachen festzustellen) den Wegfall einer, auf Grund eines anderen Umstandes eingetretenen, Bindung. So lag der Fall in der Entscheidung des III. Zivilsenats[268] des Reichsgerichts vom 13. März 1917, in der es darum ging, ob die Beklagte mit einer Schadensersatzforderung wirksam gegen die Konkursforderung der Klägerin aufgerechnet hatte. Das Berufungsgericht hatte das verneint, da die Beklagte keine derartige Forderung habe. Der III. Zivilsenat war jedoch der Ansicht, der Beklagten stehe eine Schadensersatzforderung zu. Er hatte demgemäß das Berufungsurteil aufgehoben und die Sache zurückverwiesen, damit Feststellungen über die Höhe dieser Forderung getroffen würden. Im zweiten Rechtsgang fragte es sich, ob das Bestehen der Gegenforderung in Zweifel gezogen werden könne. Das Berufungsgericht war an die rechtliche Beurteilung des III. Zivilsenats, der Beklagten stehe eine Schadensersatzforderung gegen die Klägerin zu, nach § 565 Abs. 2 ZPO gebunden; diese Auffassung — und damit die Mißbilligung der entgegengesetzten Ansicht des Berufungsgerichts — hatte unmittelbar die Aufhebung des angefochtenen Urteils herbeigeführt. Es ging

[267] RGZ 90, 23 (26).
[268] RGZ 90, 23.

also nur darum, ob die Klägerin im zweiten Rechtsgang neue Tatsachen vortragen durfte, aus denen sich ergab, daß der Beklagten doch keine Gegenforderung zustehe. Der III. Zivilsenat[269] des Reichsgerichts hat das verneint und ausgeführt: Habe das Berufungsgericht eine Frage auf Grund des ihm vorliegenden Sachverhalts bereits abschließend bejaht, dann stehe es dem Berufungsgericht nicht mehr zu, ihre Beantwortung, sei es auch auf Grund neuer Tatsachen, in Zweifel zu ziehen. Die abschließende Wirkung will hier nur den Wegfall der bereits vorhandenen Bindung verhindern, aber nicht eine Bindung, die bisher nicht eingetreten ist, herbeiführen. So lag es auch in einer Entscheidung desselben Senats[270] vom 2. Nov. 1917, durch die das Berufungsurteil aufgehoben wurde, weil es die Auffassung vertreten hatte, der Unfall der Klägerin beruhe nicht auf einem Verschulden einer Oberschwester der verklagten Stadt; der Senat, der insoweit anderer Ansicht war, hatte die Sache zurückverwiesen, damit geprüft werde, ob zwischen den Parteien ein Vertrag zustande gekommen sei, auf Grund dessen die Beklagte nach § 278 BGB für das Verschulden der Oberschwester einstehen müsse. Mit Recht hat der III. Zivilsenat[271] ausgeführt, das Berufungsgericht sei nach § 565 Abs. 2 ZPO an die rechtliche Beurteilung gebunden, daß die Oberschwester den Unfall schuldhaft herbeigeführt habe; das Berufungsgericht durfte den Fehler (die Verneinung der Ursächlichkeit und der Schuld), dessentwillen sein Urteil aufgehoben worden war, nicht wiederholen. Es fragte sich aber, ob die Klägerin neue Tatsachen vortragen durfte, die der rechtlichen Beurteilung des Revisionsgerichts die Grundlage entzogen. Der III. Zivilsenat hat dies verneint; das Berufungsgericht habe auf die Frage des Verschuldens und seine Ursächlichkeit für den Unfall nicht mehr, auch nicht bei Behauptung neuer Tatsachen, eingehen dürfen. Auch hier dient die abschließende Behandlung dieser Streitpunkte nur dazu zu verhindern, daß die nach § 565 Abs. 2 ZPO (unabhängig von der abschließenden Beurteilung) bereits eingetretene Bindung später auf Grund eines neuen Sachverhalts gegenstandslos wird.

In einigen Entscheidungen erschöpft sich aber die Wirkung der abschließend vorgenommenen Beurteilung durch das Revisionsgericht nicht darin, den Wegfall der Bindung unmöglich zu machen; sie hat vielmehr, darüber hinaus, die Aufgabe, eine Bindung, die bisher nicht gegeben ist, herbeizuführen. Der III. Zivilsenat des Reichsgerichts hatte in dem „Indigo-Fall“[272] im ersten Rechtsgang die Auffassung des Berufungsgerichts gebilligt,

[269] RGZ 90, 23 (26).
[270] RGZ 91, 134 ff.
[271] RGZ 91, 134 (136).
[272] RG, Markenschutz und Wettbewerb 1915, 379.

daß der Beklagte sich verpflichtet habe, über alle geschäftlichen Vorkommnisse zu schweigen; er hatte jedoch die Auffassung des Berufungsgerichts beanstandet, die Schweigepflicht habe sich auch auf die Bekanntgabe von Einzelheiten der Indigogewinnung bezogen. Aus diesem Grund hatte er das Berufungsurteil aufgehoben und die Sache zwecks näherer Aufklärung des Sachverhalts an das Berufungsgericht zurückverwiesen. Im zweiten Revisionsurteil vertrat der III. Zivilsenat[273] die Ansicht, die Frage, ob dem Beklagten überhaupt eine Schweigepflicht auferlegt sei, habe das Berufungsgericht nicht mehr erörtern dürfen; dieser Streitpunkt sei vielmehr im ersten Revisionsurteil dadurch abschließend beantwortet worden, daß das Reichsgericht die Annahme des Vorderrichters für rechtlich einwandfrei erachtet habe, die Schweigepflicht sei dem Beklagten rechtswirksam auferlegt. Soweit der Vorderrichter diesen Punkt nochmals erörtert habe, sei er über seine Aufgabe hinausgegangen. Hier hat die abschließende Beantwortung einer Frage durch das Revisionsgericht die Bindung nach § 565 Abs. 2 ZPO erst geschaffen. Denn die Auffassung des Berufungsgerichts, daß der Beklagte überhaupt über die geschäftlichen Vorkommnisse schweigen müsse, hat das Revisionsgericht gebilligt. Diese Ansicht hat also nicht unmittelbar zur Aufhebung des Berufungsurteils geführt. Mittelbar lag sie allerdings der Beurteilung des Revisionsgerichts zugrunde; wenn dem Beklagten keine Schweigepflicht auferlegt war, dann konnte die Frage, ob sich die Schweigepflicht auch auf die Bekanntgabe von Einzelheiten der Indigogewinnung erstreckte, nicht auftauchen. Der mittelbare Aufhebungsgrund nimmt aber nicht an der Bindungswirkung teil.

Die gleiche Wirkung, also die Herbeiführung einer (sonst nicht bestehenden) Bindung, hat der II. Zivilsenat[274] des Reichsgerichts der abschließenden Behandlung einer Frage beigemessen, als er ausführte, er sei im ersten Rechtsgang in Übereinstimmung mit dem Berufungsgericht davon ausgegangen, daß der der Klage zugrunde liegende Kaufvertrag nicht wegen Preiswuchers nichtig sei; an diese abschließende Feststellung sei das Kammergericht gebunden.

Im folgenden soll erörtert werden, ob die abschließende Beantwortung einer Frage durch das Revisionsgericht eine derartige Bindung herbeiführen kann. Das Problem, ob sie den Wegfall einer bereits eingetretenen Bindung verhindert, wird später im Zusammenhang mit anderen Fällen untersucht werden, in denen möglicherweise eine Bindung des Berufungsgerichts wegfällt.

[273] RG, Markenschutz und Wettbewerb 1918/19, 33/34.
[274] JR 1925 Nr. 1168.

2. *Die Lösung*

a) Die Bindung nach § 565 Abs. 2 ZPO

Die Frage, ob die abschließende Regelung durch das Revisionsgericht eine Bindung des Berufungsgerichts zur Folge haben kann, ist zu verneinen; das Gesetz sieht eine derartige Möglichkeit nicht vor. Die Zivilprozeßordnung regelt die Bindung des Berufungsgerichts an die rechtliche Beurteilung des Revisionsgerichts ausschließlich in § 565 Abs. 2 ZPO, und nach dieser Vorschrift ist das Berufungsgericht nur an die Würdigung des Revisionsgerichts gebunden, die zur Aufhebung seines Urteils geführt hat. Die Voraussetzung ist aber nicht gegeben, soweit das Revisionsgericht eine Auffassung des Berufungsgerichts gebilligt hat.

Bötticher[275] und *Wieczorek*[276] weisen mit Recht darauf hin, daß die abschließende Beurteilung einer Rechtsfrage durch das Revisionsgericht das Berufungsgericht nicht nach § 565 Abs. 2 ZPO binden kann; die Voraussetzungen dieser Vorschrift liegen, worüber kein Zweifel bestehen kann, nicht vor. Sie bejahen aber gleichwohl eine Bindung des Berufungsgerichts. Sie sehen die Grundlage hierfür in § 318 ZPO[277].

b) Die Bindung nach § 318 ZPO

Bötticher[278], der sich mit diesem Problem am ausführlichsten auseinandergesetzt hat, vertritt die Ansicht, daß aus dem Zwischenurteilscharakter des Revisionsurteils die Folgerung zu ziehen sei, auch die Zurückweisung von Revisionsangriffen (und damit die abschließende Beurteilung durch das Revisionsgericht) müsse an der Bindung teilnehmen. *Bötticher* sieht das Schwergewicht der — das Berufungsurteil aufhebenden — revisionsgerichtlichen Entscheidung nicht in der bloßen Kassation, sondern in der Feststellung einer Rechtsauffassung, auf deren Grundlage die Tatsacheninstanz weiter zu prozessieren habe. Hierzu gehört nach seiner Ansicht auch die Zurückweisung von Revisionsangriffen als solche; „denn sie läßt sich zwang-

[275] MDR 1961, 805 (808).

[276] ZPO, § 565 C III a und Anm. zu BAG, AP Nr. 1 zu § 565 ZPO.

[277] Die Ansicht von Götz, JZ 1959, 681 (688), § 565 Abs. 2 ZPO füge der sich aus dem Instanzenzug ergebenden negativen Seite der Bindungswirkung lediglich eine positive hinzu, hat Bötticher (MDR 1961, 805/807 Fußn. 3) überzeugend mit dem Hinweis widerlegt, ohne § 565 Abs. 2 ZPO gebe es überhaupt keine Bindung, weder in negativer noch in positiver Hinsicht.

[278] MDR 1961, 805 (807).

los als weiteren Bestandteil der Entscheidung des Revisionsgerichts ausmachen ... Diese Stellungnahme muß in den dezisiven und damit bindenden Teil des für den Prozeß gefällten Zwischenurteils eingehen, einerlei, ob sie für oder gegen den Revisionskläger ausfällt. Der unterlegene Revisionskläger hat ein Zurückgreifen auf seine vom Gericht abgelehnte Rechtsansicht für den weiteren Ablauf des Prozesses ebenso ‚verspielt' wie der unterlegene Revisionsbeklagte ein Zurückgreifen auf die Negation der Rechtsansicht, die zur Aufhebung des Berufungsurteils führte"[279].

Diesen Ausführungen ist nicht zuzustimmen. Das revisionsgerichtliche Urteil, das das Berufungsurteil aufhebt und die Sache zurückverweist, ist, was *Bötticher* auch nicht verkennt, kein Zwischenurteil. Es hat aber auch keinen Zwischenurteilscharakter. Das Wesen eines Zwischenurteils liegt in der Entscheidung eines Streitpunktes. Das Revisionsurteil entscheidet aber nicht einen Streitpunkt, sondern überläßt die Entscheidung in vollem Umfang dem Berufungsgericht, das hier nur in gewissem Umfang an die rechtliche Beurteilung des Revisionsgerichts gebunden ist. Der Inhalt des revisionsgerichtlichen Urteils besteht ausschließlich in der Aufhebung und der Zurückverweisung. Die Auffassung von *Bötticher*, das Revisionsurteil stelle ein Zwischenurteil über die maßgebliche Rechtsauffassung dar, ist ein Widerspruch in sich.

Würde das Revisionsgericht einen Streitpunkt erledigen und nicht nur die Entscheidung durch das Berufungsgericht vorbereiten, dann könnten auch keine neuen Tatsachen vorgetragen werden, die die Erledigung des Streitpunktes wieder in Frage stellen. *Bötticher*[280] will aber das Vorbringen neuer Tatsachen nicht ausschließen. Auch das ist widerspruchsvoll.

Selbst wenn man aber den Zwischenurteilscharakter des — das Berufungsurteil aufhebenden und die Sache zurückverweisenden — Revisionsurteils bejahen sollte, könnte daraus nicht die von *Bötticher* gezogene Rechtsfolge abgeleitet werden[281]. Der Zwischenurteilscharakter könnte nur darin liegen, daß durch das revisionsgerichtliche Urteil eine Bindung eintritt. Der Umfang der Bindung richtet sich aber ausschließlich nach § 565 Abs. 2 ZPO. Der Zwischenurteilscharakter könnte diese Bindung „erklären", er kann sie nicht erweitern[282].

Die Auffassung von *Bötticher* ist schließlich auch nicht mit der Entstehungsgeschichte des § 565 Abs. 2 ZPO zu vereinbaren. Der Gesetzgeber hat den Vorschlag abgelehnt, auch der Zurückweisung von Revisions-

[279] Bötticher, MDR 1961, 805 (808).
[280] Anm. zu BAG, AP Nr. 12 zu § 565 ZPO.
[281] So auch Reinicke, NJW 1967, 513 (514).
[282] Reinicke, NJW 1967, 513 (514).

angriffen eine bindende Wirkung beizumessen[283]. Das übersieht *Böttcher*[284] auch nicht. Er meint aber, die Rechtslage habe sich insoweit durch die Novelle vom 5. Juni 1905 geändert. Das ist jedoch nicht zutreffend[285]. In dieser Novelle ist angeordnet, daß die Revision künftig begründet werden müsse, und nicht nur, wie bisher, begründet werden solle. Hieraus lassen sich keine Schlüsse auf den Umfang der Bindung ziehen.

Die Auffassung, das Revisionsgericht könne eine Frage mit der Maßgabe beantworten, daß sie eine Bindung des Berufungsgerichts herbeiführe, läßt sich nach alledem nicht halten. Der III. Zivilsenat[286] des Reichsgerichts hat dies später auch erkannt, seine Ansicht aufgegeben und ausgeführt, die Meinung, daß neben der Bindung des Berufungsgerichts an die Beurteilung des Revisionsgerichts wegen der Punkte, deren rechtsirrtümliche Würdigung die Aufhebung herbeigeführt habe, noch eine fernere Beschränkung des weiteren Verfahrens stattfinde, die sich auf alles vom Revisionsgericht „abschließend" Gewürdigte beziehe, könne nicht aufrecht erhalten werden. Sie würde darauf ausgehen, dem Inhalt der Entscheidungsgründe des Revisionsurteils eine ähnliche Bedeutung zu verleihen, wie sie nach dem früheren Inhalt des § 303 ZPO einem Zwischenurteil über ein selbständiges Angriffs- oder Verteidigungsmittel zugekommen sei; das finde im Gesetze keine Stütze, sondern widerspreche „geradezu dem geltenden Recht, das die Tragweite der Bindung an die Würdigung des Revisionsgerichts in § 565 Abs. 2 ZPO eindeutig" regele.

Dieser Auffassung hat sich auch die Rechtslehre[287] angeschlossen. In der Rechtsprechung werden allerdings gelegentlich „Reisen in die Vergangenheit" gemacht. Das Bundesarbeitsgericht[288] hat in einer Entscheidung ausgeführt, es neige dazu, der Auffassung von *Wieczorek* über die Bindung des Berufungsgerichts an eine abschließende Beurteilung des Revisionsgerichts den Vorzug zu geben; es hat die Frage aber offen gelassen, da sie nicht erheblich war. Der III. Zivilsenat[289] des Bundesgerichtshofs hat sich jedoch in einer Entscheidung der früheren Auffassung des III. Zivilsenats[290]

[283] Vgl. Vierhaus, ZZP 6, 217 (235 Fußn. 38).
[284] MDR 1961, 805 (808).
[285] Ebenso Blomeyer, ZPR, § 104 VII, 3 b (S. 584).
[286] DR 1942, 1237 (1239).
[287] Blomeyer, ZPR, § 104 VII, 3 b (S. 584); Stein-Jonas-Grunsky, ZPO, 19. Aufl., § 565 II, 2 d. A. A. Rosenberg-Schwab, ZPR, 10. Aufl., § 147 IV, 3 b (S. 776).
[288] BAG 10, 355 (359).
[289] VersR 1962, 980. Dieselbe Ansicht hat der Senat, wie Hussla, DRiZ 1964, 33 (35 Fußn. 15) mitteilt, in den nichtveröffentlichten Urteilen vom 25. 5. 1959 — III ZR 53/58 — und vom 25. 10. 1962 — III ZR 10/62 — vertreten.
[290] RGZ 90, 23 (26); RGZ 91, 134 (136).

des Reichsgerichts ausdrücklich angeschlossen. Er hat in dem „Brückenwaage-Fall“[291] im ersten Rechtsgang in Übereinstimmung mit dem Berufungsurteil ein Verschulden des Schulleiters an dem Unfall der Beklagten verneint und im zweiten Revisionsurteil[292] ausgeführt, das bedeute, daß die Klägerin nach der Zurückverweisung nicht vor dem Berufungsgericht die Unbegründetheit des zurückgewiesenen Klagegrundes in Frage stellen könne; der Klagegrund sei „vielmehr von dem ersten Revisionsurteil abschließend verneint worden“. Diese — nicht haltbare — Auffassung berührt sich mit der Ansicht[293], in einem Grundurteil könnten Klagegründe mit der Maßgabe für das weitere Verfahren ausgeschieden werden, daß der Kläger hierauf nicht zurückkommen könne, wenn das Grundurteil formell rechtskräftig geworden sei. Auch diese Ansicht ist verfehlt[294]. In der Sache wäre sonst in dem Grundurteil ein Zwischenurteil über den abgelehnten Klagegrund enthalten. Derartige Zwischenurteile können aber nach Erlaß der Emminger-Verordnung nicht mehr ergehen. „Der Standpunkt des BGH“, hat *Bötticher*[295] mit Recht ausgeführt, „birgt die Gefahr, daß das inzwischen längst abgeschaffte Zwischenurteil über einzelne Klagegründe unter der Decke des Grundurteils gemäß § 304 ZPO sein Leben weiter fristet ...“

Schließlich hat sich auch das Bundesverfassungsgericht[296] die überholte und aufgegebene Rechtsprechung des III. Zivilsenats des Reichsgerichts zueigen gemacht, als es ausführte, es sei für eine Vorlage an das Bundesverfassungsgericht kein Raum mehr, wenn innerhalb des ordentlichen Instanzenzuges die Verfassungsmäßigkeit eines Gesetzes abschließend bejaht worden sei. Zu einer derart abschließenden Bejahung kann es innerhalb des ordentlichen Instanzenzuges nicht kommen.

Ergebnis

Das Revisionsgericht kann nicht dadurch eine — sonst nicht gegebene — Bindung des Berufungsgerichts herbeiführen, daß es eine Frage „abschließend“ beantwortet.

[291] BGH, VersR 1957, 612 (613).
[292] BGH, VersR 1962, 980 (981).
[293] Vgl. RGZ 132, 16 (19); BGH, JZ 1960, 256.
[294] Vgl. Blomeyer, ZPR, § 83 V, 4 b (S. 416); Otto, Die Präklusion (1970), S. 53; Stein-Jonas-Schumann-Leipold, ZPO, 19. Aufl. § 304 I, 2 b; Türpe, MDR 1968, 453 (455).
[295] JZ 1960, 240 (241).
[296] BVerfGE 2, 406 (411).

§ 5 Der Wegfall der Bindung

I. Die Änderung des Sachverhalts

Wird die Sache zurückverwiesen, so muß das Berufungsgericht die Feststellung treffen, deren Fehlen zur Zurückverweisung geführt hat. Dem Berufungsgericht sind hierdurch aber keine Schranken auferlegt. Es ist nicht etwa ein Beweiserhebungsorgan des Revisionsgerichts geworden, so daß es nur die Tatsachen ermitteln dürfte, die das Revisionsgericht festgestellt hätte, wenn es hierzu in der Lage gewesen wäre. Der Prozeß ist nicht auf die Entscheidung über den Streitpunkt beschränkt, der in tatsächlicher Hinsicht noch geklärt werden muß. Die Parteien können vielmehr im zweiten Rechtsgang andere Anträge[1] stellen, neue Tatsachen vortragen[2], ihr altes Vorbringen ändern[3] und neue Beweise antreten[4]; der Beklagte kann auch Anschlußberufung[5] einlegen. Dementsprechend muß das Berufungsgericht alle erforderlichen Beweise erheben, es kann auch die bereits erhobenen Beweise anders würdigen[6], Verträge anders auslegen, als dies im ersten Rechtsgang geschehen ist. Das Berufungsgericht ist nur in zwei Punkten gebunden; es darf den Fehler, den es im ersten Rechtsgang begangen hat und der (unmittelbar) zur Aufhebung seines Urteils geführt hat, nicht wiederholen, und es muß die Tatsachen feststellen, deren Fehlen zur Zurückverweisung der Sache geführt hat. Im übrigen ist es frei. Der Prozeß kann also im zweiten Rechtsgang einen ganz anderen Verlauf nehmen als im ersten. Das kann zur Verzögerung des Rechtsstreits führen. Diesem kann das Berufungsgericht nur durch die Anwendung der §§ 529, 279 ZPO entgegentreten.

Es fragt sich aber, ob das Berufungsgericht auch insoweit neues Vorbringen berücksichtigen kann (und muß), wenn dies dazu führt, daß es dann nicht mehr auf die rechtliche Beurteilung des Revisionsgerichts ankommt, die der Aufhebung des Berufungsurteils zugrunde liegt. Derartige Fälle sind von den Revisionsgerichten mehrfach entschieden worden. Das Reichsgericht[7] hatte ein Berufungsurteil aufgehoben, weil es der Ansicht war, die vom Berufungsgericht getroffenen Feststellungen reichten nicht für die Annahme

[1] BGH, NJW 1963, 444.
[2] BGH, WM 1962, 1117 (1118).
[3] BGH, LM Nr. 1 zu § 268 ZPO.
[4] RGZ 129, 224 (225); BGH, VersR 1958, 610.
[5] BGH, WM 1962, 1117 (1118).
[6] RG, LZ 1928, 1252 (1253).
[7] RGZ 124, 17 (20).

aus, der Kläger sei mit der von der Beklagten ausgesprochenen Kündigung einverstanden gewesen; im zweiten Rechtsgang[8] vertrat das Berufungsgericht die Auffassung, auf die Wirksamkeit der Kündigung komme es nicht an, der Dienstvertrag sei nur für eine bestimmte Zeit geschlossen und habe mit deren Ablauf von selbst zu bestehen aufgehört. Konnte das Berufungsgericht so vorgehen, dann war die rechtliche Beurteilung des ersten revisionsgerichtlichen Urteils gegenstandslos. In einer anderen Sache stimmte das Reichsgericht[9] dem Berufungsgericht darin zu, daß der Beklagte dem Kläger Schmuck verkauft habe, hob das Berufungsurteil aber wegen Fehler bei der Ermittlung der Gegenleistung auf. Im zweiten Rechtsgang kam das Berufungsgericht auf Grund einer neuen Beweisaufnahme zu dem Ergebnis, zwischen den Parteien sei kein Kaufvertrag zustande gekommen. Die rechtliche Beurteilung des Reichsgerichts war dann unerheblich. Das Bundesarbeitsgericht[10] teilte die Auffassung des Landesarbeitsgerichts, wonach der Beklagte verpflichtet war, dem Kläger den Vertrauensschaden zu ersetzen, den dieser dadurch erlitten hatte, daß er im Hinblick auf eine in Aussicht genommene Anstellung bei der Oper seine Stellung beim Sender Freies Berlin aufgegeben hatte, hob das Berufungsurteil aber auf, damit geprüft werde, ob der Schaden durch ein Verschulden des Klägers mitverursacht worden sei. Es fragte sich im zweiten Rechtsgang[11], ob das Berufungsgericht auf Grund der jetzt durchgeführten Beweisaufnahme zu dem Ergebnis gelangen konnte, den Beklagten treffe kein vorvertragliches Verschulden, so daß der Anspruch des Klägers nicht zur Entstehung gelangt sei. Die rechtliche Beurteilung des Bundesarbeitsgerichts könnte sich dann nicht auswirken. Der VI. Zivilsenat[12] des Bundesgerichtshofs hatte ein Berufungsurteil aufgehoben, weil die Grundsätze vom Beweis des ersten Anscheins verkannt worden seien; aus der Tatsache, daß Baumwollgespinste in der Brust der Klägerin vorgefunden worden seien, müsse der Schluß gezogen werden, diese seien von dem Beklagten in der Operationswunde zurückgelassen worden. Im zweiten Rechtsgang[13] stellte sich heraus, daß die Klägerin nicht nur von dem Beklagten, sondern auch von anderen Ärzten behandelt worden war. Dann konnte der vom Revisionsgericht gezogene Schluß nicht gezogen und dem Berufungsgericht nicht vorgeworfen werden, es habe die Grundsätze vom Beweis des ersten Anscheins verkannt. In all diesen

[8] Vgl. RGZ 130, 284 (285).
[9] JW 1926, 2435.
[10] BAG, 14, 206 (210 f.).
[11] BAG, AP Nr. 12 zu § 565 ZPO.
[12] VersR 1956, 577.
[13] BGH, VersR 1958, 610.

Fällen haben die Revisionsgerichte die Auffassung vertreten, die Berufungsgerichte seien berechtigt und verpflichtet, von dem neuen Sachverhalt auszugehen. Der VI. Zivilsenat[14] des Bundesgerichtshofs hat demgemäß folgenden Leitsatz aufgestellt: „Stellt das Berufungsgericht auf Grund erneuter Verhandlungen einen anderen Sachverhalt fest als den, den es seinem ersten Urteil zugrunde gelegt hat, und weichen die nunmehr getroffenen tatsächlichen Feststellungen so ab, daß darauf die rechtliche Beurteilung in dem früheren Revisionsurteil nicht bezogen werden kann, so entfällt die bindende Wirkung des § 565 Abs. 2 ZPO."

Dieser Ansicht ist zuzustimmen. Die Bindungsvorschrift soll nur sicherstellen, daß das Revisionsgericht seine Ansicht durchsetzen kann. Seiner rechtlichen Beurteilung liegt ein bestimmter Sachverhalt zugrunde. Ändert sich dieser, so kann die Auffassung des Revisionsgerichts gegenstandslos werden[15]. Es fehlt an der tatsächlichen Grundlage, deren Vorhandensein die Voraussetzung für die rechtliche Beurteilung war. Die Rechtssicherheit kann dadurch zwar beeinträchtigt werden; die Parteien können sich nicht darauf verlassen, daß die rechtliche Beurteilung des ersten revisionsgerichtlichen Urteils für den Ausgang des Rechtsstreits maßgebend bleibt. Dies muß aber in Kauf genommen werden, da andernfalls kein sachgerechtes Urteil erlassen werden könnte. Es müßte von einem Sachverhalt ausgegangen werden, der sich, wie die Beteiligten wissen, anders abgespielt hat, als es in dem Urteil festgestellt ist; das Berufungsgericht wäre genötigt, ein Urteil zu fällen, das dem wahren Sachverhalt nicht gerecht wird.

Es fragt sich jedoch, ob von dieser Regel Ausnahmen gemacht werden können. Das Reichsgericht hat dies in einigen Entscheidungen bejaht und das Vorbringen neuer Tatsachen dann ausgeschlossen, wenn eine Frage im ersten Urteil des Revisionsgerichts „abschließend" beantwortet sei. Eine derartige Behandlung hat hier also nicht die Bedeutung, daß eine Bindung, die sonst nicht bestünde, einträte; sie hat vielmehr nur die schwächere Wirkung, daß sie den Wegfall einer nach § 565 Abs. 2 ZPO bereits eingetretenen Bindung verhindert. Der III. Zivilsenat[16] des Reichsgerichts hatte seinem Urteil im ersten Rechtsgang einmal eine derartige Bedeutung beigelegt; weil dort das Bestehen einer dem Beklagten zustehenden Gegenforderung „ab-

[14] VersR 1958, 610.

[15] Das hat der Gesetzgeber bewußt in Kauf genommen; „soweit nicht Zwischenurteile entgegenstehen", heißt es in den Motiven (Hahn-Stegemann, Die gesammten Materialien zur Civilprozeßordnung, 1. Abteilung, 2. Aufl. (1881), S. 372), „ist keine Partei in dem Vorbringen neuer Tatsachen oder in der Antretung neuer Beweise behindert".

[16] RGZ 90, 23 (26).

schließend" festgestellt worden sei, stehe es dem Berufungsgericht nicht mehr zu, dies in Zweifel zu ziehen. Die gleiche Ansicht vertrat der III. Zivilsenat[17] in einer Sache, in der er, wie es in dem Urteil heißt, im ersten Rechtsgang die Frage „abschließend" bejaht habe, daß der Unfall der Klägerin auf ein schuldhaftes Verhalten der Oberschwester der Beklagten zurückzuführen sei; das Berufungsgericht habe daher auf die Frage des Verschuldens und seine Ursächlichkeit für den Unfall nicht mehr eingehen dürfen.

Der III. Zivilsenat[18] des Reichsgerichts hat diese Ansicht jedoch in seiner grundlegenden Entscheidung vom 21. Jan. 1942 aufgegeben. Seitdem bestand bei den Zivilsenaten des Reichsgerichts Übereinstimmung darüber, daß eine abschließende Beurteilung auch nicht insoweit möglich sei, als dadurch (zwar keine Bindung herbeigeführt, aber) der Wegfall einer bereits eingetretenen Bindung verhindert werde[19]. Der III. Zivilsenat gibt in dem oben angeführten Urteil die nunmehr von allen Senaten des Reichsgerichts geteilte Auffassung wieder, wenn er ausführt[20], nach geltendem Recht sei die Rechtslage so, daß das Berufungsgericht, wenn es durch Zurückverweisung erneut mit der Sache befaßt werde, außerhalb der Bindung des § 565 Abs. 2 ZPO den gesamten Streitstoff neu zu würdigen habe. Dies gelte in gleicher Weise für die Ermittlung der Tatsachen wie für ihre Unterstellung unter Rechtssätze. Zu mißbilligende Verschiebungen der Streitlage könnten dabei mit den für solche Fälle von dem Gesetzgeber bereitgestellten Mitteln (§ 279, § 529 Abs. 2 ZPO) hintangehalten werden.

Der Wegfall der Bindung auf Grund des neuen Sachverhalts wirkt sich auch bei der Bindung an die der Zurückverweisung unmittelbar zugrunde gelegte rechtliche Beurteilung aus. Das Berufungsgericht braucht die Feststellungen, deren Fehlen zur Zurückverweisung geführt hat, nicht zu treffen, wenn es nunmehr auf diese Tatsachen nicht mehr ankommt, die Notwendigkeit, sie zu ermitteln, vielmehr auf einer Auffassung beruhte, der ein Sachverhalt zugrunde lag, der sich inzwischen geändert hat.

Der II. Zivilsenat[21] des Bundesgerichtshofs hat der Rechtsprechung des Reichsgerichts zugestimmt; neben der Bindung des Berufungsgerichts an die Beurteilung wegen der Punkte, deren rechtsirrtümliche Würdigung die Aufhebung herbeigeführt habe, hat er dargelegt, finde keine weitere Beschrän-

[17] RGZ 91, 134 (135).
[18] DR 1942, 1237.
[19] Diese Ansicht hatte der VI. Zivilsenat des RG (RGZ 94, 11 ff.) schon im Jahre 1918 zum Ausdruck gebracht.
[20] DR 1942, 1237 (1239).
[21] LM Nr. 1 zu § 565 Abs. 2 ZPO.

kung des Verfahrens statt, die sich auf das von dem Revisionsgericht „abschließend“ Gewürdigte beziehe. Er hat demgemäß gebilligt, daß das Berufungsgericht im zweiten Rechtsgang auf Grund neuer Tatsachen das Feststellungsinteresse des Klägers verneint hat, obwohl dieses im ersten Rechtsgang vom Revisionsgericht bejaht worden war.

Der III. Zivilsenat[22] des Bundesgerichtshofs hat allerdings in dem „Brückenwaage-Fall“ an der überholten und aufgegebenen Auffassung des III. Zivilsenats des Reichsgerichts festgehalten und ausgeführt: Sei ein Klagegrund vom ersten Revisionsurteil abschließend verneint worden, so könne im zweiten Rechtsgang die Unbegründetheit des zurückgewiesenen Klagegrundes auch nicht auf Grund neuer Tatsachen in Frage gestellt werden.

Diese Auffassung findet aber im Gesetz keine Stütze. Sie ist auch de lege ferenda nicht empfehlenswert. Einmal ist es oft zweifelhaft, ob das erste Revisionsurteil eine Frage abschließend beantwortet hat. Wie zweifelhaft dies sein kann, zeigt eine Entscheidung des III. Zivilsenats[23] des Reichsgerichts aus dem Jahre 1926, in der es darum ging, ob dem Kläger ein Anspruch aus einem Kaufvertrag zustand. In seinem ersten Urteil hatte das Reichsgericht in Übereinstimmung mit dem Berufungsgericht einen Rücktrittsgrund der verklagten Verkäuferin verneint, das Berufungsurteil aber wegen der Höhe des Kaufpreises aufgehoben; am Ende des Urteils hieß es, es müsse also bei der Verurteilung der Beklagten sein Bewenden haben, es bleibe aber noch der Betrag festzustellen, gegen dessen Zahlung zu leisten sei. Gleichwohl hat der III. Zivilsenat in seinem ersten Urteil keine abschließende Verneinung des Rücktrittsgrundes gesehen. Im zweiten Rechtsgang[24] hat er dargelegt, seine früheren Ausführungen seien „mit der Beschränkung zu verstehen, daß sich auch in der anderweiten Berufungsverhandlung keine tatsächlichen Unterlagen für den Rücktritt der Beklagten ergeben sollten“. Davon war aber im ersten Urteil nichts zu lesen.

Die vom III. Zivilsenat[25] des Bundesgerichtshofs vertretene Auffassung kann weiterhin, und das ist der entscheidende Gesichtspunkt, den Erlaß einer sachgerechten Entscheidung verhindern; das Land Bayern brauchte der Klägerin in dem „Brückenwaage-Fall“ auch dann keinen Schadensersatz zu leisten, wenn sich inzwischen herausgestellt hätte, daß den Schulleiter ein (möglicherweise sogar grobes) Verschulden an dem Unfall der Klägerin getroffen hätte.

[22] VersR 1962, 980 (981).
[23] JW 1926, 1806.
[24] JW 1926, 1806 (1807).
[25] VersR 1962, 980 (981).

Die Situation ist, worauf bereits früher[26] hingewiesen worden ist, bei der Bindung an die rechtliche Beurteilung anders als bei der Bindung auf Grund der Rechtskraft oder der innerprozessualen Bindung an ein erlassenes Zwischenurteil. Dort ist die Entscheidung über den Streitgegenstand (§ 322 ZPO) oder einen Streitpunkt (§ 318 ZPO) bereits gefallen. Das Rechtsgefühl nimmt es hin, daß es im Interesse des Rechtsfriedens hierbei auch dann sein Bewenden haben muß, wenn sich später herausstellen sollte, daß sich der Sachverhalt anders abgespielt hat, als er in dem nicht mehr anfechtbaren Urteil festgestellt worden ist. Bei der Bindung im Rahmen des § 565 Abs. 2 ZPO ist die Entscheidung aber noch nicht ergangen. Die Berufungsrichter müssen vielmehr, wenn man der Auffassung des III. Zivilsenats[27] des Bundesgerichtshofs folgen sollte, bei dem Erlaß des von ihnen zu fällenden Urteils von einem Sachverhalt ausgehen, der, wie sie wissen, mit der Wirklichkeit nicht übereinstimmt.

Für den Strafprozeß gelten dieselben Grundsätze. Die Bindung des Berufungsgerichts an die rechtliche Beurteilung des Revisionsgerichts aus § 358 Abs. 1 StPO entfällt also, wenn der Tatrichter im zweiten Rechtsgang einen Sachverhalt feststellt, für den die Ansicht des Revisionsgerichts, die zur Aufhebung geführt hat, nicht relevant ist[28].

Diese Auffassung hat der 1. Strafsenat des Reichsgerichts bereits im Jahre 1899 vertreten. Die Strafkammer müsse zwar, hat er ausgeführt[29], nach § 398 StPO, dem heutigen § 358 Abs. 1 StPO, die rechtliche Beurteilung, welche der Aufhebung des Urteils zugrunde gelegt sei, auch der neuen Entscheidung zugrunde legen. Nachdem aber in der neuen Hauptverhandlung eine veränderte Sachlage festgestellt worden sei, habe die Strafkammer diese würdigen müssen. Der 2. Strafsenat[30] des Reichsgerichts hat allerdings später § 398 Abs. 1 StPO anders ausgelegt. Er meinte, aus dieser Bestimmung ergebe sich, daß im Falle der Aufhebung eines Urteils durch das Revisionsgericht das Gericht, an welches die Sache zur anderweiten Verhandlung und Entscheidung verwiesen sei, den Tatbestand nur innerhalb des Rahmens entscheiden könne, innerhalb dessen er von dem ersten Urteil und demgemäß auch von dem Urteil des Revisionsgerichts zum Gegenstande

[26] Vgl. S. 113.
[27] VersR 1962, 980.
[28] Vgl. Kleinknecht, StPO. 31. Aufl. § 358 Anm. 3; Löwe-Rosenberg-Meyer, StPO. 22. Aufl. § 358 I, 3 m. w. N.; Mohrbotter, ZStrW 84, 612 (630 ff.); Müller-Sax (KMR), StPO, 6. Aufl. § 358 Anm. 4; Sarstedt, Die Revision in Strafsachen, 4. Aufl. (1962), S. 117.
[29] RGSt. 31, 436 (437).
[30] RGSt. 42, 371 (375).

der Entscheidung habe gemacht werden können. Mit Recht ist jedoch der 6. Strafsenat[31] des Bundesgerichtshofs dieser Auffassung nicht gefolgt und hat dargelegt, die Bindung aus § 358 Abs. 1 StPO schließe es nicht aus, daß das Berufungsgericht im zweiten Rechtsgang zu anderen Feststellungen gelange und Rechtsfragen entscheiden müsse, die das Revisionsgericht zu beantworten auf Grund der Feststellungen im ersten Rechtsgang keinen Anlaß gehabt habe.

Der Befugnis des Tatrichters, im zweiten Rechtsgang neue Tatsachen zu berücksichtigen, steht auch nicht, wie vielfach angenommen wird, § 353 Abs. 2 StPO entgegen. Nach dieser Bestimmung hat das Revisionsgericht die Möglichkeit, die dem Berufungsurteil zugrunde liegenden Feststellungen aufrechtzuerhalten, wenn sie von einer Gesetzesverletzung nicht betroffen sind. Wird von dieser Regelung Gebrauch gemacht, so soll es nach der Ansicht des 3.[32] und des 4. Strafsenats[33] des Bundesgerichtshofs dem Tatsachengericht untersagt sein, im zweiten Rechtsgang neue Ermittlungen durchzuführen. Die aufrechterhaltenen Feststellungen blieben, heißt es in dem Urteil des 3. Strafsenats[34], für das weitere Verfahren bindend bestehen; ihre Änderung in der neuen Hauptverhandlung sei ausgeschlossen[35]. *Bruns*[36] hat erwogen, diese Bindung mit der Erwägung zu rechtfertigen, das nachgeordnete Gericht müsse in tatsächlicher und rechtlicher Hinsicht an das gebunden sein, was die letzte Instanz gebilligt habe. Der Tatrichter dürfe in der neuen Hauptverhandlung keine weiteren Beweise erheben, weil das Revisionsgericht, wenn es gemäß § 353 Abs. 2 StPO die Feststellungen aufrechterhalten habe, anerkenne, daß die vom Vorderrichter getroffenen Feststellungen rechtlich bedenkenfrei und vollständig seien. Eine solche Bindung, die darauf hinausläuft, daß das Berufungsgericht jede „abschließende" Beurteilung durch das Revisionsgericht beachten muß, gibt es aber nicht. „Das Revisionsgericht ist", wie *Stree*[37] überzeugend ausgeführt hat, „nach seinem modus procedendi gar nicht in der Lage, über die Richtigkeit und Vollständigkeit der tatsächlichen Feststellungen zu urteilen." Es sei seinerseits an die tatsächlichen Feststellungen des Berufungsgerichts gebunden. Es könne sie nicht bestätigen, sondern nur darüber befinden, ob sie verfahrensrechtlich ord-

[31] BGHSt. 9, 324 (329).
[32] BGHSt. 4, 287 ff.
[33] BGHSt. 14, 30 (37).
[34] BGHSt. 4, 287 (290).
[35] Ebenso Löwe-Rosenberg-Meyer, StPO, 22. Aufl. § 353 Anm. 6 m. w. N.
[36] Teilrechtskraft und innerprozessuale Bindungswirkung des Strafurteils (1961), S. 149 und 154, 155.
[37] Festschrift für Karl Engisch, S. 676 (690/691).

nungsgemäß zustande gekommen seien. Dem Tatrichter muß es, wie *Sax*[38] mit Recht hervorhebt, erlaubt sein, die Feststellungen zugunsten des Angeklagten zu ändern, wenn sich in der neuen Hauptverhandlung ihre Unrichtigkeit ergibt. Die Beschränkung für die neue Tatsachenverhandlung auf Grund des § 353 Abs. 2 StPO ist daher, wie *Stree*[39] zutreffend feststellt, nicht anders als bei der „Teilrechtskraft" des Schuldspruchs: „Um einer gerechten Strafe willen müssen bei den Verhandlungen zum Strafausspruch noch ergänzende Feststellungen zum Schuldumfang getroffen werden können, und zwar auch hinsichtlich der Vorkommnisse, die sich nach der Verkündung des teilrechtskräftigen Schuldspruchs abgespielt haben und die deshalb von dem Gericht, das den Schuldspruch gefällt hat, gar nicht berücksichtigt werden konnten."

II. Die Änderung der Rechtslage

Ändert sich die Rechtslage während des Rechtsstreits, so hängt die Anwendbarkeit des neuen Gesetzes davon ab, welche zeitliche Geltung sich das Gesetz beigelegt hat. Ergreift es auch die in der Vergangenheit liegenden Sachverhalte (soweit die Fälle nicht bereits abgewickelt oder rechtskräftig erledigt sind), so muß auch das Berufungsgericht von der neuen Rechtslage ausgehen; es muß das Gesetz anwenden, das in dem Zeitpunkt gilt, in dem es seine Entscheidung trifft[40]. Hierbei spielt es keine Rolle, ob die Sache sich im ersten oder im zweiten Rechtsgang befindet. Es ist auch unerheblich, ob bei Anwendung des neuen Gesetzes die rechtliche Beurteilung, die zur Aufhebung des Berufungsurteils geführt hat, gegenstandslos wird. Diese Bindung hat zur Voraussetzung, daß sich die Rechtslage nicht ändert. Die Bindung fixiert nicht etwa die Rechtslage auf den Zeitpunkt, in dem das revisionsgerichtliche Urteil erlassen worden ist. Sie soll es dem Revisionsgericht ermöglichen, seine Ansicht durchzusetzen. Diese Ansicht beruht aber auf einem Gesetz, das nicht mehr gilt; damit fällt der Grund für die Bindung weg[41].

[38] Müller-Sax (KMR) StPO, 6. Aufl. § 353 Anm. 5 c. Ebenso Kleinknecht, StPO, 31. Aufl. Einleitung 8 F c; ders. JR 1968, 467; Mohrbotter, ZStrW 84, 612 (645).

[39] Festschrift für Karl Engisch, S. 676 (691/692).

[40] RGZ 45, 95 (97); BGHZ 8, 256 (259); Meiss, ZZP 65, 114 (116).

[41] Allgemeine Meinung, vgl. Baumbach-Lauterbach-Albers-Hartmann, ZPO, 31. Aufl. § 565, 2 A; Mohrbotter, ZStrW 84, 612 (632); Rosenberg-Schwab, ZPR, 10. Aufl. § 147 IV, 3 c (S. 776); Schönke, Die Bindung des Berufungsgerichts an das Urteil des Revisionsgerichts gemäß § 565 Abs. 2 ZPO (1934), S. 65; Schröder, Festschrift für Nikisch, S. 205 (223); Thomas-Putzo, ZPO, 7. Aufl. § 565 Anm. 2 c, aa.

Einer Gesetzesänderung steht es gleich, wenn das Bundesverfassungsgericht nach Erlaß eines Revisionsurteils das Gesetz, auf dem die Aufhebung des Berufungsurteils beruht, für verfassungswidrig erklärt[42]. Das Urteil des Bundesverfassungsgerichts hat nach den §§ 13, 31 BVerfGG Gesetzeskraft; es tritt also die Rechtslage ein, die gegeben wäre, wenn das Gesetz vom Gesetzgeber rückwirkend aufgehoben worden wäre.

Die Bindung an die rechtliche Beurteilung wird also auch bei einer Gesetzesänderung anders behandelt als bei der Rechtskraft und der innerprozessualen Bindung an ein erlassenes Zwischenurteil. Hier sind die Entscheidungen bereits ergangen. Sie bleiben bestehen; die Gesetzesänderung hat auf sie keinen Einfluß. Bei der Bindung nach § 565 Abs. 2 ZPO ist die Entscheidung aber noch nicht gefallen; sie ist durch das Revisionsgericht erst vorbereitet worden und muß noch vom Berufungsgericht getroffen werden.

III. Die Änderung der Rechtsprechung

Schwierigkeiten ergeben sich, wenn die Rechtslage sich zwar nach Erlaß des Revisionsurteils nicht geändert, das Revisionsgericht aber seine Auffassung, die zur Aufhebung des Berufungsurteils geführt hat, inzwischen in einer anderen Sache aufgegeben hat. Die Frage, ob die Bindung des Berufungsgerichts dann wegfällt, hängt mit der Frage zusammen, wie das Revisionsgericht seinerseits in dem alten Verfahren vorgehen muß. Bleibt es in dem zweiten Rechtsgang an seine frühere Ansicht gebunden, so gilt das auch für das Berufungsgericht. Kann es aber seine Ansicht aufgeben und sich damit von der Auffassung lösen, auf der das erste Revisionsurteil und die Aufhebung des Berufungsurteils beruhen, dann ist es sinnvoll[43], auch das Berufungsgericht von der Bindung an die rechtliche Beurteilung freizustellen, die inzwischen vom Revisionsgericht aufgegeben ist. Man würde sonst die unterlegene Partei zwingen, Revision einzulegen, um zu erreichen, daß auch diesem Verfahren die neue Rechtsprechung des Revisionsgerichts zugrunde gelegt wird. Der Reichsfinanzhof[44], dem sich der Bundesfinanzhof[45] angeschlossen hat, hat mit Recht dargelegt, das Finanzgericht habe insoweit dieselbe Rechtsstellung, wie er sie habe. Sei er im zweiten Rechtsgang nicht an die rechtliche Beurteilung gebunden, die der Aufhebung der angefochtenen Entscheidung und der Zurückverweisung zugrunde liege, weil er die frühere

[42] Mohrbotter, ZStrW 84, 612 (633); Schröder, Festschrift für Nikisch, S. 205 (224).

[43] A. A. Schröder, Festschrift für Nikisch, S. 205 (220).

[44] RFH 40, 308 (309); RStBl. 1941, 211.

[45] BFH 58, 417 (423) = BStBl. III 1954, 72 ff.

Rechtsprechung inzwischen aufgegeben habe, so gelte das gleiche für das Finanzgericht. Dies hat *Schmitt*[46] übersehen, als er ausführte, es könne nicht ernstlich bezweifelt werden, daß das Berufungsgericht seiner Entscheidung die der Aufhebung zugrunde liegende Rechtsauffassung zugrunde legen müsse. *Sommerlad*[47] hat diese Urteile beachtet; er meint jedoch, sie seien contra legem ergangen. Das ist aber nicht zutreffend. § 565 Abs. 2 ZPO enthält zwar für diesen Fall keine ausdrückliche Ausnahme von der Bindung. Diese Voraussetzung ist aber auch bei einer Gesetzesänderung nicht gegeben; es besteht jedoch kein Zweifel, daß hier die Bindung des Berufungsgerichts wegfällt. Die Rechtslage kann bei einer Änderung der Rechtsprechung nicht anders sein[48]. Sinn und Zweck der Bindungsvorschrift verlangen hier eine einschränkende Auslegung des Gesetzes. Die Bindung soll sicherstellen, daß das Revisionsgericht seine Rechtsansicht durchsetzen kann. Hat das Gericht aber in einer anderen Sache seine alte Auffassung aufgegeben, dann wird es sie auch in dem neuen Verfahren (wenn es hierzu berechtigt ist) nicht anwenden. An der Durchsetzung der alten Ansicht ist ihm nicht mehr gelegen. Mit Recht hat der Gemeinsame Senat[49] der obersten Gerichtshöfe des Bundes, der bei einer Änderung der Judikatur die Selbstbindung des Revisionsgerichts verneint, auch eine Bindung der Vorinstanz abgelehnt. Auch insoweit unterscheidet sich die Rechtslage bei der Bindung an die rechtliche Beurteilung von der Bindung an ein rechtskräftiges Urteil oder an ein erlassenes Zwischenurteil; diese Entscheidungen bleiben von einem Wechsel der Rechtsprechung unberührt.

Sollte man eine Selbstbindung des Revisionsgerichts nicht nur bei der Änderung der Rechtsprechung, sondern stets ablehnen, so würde sich dies auf die Rechtsstellung des Berufungsgerichts nicht auswirken. Die Bindung des Berufungsgerichts kann nur wegfallen, wenn das Revisionsgericht die im ersten Revisionsurteil vertretene Auffassung in einer anderen Sache aufgegeben hat. Das Berufungsgericht kann sich nicht von der Bindung lösen, um dem Revisionsgericht Gelegenheit zu geben, seine Rechtsansicht zu überprüfen[50]. Die Bindung würde anderenfalls in der Sache überhaupt weg-

[46] Anm. zu BVerwG, JZ 1959, 220 (223).

[47] NJW 1974, 123 (125).

[48] A. A. Mohrbotter, ZStrW 84, 612 (639); Rosenberg-Schwab, ZPR, 10. Aufl. § 147 IV, 3 c (S. 776); Schröder, Festschrift für Nikisch, S. 205 (220).

[49] BGHZ 60, 392 (397).

[50] Die Bindung der Vorinstanz bleibt auch bestehen, wenn der erkennende Senat des BGH es versäumt hat, nach § 136 GVG den Großen Senat oder die Vereinigten Großen Senate anzurufen. Dasselbe gilt für die Verletzung der Vorlagepflicht nach § 121 Abs. 2 GVG, vgl. Mohrbotter, ZStrW 84, 612 (640 ff.) und Sarstedt, NJW 1955, 1629. A. A. Becker, NJW 1955, 1262.

fallen; denn wenn das Berufungsgericht die im ersten Revisionsurteil vertretene Ansicht teilt, bedarf es keiner Bindungsvorschrift. Es bleibt also an die rechtliche Würdigung, die zur Aufhebung seines Urteils geführt hat, gebunden, bis das Revisionsgericht seine Rechtsprechung aufgegeben hat.

Die Bindung besteht auch dann, wenn das Berufungsgericht die Beurteilung des Revisionsgerichts für verfehlt hält[51]. Die Bindungsvorschrift könnte sonst nicht ihre Aufgabe erfüllen, es dem Revisionsgericht zu ermöglichen, seine Auffassung durchzusetzen. Das Reichsgericht[52] hat dies bereits in einer Entscheidung aus dem Jahre 1910 ausgesprochen, in der es im Anschluß an *Gaupp-Stein*[53] ausführt, es sei für die Bindung unerheblich, ob die Beurteilung des Revisionsgerichts falsch oder richtig sei.

Von diesem Grundsatz muß allerdings eine Ausnahme gemacht werden, wenn die Auffassung des Revisionsgerichts auf einem offensichtlichen Versehen beruht und die Bindung an die rechtliche Beurteilung dazu führen würde, daß eine Entscheidung ergehen müßte, die mit dem Grundgesetz nicht vereinbar wäre[54]. Ein Beispiel für einen derartigen Fall bietet eine revisionsgerichtliche Entscheidung des *OLG Neustadt*[55]. Das Oberlandesgericht hatte das Urteil des Landgerichts aufgehoben, weil der Tatbestand nicht ausreichend geklärt sei, und hierbei ausgeführt, wenn das Landgericht bestimmte Feststellungen treffen sollte, dann sei der Angeklagte der versuchten gefährlichen vorsätzlichen Körperverletzung (in Tateinheit mit einer vollendeten fahrlässigen Körperverletzung) schuldig. Der Versuch einer gefährlichen Körperverletzung ist aber nicht strafbar. Hier kann das Landgericht nicht auf Grund des § 358 Abs. 1 StPO gezwungen sein, den Angeklagten wegen eines Deliktes zu bestrafen, das das Strafgesetzbuch nicht kennt; die in Art. 103 Abs. 2 GG enthaltene Wertung geht hier vor. Derartige Ausnahmen von der Bindung können aber nur sehr selten gemacht werden. In aller Regel muß die Vorinstanz an die rechtliche Beurteilung des Revisionsgerichts gebunden sein, wenn es die Auffassung auch für (grob) fehlerhaft hält. Die Verantwortung für diese Ansicht trägt allein das Revisionsgericht. Die Vorinstanz kann in ihrem Urteil auch darauf hinweisen, daß es ihrer Entscheidung die rechtliche Beurteilung des Revisionsgerichts nur zugrunde lege, weil es an diese Würdigung auf Grund des § 565

[51] RGZ 74, 220 (221); RGZ 76, 189 (191); Baumbach-Lauterbach-Albers-Hartmann, ZPO, 31. Aufl. § 565 2 A; Schmitt, Anm. zu BVerwG, JZ 1959, 220 (222).
[52] RGZ 74, 220 (221).
[53] ZPO, 8/9. Aufl. (1908), § 565, Anm. II, 2.
[54] Vgl. Löwe-Rosenberg-Meyer, StPO, 22. Aufl. § 358 I, 3; Mohrbotter, ZStrW 84, 612 (636); Pauli, NJW 1964, 735.
[55] NJW 1964, 311.

Abs. 2 ZPO oder des § 358 Abs. 1 StPO gebunden sei. Es sollte hierbei aber die Auffassung des Revisionsgerichts nicht kritisieren[56].

Ergebnis

Die Bindung des Berufungsgerichts an die rechtliche Beurteilung des Revisionsgerichts, die zur Aufhebung des Berufungsurteils geführt hat, fällt — im Gegensatz zu einer Bindung an eine rechtskräftige Entscheidung oder ein erlassenes Zwischenurteil — in folgenden Fällen weg:

1. wenn das Berufungsgericht im zweiten Rechtsgang (auf Grund neuer Tatsachen oder anderer Würdigung der alten) seiner Entscheidung einen anderen Sachverhalt zugrunde legt und die Rechtsauffassung des Revisionsgerichts beim Vorliegen dieses Sachverhalts gegenstandslos ist;
2. wenn nach Erlaß des Revisionsurteils eine Gesetzesänderung eintritt und es nach der neuen Rechtslage nicht mehr auf die im ersten Revisionsurteil vertretene Rechtsauffassung ankommt;
3. wenn das Revisionsurteil die Auffassung, auf der die Aufhebung des Berufungsurteil beruht, inzwischen in einer anderen Sache aufgegeben hat (und der Ansicht zugestimmt wird, das Revisionsgericht sei deshalb auch seinerseits im alten Verfahren nicht mehr an seine frühere Auffassung gebunden).

[56] Dies wird in der Praxis nicht immer beachtet, vgl. Hessisches FG, EFG 1968, 126; RFH, StuW 1938 Nr. 338.

ZWEITER TEIL

Die innerprozessuale Bindungswirkung der Urteile des Bundesfinanzhofs, des Bundesverwaltungs- und des Bundessozialgerichts

Die innerprozessuale Bindungswirkung von Urteilen des Bundesgerichtshofs und des Bundesarbeitsgerichts treten, wie im ersten Teil der Arbeit[1] dargelegt ist, in zwei Erscheinungsformen auf.

Einmal kann ein Streitpunkt durch Erlaß eines Zwischenurteils abschließend entschieden werden; der Rechtsstreit gelangt dann insoweit nicht mehr in die Vorinstanz zurück. Das Berufungsgericht ist an die revisionsgerichtliche Entscheidung als solche, nicht an deren Gründe gebunden.

Das Revisionsgericht kann die Sache aber, wenn es das angefochtene Urteil aufgehoben hat, auch in vollem Umfang an das Berufungsgericht zurückverwiesen. Dieses hat dann über alle Streitpunkte zu entscheiden, ist jedoch bei seiner Entscheidung im Rahmen des § 565 Abs. 2 ZPO an die rechtliche Beurteilung des Revisionsgerichts gebunden.

Die Frage, in welcher Weise und in welchem Umfang Urteile des Bundesfinanzhofs, des Bundesverwaltungs- und des Bundessozialgerichts die Vorinstanzen binden, soll in diesem, dem zweiten Teil der Arbeit untersucht werden. Die innerprozessuale Bindungswirkung revisionsgerichtlicher Zwischenurteile wird, dem Aufbau des ersten Teils entsprechend, Gegenstand des ersten Kapitels sein. Die Bindung an die rechtliche Beurteilung, die in § 126 Abs. 5 FGO, § 144 Abs. 6 VwGO und § 170 Abs. 4 SGG vorgesehen ist, wird im zweiten Kapitel erörtert.

[1] Vgl. S. 1, 5 und S. 57.

ERSTES KAPITEL

Die Bindung an Zwischenurteile des Revisionsgerichts

§ 6 Die Zulässigkeit von Zwischenurteilen

I. Die Abgrenzung zwischen Teil- und Zwischenurteilen

Das Revisionsgericht kann über einen Streitpunkt oder über mehrere Streitpunkte ein Zwischenurteil erlassen, aber nicht über den Streitgegenstand oder einen Teil von ihm; hierüber ergeht ein Endurteil, das den Rechtsstreit — insoweit — beendet und daher keine innerprozessuale Bindungswirkung herbeiführen kann. Die Zulässigkeit eines Zwischenurteils setzt die Unzulässigkeit eines Teilurteils voraus. Soweit über den Streitgegenstand ganz oder teilweise entschieden werden kann, ist für die Entscheidung über einen Streitpunkt, durch die der Streitgegenstand nicht, auch nicht teilweise, erledigt wird, kein Raum; kann eine weitergehende Entscheidung getroffen werden, so besteht für den Erlaß von Urteilen, die, was die Erledigung des Rechtsstreits angeht, hinter dieser Entscheidung zurückbleibt, kein Bedürfnis. Die Abgrenzung zwischen Streitgegenstand und Streitpunkt bereitet im Zivilprozeß und im Arbeitsgerichtsverfahren keine Schwierigkeiten, wenn auch hier der Begriff des Streitgegenstandes[2] umstritten ist.

Auch im Steuerverfahren sind die Fälle unproblematisch, in denen der Bundesfinanzhof über einen Sammelsteuerbescheid für mehrere Jahre oder über einen Steuerbescheid zu befinden hat, der gleichzeitig auch die Festsetzung des Säumniszuschlags enthält. Hier liegen mehrere Bescheide vor, die nur äußerlich zusammengefaßt sind; es sind mehrere Streitgegenstände gegeben, über die ein Teil(end)urteil[3] ergehen kann, wenn die Sache nicht in

[2] Vgl. vor allem Habscheid, Der Streitgegenstand im Zivilprozeß und im Streitverfahren der Freiwilligen Gerichtsbarkeit (1956); Henckel, Parteilehre und Streitgegenstand im Zivilprozeß (1961); Jauernig, Verhandlungsmaxime, Inquisitionsmaxime und Streitgegenstand (1967); Lent, ZZP 65, 315 ff.; ders., ZZP 72, 63 ff.; Nikisch, Der Streitgegenstand im Zivilprozeß (1935); ders., AcP 154, 269 ff.; Schwab, Der Streitgegenstand im Zivilprozeß (1954); ders., JuS 1965, 81 ff.

[3] Görg-Müller, FGO, § 98 Anm. 505; Tipke-Kruse, AO, 6. Aufl., § 98 FGO A 2; v. Wallis-List, Hübschmann-Hepp-Spitaler, AO, 1.—6. Aufl., § 65 FGO Anm. 29 und § 100 FGO Anm. 37.

vollem Umfang zur Endentscheidung reif ist. Schwierigkeiten ergeben sich aber im finanzgerichtlichen Verfahren bei der Beurteilung der Besteuerungsgrundlagen, also der rechtlichen Inbegriffe[4], an die bei der Besteuerung angeknüpft wird, wie Einkunftsarten, Gewinn, Ertrag, Vermögenseinheiten, Umsatz, Gewerbeertrag und Gewerbekapital. Es fragt sich, ob diese Besteuerungsgrundlagen verschiedene Streitgegenstände bilden oder jedenfalls selbständige Teile eines Streitgegenstandes sind, die als solche angefochten werden können und über die ein Teilurteil ergehen kann, oder ob es sich insoweit nur um unselbständige Streitpunkte handelt, über die, wenn überhaupt, nur durch ein Zwischenurteil, aber nicht durch ein Teilurteil, entschieden werden kann.

Die Frage, die in der Finanzgerichtsordnung nicht geregelt ist, ist in der Rechtsprechung und der Rechtslehre umstritten. Ihre Bedeutung zeigt sich besonders anschaulich in einem Fall, den der IV. Senat[5] des Bundesfinanzhofs zu entscheiden hatte. Der Steuerpflichtige wandte sich mit der Revision gegen die Entscheidung des Finanzgerichts, durch welche die Abzugsfähigkeit eines Gewerbeverlustes nach § 10 a GewStG verneint worden war. Der Senat stimmte insoweit der Auffassung des Revisionsklägers zu, erwog aber, ob der Gewerbeertrag im Ergebnis nicht doch mit dem vom Finanzgericht zugrunde gelegten Betrag anzusetzen sei, weil der Steuerpflichtige, was das Finanzgericht offengelassen hatte, möglicherweise einen Umwandlungsgewinn erzielt habe, der den Gewerbeverlust ausgleichen würde. Die Beantwortung dieser Frage hing davon ab, ob Streitgegenstand nicht nur die Abzugsfähigkeit des Gewerbeverlustes war, sondern die Höhe des Gewerbesteuermeßbetrages schlechthin, wenn auch betragsmäßig durch den Revisionsantrag des Steuerpflichtigen begrenzt. Faßt man den Begriff des Streitgegenstandes so weit, dann haben die einzelnen Tatbestandsteile und ihre steuerrechtlichen Auswirkungen kein Eigenleben; sie gehen in der Festsetzung des Steuerbetrages auf. Streitgegenstand ist nach dieser Ansicht[6] nicht nur der in der Klage substantiierte, zur Entscheidung gestellte Sachverhaltsausschnitt, sondern die Behauptung der Rechtswidrigkeit des Steuer-

[4] Vgl. Tipke-Kruse, AO, 6. Aufl., § 213 A 1.
[5] Vgl. BFH 91, 393 = BStBl. II 1968, 344.
[6] Baltzer, NJW 1966, 1337 (1339); Döllerer, StbJb. 1966/67, 451 (464 ff.); Eisenberg, FR 1966, 163 (165); ders., DB 1967, 1238 ff.; Friedlaender, StuW 1968, 418; Loose, BB 1966, 243 (244); Tipke-Kruse, AO, 6. Aufl., § 65 FGO A 3; Vogel, DStR 1968, 387 ff.; ders., Verhandlungen des 46. Deutschen Juristentages, Band I, Teil 5, S. 46 ff.; v. Wallis-List, Hübschmann-Hepp-Spitaler, AO, 1.—6. Aufl., § 65 FGO Anm. 24; Woerner, BB 1968, 1030 ff.; Ziemer, Anm. zu BFH, FR 1968, 369; ders., JbFfSt. (Jahrbuch der Fachanwälte für Steuerrecht) 1967/1968, 200; Ziemer-Birkholz, FGO, 2. Aufl., § 66 Anm. 21 ff.

bescheides und der Verletzung der Rechte des Klägers sowie das Klagebegehren, beides bezogen auf den gesamten Steuerbescheid. Der Steuermeßbetrag (oder der Steuerbescheid) ist hiernach in seiner Substanz nicht teilbar. Die Revision war somit als unbegründet zurückzuweisen, wenn zwar die Abzugsfähigkeit des Gewerbeverlustes zu Unrecht verneint, aber ein entsprechender Umwandlungsgewinn erzielt worden war. Der Steuermeßbescheid ist rechtmäßig; er ist nur nicht richtig begründet. Die Gerichte können also einen Fehler, der sich zuungunsten des Steuerpflichtigen ausgewirkt hat, mit einem anderen Fehler, der zu seinen Gunsten begangen worden ist, kompensieren. Es kommt nur auf den Saldo an. Man nennt diese Auffassung daher die Saldierungstheorie. Die einzelnen Besteuerungsgrundlagen sind nach dieser Theorie nur Streitpunkte, die nicht selbständig angefochten werden können und über die kein Teilurteil ergehen kann.

Nach der entgegengesetzten Ansicht[7], der sog. Individualisierungstheorie, hat das Gericht seine Prüfung auf den vom Kläger angeführten Komplex zu beschränken; der vorgetragene Sachverhalt gehört zum Streitgegenstand, der vom Gericht nicht geändert werden kann. Dieses darf nur die Sachverhaltsausschnitte, die einzelnen Besteuerungsgrundlagen, prüfen, die der Kläger ihm unterbreitet hat. Nach dieser Theorie war die Revision des Steuerpflichtigen begründet; die Abzugsfähigkeit des Gewerbeverlustes war zu Unrecht verneint worden, und der Umwandlungsgewinn konnte nicht berücksichtigt werden. Die einzelnen Besteuerungsgrundlagen stellen hiernach also verschiedene Streitgegenstände dar oder sind jedenfalls selbständige Teile des Streitgegenstandes; sie können als solche angefochten werden; über sie kann, wenn nur einzelne von ihnen entscheidungsreif sind, ein Teilurteil ergehen.

Die Frage, was in diesen Fällen Streitgegenstand ist, ist von grundsätzlicher Bedeutung. Der IV. Senat hat sie daher dem Großen Senat des Bundesfinanzhofs vorgelegt. Dieser[8] hat entschieden, im steuergerichtlichen Verfahren sei Streitgegenstand nicht das einzelne Besteuerungsmerkmal, sondern die Rechtsmäßigkeit des die Steuer festsetzenden (unteilbaren) Steuerbescheides. Der Bundesfinanzhof könne daher, wenn sich der Steuerpflichtige mit seiner Revision nur gegen die Versagung des Abzugs eines

[7] Vgl. Berger, DStR 1966, 3 (8); Martens, StuW 1966, 689 (693 ff.); ders., FR 1968, 361 (362 ff.); Müffelmann, Die objektiven Grenzen der materiellen Rechtskraft steuergerichtlicher Urteile (1965), S. 174 ff.; Müller, DB 1966, 1329 ff.; Niemeyer, DStR 1967, 180; Schwarz, DStR 1966, 397 (398 ff.); Söhn, VerwArch. 60 (1969), 64 (88); Spanner, JbFfSt. 1967/1968, 173 (180 f.); ders., StuW 1969, 11, 20 ff.

[8] BFH 91, 393 = BStBl. II 1968, 344.

Gewerbeverlustes wende, gleichwohl prüfen, ob der Steuerpflichtige einen Umwandlungsgewinn erzielt habe, und zwar auch dann, wenn die Parteien in dieser Richtung nichts vorgetragen hätten; die Sachentscheidung müsse nur im Rahmen der Anträge bleiben, die von den Prozeßbeteiligten gestellt seien. Über die einzelnen Besteuerungsgrundlagen kann dementsprechend kein Teilurteil ergehen, wenn nur einige von ihnen entscheidungsreif sind.

Dem Beschluß des Großen Senats ist weitgehend zugestimmt[9] worden. Er ist aber auch auf Widerspruch[10] gestoßen. Das Finanzgericht *Berlin*[11] hat sogar gemeint, die Entscheidung verstoße gegen elementare Grundsätze des Verfahrensrechts.

Der Große Senat[12] hat seine Ansicht einmal auf § 213 Abs. 1 AO gestützt. Hiernach bildet die Feststellung der Besteuerungsgrundlagen regelmäßig einen unselbständigen (mit Rechtsbehelfen nicht selbständig anfechtbaren) Teil des Steuerbescheides. Hieraus kann aber, entgegen der Auffassung des Großen Senats, nicht der Schluß gezogen werden, daß nicht die einzelnen Besteuerungsgrundlagen, sondern ausschließlich die Festsetzung und die Anforderung eines bestimmten Steuerbetrages den Streitgegenstand darstellten. § 213 Abs. 1 AO will nur klarstellen, daß Grundlagenfeststellungen als solche nicht selbständig angefochten werden können, wenn im selben Akt bereits die Folgefeststellung getroffen ist; er verbietet aber nicht die selbständige Anfechtung der auf Grund einer Grundlagenfeststellung getroffenen Folgefeststellung, also nicht die Anfechtung des Steuerbescheides bezüglich des Steuerbetrages, der sich aus einer Besteuerungsgrundlage ergibt[13].

Aus dem Sinn und Zweck der neuen Regelung der Finanzgerichtsbarkeit durch die Finanzgerichtsordnung läßt sich aber andererseits auch nicht ableiten, daß nunmehr der Individualisierungstheorie zu folgen sei. Die Finanzgerichtsordnung hat allerdings das Verfahren vor den Finanzgerichten geändert. Vor ihrem Inkrafttreten war das Rechtsmittelverfahren als Fortsetzung des Veranlagungsverfahrens ausgestaltet; die Rechtsmittelbehörde trat an die Stelle des Finanzamts[14]. Sie war nach § 243 Abs. 2 AO

[9] BFH 93, 365 = BStBl. II 1968, 804; BFH 97, 407 (408) = BStBl. II 1970, 188; FG Rheinland-Pfalz, EFG 1970, 400; Woerner, BB 1968, 1030 ff.; Ziemer, Anm. zu BFH, FR 1968, 369.

[10] Gräber, DStR 1968, 491; Martens, FR 1968, 361 ff.; Spanner, StuW 1969, 11, 20 ff.

[11] EFG 1969, 246 (248).

[12] BFH 91, 393 (401) = BStBl. II 1968, 344.

[13] Vgl. Ruth Boettcher, StuW 1962, 1 (13, 14); Gorski, Der Streitgegenstand der Anfechtungsklage gegen Steuerbescheide (1974), S. 73 ff.; Martens, FR 1968, 361 (362); Söhn, VerwArch. 60 (1969), 64 (84 ff.).

[14] BFH 57, 161 (163) = BStBl. III 1953, 63 (64).

a. F. nicht an die Anträge des Rechtsmittelklägers gebunden; dieser mußte sogar damit rechnen, daß der angefochtene Steuerbescheid zu seinem Nachteil geändert wurde (§ 243 Abs. 3 AO a. F.). Die Finanzgerichte übten, wie *Berger*[15] mit Recht ausgeführt hat, eine „mitverwaltende" Funktion aus. Dieser Rechtszustand ist durch die Finanzgerichtsordnung beseitigt. Das Finanzgericht darf über das Klagebegehren nicht hinausgehen (§ 96 Abs. 1 Satz 2 FGO); eine Verböserung ist ausgeschlossen. Hieraus kann jedoch nicht[16] gefolgert werden, die Anerkennung der Saldierungstheorie bedeute die teilweise Rückkehr zum alten Rechtszustand; sie sei deshalb abzulehnen. Die Finanzgerichtsordnung enthält keine Regelung darüber, ob das finanzgerichtliche Verfahren zu einem „echten Parteiprozeß"[17] geworden ist, in dem die Beteiligten den Umfang der gerichtlichen Prüfung bestimmen und damit den Streitgegenstand auf einzelne Punkte beschränken können.

Ob der Saldierungs- oder der Individualisierungstheorie zu folgen ist, hängt daher ausschließlich davon ab, welche Theorie zu den besseren Ergebnissen führt. Beschränkt man den Streitgegenstand auf das einzelne Besteuerungsmerkmal, so wird das Verfahren vereinfacht. Die Gerichte brauchen den Steuerfall nicht mehr in seiner Gesamtheit zu prüfen; sie können sich damit begnügen, die Besteuerungsmerkmale zu erörtern, deren Behandlung der Kläger gerügt hat. Es erscheint allerdings zweifelhaft, ob dies, wie der Große Senat[18] meint, eine erhebliche Vereinfachung darstellt. Denn in der Rechtswirklichkeit werden sich die Finanzgerichte im allgemeinen auf die Prüfung der Punkte beschränken, die von den Beteiligten beanstandet worden sind[19]. Zu einer weitergehenden Erörterung wird es nur kommen, wenn sich hierfür aus dem Inhalt der Akten oder dem Vortrag der Parteien besondere Anhaltspunkte ergeben. Der Vorteil der Individualisierungstheorie würde sich daher nicht erheblich auswirken. Diesem — geringen — Vorteil stehen aber große Nachteile gegenüber. Die Individualisierungstheorie kann eine sachgerechte Entscheidung verhindern. Diese ist nur gewährleistet, wenn das Gericht berechtigt ist, den Steuerbescheid im Rahmen der gestellten Anträge in vollem Umfang zu überprüfen. Das kann allerdings dazu führen, daß ein Steuerpflichtiger, der den Steuerbescheid — zu Recht — wegen eines Punktes (der verneinten Abzugsfähigkeit des Gewerbeverlustes)

[15] Der Steuerprozeß (1954), § 243, 1 a (S. 244).

[16] Zutreffend Gorski, Der Streitgegenstand der Anfechtungsklage gegen Steuerbescheide (1974), S. 75 ff.; a. A. vor allem Spanner, JbFfSt. 1967/1968, 173 (182).

[17] BFH 91, 393 (402) = BStBl. II 1968, 344.

[18] BFH 91, 393 (400) = BStBl. II 1968, 344.

[19] RFH, RStBl. 1935, 1188; Berger, Der Steuerprozeß (1954), § 243, 3 (S. 251); Gorski, a. a. O., S. 85; Kaatz, Anm. zu BFH, FR 1958, 538; Martens, FR 1968, 361 (364); Mattern-Meßmer, AO (1964), § 243 Anm. 1964.

gerügt hat, mit der Klage abgewiesen wird, wenn der Steuerbescheid einen anderen Fehler (die Außerachtlassung des Umwandlungsgewinns) enthält, dessen Aufdeckung zur Folge hat, daß der Steuerbetrag im Ergebnis zutreffend, der Steuerbescheid also rechtmäßig ist. Es besteht jedoch kein Grund, den Steuerpflichtigen vor diesem Risiko zu bewahren. Er hat keinen Anspruch auf einen Vorteil, den ihm das Gesetz nicht gewährt und den andere Steuerpflichtige auch nicht erhalten. Überdies wirkt sich die Saldierungstheorie auch zum Vorteil des Steuerpflichtigen aus, wenn dessen Rüge unbegründet ist, der Steuerbescheid aber einen anderen, nicht beanstandeten Fehler zuungunsten des Klägers aufweist; der Klage muß dann, wenn auch aus einem anderen Grunde, stattgegeben werden. Die Saldierungstheorie, und nur sie, bietet also die Gewähr für ein richtiges Urteil. An dem Erlaß solcher Entscheidungen besteht aber im finanzgerichtlichen Verfahren ein öffentliches Interesse. Hiergegen wird verstoßen, wenn das Finanzgericht, wie dies nach der Individualisierungstheorie der Fall ist, der Klage eines Steuerpflichtigen stattgeben muß, obwohl es weiß, daß der Steuerbetrag wegen eines anderen Fehlers, der sich zugunsten des Steuerpflichtigen ausgewirkt hat, im Ergebnis zutreffend festgesetzt, der Steuerbescheid also rechtmäßig ergangen und nur fehlerhaft begründet ist. Es wäre auch nicht sachgerecht, wenn es die Klage eines Steuerpflichtigen abweisen müßte, falls dieser ein Besteuerungsmerkmal zu Unrecht beanstandet, einen anderen Fehler, der sich zu seinem Nachteil ausgewirkt hat, aber nicht gerügt hat. Mit Recht hat der Große Senat[20] des Bundesfinanzhofs ausgeführt, bei Streitigkeiten vor den Finanzgerichten sei die Allgemeinheit der Staatsbürger daran interessiert, daß die Entscheidungen dem Gesetz entsprächen; nur so könne der Gleichheitssatz des Grundgesetzes beachtet werden.

Die einzelnen Besteuerungsgrundlagen sind nach alledem nur unselbständige Streitpunkte. Sie können nicht selbständig angefochten werden; über sie kann kein Teilurteil ergehen[21], wenn nur einige von ihnen entscheidungsreif sind. Der Erlaß eines Zwischenurteils scheitert also nicht an der Zulässigkeit eines Teil(end)urteils.

Auch im Verfahren vor den Verwaltungsgerichten macht die Abgrenzung zwischen Streitgegenstand und Streitpunkten Schwierigkeiten. Dies ist vor allem bei den Verwaltungsakten der Fall, die eine Regelung über eine Geldleistung enthalten, wie zum Beispiel dem Steuerbescheid, soweit die Verwaltungsgerichte über seine Rechtmäßigkeit zu entscheiden haben, den Fest-

[20] BFH 91, 393 (401) = BStBl. II 1968, 344; vgl. aber auch Gorski, a. a. O., S. 89.

[21] Gorski, a. a. O., S. 28, 43, 91; Tipke-Kruse, AO, 6. Aufl., § 98 FGO A 2; Ziemer-Birkholz, FGO, 2. Aufl., § 98 Anm. 7, 8.

setzungen von Entschädigungen im Währungsausgleichsverfahren, von Versorgungsbezügen im Beamtenrecht oder Bescheiden, durch die Unterstützungen gewährt werden. Der *Hess. Verwaltungsgerichtshof*[22] hat ausgeführt, in derartigen Fällen handele es sich nicht um einheitliche, unteilbare Verwaltungsakte, die nur in vollem Umfange angefochten werden könnten. Derartige Bescheide seien vielmehr teilbar, soweit die Festsetzung der Geldleistung sich aus verschiedenen Tatbestandsmerkmalen zusammensetze. Der *Hess. Verwaltungsgerichtshof* hat sich damit der Individualisierungstheorie angeschlossen. Gegenstand des Rechtsstreits ist hiernach der vom Kläger dem Gericht unterbreitete Sachverhaltsausschnitt, in der von ihm zu entscheidenden Sache also nur die Kürzung der Unterstützung wegen der Anrechnung von Einkünften aus der Landwirtschaft des Klägers, aber nicht die Kürzung wegen der Anrechnung des Unterhaltsbeitrags seines Sohnes.

In gleicher Weise hat das OVG *Lüneburg*[23] in einem Fall entschieden, in dem sich der Kläger gegen einen Bescheid gewandt hatte, in dem Ansiedlungsleistungen festgesetzt waren. Ein Verwaltungsakt, heißt es in dem Urteil, sei teilbar, wenn die Behörde ihn ohne den abgetrennten Teil hätte erlassen können und er ohne den abgetrennten Teil selbständig weiterbestehen könne; das sei bei einem auf Geldleistung gerichteten Verwaltungsakt stets der Fall. Das OVG *Lüneburg* hat demgemäß den angefochtenen Bescheid nur insoweit überprüft, als er vom Kläger rechtzeitig angefochten worden war, also nur, soweit in dem Bescheid Ansiedlungsleistungen zur Regelung der Schul- und Gemeindeverhältnisse von mehr als 1000 DM je Wohnung festgesetzt waren; die nachträgliche Erweiterung des Klageantrags hat es für unzulässig gehalten, da der Bescheid insoweit rechtskräftig geworden sei. Der III. Senat[24] des Bundesverwaltungsgerichts hat jedoch in einem Verfahren nach dem Währungsausgleichsgesetz die entgegengesetzte Ansicht[25] vertreten und entschieden, die Ermittlung der einzelnen Anspruchsvoraussetzungen stelle jeweils keinen rechtlich selbständig angreifbaren Verwaltungsakt dar; es handele sich vielmehr nur um Vorfragen zu einer einheitlichen Entscheidung über den Entschädigungsanspruch und seine Höhe; als (unteilbarer) Verwaltungsakt könne daher nur die in Form des Bescheides ergehende Gesamtentscheidung über die Gewährung oder Versagung einer Entschädigung und über deren Höhe angefochten werden. Der III. Senat des Bundesverwaltungsgerichts hat demgemäß dargelegt, der Bescheid, durch den die Entschädigung festgesetzt worden sei, sei in vollem

[22] DÖV 1962, 797.
[23] DVBl. 1972, 584 ff.
[24] NJW 1959, 213 ff.
[25] BVerwG, NJW 1959, 213 (214).

Umfang nachzuprüfen[26], obwohl der Kläger sich nur insoweit gegen ihn gewandt hatte, als seine frühere Einlage bei der Bank der Ostpr. Landschaft nicht mit in den Währungsausgleich einbezogen worden war; der Bescheid sei also auch insoweit — zum Nachteil des Klägers — nachzuprüfen und abzuändern, als die frühere Einlage des Klägers bei der Sparkasse als ausgleichsfähig berücksichtigt worden sei. Der III. Senat ist damit der Saldierungstheorie[27] gefolgt. Dieser Auffassung ist aus den gleichen Gründen zuzustimmen, die im Verfahren vor den Finanzgerichten dazu geführt haben, sich dieser Theorie anzuschließen[28]. Die Individualisierungstheorie mag zwar in gewissem Umfang das gerichtliche Verfahren vereinfachen. Sie hat aber den großen Nachteil, daß sie eine richtige Entscheidung verhindern kann. Die Allgemeinheit hat in den Prozessen vor den Verwaltungsgerichten das gleiche Interesse an richtigen Entscheidungen wie in den finanzgerichtlichen Rechtsstreitigkeiten, und die Parteien sind nicht schutzwürdig, wenn sie mehr verlangen, als ihnen nach dem Gesetz zusteht. Sie haben auch kein Recht darauf, besser behandelt zu werden als andere; nur durch die Saldierungstheorie wird dem Gleichheitsgrundsatz Rechnung getragen.

Die Anhänger der Individualisierungstheorie können sich für ihre Ansicht auch nicht[29] auf ein Urteil des II. Senats[30] des Bundesverwaltungsgerichts stützen. In einer Entscheidung dieses Senats, die die Rechtmäßigkeit eines Versorgungsfestsetzungsbescheides zum Gegenstand hatte, sind allerdings die Ausführungen enthalten, ein solcher Bescheid beruhe auf mehreren rechtlich selbständigen Entscheidungskomponenten; er sei deshalb bezüglich jeder dieser Komponenten selbständig anfechtbar[31]. Diese Erwägungen sind aber

[26] Vgl. auch BVerwG, NJW 1956, 804.

[27] Diese Theorie ergibt sich aus dem weiten Streitgegenstandsbegriff, wie ihn die h. M. im Verwaltungsrecht vertritt. Streitgegenstand ist danach die Rechtsbehauptung des Klägers, der Verwaltungsakt sei rechtswidrig und verletze ihn in seinen Rechten, vgl. Eyermann-Fröhler, VwGO, 6. Aufl., § 121 Anm. 10 (10 c) m. w. N.; Menger, System des verwaltungsgerichtlichen Rechtsschutzes (1954), S. 158 ff.; Redeker-von Oertzen, VwGO, 4. Aufl., § 121 Anm. 7; Schunck-De Clerck, VwGO, 2. Aufl., § 121, 3 c; Ule, Verwaltungsprozeßrecht, 5. Aufl., § 35 II, 3 (S .156) m. w. N. Der Große Senat des Bundesfinanzhofs (BFH 91, 393, 400, 401 = BStBl. II 1968, 344) hat gerade im Hinblick auf diese Auffassung den weiten Streitgegenstandsbegriff auch für das Steuerrecht übernommen; gewichtige Gründe sprächen dafür, heißt es in seinem Beschluß, daß der Streitgegenstand im finanzgerichtlichen Verfahren nicht anders zu bestimmen sei als im Verwaltungsprozeß.

[28] Vgl. S. 176 ff.

[29] So aber OVG Lüneburg, DVBl. 1972, 584 (586); FG Berlin, EFG 1969, 246 (247); Söhn, VerwArch. 60 (1969), 64, 70, 74, 84.

[30] BVerwGE 23, 175 ff.

[31] BVerwGE 23, 175 (176).

nur beiläufiger Natur; sie tragen die Entscheidung nicht. Das Urteil des II. Senats des Bundesverwaltungsgerichts betraf den Sonderfall eines Änderungs(Berichtigungs-)bescheides. Hiermit hat es folgende Bewandtnis. Der Erstbescheid, durch den die Bezüge des Versorgungsberechtigten (oder der Steuerbetrag des Steuerpflichtigen) festgesetzt worden ist, ist rechtskräftig geworden. Nach Eintritt der Rechtskraft ergeht auf Grund eines leistungsändernden Gesetzes oder aus anderen Gründen ein zweiter Bescheid, der den ersten abändert. Dies geschieht in der Weise, daß der alte Bescheid für gegenstandslos erklärt (oder aufgehoben oder ersetzt) wird und der neue in vollem Umfang an seine Stelle tritt. Die Festsetzung als solche wird aber aus dem ersten Bescheid ungeprüft in den zweiten übernommen, soweit sie nicht durch die Änderung betroffen ist. Der neue Bescheid stellt insoweit nur eine „wiederholende Verfügung"[32] dar. In solchen Fällen kann der Kläger den neuen Bescheid nur anfechten, soweit eine Änderung erfolgt ist; es besteht kein Grund, ihm zu gestatten, ihn auch insoweit anzugreifen und durch die Gerichte überprüfen zu lassen, als er nichts anderes enthält als die Übernahme aus dem alten, rechtskräftig gewordenen Bescheid. Der Kläger kann also, wie in der Rechtsprechung[33] und der Rechtslehre[34] anerkannt ist, den Zweitbescheid nur bezüglich der Änderung anfechten, dagegen nicht bezüglich der Punkte, deren rechtliche Grundlage sich nicht geändert hat und die lediglich in dem neuen Bescheid mitverwertet worden sind. Insoweit ist der Kläger nicht schutzwürdig; er hätte den ersten Bescheid rechtzeitig angreifen können. Ist der Änderungsbescheid zu seinen Gunsten ergangen, so kann er also mit der Klage nur geltend machen, die Änderung hätte ihm in größerem Umfang zugute kommen, die Berichtigung hätte also zu einer noch niedrigeren Festsetzung der Steuer oder zu einer noch höheren Festsetzung der Versorgungsbezüge führen müssen. Daraus, daß der Kläger in diesem Sonderfall den Bescheid nur wegen einer Entscheidungskomponente, nämlich der Änderung, anfechten kann, kann aber nicht der Schluß gezogen werden, der Kläger sei allgemein bei Erstbescheiden berechtigt, den Verwaltungsakt nur wegen einer Entscheidungskomponente anzugreifen.

Die Entscheidung des II. Senats[35] des Bundesverwaltungsgerichts ist also im Ergebnis zutreffend, nicht überzeugend ist lediglich der Hinweis, daß die

[32] BVerwG, BStBl. II 1971, 443 (445); BVerwGE 23, 175 (176).

[33] BVerwGE 12, 257; Buchholz, BVerwG 232, § 110 BBG Nr. 8, 19 ff.; BVerwGE 29, 270 ff.; BVerwGE 31, 164 ff.; BVerwG, BStBl. II 1971, 443 ff.

[34] Eyermann-Fröhler, VwGO, 6. Aufl., § 121 Anm. 29 a; Menger-Erichsen, VerwArch. 59 (1968), 275 (288 f.); Wolff, Verwaltungsrecht I, 8. Aufl., § 46 V b 2 (S. 333).

[35] BVerwGE 23, 175 ff.

einzelnen Entscheidungskomponenten, auf deren Ergebnis der Verwaltungsakt beruhe, rechtlich selbständig seien und deshalb selbständig angefochten werden könnten[36]. Einer solchen Begründung bedurfte es auch nicht. Auch wenn die Komponenten rechtlich unselbständig sind und deshalb grundsätzlich nicht selbständig der Anfechtung unterliegen, muß eine Ausnahme von diesem Grundsatz gemacht werden, wenn ein Änderungsbescheid ergangen ist[37]. Der Kläger muß dann berechtigt sein, sich gegen diese Änderung zu wehren. Es ist aber nicht sachgemäß, ihm, darüber hinaus, das Recht zu gewähren, den Bescheid in vollem Umfang der gerichtlichen Überprüfung zu unterbreiten, also auch, soweit dieser die alte Festsetzung, die durch die Änderung nicht berührt worden ist, übernommen hat. Der II. Senat des Bundesverwaltungsgerichts wollte auch nur dieses Ergebnis vermeiden. Das in den Rechtsbehelfsfristen der Verwaltungsgerichtsordnung zum Ausdruck gelangte Gebot der rechtlichen Befriedung erfordere es, heißt es in dem Urteil[38], den Änderungsbescheid als unanfechtbar und deshalb der erneuten verwaltungsgerichtlichen Überprüfung bezüglich der Entscheidungskomponenten zu entziehen, die in ihm aus dem unanfechtbar gewordenen früheren Bescheid ungeprüft übernommen und lediglich wiederholt worden seien. Aus dieser Entscheidung kann daher nicht der Schluß gezogen werden, die Entscheidungskomponenten könnten allgemein auch bei Erstbescheiden selbständig angefochten werden und Gegenstand eines Teilurteils sein.

Daß ein solcher Schluß verfehlt ist, ergibt sich auch aus der Regelung des finanzgerichtlichen Verfahrens. Nach § 232 Abs. 1 AO und § 42 Abs. 1 FGO können Verfügungen, die Steuerbescheide ändern, nur insoweit angefochten werden, als die Änderung reicht. Aus diesen Vorschriften ist niemals gefolgert worden, aus ihnen ergebe sich die Richtigkeit der Individualisierungstheorie, es könnten also Steuererstbescheide allgemein bezüglich der einzelnen Besteuerungsgrundlagen selbständig angefochten werden, und diese könnten demgemäß auch Gegenstand von Teilurteilen sein.

Die gleiche Rechtslage besteht im Verfahren vor den Sozialgerichten. Mit Recht hat der 11. Senat[39] des Bundessozialgerichts ausgeführt, durch ein Teilurteil könne nur über einen von mehreren in einer Klage geltend gemachten Ansprüchen oder über einen Teil eines Anspruchs entschieden werden, aber nicht über eine von mehreren Anspruchsvoraussetzungen, wie zum

[36] Vgl. Czermak, Anm. zu BVerwG, DVBl. 1967, 417 ff.

[37] Das hat Czermak, Anm. zu BVerwG, DVBl. 1967, 417 (418) übersehen, wenn er ausführt, auch ein Änderungsbescheid könne nicht teilweise wiederaufgegriffen werden, wenn er nicht teilbar sei.

[38] BVerwGE 23, 175 (176).

[39] BSGE 7, 3 (7).

Beispiel über die Frage des militärischen Dienstes, des schädigenden Vorgangs, der besonderen kriegseigentümlichen Gefahren, aus denen sich in ihrer Gesamtheit der (Versorgungs-)Anspruch ergebe; denn in der Sozialgerichtsbarkeit seien wie im Zivilprozeß und in der allgemeinen Verwaltungsgerichtsbarkeit regelmäßig Ansprüche, aber nicht einzelne Rechtsfragen Gegenstand der Rechtsfindung.

Ergebnis

Im finanz-, verwaltungs- und sozialgerichtlichen Verfahren können die Besteuerungsgrundlagen, die Entscheidungskomponenten und die Rechnungsposten eines Verwaltungsaktes nicht selbständig angefochten werden; demgemäß kann auch nicht durch Teilurteil über sie entschieden werden, wenn nur einzelne von ihnen zur Entscheidung reif sind. Der Erlaß von Zwischenurteilen ist daher nicht wegen der Zulässigkeit von Teilurteilen ausgeschlossen. Damit ist aber noch nicht die Frage beantwortet, ob über sie durch Zwischenurteil entschieden werden kann. Ob dies möglich ist, ist vielmehr Gegenstand der folgenden Erörterung.

II. Zwischenurteile in der Revisionsinstanz, die auch in den Vorinstanzen ergehen können

Nach § 121 FGO gelten für die Revision die Vorschriften der Abschnitte III und IV der Finanzgerichtsordnung sinngemäß, und im IV. Abschnitt sind die Bestimmungen über den Erlaß von Zwischenurteilen enthalten. Hiernach kann über die Zulässigkeit der Klage durch Zwischenurteil vorab entschieden werden (§ 97 FGO). Diese Vorschrift wird weit ausgelegt; sie erfaßt sämtliche Sachurteilsvoraussetzungen[40]. Es kann daher ein Zwischenurteil über die Frage ergehen, ob der Finanzrechtsweg gegeben ist, ob ein ordnungsmäßiges Vorverfahren stattgefunden hat, ob die Klage form- und fristgerecht erhoben oder ob der Kläger partei- oder prozeßfähig ist[41]. Im

[40] Vgl. Tipke-Kruse, AO, 6. Aufl., § 97 FGO A 2.

[41] Über Streitpunkte, die nicht die Zulässigkeit der Klage, sondern den Fortgang des Verfahrens betreffen, kann ein Zwischenurteil nach § 303 ZPO i. V. m. § 155 FGO erlassen werden. Ein solches Urteil kommt in Betracht, wenn über die Zulässigkeit einer Klageänderung, über die Wirksamkeit einer Klagerücknahme oder über die Wiedereinsetzung in den vorigen Stand gestritten wird, vgl. Tipke-Kruse, AO, 6. Aufl., § 97 FGO A 2; v. Wallis-List, Hübschmann-Hepp-Spitaler, AO 1.—6. Aufl., § 97 FGO Anm. 23.

Verfahren vor dem Bundesfinanzhof kann dementsprechend die Zulässigkeit der Revision durch Zwischenurteil festgestellt werden[42].

Gemäß § 99 FGO kann das Gericht weiter durch Zwischenurteil über den Grund vorab entscheiden, wenn bei einer Leistungs- oder Anfechtungsklage ein Anspruch nach Grund und Betrag streitig ist. Das Urteil, mit dem über den Grund des Anspruchs vorab entschieden wird, ist, wie es in § 99 FGO mit Recht heißt, ein Zwischenurteil; es entscheidet über einen Streitpunkt, nicht, auch nicht teilweise, über den Streitgegenstand. Der Streit betrifft den Grund des Anspruchs, wenn die Entscheidung über ihn nicht nur die Höhe des Anspruchs verändert, sondern geeignet ist, den Anspruch wegfallen zu lassen[43]. Ein Grundurteil kann demgemäß erlassen werden[44], wenn es um die Frage geht, ob eine Berichtigungsveranlagung nach § 222 AO zulässig ist, ob steuerpflichtige Einkünfte aus Gewerbebetrieb oder steuerfreie Einnahmen aus Liebhaberei vorliegen oder ob bestimmte Zuwendungen an Arbeitnehmer die im Haftungsbescheid gegen den Arbeitgeber festgesetzte Lohnsteuer auslösen.

In der Rechtslehre[45] ist vereinzelt die Ansicht vertreten worden, mit der Formulierung „nach Grund und Betrag" sollten Vorabentscheidungen über selbständige Streitpunkte, auf die es als Vorfragen für die Entscheidung ankomme, ganz allgemein zugelassen werden. Diese Auffassung wird vom Finanzgericht *Düsseldorf*[46] geteilt. Es hat Zwischenurteile über einzelne selbständige Streitpunkte für zulässig gehalten und dementsprechend durch Zwischenurteil festgestellt, die dem Kläger bei seinem Ausscheiden aus der Firma zustehenden Ansprüche seien bei der Ermittlung des einheitlich festzustellenden Gewinns der Firma nicht für das Jahr 1952 anzusetzen.

Diese Auffassung ist aber mit dem Wortlaut des § 99 FGO nicht vereinbar. Hiernach kann nur über den Grund des Anspruchs vorab durch Zwischenurteil entschieden werden, nicht über andere sachlich-rechtliche Streitpunkte. Diese Formulierung ist auch nicht, wie *Baltzer*[47] meint, „nicht besonders glücklich gewählt worden", weil sie nicht davon spreche, daß ein Anspruch „nach Grund und Höhe", sondern „nach Grund und Betrag" streitig sei. Zwischen Höhe und Betrag besteht kein Unterschied. § 99 FGO hat sein Vorbild in § 111 VwGO und § 304 Abs. 1 ZPO, und bei der Aus-

[42] BFH 104, 493 = BStBl. II 1972, 425; BFH 86, 301 = BStBl. III 1966, 466.
[43] Tipke-Kruse, AO, 6. Aufl., § 99 FGO A 2.
[44] Vgl. Tipke-Kruse, AO, 6. Aufl., § 99 FGO A 2.
[45] Baltzer, FR 1967, 95 (96).
[46] EFG 1966, 470.
[47] FR 1967, 95 (96).

legung dieser Vorschriften wird unter dem Betrag die Höhe des Anspruchs verstanden[48].

Auch aus der Entstehungsgeschichte der Finanzgerichtsordnung ergibt sich eindeutig, daß über materiell-rechtliche Vorfragen nur dann durch Zwischenurteil vorab entschieden werden kann, wenn es sich um den Erlaß eines Grundurteils handelt. Nach § 284 Abs. 2 AO a. F. konnten Vorabentscheidungen über den Grund des Anspruchs (Teilentscheidungen über Einzelansprüche oder selbständige Teile eines Anspruchs) und Zwischenentscheidungen über selbständige Streitpunkte mit Zustimmung des Steuerpflichtigen erlassen werden. Hiernach konnten Zwischenurteile über die Höhe des Gesamtgewinnes ergehen[49], über die Schätzung der Umsätze, über die Einkünfte aus Gewerbebetrieb, aus Vermietung und Verpachtung oder aus dem Kapitalvermögen oder aus einzelnen Grundstücken oder über die Bewertung eines Gegenstandes[50]; es konnte auch durch Zwischenurteil festgestellt werden, daß der Steueranspruch nicht verjährt war[51]. Diese Regelung entsprach dem Rechtszustand, der im Zivilprozeß nach § 303 ZPO a. F. bestand. Nach dieser Bestimmung konnten Zwischenurteile über alle selbständigen materiell-rechtlichen Angriffs- und Verteidigungsmittel erlassen werden. Durch ein derartiges Urteil konnte zum Beispiel festgestellt werden, die Einwendung des Beklagten, der der Klage zugrunde liegende Vertrag sei sittenwidrig oder der Kläger habe ihm die Forderung erlassen, sei nicht begründet, die Klageforderung sei nicht verjährt oder es bestehe kein Zurückbehaltungsrecht des Beklagten[52]. Durch die Emminger-Verordnung[53] vom 13. Februar 1924 ist § 303 ZPO aber geändert worden; über materiell-rechtliche Streitpunkte kann (von dem in § 304 Abs. 1 ZPO geregelten Grundurteil abgesehen) kein Zwischenurteil mehr ergehen. Die gleiche Rechtslage gilt heute im Verfahren vor den Finanzgerichten. Die Finanzgerichtsordnung hat den Erlaß von Zwischenurteilen in gleicher Weise eingeschränkt wie § 303 ZPO n. F. im Zivilprozeß. In beiden Verfahren sind Zwischenurteile nach wie vor über prozessuale Vorfragen zulässig; über materiell-rechtliche Streitpunkte können derartige Urteile aber nur ergehen,

[48] Vgl. Blomeyer, ZPR, § 83 V (S. 412); Redeker-von Oertzen, VwGO, 4. Aufl., § 111 Anm. 2.

[49] Vgl. BFH 74, 448 = BStBl. III 1962, 168.

[50] Vgl. RFH 11, 9 ff.; Baltzer, FR 1967, 95 (96); Fritsch, Wpg 1962, 156 (157 ff.); Zitzlaff, StuW 1942, 125 (127).

[51] Vgl. Berger, Der Steuerprozeß (1954), § 284, 3 (S. 446); Tipke-Kruse, AO, Band II (1963), § 284 A 7.

[52] Vgl. S. 17.

[53] RGBl. Teil I, 1924, S. 135.

wenn sie den Grund des Anspruchs betreffen[54]. Mit Recht hat daher der Bundesfinanzhof[55] die oben[56] angeführte Entscheidung des Finanzgerichts *Düsseldorf*[57] aufgehoben und ausgeführt, der Erlaß eines derartigen Zwischenurteils sei nicht zulässig.

Auch die Verwaltungsgerichtsordnung enthält Vorschriften über den Erlaß von Zwischenurteilen. Nach § 109 VwGO kann über die Zulässigkeit der Klage durch Zwischenurteil vorab entschieden werden, und nach § 111 VwGO kann das Gericht über den Grund vorab entscheiden, wenn bei einer Leistungsklage[58] ein Anspruch nach Grund und Betrag streitig ist. Bei einer Anfechtungsklage[59] kann allerdings ein Grundurteil nicht ergehen; insofern unterscheidet sich die in der Verwaltungsgerichtsordnung getroffene Regelung von der Rechtslage, wie sie auf Grund der Finanzgerichtsordnung für die Verfahren vor den Finanzgerichten besteht.

Das Sozialgerichtsgesetz regelt den Erlaß von Zwischenurteilen nicht ausdrücklich. Nach § 202 SGG ist aber, soweit das Gesetz keine Bestimmungen über das Verfahren enthält, die Zivilprozeßordnung entsprechend anzuwenden, wenn die grundsätzlichen Unterschiede der beiden Verfahrensordnungen dies nicht ausschließen. Die Vorschriften der Zivilprozeßordnung über die Zwischenurteile gelten demgemäß auch in dem Verfahren vor den Sozialgerichten[60].

Die Frage, welchen Inhalt ein Zwischenurteil haben kann, ist somit in den Verfahren vor den obersten Bundesgerichten in (fast) gleicher Weise beantwortet.

[54] BFH 93, 365 ff. = BStBl. II 1968, 804; BFH 97, 407 ff. = BStBl. II 1970, 188; Tipke-Kruse, AO, 6. Aufl., § 97 FGO A 2; v. Wallis-List, Hübschmann-Hepp-Spitaler, AO, 1.—6. Aufl., § 99 FGO Anm. 6; Ziemer-Birkholz, FGO, 2. Aufl., § 99 Anm. 2.

[55] BFH 93, 365 = BStBl. II 1968, 804.

[56] Vgl. S. 183.

[57] EFG 1966, 470.

[58] Die Frage, ob § 111 VwGO sich auch auf eine Verpflichtungsklage erstreckt, durch die die Zahlung eines bestimmten Geldbetrages angeordnet wird, ist streitig; Klinger, VwGO, 2. Aufl., § 111 A; Redeker-von Oertzen, VwGO, 4. Aufl., § 111 Anm. 1; Schunck-De Clerck, VwGO, 2. Aufl., § 111, 1 bejahen, BVerwGE 24, 253 (257); Eyermann-Fröhler, VwGO, 6. Aufl., § 111 Anm. 1 verneinen sie; BVerwGE 29, 191 ff. hat sie offengelassen.

[59] Eyermann-Fröhler, VwGO, 6. Aufl., § 111 Anm. 2; Redeker-von Oertzen, VwGO, 2. Aufl., § 111 Anm. 1. A. A. Ule, Verwaltungsprozeßrecht, 5. Aufl., § 54 III, 2 (S. 212, 213).

[60] BSGE 10, 233 ff.; BSGE 13, 32 (34); Peters-Sautter-Wolff, SGG, 4. Aufl., § 130, 2. Zu der Spezialregelung des § 130 SGG vgl. BSGE 27, 81 ff.; BSGE 29, 69 ff. und Peters-Sautter-Wolff, SGG, 4. Aufl., § 130, 2.

Das gleiche gilt für die Frage, in welcher Ausgestaltung der Bundesfinanzhof, das Bundesverwaltungs- und das Bundessozialgericht Zwischenurteile erlassen können[61].

Ergebnis

Der Bundesfinanzhof, das Bundesverwaltungs- und das Bundessozialgericht können Streitpunkte durch Zwischenurteile entscheiden, soweit auch die Instanzgerichte entsprechende Urteile erlassen können; sie können also einen prozessualen Zwischenstreit durch Zwischenurteil erledigen und über den Grund eines Anspruchs durch Zwischenurteil vorab entscheiden, wenn der Grund und der Betrag streitig sind. Die Zwischenurteile können in derselben Ausgestaltung ergehen wie dies bei Zwischenurteilen vor dem Bundesgerichtshof und dem Bundesarbeitsgericht der Fall ist.

III. Zwischenurteile in der Revisionsinstanz, die nicht in den Vorinstanzen ergehen können

Der Bundesfinanzhof, das Bundesverwaltungs- und das Bundessozialgericht sind also in der Lage, Zwischenurteile zu fällen, die auch in den Vorinstanzen ergehen können. Es fragt sich, ob sie, darüber hinaus, auch berechtigt sind, Streitpunkte durch Zwischenurteile zu erledigen, die in den Vorinstanzen nicht erlassen werden können.

1. § 126 Abs. 2 FGO als Rechtsgrundlage

Die Finanzgerichtsordnung enthält keine ausdrückliche Bestimmung, durch die dem Bundesfinanzhof eine solche Befugnis eingeräumt wird. Diese könnte sich aber, mittelbar, aus den Vorschriften über das Revisionsverfahren ergeben. Als derartige Bestimmung kommt § 126 Abs. 2 FGO in Betracht. Hiernach weist der Bundesfinanzhof die Revision zurück, wenn sie unbegründet ist. Diese Vorschrift ist wie § 564 Abs. 1 ZPO auszulegen[62]. Der Bundesfinanzhof hat also die Revision zurückzuweisen, „insoweit" sie unbegründet ist, das angefochtene Urteil nur im übrigen aufzuheben und die Sache auch nur insoweit zurückzuverweisen. Bei der Auslegung des § 564

[61] Vgl. hierzu die Regelung vor dem Bundesgerichtshof und dem Bundesarbeitsgericht auf S. 7 ff.

[62] Vgl. S. 12 und S. 15 ff.

Abs. 1 ZPO ist die Auffassung vertreten worden[63], diese Bestimmung gewähre dem Revisionsgericht auch das Recht, die Revision gegen die angefochtene Entscheidung bezüglich einzelner Streitpunkte zurückzuweisen und diese damit insoweit formell rechtskräftig zu machen. Hebe der Bundesgerichtshof das angefochtene Urteil nur im übrigen auf und verweise er die Sache auch nur insoweit zurück, so könne das Berufungsgericht im zweiten Rechtsgang lediglich über die Streitpunkte entscheiden, die nicht durch die beschränkte Zurückweisung der Revision dem Streit endgültig entzogen worden seien. Ist diese Auslegung zutreffend, so steht dem Bundesfinanzhof ein entsprechendes Recht zu. Er könnte also die Revision zurückweisen, soweit sie sich gegen die Entscheidung des Finanzgerichts richtet, der Steueranspruch sei nicht verjährt. Höbe der Bundesfinanzhof das angefochtene Urteil nur im übrigen auf und verwiese er die Sache demgemäß auch nur insoweit zurück, so könnte das Finanzgericht die Frage der Verjährung nicht mehr erörtern; hierüber hätte der Bundesfinanzhof dadurch abschließend entschieden, daß er durch die beschränkte Zurückweisung der Revision das angefochtene Urteil des Finanzgerichts in ein Zwischenurteil mit dem Inhalt verwandelt hätte, der Steueranspruch sei nicht verjährt.

§ 564 Abs. 1 ZPO kann aber, wie im ersten Teil dieser Arbeit[64] dargelegt worden ist, nicht in dieser Weise ausgelegt werden. Er setzt die Möglichkeit, ein Zwischenurteil zu fällen, voraus; er begründet sie nicht. Das gleiche gilt für § 126 Abs. 2 FGO; er erweitert ebenfalls nicht die Möglichkeit, Zwischenurteile im Revisionsverfahren zu erlassen. Diese Rechtslage gilt nach § 144 Abs. 2 VwGO auch im Verfahren vor dem Bundesverwaltungs- und nach § 170 Abs. 1 SGG vor dem Bundessozialgericht.

2. §§ 97, 99 FGO in Verbindung mit § 284 Abs. 2 AO a. F. als Rechtsgrundlage

Nach § 284 Abs. 2 AO a. F. waren Zwischenentscheidungen über alle selbständigen Streitpunkte zulässig, auch wenn sie materiell-rechtlicher Natur waren und nicht den Grund des Anspruchs betrafen. Diese Regelung ist durch die Finanzgerichtsordnung beseitigt worden, weil sie dazu führen könne, den Rechtsstreit in die Länge zu ziehen und den Prozeß zu zersplittern[65]. Diese Gefahr kann, von den isolierten Zwischenurteilen ab-

[63] BGHZ 45, 287 (289).
[64] S. 15 ff.
[65] Vgl. BFH 93, 365 (367) = BStBl. II 1968, 804; Tipke-Kruse, AO, 6. Aufl., § 99 FGO A 2.

gesehen, im revisionsgerichtlichen Verfahren nicht bestehen. Entscheidet der Bundesfinanzhof durch Endurteil über die Revision und steckt in diesem Urteil ein Zwischenurteil, durch das festgestellt wird, daß der Steueranspruch nicht verjährt sei, so verzögert dieses Zwischenurteil nicht das revisionsgerichtliche Verfahren, und es beschleunigt den Prozeß vor dem Finanzgericht im zweiten Rechtsgang. Das Finanzgericht hat dann nicht mehr über die Verjährung zu entscheiden; dieser Streitpunkt ist nicht mehr im Streit. Das gleiche gilt, wenn der Bundesfinanzhof die Revision bezüglich eines materiell-rechtlichen Streitpunktes zurückweist und das angefochtene Urteil nur im übrigen aufhebt und die Sache auch nur insoweit zurückverweist. Die Frage der Verjährung kann dann im zweiten Rechtsgang nicht mehr erörtert werden. Es fragt sich deshalb, ob die durch die Finanzgerichtsordnung getroffene Regelung über den Erlaß von Zwischenurteilen nach ihrem Sinn und Zweck auf das Verfahren vor den Finanzgerichten beschränkt werden kann, es also für das Verfahren vor dem Bundesfinanzhof, soweit es sich nicht um den Erlaß isolierter Zwischenurteile handelt, bei der alten, in § 284 Abs. 2 AO a. F. getroffenen Regelung zu bleiben hat. Eine derartige Auffassung ist von *Grunsky*[66] für das Verfahren vor den Zivilgerichten vertreten worden, für die ebenfalls die Möglichkeit, materiell-rechtliche Streitpunkte durch Zwischenurteile zu entscheiden, durch ein späteres Gesetz, die Emminger-Verordnung, mit der Begründung beseitigt worden ist, daß sich sonst der Rechtsstreit verzögere[67]. Die Ansicht von *Grunsky* ist aber nicht überzeugend. Sie ist im ersten Teil der Arbeit[68] abgelehnt worden. Die Gründe, die hierzu geführt haben, gelten auch hier. Die Finanzgerichtsordnung enthält keine Sonderregelung für revisionsgerichtliche Zwischenurteile. Eine Auslegung gegen den eindeutigen Wortlaut des Gesetzes ist allerdings möglich, wenn eine Regelungslücke vorliegt. Es steht jedoch nicht fest, daß der Gesetzgeber übersehen hat, wie sich die Einschränkung, Zwischenurteile zu erlassen, auf das Verfahren vor dem Bundesfinanzhof auswirkt. Selbst wenn dies aber der Fall gewesen sein sollte, ist ungewiß, ob der Gesetzgeber es dann für das revisionsgerichtliche Verfahren bei der alten Regelung belassen hätte. Es ist möglich, daß er davon abgesehen hätte, weil der Bundesfinanzhof von der Möglichkeit, materiell-rechtliche Zwischenurteile zu erlassen, ohnehin keinen Gebrauch gemacht hat[69].

[66] ZZP 84, 129 (143 ff.).
[67] Volkmar, JW 1924, 345 (353).
[68] S. 19 ff.
[69] Der Bundesminister der Finanzen (BFH 93, 365, 367) hat ausgeführt, die Finanzgerichtsordnung habe die Möglichkeit, materiell-rechtliche Zwischenurteile zu erlassen, nicht übernommen, da kein Bedürfnis dafür bestanden habe; die Finanzgerichte hätten früher derartige Urteile kaum gefällt.

Dieselbe Rechtslage besteht im Verfahren vor dem Bundesverwaltungs- und dem Bundessozialgericht. Die Verwaltungsgerichtsordnung und das Sozialgerichtsgesetz sehen, vom Grundurteil abgesehen, keine Zwischenurteile über materiell-rechtliche Streitpunkte vor. Auch hier stehen den Revisionsgerichten insoweit keine weitergehenden Rechte zu als den Vorinstanzen.

3. § 115 Abs. 2 Nr. 1 FGO als Rechtsgrundlage

Für den Zivilprozeß ist die Ansicht[70] vertreten worden, die Berufungsgerichte könnten ihre Urteile dadurch bezüglich einzelner Streitpunkte bestandsfest machen, daß sie die Revision nach § 546 Abs. 2 ZPO nur wegen eines anderen Streitpunktes zuließen. Stehe aber dem Berufungsgericht eine derartige Möglichkeit zu, dann müsse der Bundesgerichtshof eine entsprechende Befugnis haben. Er müsse also das Berufungsurteil durch eine beschränkte Zurückweisung der Revision bezüglich einzelner materiellrechtlicher Streitfragen abschließend erledigen können. Diese Auffassung scheitert aber u. a. daran, daß die Berufungsgerichte nicht in der Lage sind, die Revision nur bezüglich eines Streitpunktes zuzulassen[71] und ihre Urteile damit bezüglich der anderen Streitpunkte bestandsfest zu machen. Es fragt sich, ob die Rechtslage im finanzgerichtlichen Verfahren anders ist, die Finanzgerichte also die Revision bezüglich eines Streitpunktes zulassen können.

Nach § 115 Abs. 1 FGO können die Beteiligten, denen nicht die Möglichkeit der Wertrevision zur Verfügung steht, Revision einlegen, wenn das Finanzgericht sie zugelassen hat. Die Revision ist nach § 115 Abs. 2 Nr. 1 FGO zuzulassen, wenn die Rechtssache grundsätzliche Bedeutung hat. Hat das Finanzgericht die Revision nur wegen *einer* Streitfrage zugelassen, so stellt sich die Frage, ob der Bundesfinanzhof das angefochtene Urteil nur begrenzt auf den zugelassenen Streitpunkt oder in vollem Umfang zu überprüfen hat. Über einen solchen Fall hatte der IV. Senat[72] des Bundesfinanzhofs zu entscheiden. Vor dem Finanzgericht waren drei Punkte streitig gewesen. Es ging um die Anerkennung eines Ehegattenarbeitsverhältnisses,

[70] Grunsky, ZZP 84, 129 (140).

[71] Vgl. BGHZ 9, 357 ff.; BGH, LM Nr. 27 zu § 546 ZPO; BGH, LM Nr. 68 zu § 546 ZPO; BGH, LM Nr. 77 zu § 546 ZPO; BAG 2, 327; Baumbach-Lauterbach-Albers-Hartmann, ZPO, 31. Aufl. § 546 Anm. 3; Dersch-Volkmar, Komm. zum ArbGG 6. Aufl., § 69 Rdnr. 22; Dietz-Nikisch, Komm. zum ArbGG, § 69 Rndnr. 26 und § 72 Anm. 3 a. A. A. Grunsky, ZZP 84, 129 (146); Thomas-Putzo, ZPO, 7. Aufl., § 546 Anm. 3 a.

[72] BFH 98, 326 ff. = BStBl. II 1970, 383.

um die Anerkennung einer außergewöhnlichen Belastung und um die Behandlung eines Disagios. Das Finanzgericht hatte die Revision nur wegen des letzten Punktes zugelassen. Gleichwohl rügten die Kläger auch die Behandlung der anderen Punkte. Der Bundesfinanzhof hat dies mit Recht für zulässig erklärt. Die Revision sei zwar, legt der IV. Senat[73] dar, nur wegen der Bedeutung einer Frage zugelassen worden. Diese Verfahrensweise sehe aber die Finanzgerichtsordnung nicht vor; die Revision könne nach § 115 Abs. 2 Nr. 1 FGO nur wegen der Bedeutung der „Rechtssache" zugelassen werden, nicht aber wegen der Bedeutung eines einzelnen Streitpunktes. Rechtssache sei nicht eine einzelne Besteuerungsgrundlage, sondern der Steuerbescheid im ganzen[74].

Der gleiche Rechtszustand besteht im verwaltungsgerichtlichen Verfahren[75]. Eine Beschränkung der Revisionszulassung, heißt es in dem Urteil des VII. Senats[76] des Bundesverwaltungsgerichts, sei unwirksam. Wenn die Revision zugelassen sei, so erstrecke sich die Prüfung des Bundesverwaltungsgerichts auf das gesamte materielle Recht, soweit es revisibel sei.

Dieselbe Rechtslage gilt auch in den Verfahren vor den Sozialgerichten. Nach § 162 Abs. 1 Nr. 1 SGG hat das Landessozialgericht die Revision allerdings zuzulassen, wenn über „Rechtsfragen" von grundsätzlicher Bedeutung zu entscheiden ist. Diese Bestimmung stellt es also nicht, wie § 115 Abs. 2 Nr. 1 FGO und § 132 Abs. 2 Nr. 1 VwGO, auf die Rechtssache ab. In der Rechtsprechung und in der Rechtslehre[77] wird diesem Unterschied jedoch keine Bedeutung beigemessen. Mit Recht hat das Bundessozialgericht[78] dargelegt, die Zulassung der Revision könne nur auf bestimmte streitige Ansprüche (Ruhegeld, Hinterbliebenenrente), aber nicht auf bestimmte Rechtsfragen (Anwartschaft, Wartezeit) beschränkt werden; auch im Verfahren der Sozialgerichtsbarkeit seien Ansprüche, nicht Rechtsfragen Gegenstand des Verfahrens, das Revisionsgericht habe demgemäß über den konkreten Streit, nicht über eine abstrakte Rechtsfrage zu entscheiden.

Die Zulassung der Revision kann also auch im finanz-, verwaltungs- und sozialgerichtlichen Verfahren nicht auf eine Streitfrage oder einen Streit-

[73] BFH 98, 326 (327 ff.) = BStBl. II 1970, 383.

[74] Ebenso Tipke-Kruse, AO, 6. Aufl., § 115 FGO A 5; Ziemer-Birkholz, FGO, 2. Aufl., § 115 Anm. 20.

[75] BVerwGE 14, 342 (344); BVerwGE 21, 286 (288); Maetzel, MDR 1961, 453 ff.; Redeker-von Oertzen, VwGO, 4. Aufl., § 132 Anm. 4; Uffhausen, DöV 1960, 205 (206); Weyreuther, Revisionszulassung und Nichtzulassungsbeschwerde in der Rechtsprechung der obersten Bundesgerichte (1971), S. 15 ff. m. w. N.

[76] DVBl. 1959, 812.

[77] Vgl. Peters-Sautter-Wolff, SGG, 4. Aufl., § 162, 2.

[78] BSGE 3, 135 (138, 139); vgl. auch BSGE 7, 3 (7).

punkt beschränkt werden. Hieran scheitert die Möglichkeit, aus einer derart beschränkten Zulassung den Schluß zu ziehen, dem Revisionsgericht müsse in gleicher Weise wie der Vorinstanz das Recht zustehen, Urteile der Vorinstanz durch beschränkte Zurückweisung der Revision (und die daraus folgende Umwandlung der angefochtenen Entscheidungen in Zwischenurteile) bezüglich einzelner Streitpunkte bestandsfest zu machen.

4. § 42 Abs. 1 FGO als Rechtsgrundlage

Schließlich ist für den Zivilprozeß die Ansicht[79] vertreten worden, die Parteien könnten die von ihnen eingelegte Revision auf einzelne Streitpunkte beschränken und damit das Berufungsurteil bezüglich der anderen Streitpunkte unanfechtbar machen. Hieraus ist die entsprechende Berechtigung des Bundesgerichtshofs gefolgert worden; dieser könne demgemäß Zwischenurteile über materiell-rechtliche Streitpunkte erlassen, und zwar sowohl nach § 565 Abs. 3 Nr. 1 ZPO als nach § 564 Abs. 1 ZPO. Ein derartiger Schluß kann aber nicht gezogen werden. Die Prämisse trifft nicht zu. Die Parteien können die Revision nicht in dieser Weise beschränken. Nach § 559 Satz 2 ZPO ist der Bundesgerichtshof an die von den Parteien geltend gemachten Revisionsgründe nicht gebunden. Die Parteien können diese Regelung auch nicht durch übereinstimmende Erklärungen abändern. Dies ist im ersten Teil der Arbeit[80] dargelegt worden. Auf diese Ausführungen wird Bezug genommen. Sie gelten in gleicher Weise für die Auslegung des § 118 Abs. 3 Satz 2 FGO, wonach der Bundesfinanzhof an die von den Beteiligten geltend gemachten Revisionsgründe nicht gebunden ist.

Eine andere Rechtslage ergibt sich auch nicht aus § 42 Abs. 1 FGO, wonach unanfechtbare Verwaltungsakte nur insoweit angefochten werden können, als die Änderung reicht. Diese Regelung hat eine Beschränkung der Revision auf einzelne Streitpunkte nicht zur Folge, soweit sich der Änderungsbescheid zum Nachteil des Steuerpflichtigen auswirkt. Dieser kann sich vielmehr gegen den festgesetzten Mehrbetrag mit allen Einwendungen wehren[81], die er gegen den ursprünglichen Bescheid geltend machen konnte

[79] Vgl. BGHZ 45, 287 (289); Grunsky, ZZP 84, 129 (139, 148).

[80] Vgl. S. 27 f.

[81] Das gilt nach h. M. nicht nur, wenn die Vorschrift, auf der die Änderung beruht (wie z. B. nach der Rechtsprechung § 222 Abs. 1 Nr. 1 AO), eine Wiederaufrollung des gesamten Steuerfalles zuläßt, sondern auch, wenn der Änderungsbescheid auf eine Bestimmung gestützt ist, die (wie z. B. § 92 Abs. 2 AO, § 212 b Abs. 3 AO oder § 218 Abs. 4 AO) lediglich die Berichtigung eines Punktes eröffnet, vgl. RFH 12, 133 (139); RFH 15, 156 (158); BFH 66, 427 (429) = BStBl. III

und die mit der Änderung nichts zu tun haben. Ist der Steuerbescheid aber zugunsten des Steuerpflichtigen geändert worden, dann kann dieser ihn (falls die Änderung auf einer Vorschrift beruht, die nur eine Punktberichtigung zuläßt) nur mit der Begründung angreifen, der Fehler, der die Änderung veranlaßt habe, sei nicht in vollem Umfang berichtigt worden[82]; der Erstbescheid hätte vielmehr in noch größerem Maße zu seinen Gunsten geändert werden müssen. Er kann also keine Einwendungen geltend machen, die er gegen den Erstbescheid erheben konnte und die mit der Änderung nicht zusammenhängen. Greift der Steuerpflichtige den Änderungsbescheid an, so kann in diesem Verfahren nur der eine Streitpunkt geklärt werden, ob die Änderung der Steuer, so wie sie erfolgt ist, auf einem Rechtsfehler beruht. Aus dieser Beschränkung des vom Steuerpflichtigen in Gang gesetzten Verfahrens auf einen einzelnen Streitpunkt können aber keine weitergehenden Folgerungen abgeleitet werden. Aus der Sonderregelung für Änderungsbescheide kann nicht[83] der Schluß gezogen werden, eine Partei könne auch Erstbescheide generell nur wegen eines Besteuerungsmerkmals *teilweise* angreifen; demgemäß steht auch den Finanzgerichten nicht das Recht zu, über einzelne Besteuerungsgrundlagen Teilurteile zu erlassen. Aus denselben Gründen, aus denen dies nicht möglich ist, kann aus der Sonderregelung für Änderungsbescheide nicht gefolgert werden, ein Steuerpflichtiger könne den Steuerbescheid allgemein wegen eines Besteuerungsmerkmals

1958, 167; BFH 74, 375 ff. = BStBl. III 1962, 142; BFH 87, 595 (597) = BStBl. III 1967, 271; Tipke-Kruse, AO, 6. Aufl., § 42 FGO A 1; v. Wallis-List, Hübschmann-Hepp-Spitaler, AO, 1.—6. Aufl., § 42 FGO Anm. 5; Woerner, Die Zurücknahme und Änderung von Steuerverwaltungsakten, 3. Aufl., S. 106.

[82] BFH 64, 336 ff. = BStBl. III 1957, 128; BFH 75, 53 ff. = BStBl. III 1962, 288; BFH 77, 416 ff. = BStBl. III 1963, 471; BFH 84, 365 ff. = BStBl. III 1966, 131; Tipke-Kruse, AO, 6. Aufl., § 42 FGO A 4 c; Woerner, a. a. O., 3. Aufl., S. 105, 106. Ist der — für den Steuerpflichtigen günstige — Änderungsbescheid dagegen auf eine Berichtigungsvorschrift gestützt, die (wie z. B. nach der Rechtsprechung § 222 Abs. 1 Nr. 2 AO) eine Gesamtaufrollung zuläßt, so unterliegt der Steuerpflichtige im Rechtsmittelverfahren keinen Beschränkungen; er kann die Behandlung von Streitpunkten rügen, die mit den festgestellten neuen Tatsachen i. S. d. § 222 Abs. 1 Nr. 2 AO nichts zu tun haben, und die Festsetzung der Steuer auf 0 DM erreichen. § 232 Abs. 1 AO und § 42 Abs. 1 FGO sind insoweit nicht anzuwenden, vgl. RFH 34, 189; RFH, RStBl. 1941, 122; BFH 75, 643 (645 ff.) = BStBl. III 1962, 501; BFH 80, 185 (188) = BStBl. III 1964, 540; BFH 95, 260 (262) = BStBl. II 1969, 383; BFH 95, 236 (238) = BStBl. II 1969, 409; Woerner, a. a. O., 3. Aufl., S. 44, 59, 105. Nimmt man an, § 222 Abs. 1 Nr. 2 AO ermögliche keine Gesamtaufrollung (Tipke-Kruse, AO, 6. Aufl., § 222 A 19), dann kann der Steuerpflichtige den auf diese Vorschrift gestützten Änderungsbescheid ebenfalls nur insoweit anfechten, als sich die durch die Betriebsprüfung bekanntgewordenen neuen Tatsachen oder Beweismittel auswirken.

beschränkt anfechten; der Kläger würde sonst eine Kompensierung eines Fehlers, der ihn belastet hat, mit einem anderen Fehler, der sich zu seinem Vorteil ausgewirkt hat, verhindern und damit die Anwendung der Saldierungstheorie vereiteln können. Da dem Steuerpflichtigen also ein derart beschränktes Anfechtungsrecht nicht zusteht, sind auch die Finanzgerichte nicht in der Lage, über einzelne Besteuerungsmerkmale Zwischenurteile zu fällen.

Die gleiche Rechtslage gilt im Verwaltungs- und im Sozialgerichtsverfahren. Die Revisionsgerichte sind auch hier nicht an die geltend gemachten Revisionsgründe gebunden. Das folgt für das Bundesverwaltungsgericht aus § 137 Abs. 3 Satz 2 VwGO und für das Bundessozialgericht aus § 559 Satz 2 ZPO i. V. m. § 202 SGG[84]. Mit Recht hat der 2. Senat[85] des Bundessozialgerichts entschieden, das angefochtene Urteil müsse in vollem Umfang materiell-rechtlich nachgeprüft werden, wenn die Revision statthaft sei. Auch hier können die Parteien diese Regelung nicht außer Kraft setzen. Das Bundesverwaltungs- und das Bundessozialgericht können daher Zwischenurteile nur in demselben Umfang erlassen, wie dies dem Bundesfinanzhof möglich ist[86].

Ergebnis

Der Bundesfinanzhof, das Bundesverwaltungs- und das Bundessozialgericht können Streitpunkte in demselben Umfang durch Zwischenurteil entscheiden, wie dies dem Bundesgerichtshof und dem Bundesarbeitsgericht möglich ist. Die Revisionsgerichte können also Zwischenurteile grundsätzlich nur erlassen, wenn diese auch in den Vorinstanzen ergehen können.

[83] Vgl. S. 181 f.

[84] Rohwer-Kahlmann-Schroeder-Printzen-Frentzel, SGG, 4. Aufl., § 162 Anm. 249.

[85] SozR, SGG, § 162 Bl. Da 16 Nr. 61.

[86] Von der Regel, daß das Revisionsgericht Zwischenurteile nur erlassen kann, wenn solche Urteile auch von den Instanzgerichten gefällt werden dürfen, besteht im Verfahren vor dem Bundesgerichtshof und dem Bundesarbeitsgericht in den Fällen eine Ausnahme (vgl. S. 25, Fußn. 75), in denen zwei Forderungen Gegenstand des Rechtsstreits sind, die Forderung des Klägers und die Gegenforderung des Beklagten, mit der dieser hilfsweise aufgerechnet oder deretwegen er hilfsweise ein Zurückbehaltungsrecht geltend gemacht hat. Die gleiche Regelung gilt im finanz-, verwaltungs- und sozialgerichtlichen Verfahren, soweit hier einer Partei ein Aufrechnungs- oder ein Zurückbehaltungsrecht zusteht. Auch diese Gerichte können daher das angefochtene Urteil in ein Zwischenurteil umwandeln, das nur die Entscheidung über eine Forderung zum Gegenstand hat, wenn sie die Auffassung der Vorinstanz bezüglich dieser Forderung für richtig (die Revision hierüber also für unbegründet) und lediglich die Beurteilung der anderen Forderung für fehlerhaft (die Revision hierüber also für begründet) halten.

§ 7 Die Bindungswirkung der Zwischenurteile

Die Finanzgerichtsordnung, die Verwaltungsgerichtsordnung und das Sozialgerichtsgesetz enthalten keine ausdrückliche Regelung über die Bindungswirkung der Zwischenurteile. Nach § 155 FGO[1], § 173 VwGO[2], § 202 SGG[3] ist § 318 ZPO aber entsprechend anzuwenden. Er ist in diesen Verfahren in gleicher Weise auszulegen, wie dies im Zivilprozeß geschieht; die hierüber im ersten Teil der Arbeit[4] gemachten Ausführungen gelten also auch hier.

Ein Zwischenurteil bindet nicht, wenn es unzulässig ist; das Finanzgericht *Düsseldorf*[5], das durch Zwischenurteil entschieden hatte, die dem Kläger bei seinem Ausscheiden aus der Firma zustehenden Ansprüche seien bei der Ermittlung des einheitlich festzustellenden Gewinns der Firma nicht für das Jahr 1952 anzusetzen, war also an diese Entscheidung nicht gebunden. § 318 ZPO bindet an die durch das revisionsgerichtliche Zwischenurteil getroffene Entscheidung als solche, nicht an die Gründe der Entscheidung. Die Vorinstanz kann sich also mit den Urteilsgründen in Widerspruch setzen. Dieser Fall kann eintreten, wenn die rechtliche Beurteilung des Revisionsgerichts sowohl für den (durch Zwischenurteil erledigten) prozessualen Zwischenstreit als auch für die (durch Endurteil noch zu erledigende) materiell-rechtlichen Streitpunkte von Bedeutung ist.

Das Zwischenurteil wird gegenstandslos, wenn die Klage von der Vorinstanz abgewiesen wird. Es kann seine bindende Wirkung auch auf Grund eines veränderten Sachverhalts verlieren. Inwieweit neue Tatsachen vorgetragen werden dürfen, richtet sich wegen der engen Verwandtschaft der innerprozessualen Bindung mit der Rechtskraft nach den Grundsätzen, die in diesem Bereich für den Vortrag neuer Tatsachen entwickelt sind[6]. Das

[1] Tipke-Kruse, AO, 6. Aufl., § 155 FGO A 4.

[2] Redeker-von Oertzen, VwGO, 4. Aufl., § 111 Anm. 7.

[3] BSGE 13, 140 (143).

[4] Vgl. S. 28 ff.

[5] EFG 1966, 470.

[6] Soweit der Vortrag bereits eingetretener, aber jetzt erst bekannt gewordener Tatsachen nicht an der Rechtskraft scheitert, können diese im Betragsverfahren geltend gemacht werden, auch wenn sie vor Erlaß des Grundurteils entstanden sind. Ein Zwischenurteil (Grundurteil) kann keine größere Bindung herbeiführen als ein Endurteil; die innerprozessuale Bindungswirkung entspricht vielmehr der Bindung, die auf Grund der Rechtskraft besteht. Dies wird in der Rechtslehre übersehen. Über den Grund des Anspruchs, heißt es bei v. Wallis-List, Hübschmann-Hepp-Spitaler, AO, 1.—6. Aufl., § 99 FGO Anm. 74, könne im Betragsverfahren nur noch gestritten werden, wenn die neuen Tatsachen nach der letzten mündlichen Verhandlung vor dem Finanzgericht eingetreten seien. Ein Steuer-

gleiche gilt bei der Änderung der Rechtslage und der Änderung der Rechtsprechung[7].

bescheid kann aber nach der h. M. auch nach Eintritt der Rechtskraft auf Grund von Tatsachen berichtigt werden, die schon vor diesem Zeitpunkt vorgelegen, aber dem Finanzamt erst später bekannt geworden sind, vgl. Tipke-Kruse, AO, 6. Aufl., § 110 FGO A 7; a. A. Müffelmann, Die objektiven Grenzen der materiellen Rechtskraft steuergerichtlicher Urteile (1965), S. 194.

[7] Zu der Frage, wie sich die Änderung der Rechtslage und der Rechtsprechung auf die Rechtskraft im Steuerrecht auswirken, vgl. v. Wallis-List, Hübschmann-Hepp-Spitaler, AO, 1.—6. Aufl., § 110 FGO Anm. 47 ff. — Im Verwaltungsrecht fällt die Bindungswirkung der Rechtskraft bei Änderung der Sach- und Rechtslage weg, vgl. vor allem BVerwGE 4, 250 (252); BVerwGE 6, 321 ff.; BVerwGE 14, 359 (362); Althammer, NJW 1959, 2046 (2047); Habscheid, ZZP 78, 401 ff.; Kornblum, JZ 1962, 654 ff.; Müffelmann, a. a. O., S. 135 ff.; Redeker-von Oertzen, VwGO, 4. Aufl., § 121 Anm. 10; Ule, Verwaltungsprozeßrecht, 5. Aufl., § 59 II 2 (S. 232). Der V. Senat des Bundesverwaltungsgerichts (BVerwGE 17, 256, 260 ff.) ist der Auffassung, die Änderung der Rechtsprechung habe die gleiche Wirkung. Die herrschende Meinung teilt diese Ansicht nicht; nach ihr hat die Änderung der Rechtsprechung auf die Rechtskraft keinen Einfluß, vgl. BVerwGE 28, 122 (126); Bachof, Verfassungsrecht, Verwaltungsrecht, Verfahrensrecht, Band II (1967), S. 202; Bullinger, Anm. zu BVerwG, DöV 1964, 381 ff.; Eyermann-Fröhler, VwGO, 6. Aufl., § 121 Anm. 30; Franz, Anm. zu BVerwG, DVBl. 1964, 755 (758); Redeker-von Oertzen, VwGO, 4. Aufl., § 121 Anm. 10. Zur Rechtslage in Verfahren vor den Sozialgerichten vgl. BSGE 8, 284 (288); Peters-Sautter-Wolff, SGG, 4. Aufl., § 141, 4.

ZWEITES KAPITEL

Die Bindung an die rechtliche Beurteilung des Revisionsgerichts

§ 8 Die Voraussetzungen der Bindung

I. Die Rechtsgrundlagen der Bindung

Im ersten Kapitel ist die Bindungswirkung behandelt worden, die durch den Erlaß eines revisionsgerichtlichen Zwischenurteils eintritt. Hat das Revisionsgericht durch ein derartiges Urteil einen Streitpunkt entschieden, dann ist der Rechtsstreit insoweit beendet. Der Streitpunkt, über den erkannt worden ist, gelangt nicht mehr in die Vorinstanz zurück.

In diesem Kapitel soll die zweite Erscheinungsform der innerprozessualen Bindungswirkung untersucht werden, die gegeben ist, wenn das Revisionsgericht keine Entscheidung in der Sache selbst trifft, also keinen Streitpunkt durch den Erlaß eines Zwischenurteils erledigt, seine Entscheidung sich vielmehr in der Aufhebung des angefochtenen Urteils und der Zurückverweisung der Sache erschöpft. In diesem Falle gelangt der Rechtsstreit in vollem Umfang an die Vorinstanz zurück. Diese hat über alle Streitpunkte zu entscheiden, ist hierbei aber in gewissem Umfang gebunden. Die Bindung der Finanzgerichte richtet sich nach § 126 Abs. 5 FGO. Nach dieser Bestimmung hat das Gericht, an das die Sache zur anderweitigen Verhandlung und Entscheidung zurückverwiesen worden ist, seiner Entscheidung die rechtliche Beurteilung des Bundesfinanzhofs zugrunde zu legen. Eine entsprechende Regelung ist in § 144 Abs. 6 VwGO und § 170 Abs. 4 SGG enthalten.

II. Der Nichteintritt der Bindung

1. Fehlen der rechtlichen Beurteilung

In der Finanz-, Verwaltungs- und Sozialgerichtsbarkeit ist die Vorinstanz also, wie in den übrigen Gerichtsbarkeiten[1], nur an die rechtliche Beurteilung durch das Revisionsgericht gebunden. Hierzu gehören die Rechtsausführungen in ihrer Gesamtheit. Sie können sich auf die Gültigkeit, den

[1] Vgl. S. 58 ff.

Anwendungsbereich, den Inhalt von gesetzlichen Bestimmungen beziehen oder Erfahrungssätze und Denkgesetze zum Inhalt haben. Auch die Subsumtion des Sachverhalts unter eine gesetzliche Vorschrift stellt eine rechtliche Beurteilung dar. Dies gilt aber nicht für die Feststellung von Tatsachen[2], worunter auch die Beweiswürdigkeit fällt. Diese Tätigkeit ist Sache der Instanzgerichte. Die Revisionsgerichte können keine Tatsachen feststellen, sondern sind ihrerseits an die von der Vorinstanz getroffenen tatsächlichen Feststellungen gebunden, vgl. § 118 Abs. 2 FGO, § 137 Abs. 2 VwGO, § 163 SGG. Von diesem Grundsatz bestehen allerdings Ausnahmen. Der Bundesgerichtshof und das Bundesarbeitsgericht können, wie im ersten Teil der Arbeit[3] dargelegt ist, ausnahmsweise selbst Tatsachen feststellen. Dies ist vor allem bei der Prüfung von Prozeßvoraussetzungen der Fall. Der Bundesfinanzhof, das Bundesverwaltungs- und das Bundessozialgericht können, obwohl auch hier die Verfahrensordnungen insoweit keine ausdrückliche Regelung enthalten, in gleicher Weise tätig sein[4]. Hat das Revisionsgericht in diesen Ausnahmefällen tatsächliche Feststellungen getroffen, so ist die Vorinstanz hieran gebunden[5]. Ohne eine derartige Bindung könnten die Revisionsgerichte ihre Rechtsauffassung nicht durchsetzen und damit die ihnen übertragenen Aufgaben nicht erfüllen. Hat das Revisonsgericht aber, ohne daß es hierzu berechtigt ist, also unzulässigerweise, Feststellungen getroffen, dann tritt keine Bindung ein. Ein solcher Fall kann vorliegen, wenn das Revisionsgericht die Beweisaufnahme anders würdigt als die Vorinstanz, also nicht feststellt, daß die durchgeführte Beweisaufnahme oder Beweiswürdigung Fehler enthält, sondern seine Beweiswürdigung an die Stelle der Beweiswürdigung der Vorinstanz setzt. Einer derartigen Versuchung ist der IV. Senat[6] des Bundesfinanzhofs in einem Fall erlegen, in dem es darum ging, ob Aufwendungen des Steuerpflichtigen für ein Arbeitszimmer als Werbungskosten anzuerkennen waren. Diese Frage hing von dem Nachweis ab, ob (jede Benutzung des Zimmers als Wohnraum so gut wie ausgeschlossen und) das Arbeitszimmer unbedingt notwendig war. Das Finanzgericht hatte diesen Nachweis durch eine Erklärung des Landgerichtspräsidenten für erbracht angesehen, in der es hieß, es sei nicht möglich gewesen, dem Steuerpflichtigen einen ständigen Arbeitsplatz zuzuweisen. Nach der Ansicht des IV. Senats des Bundesfinanzhofs reichte diese

[2] Vgl. Görg-Müller, FGO, § 126 Rdnr. 674.
[3] S. 59 ff. und S. 148.
[4] Vgl. Tipke-Kruse, AO, 6. Aufl., § 118 FGO A 8; Eyermann-Fröhler, VwGO, 6. Aufl., § 137 Anm. 13; Peters-Sautter-Wolff, SGG, 4. Aufl., § 163 Anm. 3.
[5] Vgl. S. 147 ff.
[6] BFH 56, 53 = BStBl. III 1952, 22.

Erklärung nicht aus. Er hielt eine Bescheinigung des Justizministers für erforderlich, daß der Steuerpflichtige an Gerichtsstelle keinen Arbeitsplatz habe und ihm ein solcher auch nicht habe zugewiesen werden können. Entscheidend war hier nicht der Inhalt der Bescheinigung, sondern die Person des Ausstellers; denn wenn der Steuerpflichtige keinen ständigen Arbeitsplatz an Gerichtsstelle hatte, dann war er, da er nicht nur vorübergehend arbeiten mußte, auf ein häusliches Arbeitszimmer angewiesen. Möglicherweise war der IV. Senat des Bundesfinanzhofs der Ansicht, der Landgerichtspräsident könne leichter zur Ausstellung eines „Gefälligkeitsattestes" bewogen werden als der Justizminister. Ob das Finanzgericht aber der Auskunft des Landgerichtspräsidenten Glauben schenkte, war ausschließlich seine Sache. Der IV. Senat des Bundesfinanzhofs mußte dies hinnehmen. Das Finanzgericht, an das die Sache zurückverwiesen wurde, entschied wie im ersten Rechtsgang, ohne weitere Auskünfte einzuholen; es setzte sich also über die Auffassung des Bundesfinanzhofs hinweg. Der IV. Senat[7] hat dieses Verfahren mit scharfen Worten gerügt und dem Finanzgericht vorgeworfen, mit einem vorsätzlichen Verstoß gegen die Vorschrift des § 296 Abs. 4 AO rüttele es an den Grundfesten der Gerichtsbarkeit[8]. Das Finanzgericht war aber nach dieser Bestimmung nur an die rechtliche Beurteilung des Bundesfinanzhofs gebunden; soweit dieser die Bescheinigung des Landgerichtspräsidenten nicht für ausreichend hielt, hat er einen Beweis gewürdigt und damit eine unzulässige tatsächliche Feststellung getroffen, die die Vorinstanz nicht bindet[9].

Auch der I. Senat[10] des Bundesfinanzhofs hat seine Befugnisse in einer Sache überschritten, in der es sich darum handelte, ob Angehörige der freien Berufe i. S. d. § 18 Abs. 1 Nr. 1 EStG unter bestimmten Voraussetzungen gewillkürtes Betriebsvermögen bilden können. Der I. Senat hat diese Frage bejaht, wenn das Wirtschaftsgut bei objektiver

[7] BFH 56, 53 (55) = BStBl. III 1952, 22 ff.

[8] Der IV. Senat des Bundesfinanzhofs hat schließlich die nach seiner Meinung erforderliche Bescheinigung des Justizministers selbst eingeholt. Dazu war er nach § 295 AO a. F. berechtigt. Soweit er in der Sache selbst entscheiden wollte (§ 296 Abs. 3 AO a. F.), hatte er die Stellung eines Finanzgerichts, konnte also selbst Tatsachen feststellen und würdigen; vgl. Mattern-Meßmer, RAO, § 288 Rdnr. 2307 und § 295 Rdnr. 2327.

[9] Vgl. demgegenüber die vorsichtigen Wendungen des Reichsgerichts (Das Recht 1908 Nr. 1425); habe das Reichsgericht bei der Aufhebung eines Berufungsurteils Bedenken hinsichtlich der Tatsachenwürdigung geäußert, so sei das Berufungsgericht, an das die Sache zurückverwiesen sei, an die diesbezüglichen Ausführungen des Revisionsgerichts nicht gebunden.

[10] BFH 71, 629 = BStBl. III 1960, 485.

Beurteilung bestimmt und geeignet sei, dem Betrieb zu dienen und ihn zu fördern. Ob diese Voraussetzung gegeben war, hing u. a. davon ab, ob der Gesellschafter A sich gegenüber der X-AG verpflichtet hatte, das Betriebsvermögen auf einen Stand von 100 000 DM zu halten. Das Finanzgericht hatte diese Behauptung der Beschwerdegegnerin nicht geprüft. Es mußte dies im zweiten Rechtsgang nachholen. Der I. Senat[11] des Bundesfinanzhofs wies es auf diese Verpflichtung hin und führte aus, „bei der rechtlichen und wirtschaftlichen Bedeutung, die den behaupteten Abreden zukommen würde", könnten „sie als ernsthaft nur anerkannt werden, wenn sie schriftlich abgeschlossen" worden seien. Im zweiten Rechtsgang ergab sich, daß keine schriftlichen Vereinbarungen getroffen waren. Die Beschwerdegegnerin stellte aber durch Benennung der Vorstandsmitglieder der X-AG unter Beweis, daß sie (ebenso wie der Mandatsvertrag des Gesellschafters A mit der X-AG und der Sozietätsvertrag) mündlich zustande gekommen seien. Das Finanzgericht[12] hat diese Zeugen nicht vernommen. Es hat sich an die Ansicht des I. Senats für gebunden gehalten, daß der erforderliche Beweis nur erbracht werden könne, wenn die Abrede schriftlich niedergelegt sei. Der I. Senat[13] hat diese Rechtsauffassung gebilligt und dargelegt, das Finanzgericht sei an die rechtliche Würdigung gebunden, die der Aufhebung des Urteils zugrunde gelegen habe. Zu dieser rechtlichen Beurteilung gehöre auch die Beweiswürdigung des Senats, daß die Abrede „durch Vorlage einer entsprechenden schriftlichen Vereinbarung oder eines Schriftwechsels nachgewiesen werden" müsse. Zu einer solchen bindenden Anweisung sei der Senat berechtigt, „die vorweggenommene Beweiswürdigung" sei „auch sachlich gerechtfertigt". Weder das eine noch das andere ist der Fall. Die Beweiswürdigung des I. Senats stellt keine rechtliche Beurteilung, sondern eine Tatsachenfeststellung dar[14], und sie ist auch sachlich nicht gerechtfertigt, weil niemand einen Beweis würdigen kann, der nicht geführt worden ist[15]. Das Finanzgericht war also, da es insoweit an einer rechtlichen Beurteilung des Bundesfinanzhofs fehlte, nicht gebunden. Es hätte die Zeugen vernehmen und die Beweisaufnahme selbständig würdigen müssen, statt,

[11] BFH 71, 629 (633) = BStBl. III 1960, 485 (486).

[12] EFG 1961, 567.

[13] HFR 1962, 238.

[14] Schreibe das Revisionsgericht der Vorinstanz vor, hat Binter, SGb 1968, 191 (193) mit Recht ausgeführt, eine bestimmte Tatsache als nachgewiesen, nicht bewiesen, wahrscheinlich oder nicht wahrscheinlich anzusehen, so habe dies keine bindende Wirkung, es liege allenfalls eine Empfehlung oder Richtlinie vor.

[15] Vgl. BGH, NJW 1970, 946 (950); BGH, VersR 1958, 847 (849); Binter, SGb 1968, 191 (193); Schneider, MDR 1969, 268 m. w. N.; Zöller-Stephan, ZPO, 11. Aufl., § 286 II, 1.

resignierend, der Auffassung des I. Senats zu folgen und seine Entscheidung mit den Worten zu schließen, es verbiete sich für den Streitfall jede Erörterung darüber, ob es dem Bundesfinanzhof zustehe, eine Beweiswürdigung vorwegzunehmen[16]. Dem Bundesfinanzhof steht dieses Recht nicht zu, und seine Entscheidung bindet nicht, wenn er dieses Recht für sich in Anspruch nimmt; sie enthält insoweit keine rechtliche Beurteilung, nur diese hat aber gemäß § 126 Abs. 5 FGO bindende Wirkung.

Wie fehlerhaft die Auffassung des I. Senats des Bundesfinanzhofs ist, zeigt sich, wenn das Finanzgericht im ersten Rechtsgang die Vorstandsmitglieder der X-AG über die streitige Abrede als Zeugen vernommen, ihren Aussagen Glauben geschenkt hätte und zu dem Ergebnis gelangt wäre, die Vereinbarung sei mündlich zustande gekommen. Der I. Senat des Bundesfinanzhofs wäre an diese Feststellung nach § 118 Abs. 2 FGO gebunden gewesen; sie wäre fehlerfrei gewesen, wenn das Finanzgericht sich mit der Erwägung auseinandergesetzt hätte, daß derartige Abreden im allgemeinen wegen ihrer rechtlichen und wirtschaftlichen Bedeutung schriftlich geschlossen würden, es aber dargelegt hätte, weshalb dies im vorliegenden Fall anders gewesen sei. Der I. Senat des Bundesfinanzhofs verkennt die Rechtslage, wenn er dem Finanzgericht verbietet, Feststellungen zu treffen, die ihn, wenn sie (fehlerfrei) getroffen werden, seinerseits binden.

2. *Fehlen der Kausalität*

Nach § 565 Abs. 2 ZPO und § 358 Abs. 1 ZPO ist die Vorinstanz an die rechtliche Beurteilung des Revisionsgerichts nur gebunden, soweit auf ihr die Aufhebung des angefochtenen Urteils beruht; sie muß also, um bindend zu sein, zur Aufhebung des vorinstanzlichen Urteils geführt haben. Bei der Auslegung dieser Bestimmungen besteht Einmütigkeit darüber, daß die rechtliche Beurteilung nur dann bindende Wirkung hat, wenn sie für die Aufhebung der angefochtenen Entscheidung kausal gewesen ist[17].

§ 126 Abs. 5 FGO enthält keine derartige Einschränkung. Hiernach hat das Gericht, an das die Sache zur anderweitigen Verhandlung und Entscheidung zurückverwiesen wird, seiner Entscheidung — ganz allgemein — die rechtliche Beurteilung des Bundesfinanzhofs zugrunde zu legen. Aus dem Wortlaut dieser Bestimmung geht also nicht hervor, daß die rechtliche Beurteilung nur dann bindet, wenn sie die Aufhebung des finanzgerichtlichen Urteils herbeigeführt hat. Aus der Entstehungsgeschichte des § 126 Abs. 5 FGO ergibt sich aber, daß die Entscheidung des Bundesfinanzhofs nur bin-

[16] EFG 1961, 567 (568).

[17] Vgl. S. 61 ff.

dende Wirkung hat, wenn sie für die Aufhebung und Zurückverweisung kausal geworden ist. Nach § 296 Abs. 4 AO a. F., dem Vorläufer des § 126 Abs. 5 FGO, war das Finanzgericht an die rechtliche Beurteilung des Bundesfinanzhofs gebunden, die der Aufhebung der angefochtenen Entscheidung und der Rückverweisung zugrunde liegt. Nach § 126 Abs. 5 FGO sollte sich an dieser Rechtslage inhaltlich nichts ändern. Die in § 126 Abs. 5 FGO getroffene Regelung war in § 116 Abs. 5 des Entwurfs[18] einer Finanzgerichtsordnung vorgesehen, und in der Begründung[19] dieses Entwurfs heißt es, die §§ 111 bis 117 entsprächen den bisherigen §§ 288 bis 296 AO. Mit Recht hat der V. Senat[20] des Bundesfinanzhofs ausgeführt, § 126 Abs. 5 FGO solle nach dem Willen des Gesetzgebers inhaltlich nichts anderes zum Ausdruck bringen als der frühere § 296 Abs. 4 AO a. F. Er ist so auszulegen, wie wenn er den gleichen Wortlaut wie diese Bestimmung hätte; die Finanzgerichte sind somit nur an die rechtliche Beurteilung des Bundesfinanzhofs gebunden, die der Aufhebung der angefochtenen Entscheidung und der Zurückverweisung zugrunde liegt.

Über diesen Grundsatz besteht in der Rechtsprechung und der Rechtslehre[21] Einigkeit. Er ist in zahlreichen Entscheidungen des Bundesfinanzhofs enthalten. So heißt es in einem Urteil des IV. Senats[22], da der hier erörterte rechtliche Gesichtspunkt nicht der Aufhebung der Vorentscheidung zugrunde liege, folge die Verpflichtung zu seiner Berücksichtigung nicht aus der Vorschrift des § 126 Abs. 5 FGO. Der I. Senat[23] hatte sich in einer Sache mit der Frage zu befassen, ob ein Steuerbescheid der Steuerpflichtigen wirksam zugestellt war. Er hatte diese Frage bejaht, weil kein Verstoß gegen § 17 Abs. 4 VwZG vorgelegen habe. Da der Senat den Steuerbescheid als wirksam zugestellt ansehe, heißt es am Ende des Urteils, müsse nunmehr darüber entschieden werden, ob der Prozeßbevollmächtigte der Steuerpflichtigen es schuldhaft versäumt habe, den Einspruch fristgemäß einzulegen. Zur weiteren Behandlung dieses „jetzt entscheidungserheblich gewordenen Punktes“ werde die Sache an die Vorinstanz zurückverwiesen. Das Finanzgericht[24]

[18] Bundestags-Drucksache IV/1446.
[19] Bundestags-Drucksache IV/1446, S. 33 (57).
[20] BFH 95, 372 (375) = BStBl. II 1969, 447 ff.; vgl. auch Jessen, NJW 1970, 183; v. Wallis-List, Hübschmann-Hepp-Spitaler, AO, 1.—6. Aufl., § 126 FGO Anm. 21.
[21] Tipke-Kruse, AO, 6. Aufl., § 126 FGO A 6; v. Wallis-List, Hübschmann-Hepp-Spitaler, AO, 1.—6. Aufl., § 126 FGO Anm. 21 und 21 a; Ziemer-Birkholz, FGO, 2. Aufl., § 126 Anm. 22.
[22] BFH 86, 807 (810) = BStBl. III 1966, 679 ff.
[23] BFH 87, 233 = BStBl. III 1967, 134.
[24] EFG 1967, 361.

hat es im zweiten Rechtsgang gleichwohl nicht auf diesen Punkt abgestellt. Es hat vielmehr die Zustellung des Steuerbescheides für unwirksam gehalten, weil sie (zwar nicht gegen § 17 Abs. 4 VwZG, wohl aber) gegen § 7 Abs. 2 VwZG verstoßen habe. Im zweiten Rechtsgang hat der I. Senat[25] des Bundesfinanzhofs hierin keine Verletzung des § 126 Abs. 5 FGO gesehen. Das erste finanzgerichtliche Urteil sei ausschließlich wegen der nicht gebilligten Auslegung des § 17 Abs. 4 VwZG aufgehoben worden; nur insoweit sei das Finanzgericht gebunden, im übrigen sei es frei.

Von diesem Grundsatz macht der Bundesfinanzhof aber — in ständiger Rechtsprechung[26] — eine sehr erhebliche Ausnahme[27]. Er ist der Ansicht, eine *abschließende* rechtliche Beurteilung, die der Bundesfinanzhof getroffen habe, sei bindend, ohne daß es darauf ankomme, ob sie zur Aufhebung des angefochtenen Urteils oder zur Zurückverweisung geführt habe. Ob diese Auffassung zutreffend ist, soll später[28] erörtert werden. Hier werden zunächst die Fälle behandelt, in denen es an einer abschließenden Beurteilung fehlt. In diesen Fällen ist die rechtliche Beurteilung des Bundesfinanzhofs nur bindend, wenn sie für die Aufhebung und Zurückverweisung kausal gewesen ist.

Die gleiche Rechtslage besteht in der Verwaltungs- und Sozialgerichtsbarkeit. § 144 Abs. 6 VwGO und § 170 Abs. 4 SGG, denen § 126 Abs. 5 FGO nachgebildet ist, enthalten ebenfalls nicht die in § 565 Abs. 2 ZPO vorgesehene Einschränkung, daß eine Bindungswirkung nur eintritt, wenn die rechtliche Beurteilung zur Aufhebung des angefochtenen Urteils geführt hat. Gleichwohl ist es allgemeine Meinung in der Rechtsprechung und der Rechtslehre[29], daß die Oberverwaltungs- und die Landessozialgerichte nur an die

[25] BFH 91, 222 (226) = BStBl. II 1968, 279 f.

[26] Vgl. BFH 67, 127 = BStBl. III 1958, 320; BFH 95, 372 = BStBl. II 1969, 447.

[27] Die Rechtslehre hat sich dieser Auffassung weitgehend angeschlossen; vgl. Grimm, Festschrift des Bundesfinanzhofs (1968), S. 126 (138 ff.); Jessen, NJW 1970, 183 (184); Kaatz, Anm. zu BFH, FR 1958, 471 (472); Kuehn, StuW 1952, 657 (658); Kühn-Kutter, AO, 10. Aufl., § 126 FGO Anm. 3; Martens, FR 1969, 373 (376); Paulick, StbJb. 1964/65, 351 (391); Tipke-Kruse, AO, 6. Aufl., § 126 FGO A 6; v. Wallis-List, Hübschmann-Hepp-Spitaler, AO, 1.—6. Aufl., § 126 FGO Anm. 22; a. A. Dopatka, DStZ (Ausgabe A) 1959, 315; Greven, DStZ (Ausgabe A) 1958, 325; Laengner, Anm. zu BFH, NJW 1959, 1846 (1847); Tipke, Anm. zu BFH, FR 1958, 471 (472 ff.); Vangerow, StuW 1958, 550 (554 ff.).

[28] Vgl. S. 215 ff.

[29] Eyermann-Fröhler, VwGO, 6. Aufl., § 144 Anm. 8; Klinger, VwGO, 2. Aufl., § 144 E 3; Redeker-von Oertzen, VwGO, 4. Aufl., § 144 Anm. 9; Schunck-De Clerck, VwGO, 2. Aufl., § 144, 4 d; Peters-Sautter-Wolff, SGG, 4. Aufl., § 170 Anm. 5.

rechtliche Beurteilung des Revisionsgerichts gebunden sind, die für die Aufhebung ihrer Entscheidung kausal gewesen ist. Das Gericht, an das die Sache zur anderweitigen Verhandlung und Entscheidung zurückverwiesen werde, sei, führt der III. Senat[30] des Bundesverwaltungsgerichts mit Recht aus, nur an die der Aufhebung zugrunde liegende rechtliche Beurteilung gebunden. Die gleiche Ansicht vertritt das Bundessozialgericht[31]. Das Landessozialgericht sei zutreffend davon ausgegangen, daß auch bei den Gerichten der Sozialgerichtsbarkeit die Bindung an die rechtliche Beurteilung des Revisionsgerichts nur insoweit eintrete, als die Aufhebung des angefochtenen Urteils auf ihr beruhe. Zwar bringe § 170 Abs. 4 SGG dies nicht so klar zum Ausdruck wie § 565 Abs. 2 ZPO. Indessen könne dieser Unterschied in der Wortfassung nicht zu einer anderen Beurteilung der Bindung des Untergerichts führen[32].

In allen Gerichtszweigen tritt somit eine Bindung an die rechtliche Beurteilung des Revisionsgerichts nur ein, soweit sie zur Aufhebung der angefochtenen Entscheidung geführt hat. Damit sind in allen Verfahren Hinweise oder Fingerzeige des Revisionsgerichts, wie die Sache künftig von der Vorinstanz zu behandeln sei, nicht verbindlich. Sie sind Anregungen oder Ratschläge, die angenommen oder abgelehnt werden können. Hierüber besteht in der Rechtsprechung und Rechtslehre Einigkeit[33].

Ergebnis

In der Finanz-, Verwaltungs- und Sozialgerichtsbarkeit ist die Vorinstanz — in gleicher Weise wie im Verfahren vor dem Bundesgerichtshof und dem

[30] NJW 1966, 798; vgl. ferner BVerwG, JR 1967, 274; BVerwG, MDR 1973, 964.

[31] MDR 1966, 90 ff.; BSGE 31, 74 (75).

[32] BSGE 15, 127 (129).

[33] Vgl. BFH 56, 53 (56) = BStBl. III 1952, 22 ff.; BVerwG, JR 1967, 274 (275); BSG, MDR 1966, 90 (91); BSGE 31, 74 (76); Martens, FR 1969, 373 (374); Peters-Sautter-Wolff, SGG, 4. Aufl., § 170 Anm. 5; Tipke-Kruse, AO, 6. Aufl., § 126 FGO A 6; v. Wallis-List, Hübschmann-Hepp-Spitaler, AO, 1.—6. Aufl., § 126 FGO Anm. 21 a; Ziemer-Birkholz, FGO, 2. Aufl., § 126 Anm. 22. Bei Becker-Riewald-Koch, RAG, III. Bd., 9. Aufl., § 126 FGO Anm. 2 (1), heißt es allerdings, nach dem Wortlaut des § 126 Abs. 5 FGO seien wohl auch — anders als nach § 296 Abs. 4 AO a. F. — die nichttragenden Ausführungen des Bundesfinanzhofs für das Finanzgericht verbindlich, sofern der Bundesfinanzhof sie nicht als unverbindlich, als bloße Anregung, kennzeichne. Diese Auffassung ist nicht zutreffend; nicht der Bundesfinanzhof, sondern das Gesetz entscheidet, an welche Ausführungen das Finanzgericht gebunden ist. Mit Recht hat daher Martens, FR 1969, 373 (374 Fußn. 11) diese Ansicht abgelehnt.

Bundesarbeitsgericht — nur an die rechtliche Beurteilung des Revisionsgerichts gebunden. Im Gegensatz hierzu steht die Feststellung von Tatsachen, zu der auch die Beweiswürdigung gehört; diese ist den Tatsachengerichten übertragen. Hat das Revisionsgericht — unzulässigerweise — einen Beweis anders gewürdigt als dies in der Vorinstanz geschehen ist, so haben diese Ausführungen keine bindende Wirkung. Dies gilt erst recht, wenn die Vorinstanz einen Beweis noch nicht erhoben hatte, die gleichwohl erfolgte Würdigung des Revisionsgerichts also eine vorweggenommene Beweiswürdigung darstellt. Ist das Revisionsgericht aber ausnahmsweise berechtigt und verpflichtet, Tatsachen selbst festzustellen, wie dies z. B. bei der Frage der Fall ist, ob die Prozeßvoraussetzungen gegeben sind, so ist die Vorinstanz an die vom Revisionsgericht zulässigerweise getroffenen Feststellungen gebunden.

Eine Bindung nach § 126 Abs. 5 FGO, § 144 Abs. 6 VwGO und § 170 Abs. 4 SGG besteht nur, wenn die rechtliche Beurteilung des Revisionsgerichts für die Aufhebung des angefochtenen Urteils kausal gewesen ist. Hieran fehlt es, wenn es sich um obiter dicta oder um Hinweise für die künftige Behandlung des Verfahrens handelt.

§ 9 Der Umfang der Bindung

I. Unmittelbare und mittelbare Aufhebungsgründe

Nach § 565 Abs. 2 ZPO, § 358 Abs. 1 StPO ist, wie im ersten Teil der Arbeit[1] dargelegt worden ist, die Vorinstanz nur an die rechtliche Beurteilung des Revisionsgerichts gebunden, die der Aufhebung des angefochtenen Urteils unmittelbar zugrunde gelegt ist; die Vorinstanz darf den Fehler, dessentwillen ihre Entscheidung aufgehoben worden ist, nicht erneut begehen. Im übrigen ist sie frei. Sie ist also nicht an die Auffassung des Revisionsgerichts gebunden, auf der die Aufhebung des Urteils nur mittelbar beruht, also nicht an die rechtliche Beurteilung, die zur logischen Voraussetzung der aus einem anderen Grunde unmittelbar erfolgten Aufhebung gehört oder mit dem unmittelbaren Aufhebungsgrund logisch zusammenhängt[2].

Der Bundesfinanzhof hat sich mit dem Problem, ob nur der unmittelbare oder auch der mittelbare Aufhebungsgrund die Vorinstanz bindet, nicht

[1] Vgl. S. 87 ff.
[2] Zu dieser Definition vgl. S. 65 ff.

auseinandergesetzt[3]. Er hat dieses Problem nicht erkannt; er ist vielmehr, als selbstverständlich, davon ausgegangen, daß auch der mittelbare Aufhebungsgrund bindende Wirkung hat. Der II. Senat[4] des Bundesfinanzhofs hatte im ersten Rechtsgang die Auffassung des Finanzgerichts gebilligt, daß das vom Kläger veranstaltete rouletteartige Kugelspiel nach § 17 RennwLottG steuerpflichtig sei; er hatte das angefochtene Urteil aber aufgehoben, weil es Fehler bei der Höhe der festzusetzenden Steuer enthielt. Im zweiten Rechtsgang legte der Senat[5] dar, seine Ansicht, das vom Kläger veranstaltete Spiel sei steuerpflichtig, habe das Finanzgericht gebunden, das (erste) revisionsgerichtliche Urteil werde von dieser Rechtsansicht getragen; die Auffassung, das Spiel falle unter § 17 RennwLottG, habe also im Sinne des § 296 Abs. 4 AO a. F. der Aufhebung des angefochtenen Urteils zugrunde gelegen. Diese Ausführungen sind nur zutreffend, wenn auch der mittelbare Aufhebungsgrund an der bindenden Wirkung teilnimmt. Unmittelbar beruhte die Aufhebung der finanzgerichtlichen Entscheidung nur darauf, daß sie Fehler bei der Ermittlung der Höhe der Steuer enthielt. Die Auffassung, das vom Kläger veranstaltete Spiel sei lotteriesteuerpflichtig, war die logische Voraussetzung der aus einem anderen Grund erfolgten Aufhebung; auf die Höhe der Steuer konnte es nur ankommen, wenn eine Steuerpflicht bestand. Der II. Senat des Bundesfinanzhofs vertrat damit, ohne es näher darzulegen (weil er seine Auffassung für selbstverständlich hielt), die weite Auslegung der Bindungsvorschrift, nach der die Vorinstanz auch an den mittelbaren Aufhebungsgrund gebunden ist. In gleicher Weise ist der IV. Senat[6] des Bundesfinanzhofs vorgegangen. Er hat ein Urteil des Finanzgerichts aufgehoben, weil es bei der Auslegung des § 22 GewStDV 1955 einen Fehler begangen habe. Im zweiten Rechtsgang war zweifelhaft geworden, ob diese Vorschrift verfassungsgemäß sei. Der IV. Senat[7] vertrat die Auffassung, diese Frage könne nicht mehr erörtert werden, da die Verfassungsmäßigkeit dieser Bestimmung (stillschweigend) im ersten Revisionsurteil bejaht worden sei und diese Beurteilung der Aufhebung der finanzgerichtlichen Entscheidung zugrunde liege. Auch der IV. Senat des Bundesfinanzhofs legt damit die Bindungsvorschrift weit aus. Unmittelbar ist das Urteil des Finanzgerichts aufgehoben worden, weil die Auslegung des § 22 GewStDV 1955

[3] Das gleiche gilt für die Rechtslehre. Lediglich Paulick, StbJb. 1964/65, S. 351 (390) hat, ohne dies näher darzulegen, darauf hingewiesen, daß auch die mittelbaren Aufhebungsgründe für das Finanzgericht bindend seien.

[4] BFH 99, 109 (110) = BStBl. II 1970, 574 ff.

[5] BFH 99, 109 (110) = BStBl. II 1970, 574 ff.; vgl. auch das Urteil desselben Senats vom 10. 7. 1963 — II 76/60 —, StRK Nr. 43 zu § 296 AO.

[6] BFH 101, 36 = BStBl. II 1971, 209.

[7] BFH 101, 36 (40) = BStBl. II 1971, 209 ff.

fehlerhaft war. Die Verfassungsmäßigkeit dieser Vorschrift war nur die logische Voraussetzung für die aus einem anderen Grunde erfolgte Aufhebung; ein Fehler bei der Auslegung einer Bestimmung kann nur erheblich sein, wenn die Vorschrift gültig ist.

Das Bundesverwaltungsgericht[8] hat demgegenüber erkannt, daß es problematisch sei, ob § 144 Abs. 6 VwGO nur eine Bindung an den unmittelbaren oder auch an den mittelbaren Aufhebungsgrund anordnet. Es hat sich der Ansicht angeschlossen, die die Bindung an die rechtliche Beurteilung bejaht, die der Aufhebung des angefochtenen Urteils mittelbar zugrunde liegt. Der III. Senat[9] des Bundesverwaltungsgerichts hat allerdings die Auffassung vertreten, das Gericht, an das die Sache zurückverwiesen werde, sei „an die der Aufhebung unmittelbar zugrunde liegende rechtliche Beurteilung des Bundesverwaltungsgerichts gebunden". Der Senat versteht aber in dieser Entscheidung unter dem Begriff „unmittelbar" etwas anderes als die Rechtsprechung und die Rechtslehre bei der Auslegung des § 565 Abs. 2 ZPO[10]. Er führt aus, die Vorinstanz sei an die tragenden Gründe des Revisionsurteils gebunden. Das ist etwas anderes als eine Bindung an den unmittelbaren Aufhebungsgrund, die sich darauf beschränkt, daß das Berufungsgericht den Fehler, dessentwillen sein Urteil aufgehoben worden ist, nicht wiederholen darf. Dies zeigt, besonders anschaulich, ein Urteil des VIII. Senats[11] des Bundesverwaltungsgerichts. Auch er ist der Ansicht, daß sich die Bindung auf alle Punkte erstrecke, die für die Aufhebung des angefochtenen Urteils „ursächlich (tragend)" gewesen seien. Hierzu gehören nach der Auffassung des Senats auch die den unmittelbaren Aufhebungsgründen vorhergehenden Gründe, jedenfalls insoweit, als diese die notwendige Voraussetzung für die unmittelbaren Aufhebungsgründe gewesen seien. Sei das angefochtene Urteil aus sachlich-rechtlichen Gründen aufgehoben worden, so sei das Berufungsgericht an die Beurteilung des Revisionsgerichts gebunden, daß alle unverzichtbaren Prozeßvoraussetzungen gegeben seien. Damit hat sich der VIII. Senat des Bundesverwaltungsgerichts klar und eindeutig der Meinung angeschlossen, nach der auch die mittelbaren Aufhebungsgründe an der Bindungswirkung teilnehmen. Diese Ansicht wird auch vom VI. Senat[12] des Bundesverwaltungsgerichts geteilt.

Auch er geht davon aus, daß die Bindung sich auf alle Punkte beziehe, die für die Aufhebung des ersten Urteils ursächlich (tragend) gewesen seien, und

[8] MDR 1973, 964.
[9] NJW 1966, 798.
[10] Vgl. S. 63 ff.
[11] MDR 1973, 964.
[12] JR 1967, 274 (275).

gelangt zu dem Ergebnis, daß dies auch bei den mittelbaren Aufhebungsgründen der Fall sei. Der Senat hatte das Berufungsurteil aufgehoben, weil die Ausführungen über die Rücknahme eines begünstigenden Verwaltungsaktes fehlerhaft seien. Am Ende der Entscheidung hat der Senat ausgeführt, auf diesem Fehler beruhe das angefochtene Urteil, weil dem Kläger nicht ohne weiteres ein Unterhaltsbeitrag gebühre, die Rücknahme der Bewilligungsbescheide also auch aus diesem Grunde nicht ohne weiteres unzulässig sei. Der Senat war im zweiten Rechtsgang der Auffassung, auch diese Ausführungen hätten der Aufhebung des angefochtenen Urteils im ersten Rechtsgang zugrunde gelegen; anderenfalls hätte er das angefochtene Urteil nicht aufgehoben, sondern, wenn auch aus einem anderen Grund, bestätigt. Diese Erwägung ist nur zutreffend, wenn auch der mittelbare Aufhebungsgrund bindende Wirkung hat. Denn unmittelbar ist das Berufungsurteil nur aufgehoben, weil seine Ausführungen zur Rücknahme eines begünstigenden Verwaltungsaktes rechtsirrtümlich waren. Dieser Fehler wäre allerdings im Ergebnis ausgeglichen worden, wenn der VI. Senat des Bundesverwaltungsgerichts angenommen hätte, dem Kläger gebühre ein Unterhaltsbeitrag. Die gegenteilige Ansicht liegt daher mittelbar der Aufhebung des ersten Berufungsurteils zugrunde. Nach der engen Auslegung der Bindungsvorschrift darf demgegenüber das Berufungsgericht nur den Fehler, den es bei der Rücknahme eines begünstigenden Verwaltungsaktes gemacht hat, nicht erneut begehen; es ist aber bei der Frage, ob dem Kläger ein Unterhaltsbeitrag gebühre, nicht an die Auffassung des Revisionsgerichts gebunden. Das Berufungsgericht[13], das § 144 Abs. 6 VwGO in dieser Weise ausgelegt hatte, hat damit aber nicht die Billigung des VI. Senats des Bundesverwaltungsgerichts gefunden. Dieser hat die enge Auslegung dieser Vorschrift abgelehnt, eine Bindung des Berufungsgerichts auch an die revisionsgerichtlichen Ausführungen über den Unterhaltsbeitrag bejaht, das zweite Berufungsurteil aus diesem Grunde aufgehoben und die Sache an einen anderen Senat des Berufungsgerichts zurückverwiesen.

Das Bundessozialgericht hat zu der Frage, ob nach § 170 Abs. 4 SGG nur der unmittelbare oder auch der mittelbare Aufhebungsgrund bindende Wirkung habe, nicht ausdrücklich Stellung genommen. In einem Urteil des 6. Senats[14] sind allerdings Ausführungen enthalten, die für eine enge Auslegung der Bindungsvorschrift sprechen. Die rechtliche Beurteilung des Revisionsgerichts, heißt es dort, binde nur insoweit, als sie zur Aufhebung des Urteils geführt habe. Das Berufungsgericht dürfe die vom Revisionsgericht gerügten Fehler, die zur Aufhebung geführt hätten, nicht wieder-

[13] Vgl. BVerwG, JR 1967, 274 (275).
[14] MDR 1966, 90.

holen, im übrigen sei es frei. In dieser Entscheidung kam es aber auf die Frage, ob nur der unmittelbare oder auch der mittelbare Aufhebungsgrund bindend sei, nicht an. Die Ausführungen waren nur beiläufiger Natur. In einem anderen Urteil hat der 3. Senat[15] des Bundessozialgerichts unter Bezugnahme auf BGHZ 3, 321 ebenfalls dargelegt, im Verfahren vor den Sozialgerichten sei in gleicher Weise wie im Zivilprozeß der Sinn der Zurückverweisung darin zu sehen, daß das Berufungsgericht die vom Revisionsgericht gerügten Fehler, die zur Aufhebung seines Urteils geführt hätten, nicht wiederholen dürfe, daß es aber im übrigen in der Entscheidung frei sei. Später wird aber in dem Urteil[16] auf die tragenden Gründe des ersten revisionsgerichtlichen Urteils abgestellt und die Ansicht vertreten, das Berufungsgericht sei für den (im ersten Revisionsurteil offen gelassenen) Fall, daß das für den Begriff der Bundesunmittelbarkeit in Art. 87 Abs. 2 GG verwendete Abgrenzungsmerkmal des Zuständigkeitsbereichs rein territorial zu verstehen sei, an die Auffassung des Revisionsgerichts gebunden, eine verhältnismäßig geringfügige Grenzüberschreitung dürfe nicht zu der Feststellung führen, daß die klagende Krankenkasse bundesunmittelbar sei. Das erste Revisionsurteil des 3. Senats ist nicht veröffentlicht. So kann nicht mit Sicherheit gesagt werden, ob (auch) diese Ausführungen des Revisionsgerichts unmittelbar die Aufhebung des ersten Berufungsurteils herbeigeführt haben. Es ist möglich, daß dies nicht der Fall ist. Hierfür spricht, daß der 3. Senat des Bundessozialgerichts annimmt, das Berufungsgericht habe insoweit einer „bedingten Bindung“[17] unterlegen, nämlich einer Bindung, die nur eintrete, wenn es den Zuständigkeitsbereich territorial und nicht funktionell verstehe. Eine klare Stellungnahme des Bundessozialgerichts zu dem streitigen Problem, ob § 170 Abs. 4 SGG eng oder weit auszulegen ist, steht demnach noch aus.

Im ersten Teil der Arbeit[18] ist dargelegt, weshalb der Ansicht zuzustimmen ist, daß nur der unmittelbare Aufhebungsgrund bindende Wirkung hat. Die Vorinstanz darf den Fehler, den sie im ersten Rechtsgang begangen und der unmittelbar zur Aufhebung ihres Urteils geführt hat, im zweiten Rechtsgang nicht wiederholen, weil das Revisionsgericht seine Rechtsansicht sonst nicht durchsetzen und damit die ihm übertragenen Aufgaben nicht erfüllen kann. Im übrigen muß die Vorinstanz frei sein. Die Gründe, die für diese enge Auslegung des § 565 Abs. 2 ZPO und des § 358 Abs. 1 StPO sprechen, gelten in gleicher Weise für die Verfahren vor den Finanz-, Ver-

[15] BSGE 15, 127 (129).
[16] BSGE 15, 127 (130).
[17] BSGE 15, 127 (130).
[18] S. 87 ff.

waltungs- und Sozialgerichten. Es ergeben sich hier keine Besonderheiten. Die Mängel der weiten Auslegung zeigen sich auch hier. Sie ist einmal nicht praktikabel, weil oft nicht festzustellen ist, ob eine rechtliche Beurteilung des Revisionsgerichts mittelbar für die Aufhebung der angefochtenen Entscheidung (mit-)ursächlich gewesen ist. Dies zeigen auch die folgenden Fälle. Der IV. Senat[19] des Bundesfinanzhofs hob das Urteil des Finanzgerichts auf, weil keine Feststellungen darüber getroffen seien, ob es sich bei der Leibrente um eine dauernde Last i. S. d. § 10 Abs. 1 Nr. 1 EStG handele, und machte dann Ausführungen zu der Abgrenzung einer solchen Last von einer Unterhaltsrente. Es liegt insoweit nur ein unverbindlicher Hinweis vor. In der Rechtslehre[20] wird aber die Auffassung vertreten, diese Darlegungen beträfen den Aufhebungsgrund, nähmen also (bei der weiten Auslegung des § 126 Abs. 5 FGO) an der bindenden Wirkung teil. Das Oberverwaltungsgericht war als Berufungsgericht der Ansicht, es sei an die Ausführungen des Revisionsgerichts zu der Frage, ob dem Kläger ein Unterhaltsbeitrag gebühre, nicht gebunden; der VI. Senat[21] des Bundesverwaltungsgerichts hat das Urteil jedoch aus diesem Grunde aufgehoben und die Sache an einen anderen Senat zurückverwiesen. Auch der 6. Senat[22] des Bundessozialgerichts mußte im zweiten Rechtsgang klären, welches die tragenden Gründe seines ersten Urteils gewesen seien. Die Vorinstanz muß aber dem (ersten) revisionsgerichtlichen Urteil ohne Schwierigkeiten entnehmen können, inwieweit sie in ihrer Entscheidung gebunden und inwieweit sie frei ist; hiervon hängt die weitere Behandlung der Sache ab. Die Gewähr hierfür ist nur gegeben, wenn ausschließlich der unmittelbare Aufhebungsgrund bindende Wirkung hat. Hier steht fest, welchen Fehler die Vorinstanz begangen hat. Diesen Fehler darf sie nicht wiederholen. Im übrigen ist sie frei.

Die weite Auslegung der Bindungsvorschrift hat vor allem den Nachteil, daß die Fehlerquellen bei ihr größer sind als bei der engen Auslegung; dies kann dazu führen, daß im zweiten Rechtsgang keine sachgerechte Entscheidung getroffen werden kann. In dem Fall[23], in dem es um die Lotteriesteuerpflicht des Klägers ging, war das Finanzgericht bei der weiten Auslegung des § 126 Abs. 5 FGO an die inzwischen als verfehlt erkannte Ansicht[24] gebunden, das vom Kläger veranstaltete Kugelspiel falle unter § 17

[19] BFH 86, 807 (809) = BStBl. III 1966, 679 f.
[20] Martens, FR 1969, 373 (374).
[21] JR 1967, 274.
[22] MDR 1966, 90.
[23] BFH 99, 109 = BStBl. II 1970, 574.
[24] Vgl. BFH 93, 388 = BStBl. II 1968, 829.

RennwLottG. In dem Rechtsstreit[25], in dem es sich um die Anwendung des § 22 GewStDV 1955 handelte, ist die Verfassungsmäßigkeit dieser Bestimmung nicht geprüft worden. Im ersten Rechtsgang war die Frage nicht erörtert worden, weil sie nicht gesehen, im zweiten konnte sie nicht erörtert werden, weil eine Bindung eingetreten war. In der Sache war das Finanzgericht im zweiten Rechtsgang an eine rechtliche Beurteilung des Bundesfinanzhofs gebunden, die nicht stattgefunden hatte[26]. Die enge Auslegung der Bindungsvorschrift vermeidet diese Mängel. Ihr ist also auch für die Verfahren vor den Finanz-, den Verwaltungs- und den Sozialgerichten der Vorzug zu geben.

Ergebnis

Der Bundesfinanzhof hat das Problem, ob § 126 Abs. 5 FGO nur eine Bindung an den unmittelbaren oder auch an den mittelbaren Aufhebungsgrund anordnet, nicht erkannt; er geht, als selbstverständlich, von der weiten Auslegung der Bindungsvorschrift aus. Das Bundesverwaltungsgericht hat die Problematik gesehen und sich für die weite Auslegung des § 144 Abs. 6 VwGO entschieden. Der Auffassung des Bundesfinanzhofs und des Bundesverwaltungsgerichts ist nicht zuzustimmen. Die Gründe, die bei der Auslegung des § 565 Abs. 2 ZPO und des § 358 Abs. 1 StPO für die enge Auslegung sprechen, führen auch hier zu dem Ergebnis, daß die Vorinstanz nur an den unmittelbaren Aufhebungsgrund gebunden ist. Für das finanz- und das verwaltungsgerichtliche Verfahren ergeben sich keine Besonderheiten. Die Vorinstanz darf also den Fehler, den sie im ersten Rechtsgang begangen hat und dessentwillen ihr Urteil aufgehoben ist, im zweiten Rechtsgang nicht wiederholen, im übrigen ist sie frei. Nur diese Auffassung ist praktikabel, nur sie gewährleistet eine sachgerechte Entscheidung. Das Bundessozialgericht hat zu dem streitigen Problem bisher noch nicht eindeutig Stellung genommen; auch hier ist die enge Auslegung der Bindungsvorschrift vorzuziehen.

II. Die Bindung an die der Zurückverweisung zugrunde liegende rechtliche Beurteilung

Nach dem Wortlaut des § 565 Abs. 2 ZPO ist das Berufungsgericht nur an die rechtliche Beurteilung des Revisionsgerichts gebunden, auf der die

[25] BFH 101, 36 = BStBl. II 1971, 209.
[26] Vgl. Gräber, DStR 1971, 620 (622).

Aufhebung seines Urteils beruht. In der Regel wird der Fehler, der zur Aufhebung des Urteils geführt hat, auch der Zurückverweisung der Sache zugrunde liegen. Aufhebungsgrund und Zurückverweisungsgrund können aber auseinanderfallen[27]. Das klassische Beispiel hierfür bietet der Fall, in dem das Revisionsgericht[28] das Berufungsurteil aufgehoben hatte, weil es die Klageforderung rechtsirrig 10 (RM) : 1 (DM) und nicht 10 : 0,65 umgestellt hatte, und die Sache zurückverwiesen worden war, damit aufgeklärt werde, ob die verklagte Bank, die sich mit ihrer Zahlungsverpflichtung im Schuldnerverzug befunden habe, der Klägerin hierdurch einen Schaden zugefügt habe, der möglicherweise darin liege, daß die Forderung jetzt nur 10 : 0,65 umgestellt worden sei. Aufgehoben war das Berufungsurteil wegen der fehlerhaften Behandlung der Umstellung. Zurückverwiesen war die Sache, damit festgestellt werde, ob und gegebenfalls welchen Verzugsschaden die Klägerin erlitten habe. Das Berufungsgericht hatte diese Feststellung nicht getroffen, weil es im Gegensatz zum ersten Revisionsurteil, ohne daß sich der Sachverhalt geändert hatte, der Ansicht war, die Beklagte habe sich nicht im Verzug befunden; sie habe nicht schuldhaft gehandelt. Der Bundesgerichtshof[29] hat hierin im zweiten Rechtsgang keinen Verstoß gegen § 565 Abs. 2 ZPO gesehen. Er hat vielmehr ausgeführt, die rechtliche Beurteilung, die ausschließlich der Zurückverweisung zugrunde liege, habe keine bindende Wirkung.

Im ersten Teil dieser Arbeit[30] ist dargelegt, daß das Berufungsgericht über den Wortlaut des § 565 Abs. 2 ZPO hinaus nach dem Sinn und Zweck dieser Vorschrift auch an die Zurückverweisungsgründe gebunden ist. Es muß also die Feststellung treffen, deren Fehlen zur Zurückverweisung der Sache geführt hat. Das Berufungsgericht hätte also ermitteln müssen, ob die Klägerin einen Schaden erlitten habe und wie hoch dieser gegebenenfalls sei. Im übrigen ist es aber frei. Es ist nicht an die Auffassung gebunden, auf Grund deren das Revisionsgericht zu der Auffassung gelangt ist, daß die fehlenden Feststellungen erforderlich seien; der — mittelbare — Zurückverweisungsgrund nimmt an der Bindungswirkung nicht teil. Das Berufungsgericht war also nicht an die Ansicht des Revisionsgerichts gebunden, die Beklagte sei in Verzug geraten. Diese Auffassung hat den Nachteil, daß das Berufungsgericht eine Beweisaufnahme (über die Höhe des Verzugsschadens) durchführen muß, die von seinem Standpunkt aus (es liege kein Verzug vor) überflüssig ist. Sie hat aber den Vorteil, daß das Revisions-

[27] Vgl. S. 135 ff.
[28] OGHZ 4, 177.
[29] LM Nr. 3 zu § 675 BGB.
[30] S. 139 ff.

gericht, wenn es im zweiten Rechtsgang, was in der Regel der Fall sein wird, an seiner früheren rechtlichen Beurteilung (die Beklagte sei in Verzug geraten) festhält, nunmehr eine Endentscheidung treffen kann und nicht gezwungen ist, die Sache wiederum an das Berufungsgericht zurückzuverweisen.

Die Gründe, die zu einer derartigen Bindung an die revisionsgerichtliche Würdigung geführt haben, gelten in gleicher Weise im Verfahren vor den Finanzgerichten. Hier spricht für diese Auslegung überdies auch der Wortlaut der Bindungsvorschrift, da § 126 Abs. 5 FGO wie § 296 Abs. 4 AO a. F. auszulegen ist[31] und das Finanzgericht hiernach seiner Entscheidung die rechtliche Beurteilung zugrunde zu legen hat, auf der die Aufhebung und die Rückverweisung beruhen. Diese unterschiedliche Fassung hat der Gesetzgeber bewußt gewählt. In § 274 Abs. 4 des Entwurfs[32] einer Reichsabgabenordnung war eine Vorschrift enthalten, die den gleichen Wortlaut hatte wie § 565 Abs. 2 ZPO. In den Beratungen der Deutschen Nationalversammlung wurde aber darüber hinausgehend auch eine Bindung an die Gründe vorgesehen, die der Zurückverweisung zugrunde liegen. In Absatz 4, heißt es in dem Ausschußbericht[33], würden den Gründen für die Aufhebung der angefochtenen Entscheidung die Gründe für die Rückverweisung gleichgestellt. Es solle vermieden werden, daß die untere Instanz den zufälligen Umstand, daß die obere einen Teil ihrer Rechtsausführungen nicht mit der Aufhebung, sondern mit der Rückverweisung verbunden habe, von der unteren Instanz zur Außerachtlassung dieses Teiles der rechtlichen Beurteilung ausnütze. Der Bundesfinanzhof hat zwar in keiner Entscheidung ausdrücklich dargelegt, die Finanzgerichte seien auch an die rechtliche Beurteilung gebunden, die nicht der Aufhebung des Urteils, sondern ausschließlich der Zurückverweisung der Sache zugrunde lägen. Er hat aber ausgeführt[34], daß jede abschließende rechtliche Beurteilung, die der Bundesfinanzhof getroffen habe, auch für den zweiten Rechtsgang bindend sei, ohne daß es darauf ankomme, inwieweit „diese rechtliche Beurteilung zur Aufhebung und (oder) zur Zurückverweisung geführt" habe. Er geht also davon aus, daß, falls keine derartige abschließende Beurteilung stattgefunden habe, eine Bindung eintrete, wenn sie „zur Aufhebung und (oder) zur Zurückverwei-

[31] Vgl. die Begründung zu dem Entwurf einer Finanzgerichtsordnung, Bundestags-Drucksache IV/1446, S. 33 (57).

[32] Verhandlungen der Verfassungsgebenden Deutschen Nationalversammlung, Bd. 339, Anlage 1460 zu dem stenogr. Bericht, S. 1467.

[33] Verhandlungen der Verfassungsgebenden Deutschen Nationalversammlung, Bd. 339, Anlage 1460 zu dem stenogr. Bericht, S. 1405.

[34] BFH 95, 372 (375) = BStBl. II 1969, 447 ff.

sung geführt“ habe; es genügt hiernach also die Beurteilung, die lediglich („oder“) der Zurückverweisung zugrunde liegt.

Ein Beispiel für einen solchen Fall enthält gerade das Urteil[35], in dem die oben wiedergegebenen Ausführungen gemacht worden sind. Das finanzgerichtliche Urteil hätte aus zwei Gründen aufgehoben werden können. Das Finanzgericht hatte einmal nicht festgestellt, ob die wegen des fehlenden Buchnachweises nachgeforderte Steuer aus Billigkeitsgründen erlassen worden sei; war dies der Fall, dann lag nach der Ansicht des V. Senats des Bundesfinanzhofs keine neue Tatsache i. S. d. § 222 Abs. 1 Nr. 1 AO vor, die eine Berichtigung des Steuerbescheides rechtfertigte. Das Finanzgericht hatte weiter nicht geprüft, ob ein Ausnahmefall vorlag, der eine Wiederaufrollung des ganzen Falles nach Treu und Glauben verbot. Der V. Senat[36] hat das finanzgerichtliche Urteil nicht, was nahe gelegen hätte, aus beiden Gründen, sondern nur wegen des zweiten Punktes aufgehoben und die andere (vorrangige) Beurteilung lediglich der Zurückverweisung zugrunde gelegt (die somit aus beiden Erwägungen ausgesprochen wurde). Die Vorinstanz mußte hier feststellen, ob die Steuer, die wegen des fehlenden Buchnachweises nachgefordert wurde, aus Billigkeitsgründen erlassen war; das Fehlen dieser Feststellungen lag der Zurückverweisung der Sache unmittelbar zugrunde. Hatte das Finanzgericht diese Feststellungen getroffen, dann konnte es aber, im Gegensatz zur Auffassung des V. Senats des Bundesfinanzhofs, die Ansicht vertreten, der Billigkeitserlaß hindere nicht, den fehlenden Buchnachweis als neue Tatsache anzusehen, die eine Berichtigung des Steuerbescheides nach § 222 Abs. 1 Nr. 1 AO erlaube. Auf dieser Beurteilung beruhte die Zurückverweisung nur mittelbar. Das Finanzgericht hat zwar eine Beweisaufnahme durchgeführt, die von seinem Standpunkt aus überflüssig war. Sie ist aber nach der rechtlichen Beurteilung des Bundesfinanzhofs erheblich; dieser kann dann, wenn er an seiner früheren Rechtsansicht festhält, im zweiten Rechtsgang eine Endentscheidung treffen, da der Sachverhalt, auf den es nach seiner Auffassung ankommt, nunmehr geklärt ist. Mit Recht hat daher das Finanzamt[37] in der von ihm eingelegten Revision ausgeführt, das Finanzgericht sei nicht an die rechtliche Würdigung des Bundesfinanzhofs gebunden, im Falle eines Billigkeitserlasses sei das Fehlen des Buchnachweises keine neue Tatsache, die für die Berichtigung des Steuerbescheides ausreiche.

Der V. Senat des Bundesfinanzhofs hat allerdings eine Bindungswirkung bejaht. Er hat sie jedoch nicht darauf gestützt, daß seine rechtliche Beurtei-

[35] BFH 95, 372 = BStBl. II 1969, 447.
[36] BFH 95, 372 (373) = BStBl. II 1969, 447 ff.
[37] Vgl. BFH 95, 372 (374) = BStBl. II 1969, 447 ff.

lung insoweit der Zurückverweisung zugrunde gelegen habe. Er ist vielmehr der (später zu behandelnden) Auffassung, eine abschließende Beurteilung durch den Bundesfinanzhof binde das Finanzgericht auch dann, wenn sie weder der Aufhebung noch der Zurückverweisung zugrunde liege. Einer solchen Begründung hätte es aber nicht bedurft, wenn der Senat der Ansicht gewesen wäre, seine Auffassung von den Auswirkungen des Billigkeitserlasses auf die Berichtigung des Steuerbescheides habe der Zurückverweisung der Sache mittelbar zugrunde gelegen und auch die mittelbaren Zurückverweisungsgründe nähmen an der Bindungswirkung teil.

Das Bundesverwaltungs- und das Bundessozialgericht haben zwischen der rechtlichen Beurteilung, die der Aufhebung oder (ausschließlich) der Zurückverweisung zugrunde liegt, nicht ausdrücklich unterschieden[38]. Der VI. Senat[39] des Bundesverwaltungsgerichts hat aber ausgeführt, es sei — wie im Verfahren vor den Zivilgerichten — die rechtliche Beurteilung bindend, auf der die Aufhebung des angefochtenen Urteils beruhe, und der 3. Senat[40] des Bundessozialgerichts hat dargelegt, § 170 Abs. 4 SGG sei insoweit wie § 565 Abs. 2 ZPO auszulegen. Da nach der in dieser Arbeit vertretenen Ansicht das Berufungsgericht im Zivilprozeß auch an die rechtliche Beurteilung gebunden ist, auf der die Zurückverweisung der Sache unmittelbar beruht, muß diese Regelung auch im Verfahren vor den Verwaltungs- und Sozialgerichten gelten.

Ergebnis

Im Verfahren vor den Finanz-, Verwaltungs- und Sozialgerichten ist die Vorinstanz auch an die rechtliche Beurteilung des Revisionsgerichts gebunden, die (nicht der Aufhebung des angefochtenen Urteils, sondern ausschließlich) der Zurückverweisung der Sache zugrunde liegt. Die Vorinstanz muß — in gleicher Weise wie im Zivil- und Strafprozeß — die Feststellungen treffen, deren Fehlen das Revisionsgericht veranlaßt hat, die Sache zurückzuverweisen. Im übrigen ist die Vorinstanz frei; sie ist also nicht an die

[38] Der VIII. Senat des Bundesverwaltungsgerichts, MDR 1973, 964, geht offenbar, als selbstverständlich, davon aus, daß zwischen dem Aufhebungsgrund und dem Zurückverweisungsgrund kein Unterschied besteht; obwohl er die Frage klären wollte, ob neben dem unmittelbaren auch der mittelbare Aufhebungsgrund an der Bindungswirkung des § 144 Abs. 6 VwGO teilnimmt, heißt es in seiner Entscheidung, die Bindung erstrecke sich danach auf die den unmittelbaren „Zurückverweisungsgründen" vorhergehenden Gründe ...

[39] JR 1967, 274 (275).

[40] BSGE 15, 127 (129); vgl. auch BSG, MDR 1966, 90.

Auffassung gebunden, auf der die Zurückverweisung mittelbar beruht. Sie kann daher, nachdem sie die nach der Ansicht des Revisionsgerichts erforderlichen Tatsachen festgestellt hat, ein Urteil erlassen, wonach es auf diese Tatsachen nicht ankommt. Sie hat dann eine Beweisaufnahme durchgeführt, die von ihrem Standpunkt aus überflüssig ist. Nach der Rechtsauffassung des Revisionsgerichts ist sie aber erheblich. Dieses kann dann im zweiten Rechtsgang, wenn es an seiner früheren Ansicht festhält, eine Endentscheidung treffen; es ist nicht gezwungen, die Sache wiederum zurückzuverweisen.

III. Die Bindung durch eine abschließende Beurteilung des Revisionsgerichts

1. Das Problem

Die bisherigen Ausführungen haben ergeben, daß die Vorinstanz den Fehler, den sie im ersten Rechtsgang gemacht und dessentwillen ihr Urteil aufgehoben worden ist, im zweiten Rechtsgang nicht wiederholen darf. Sie muß weiterhin die Feststellungen treffen, deren Fehlen zur Zurückverweisung der Sache geführt hat. Sie ist also an den unmittelbaren Aufhebungsgrund und an den unmittelbaren Zurückverweisungsgrund gebunden. Der Bundesfinanzhof nimmt darüber hinaus eine weitere Bindung der Vorinstanz an. Er führt damit die Rechtsprechung des Reichsfinanzhofs fort. Dieser hatte in den sog. Punktesachen eine stärkere Bindung der Vorinstanz bejaht. Hierbei handelt es sich um Sachen[41], die aus mehreren Streitpunkten bestehen, welche jeweils eine gewisse Selbständigkeit haben. Sie liegen z. B. vor, wenn der gewerbliche Gewinn, die Einkünfte aus Vermietung und Verpachtung und die Einkünfte aus dem Kapitalvermögen streitig sind. Sei die Rechtsbeschwerde, hat der Reichsfinanzhof[42] in ständiger Rechtsprechung entschieden, in einzelnen Punkten begründet, in anderen aber eine nochmalige Prüfung erforderlich, dann habe sich die Vorinstanz nach der Zurückverweisung der Sache nur mit den noch als streitig bezeichneten Fragen zu befassen. Die Bindung nach § 296 Abs. 4 AO an die rechtliche Beurteilung des Reichsfinanzhofs beziehe sich auch auf die Feststellung, daß die Rechtsbeschwerde in den anderen Punkten unbegründet und damit erledigt sei. Einem Steuerpflichtigen könne nicht gestattet werden, im zweiten Rechtsgang auf die Punkte zurückzukommen, die nach dem ersten revisions-

[41] Vgl. Zitzlaff, StuW 1942, 125 (127).

[42] RStBl. 1941, 971 = Mrozek-Kartei Nr. 9 zu § 296 Abs. 4 AO 1931; vgl. auch RFH, Mrozek-Kartei Nr. 5 zu § 46 AO 1919.

gerichtlichen Urteil als einwandfrei behandelt worden seien. Insoweit habe eine abschließende Beurteilung stattgefunden.

Dieser Auffassung hat sich der IV. Senat[43] des Bundesfinanzhofs in einer Sache angeschlossen, in der u. a. streitig war, wie ein Zuschuß nach § 7 c EStG zu behandeln sei. Der IV. Senat hatte im ersten Rechtsgang in Übereinstimmung mit dem Finanzgericht die Ansicht vertreten, der Zuschuß stelle keine Betriebsausgabe dar. Er hatte das angefochtene Urteil aber wegen der damals gesetzlich noch nicht geregelten Ehegattenbesteuerung aufgehoben und die Sache aus diesem Grunde zurückverwiesen. Im zweiten Rechtsgang begehrte der Steuerpflichtige wiederum die Gewährung der Vergünstigung nach § 7 c EStG. Das Finanzgericht ging hierauf nicht ein, weil es der Meinung war, die Steuervergünstigung sei auf Grund des ersten Urteils des IV. Senats endgültig versagt; die Sache sei lediglich wegen der Ehegattenbesteuerung zurückverwiesen worden. Der IV. Senat des Bundesfinanzhofs hat diese Auffassung gebilligt. Die Beteiligten dürften bei Beanstandungen nur von Teilen der Vorentscheidung nach der Zurückverweisung auf die nicht beanstandeten Punkte nicht zurückkommen, da die Rechtsbeschwerdeinstanz die angefochtene Entscheidung in diesem Umfange als zutreffend erkannt habe. Die Bindung der Tatsachengerichte beziehe sich, hat der IV. Senat[44] des Bundesfinanzhofs im Anschluß an die Rechtsprechung des Reichsfinanzhofs ausgeführt, auch auf diesen Ausspruch der Rechtsbeschwerdeinstanz, da die Rechtsbeschwerde in den nicht beanstandeten Punkten unbegründet und insoweit erledigt sei. In einer späteren Entscheidung hat der IV. Senat diese Ansicht bestätigt. Er halte, hat er dargelegt[45], auch nach erneuter Prüfung an ihr fest; wenn in einer sog. Punktesache im ersten Rechtsgang vom Bundesfinanzhof über bestimmte Streitpunkte abschließend befunden worden sei, komme wegen dieser Streitpunkte eine Rückverweisung nicht in Betracht.

Der V. Senat[46] des Bundesfinanzhofs ist über diese Rechtsprechung noch hinausgegangen. Er hat eine abschließende Beurteilung in einer Sache angenommen, in der es sich nicht um eine Punktesache handelte. Der Senat hatte in Übereinstimmung mit dem Finanzgericht entschieden, daß der Freibetrag des § 7 a UStG 1951 einer nach außen hin auftretenden Anwaltsgemeinschaft nicht nach der Zahl der an ihr beteiligten Rechtsanwälte mehrmals, sondern nur einmal gewährt werden könne. Er hatte die Sache jedoch an die Vorinstanz zurückverwiesen, damit festgestellt werden, ob

[43] BFH 67, 127 = BStBl. III 1958, 320.
[44] BFH 67, 127 (129 ff.) = BStBl. III 1958, 320 ff.
[45] BFH 71, 671 (674, 675) = BStBl. III 1960, 499 (500).
[46] BFH 91, 509 = BStBl. II 1968, 382.

bestimmte Entgelte aus den in der Umsatzsteuererklärung angegebenen Umsätzen auszuscheiden seien, weil sie nicht aus der Unternehmertätigkeit der Anwaltsgemeinschaft, sondern einzelner ihrer Mitglieder herrührten. In der zweiten Entscheidung, in der es um die Zulassung der Revision ging, führte der Senat[47] aus, die oben wiedergegebenen Fragen seien im ersten Rechtsgang abschließend behandelt worden. Es hätten im zweiten Rechtsgang nur noch Feststellungen darüber getroffen werden können, ob einzelne Umsätze nicht der Beschwerdeführerin, sondern deren Mitgliedern zuzurechnen seien.

Grundlegend ist vor allem die Entscheidung des V. Senats[48] des Bundesfinanzhofs vom 17. April 1969. Der Senat hatte im ersten Urteil die Auffassung vertreten, das Fehlen des Buchnachweises sei dann keine neue Tatsache i. S. d. § 222 Abs. 1 Nr. 1 AO, die für eine Berichtigung des Steuerbescheides ausreiche, wenn die wegen des fehlenden Buchnachweises nachgeforderte Steuer später aus Billigkeitsgründen wieder erlassen worden sei. Der Senat hatte das angefochtene Urteil aber nicht aus diesem Grunde aufgehoben. Dies war ausschließlich aus einem anderen Grund, nämlich deswegen geschehen, weil das Finanzgericht nicht geprüft hatte, ob ein Ausnahmefall vorlag, der eine Wiederaufrollung des ganzen Falles nach Treu und Glauben verbot. Das Finanzgericht hatte im zweiten Rechtsgang festgestellt, die steuerlichen Auswirkungen des fehlenden Buchnachweises seien durch einen Billigkeitserlaß beseitigt worden; es hatte demgemäß das Vorliegen einer neuen Tatsache, die die Berichtigung der Veranlagung rechtfertige, verneint. Das Finanzamt legte gegen diese Entscheidung Revision ein und führte in ihr u. a. aus, das Finanzgericht sei nicht an die rechtliche Beurteilung des V. Senats des Bundesfinanzhofs gebunden, eine neue Tatsache i. S. d. § 222 Abs. 1 Nr. 1 AO liege nicht vor, wenn die wegen des fehlenden Buchnachweises nachgeforderte Steuer aus Billigkeitsgründen erlassen worden sei; denn aus diesem Grund sei das erste Urteil des Finanzgerichts nicht aufgehoben worden. Der V. Senat[49] bejahte jedoch auch insoweit eine Bindung des Finanzgerichts. Jede abschließende rechtliche Beurteilung, die der Bundesfinanzhof bei der Aufhebung oder Zurückverweisung getroffen habe, sei für das Finanzgericht bindend, ohne daß es darauf ankomme, inwieweit sie zur Aufhebung oder zur Zurückverweisung geführt habe. In dem Leitsatz der Entscheidung heißt es demgemäß, die Bindung des Finanzgerichts erstrecke sich bei aufhebenden Urteilen nicht nur auf die der Aufhebung zugrunde liegende, „sondern auch auf die anläßlich der

[47] BFH 91, 509 (510) = BStBl. II 1968, 382.
[48] BFH 95, 372 = BStBl. II 1969, 447.
[49] BFH 95, 372 (375) = BStBl. II 1969, 447 ff.

Zurückverweisung vom Bundesfinanzhof vertretene rechtliche Beurteilung". Die Bindung, die auf diese Weise herbeigeführt wird, ist sehr weitgehend. Eine abschließende Beurteilung wird in fast allen Fällen vorliegen, in denen der Bundesfinanzhof Rechtsausführungen des Finanzgerichts billigt; im zweiten Rechtsgang kann dann auf Revisionsrügen, die der Bundesfinanzhof für unbegründet gehalten hat, nicht mehr eingegangen werden. Darüber hinaus kann, wie die Entscheidung des V. Senats zeigt, eine abschließende Beurteilung auch dann erfolgen, wenn der Bundesfinanzhof eine andere Rechtsauffassung als das Finanzgericht vertritt, diese rechtliche Beurteilung aber für die Aufhebung und die Zurückverweisung der Sache nicht ursächlich gewesen ist; es genügt eine „anläßlich" der Aufhebung oder „anläßlich" der Zurückverweisung vertretene Auffassung[50]. Erforderlich ist ausschließlich, daß eine Rechtsfrage abschließend beantwortet ist.

Der V. Senat des Bundesfinanzhofs hat sich damit, ohne darauf hinzuweisen, der Ansicht angeschlossen, die früher der III. Zivilsenat[51] des Reichsgerichts vertreten hatte. Habe das Revisionsgericht, hatte dieser Senat entschieden, eine bestimmte Frage bereits abschließend bejaht, dann stehe es dem Berufungsgericht nicht zu, ihre Beantwortung in Zweifel zu ziehen. Der III. Zivilsenat[52] hat diese Rechtsprechung aber später aufgegeben und ausgeführt, die Meinung, daß neben der Bindung des Berufungsgerichts an die Beurteilung des Revisionsgerichts wegen der Punkte, deren rechtsirrtümliche Würdigung die Aufhebung herbeigeführt habe, noch eine fernere Beschränkung des weiteren Verfahrens stattfinde, die sich auf alles von dem Revisionsgericht „abschließend" Gewürdigte beziehe, könne nicht aufrechterhalten werden. Damit hatten alle Senate des Reichsgerichts eine Bindung des Berufungsgerichts wegen einer abschließenden Beurteilung des Revisionsgerichts abgelehnt. Dem ist der Bundesgerichtshof gefolgt[53]. Das Bundesarbeits-, das Bundesverwaltungs- und das Bundessozialgericht haben zu dieser Frage bisher nicht ausdrücklich Stellung genommen; sie haben aber in keiner Entscheidung das Recht in Anspruch genommen, die Vorinstanz durch eine abschließende Beurteilung an ihre Rechtsauffassung zu binden, die nicht zur Aufhebung oder zur Zurückverweisung geführt hat. Der Bundesfinanzhof steht also mit seiner Ansicht allein[54].

[50] BFH 95, 372 = BStBl. II 1969, 447.

[51] RGZ 90, 23 (26); RGZ 91, 134 (136); RG, Markenschutz und Wettbewerb 1918/19, 33 (34).

[52] RG, DR 1942, 1237 (1239).

[53] Vgl. S. 161 f.

[54] Die Rechtslehre ist dieser Rechtsprechung weitgehend gefolgt; vgl. Grimm, Festschrift des Bundesfinanzhofs (1968), S. 126 (138 ff.); Jessen, NJW 1970, 183 (184); Kaatz, Anm. zu BFH, FR 1958, 471 (472); Kuehn, StuW 1952, 657 (658);

Der Unterschied der rechtlichen Betrachtungsweise ist von weittragender Bedeutung. Der Bundesgerichtshof[55] hat sich im Anschluß an die Rechtsprechung des Reichsgerichts für eine möglichst schwache Bindungswirkung seiner Urteile ausgesprochen. Das Berufungsgericht darf den Fehler, dessentwillen sein Urteil aufgehoben ist, im zweiten Rechtsgang nicht wiederholen; im übrigen ist es nicht gebunden. Das Bundesarbeits-[56] und das Bundesverwaltungsgericht[57] haben eine weitergehende Bindung angenommen; es soll auch die rechtliche Beurteilung bindend sein, die der Aufhebung des angefochtenen Urteils mittelbar zugrunde liegt. Der Bundesfinanzhof geht darüber hinaus. Alle Ausführungen sollen das Finanzgericht binden, die eine abschließende rechtliche Beurteilung des Revisionsgerichts darstellen; insoweit seien die Streitpunkte erledigt, sie gelangten nicht mehr in die Vorinstanz zurück. Damit hat der Bundesfinanzhof die Gegenposition zu der Auffassung des Bundesgerichtshofs bezogen. Vertritt dieser die Ansicht, die Bindung müsse so schwach wie möglich sein, so gibt der Bundesfinanzhof der Meinung den Vorzug, nach der die Bindung so stark wie möglich ist. Die Punktesachen, in denen sich die Bindung an eine abschließende Würdigung des Revisionsgerichts in besonders starkem Maße auswirkt, sind häufig. In den Anfechtungsklagen gegen Steuerbescheide werden in der Regel mehrere Punkte streitig sein. Das Finanzgericht ist dann im zweiten Rechtsgang an die rechtliche Beurteilung des Bundesfinanzhofs gebunden, soweit dieser die Behandlung eines Streitpunktes durch das Finanzgericht gebilligt hat; es kann also seine Rechtsauffassung nicht überprüfen. Eine Bindung tritt auch ein, wenn der Bundesfinanzhof eine andere Auffassung als das Finanzgericht vertreten hat und diese Beurteilung endgültig sein konnte, weil die festgestellten Tatsachen für eine abschließende Beurteilung dieser Frage ausreichten. Der Bundesfinanzhof[58] nimmt weiter die Befugnis, eine Rechtsfrage abschließend zu beantworten und damit zu erledigen, auch in Streitigkeiten in Anspruch, die keine Punktesachen sind. Damit wird das Schwergewicht des finanzgerichtlichen Verfahrens auf das Revisionsgericht verlagert. Das Finanzgericht ist im zweiten Rechtsgang im wesentlichen gebunden. Die

Kühn-Kutter, AO, 10. Aufl., § 126 FGO Anm. 3; Martens, FR 1969, 373 (376); Paulick, StbJb. 1964/65, 351 (391); Tipke-Kruse, AO, 6. Aufl., § 126 FGO A 6; v. Wallis-List, Hübschmann-Hepp-Spitaler, AO, 1.—6. Aufl., § 126 FGO Anm. 22; a. A. aber Dopatka, DStZ (Ausgabe A) 1959, 315; Greven, DStZ (Ausgabe A) 1958, 325; Laengner, Anm. zu BFH, NJW 1959, 1846 (1847); Tipke, Anm. zu BFH, FR 1958, 471 (472 ff.); Vangerow, StuW 1958, 550 (554 ff.).

[55] Vgl. S. 73 ff.

[56] Vgl. S. 77 ff.

[57] Vgl. S. 206 f.

[58] Vgl. vor allem BFH 95, 372 = BStBl. II 1969, 447.

Steuersache, in der ein Urteil des Reichsfinanzhofs ergehe, hat *Zitzlaff*[59] ausgeführt, sei in der Regel endgültig erledigt. Der Reichsfinanzhof spreche für den einzelnen Steuerfall das letzte Wort. Es gebe aber Fälle, in denen „die Vorbehörden" den Tatbestand nicht so aufgeklärt hätten, daß der Reichsfinanzhof entscheiden könne. In diesen Fällen müsse die Sache an das Finanzgericht zurückverwiesen werden, damit dieses nach Klärung des Tatbestandes in Durchführung der rechtlichen Auffassung des Reichsfinanzhofs entscheide. In diesen Fällen sei das Finanzgericht im wesentlichen nur ausführendes Organ des Reichsfinanzhofs. Dieser habe bereits endgültig gesprochen; nur die Durchführung im einzelnen sei dem Finanzgericht überlassen.

Die Auffassung steht im Gegensatz zur Rechtsprechung des Reichsgerichts und des Bundesgerichtshofs. Der Reichsfinanzhof und der Bundesfinanzhof haben sich hiermit aber niemals auseinandergesetzt. Es fragt sich, ob ihre Ansicht im finanzgerichtlichen Verfahren — anders als in den übrigen Gerichtsbarkeiten — zutreffend ist.

2. *Die Lösung*

a) Die Bindung nach § 126 Abs. 5 FGO

In den Entscheidungen des Reichsfinanzhofs[60] und des Bundesfinanzhofs[61], die sich mit der abschließenden rechtlichen Beurteilung befassen, heißt es, die rechtliche Beurteilung, die die Finanzgerichte gemäß § 296 Abs. 4 AO a. F. und § 126 Abs. 5 FGO binde, umfasse auch die Feststellung, daß das Rechtsmittel unbegründet und damit erledigt sei, „so daß wegen dieser Streitpunkte eine Rückverweisung nicht in Betracht"[62] komme. Diese Ausführungen sind nicht richtig; sie enthalten einen Widerspruch. Der Bundesfinanzhof hat nicht erkannt, daß die innerprozessuale Bindungswirkung in zwei verschiedenen Erscheinungsformen auftritt[63]. Das Revisionsgericht kann Streitpunkte abschließend mit der Maßgabe regeln, daß eine Sache wegen dieser Streitpunkte nicht mehr in die Vorinstanz zurückgelangt; diese Punkte sind dann nicht mehr im Streit. Das kann jedoch nur durch ein Zwischenurteil geschehen[64]. Ist das Revisionsgericht bezüglich eines Streitpunktes der-

[59] StuW 1938, 170 (181).
[60] RStBl. 1941, 971 = Mrozek-Kartei Nr. 9 zu § 296 Abs. 4 AO 1931.
[61] BFH 67, 127 (129, 130) = BStBl. III 1958, 320 ff.
[62] BFH 71, 671 (674) = BStBl. III 1960, 499 (500).
[63] Vgl. S. 171 und S. 196.
[64] Zutreffend Greven, DStZ (Ausgabe A) 1958, 325.

selben Ansicht wie die Vorinstanz, dann kann es die Revision bezüglich dieses Streitpunktes zurückweisen (und das Urteil nur im übrigen aufheben) und damit das angefochtene Urteil in ein Zwischenurteil verwandeln. Ist es anderer Auffassung als die Vorinstanz, dann muß es das angefochtene Urteil in vollem Umfang aufheben, kann aber diesen Streitpunkt selbst durch ein Zwischenurteil erledigen, z. B. den Rechtsweg für zulässig oder die Klage dem Grunde nach für gerechtfertigt erklären. In derartigen Fällen ist der Streitpunkt durch einen Urteilsspruch des Revisionsgerichts entschieden. An diese (End-)Entscheidung sind das Revisionsgericht und die Vorinstanz nach § 155 FGO i. V. m. § 318 ZPO gebunden. Voraussetzung ist allerdings stets, daß die Revisionsgerichte Zwischenurteile erlassen können. Wann diese Möglichkeit gegeben ist, ist in dieser Arbeit[65] früher dargelegt; auf diese Darlegungen wird verwiesen.

In den Fällen, in denen der Bundesfinanzhof die Vorinstanz an seine abschließende rechtliche Beurteilung bindet, ist aber ein derartiges Urteil nicht ergangen. Der Urteilsspruch hat sich in der Aufhebung des angefochtenen Urteils und der Zurückverweisung der Sache erschöpft; eine Endentscheidung ist weder durch eine beschränkte Zurückweisung der Revision (bezüglich eines oder mehrerer Streitpunkte) noch durch den Erlaß eines eigenen Zwischenurteils getroffen. In der Sache[66], in der es um die Behandlung des Zuschusses nach § 7 c EStG und die Ehegattenbesteuerung ging, lautete dementsprechend auch der Tenor des ersten revisionsgerichtlichen Urteils zutreffend: „Unter Aufhebung der angefochtenen Entscheidung ... wird die Sache zur anderweiten Entscheidung an das Finanzamt zurückverwiesen." Die Entscheidung ist in vollem Umfang aufgehoben, die Rechtsbeschwerde nicht in beschränktem Umfang (wegen des Streitpunktes zu § 7 c EStG) zurückgewiesen. Es kommt demgemäß auch keine Bindung nach § 318 ZPO in Betracht; es fehlt an einer Entscheidung (über einen Streitpunkt). Der Bundesfinanzhof stützt die Bindung auch nicht auf diese Vorschrift. Er ist der Ansicht[67], sie ergebe sich, obwohl die Sache insoweit nicht in die Vorinstanz zurückgelangt sei[68], aus § 126 Abs. 5 FGO, der wie § 296 Abs. 4 AO a. F. auszulegen sei. Hier liegt der Widerspruch seiner Auffassung. Diese Vorschrift setzt voraus, daß ein Streitpunkt gerade nicht abschließend erledigt, die Sache also auch insoweit an die Vorinstanz zurückverwiesen ist.

[65] Vgl. S. 3 ff. und S. 182 ff.

[66] BFH 67, 127 (128) = BStBl. III 1958, 320 ff.

[67] Vgl. BFH 67, 127 (130) = BStBl. III 1958, 320 ff.; BFH 95, 372 (375) = BStBl. II 1969, 447 ff.

[68] Zur Bedeutung des Urteilstenors, dessen Fassung dieser Annahme entgegensteht, vgl. Kaatz, Anm. zu BFH, FR 1958, 471 (472).

Der Streitpunkt ist vielmehr von der Vorinstanz zu entscheiden; diese ist nur beim Erlaß der von ihr zu treffenden Entscheidung in gewissem Umfang gebunden. Entweder „erledigt“ das Revisionsgericht selbst einen Streitpunkt (durch Verwandlung der angefochtenen Entscheidung in ein Zwischenurteil oder durch Erlaß eines eigenen Zwischenurteils); dann tritt eine Bindung an diese Entscheidung nach § 318 ZPO ein, oder die Entscheidung des Revisionsgerichts besteht ausschließlich in der Aufhebung des angefochtenen Urteils und der Zurückverweisung der Sache; dann muß die Vorinstanz alle Streitpunkte erledigen, ist hierbei aber im Rahmen des § 126 Abs. 5 FGO gebunden. Das Finanzgericht kann jedoch nach dieser Vorschrift nicht, wie der Bundesfinanzhof meint, an eine abschließende rechtliche Beurteilung des Revisionsgerichts gebunden sein; denn wenn das Revisionsgericht einen Streitpunkt abschließend beurteilt und damit erledigt hat, dann hat das Finanzgericht insoweit keine Entscheidung mehr zu treffen, bei deren Erlaß es nach § 126 Abs. 5 FGO an die rechtliche Beurteilung des Bundesfinanzhofs gebunden wäre. Der Bundesfinanzhof geht mit Recht davon aus, daß in den von ihm entschiedenen Fällen im ersten Rechtsgang kein Zwischenurteil ergangen ist. Er ist aber zu Unrecht der Ansicht, daß die Sache durch die abschließende Beurteilung „als erledigt anzusehen sei, auch wenn kein besonderes Teilurteil (muß heißen: Zwischenurteil) erlassen worden“ sei[69]. Einen derartigen Weg sieht die Finanzgerichtsordnung nicht vor. Entweder erledigt der Bundesfinanzhof einen Streitpunkt selbst durch den Erlaß einer Endentscheidung oder er begnügt sich mit der Aufhebung des Urteils und der Zurückverweisung der Sache in vollem Umfang; dann fehlt es an einer abschließenden Erledigung des Streitpunktes. Der Bundesfinanzhof geht aber beide Wege zugleich. Er hält eine abschließende Erledigung eines Streitpunktes ohne Erlaß einer Endentscheidung (durch beschränkte Zurückweisung der Revision oder durch ein eigenes Zwischenurteil) für möglich. Streitpunkte können aber nur durch Urteile, nicht durch Gründe eines Urteils entschieden werden, das keine Entscheidung in der Sache enthält.

Gegen die Auffassung des Bundesfinanzhofs sprechen daher die gleichen Bedenken, die den III. Zivilsenat[70] des Reichsgerichts veranlaßt haben, seine Auffassung von der bindenden Wirkung einer abschließenden Beurteilung aufzugeben. „Sie würde darauf ausgehen, dem Inhalt der Entscheidungsgründe des Revisionsurteils ... eine ähnliche Bedeutung zu verleihen, wie sie nach dem früheren Inhalt des § 303 ZPO einem Zwischenurteil über ein selbständiges Angriffs- oder Verteidigungsmittel zukam. Das findet im

[69] BFH 67, 127 (130) = BStBl. III 1958, 320 ff.; so schon RFH, RStBl. 1941, 971.

[70] DR 1942, 1237 (1239).

Gesetz keinerlei Stütze, sondern widerspricht vielmehr geradezu dem geltenden Recht, das die Tragweite der Bindung an die Würdigung des Revisionsgerichts in § 565 Abs. 2 ZPO eindeutig regelt."

Die Auffassung des Bundesfinanzhofs läßt sich somit nicht auf die Erwägung stützen, die abschließende Beurteilung habe den Streitpunkt „erledigt"; insoweit sei die Sache nicht mehr an die Vorinstanz zurückgelangt. Eine derartige Erledigung kann nur durch eine (End-)Entscheidung des Revisionsgerichts in der Sache selbst erfolgen. Fehlt es daran, dann gelangt die Sache in vollem Umfang an die Vorinstanz zurück[71].

In der Rechtslehre[72] ist vorgeschlagen worden, die vom Bundesfinanzhof vertretene weite Bindung der Finanzgerichte an die rechtliche Beurteilung des Revisionsgerichts auf den Wortlaut des § 126 Abs. 5 FGO zu stützen, wonach das Finanzgericht — ganz allgemein — seiner Entscheidung die rechtliche Beurteilung des Bundesfinanzhofs zugrunde zu legen habe. Dieser Vorschlag scheitert aber daran, daß § 126 Abs. 5 FGO so auszulegen ist wie § 296 Abs. 4 AO a. F.[73]. Nach dieser Vorschrift ist das Finanzgericht aber nur an die rechtliche Beurteilung des Bundesfinanzhofs gebunden, die der Aufhebung des Urteils und der Rückverweisung zugrunde liegt.

Der V. Senat[74] hat in seiner grundlegenden Entscheidung über die Bindungswirkung von Urteilen des Bundesfinanzhofs ausgeführt, für den Steuerprozeß ergebe sich aus § 126 Abs. 5 FGO eine umfassendere Bindung als aus § 565 Abs. 2 ZPO, weil die Bindung nach § 126 Abs. 5 FGO sich nicht nur auf die der Aufhebung, sondern auch auf die der Zurückverweisung zugrunde liegende rechtliche Beurteilung erstrecke. „Das bedeutet", führt er wörtlich aus, „daß jede abschließende rechtliche Beurteilung, die der Bundesfinanzhof bei der Aufhebung und (oder) Zurückverweisung getroffen hat, auch für den zweiten Rechtsgang bindend ist, ohne daß es darauf ankommt, inwieweit diese rechtliche Beurteilung zur Aufhebung und (oder) zur Zurückverweisung geführt hat". Aus dem Umstand, daß auch die rechtliche Beurteilung bindet, die nicht der Aufhebung, sondern ausschließlich der Zurückverweisung zugrunde liegt, kann aber nicht gefolgert werden,

[71] Die Ansicht von Berger, Der Steuerprozeß (1954), § 298 (S. 497), und Oswald, StuW 1957, 649 (651), im Verfahren vor dem Bundesfinanzhof bestehe für eine dem § 284 Abs. 2 AO a. F. entsprechende Regelung kein Bedürfnis, weil dieser ohnehin in der Lage sei, eine „Teilentscheidung" zu treffen, indem er die Zurückverweisung auf die noch nicht entscheidungsreifen Streitpunkte beschränke, ist also nicht zutreffend.

[72] Grimm, Festschrift des Bundesfinanzhofs (1968) S. 126 (138 ff.); Tipke-Kruse, AO, 6. Aufl., § 126 FGO A 6.

[73] Vgl. S. 201 und S. 212.

[74] BFH 95, 372 (375) = BStBl. II 1969, 447 ff.

daß auch die rechtliche Beurteilung bindende Wirkung hat, die weder der Aufhebung noch der Zurückverweisung zugrunde liegt, sondern nur „anläßlich" der Zurückverweisung ausgesprochen worden ist.

Damit sind alle Versuche fehlgeschlagen, das Finanzgericht auch insoweit an die „abschließende" rechtliche Beurteilung des Bundesfinanzhofs zu binden, die der Aufhebung des angefochtenen Urteils und der Zurückverweisung der Sache nicht zugrunde liegt. Nach § 126 Abs. 5 FGO, der wie § 296 Abs. 4 AO a. F. auszulegen ist, ist das Finanzgericht vielmehr nur an die rechtliche Beurteilung gebunden, auf der die Aufhebung der angefochtenen Entscheidung und die Rückverweisung der Sache beruhen. Soweit dies nicht der Fall ist, ist das Finanzgericht auf Grund dieser Vorschrift nicht gebunden. Eine derartige Bindung muß sich vielmehr, wenn sie rechtlich Bestand haben soll, aus anderen Grundsätzen ergeben.

b) Die Bindung außerhalb des § 126 Abs. 5 FGO

aa) Der Zwischenurteilscharakter des aufhebenden und zurückverweisenden Revisionsurteils

Das Finanzgericht *Berlin*[75] hat sich der Auffassung des Bundesfinanzhofs angeschlossen, daß der Steuerpflichtige im zweiten Rechtsgang nicht wieder auf Punkte zurückkommen könne, über die im ersten Revisionsurteil „abschließend entschieden worden" sei. Es begründet seine Ansicht unter Hinweis auf Ausführungen von *Böttcher*[76] mit dem Zwischenurteilscharakter einer aufhebenden und zurückverweisenden Entscheidung des Revisionsgerichts[77]. Die Ansicht von *Bötticher* ist aber nicht zutreffend. Das ist in dieser Arbeit[78] bereits dargelegt; auf diese Darlegungen wird verwiesen.

bb) Die Rechtssicherheit

In der Rechtslehre ist die Bindung an eine abschließende rechtliche Beurteilung durch den Bundesfinanzhof auch auf den Grundsatz der Rechtssicherheit gestützt worden. Der Wortlaut des § 126 Abs. 5 FGO, hat *Grimm*[79] ausgeführt, zwinge zu der Annahme, „daß im Vergleich zu § 565 Abs. 2 ZPO der Schnittpunkt der beiden Rechtspostulate (der materiellen

[75] EFG 1970, 180 (181).
[76] MDR 1961, 805 ff.
[77] Auch Martens, FR 1969, 373 (376), stimmt der Auffassung von Bötticher zu.
[78] S. 154 ff.
[79] Festschrift des Bundesfinanzhofs (1968), S. 126 (138).

Gerechtigkeit und der Rechtssicherheit) zugunsten der Rechtssicherheit verlagert worden" sei. Diese Auffassung übersieht aber, daß § 126 Abs. 5 FGO keinen anderen Inhalt hat als § 296 Abs. 4 AO a. F.[80]. Im übrigen kann die Rechtssicherheit durch die Bindung an eine abschließende Beurteilung durch das Revisionsgericht auch beeinträchtigt werden; die Frage, ob und gegebenenfalls in welchem Umfang eine abschließende Beurteilung stattgefunden hat, ist oft zweifelhaft. Hierfür bietet eine Entscheidung des I. Senats des Bundesfinanzhofs ein gutes Beispiel. Der Senat[81] hatte darüber zu entscheiden, ob der Steuerpflichtige den Einspruch verspätet eingelegt hatte und ob dies gegebenenfalls auf seinem Verschulden beruhte. Der Senat hielt, im Gegensatz zum Finanzgericht, den Einspruch für verspätet, da die Zustellung des Steuerbescheides nicht gegen § 17 Abs. 4 VwZG verstoßen habe; sie sei deshalb wirksam gewesen und habe die Einspruchsfrist in Lauf gesetzt. Er verwies die Sache an das Finanzgericht zurück, damit festgestellt werde, ob die verspätete Einlegung des Einspruchs auf einem Verschulden des Steuerpflichtigen beruht habe. „Nachdem der Senat den Steuerbescheid als wirksam zugestellt ansieht", heißt es am Ende der Entscheidung[82], „muß nunmehr darüber entschieden werden, ob der Prozeßbevollmächtigte der Steuerpflichtigen es schuldhaft versäumt hat, den Einspruch fristgerecht einzulegen ... Die Sache wird daher nach Aufhebung des Zwischenurteils des Finanzgerichts an dies(es) zur weiteren Behandlung des jetzt entscheidungserheblich gewordenen Punktes zurückverwiesen." Im zweiten Rechtsgang hat das Finanzgericht diesen Punkt aber gleichwohl nicht für entscheidungserheblich gehalten. Es hat vielmehr die Auffassung vertreten, die Zustellung des Steuerbescheides sei unwirksam, da sie (zwar nicht gegen § 17 Abs. 4 VwZG, wohl aber) gegen § 7 Abs. 2 VwZG verstoßen habe. Es hätte nahe gelegen, in dem ersten revisionsgerichtlichen Urteil eine abschließende Beurteilung darüber zu sehen, ob der Bescheid wirksam zugestellt sei. Der I. Senat[83] des Bundesfinanzhofs hat aber in der Entscheidung des Finanzgerichts keine Verletzung des § 126 Abs. 5 FGO gesehen, da im ersten revisionsgerichtlichen Urteil nur entschieden worden sei, daß die Zustellung des Steuerbescheides nicht auf Grund des § 17 Abs. 4 VwZG unwirksam sei. Diese Auslegung der ersten Entscheidung des Revisionsgerichts ist aber bedenklich. In der Rechtslehre[84] ist daher das Urteil des I. Senats des Bundesfinanzhofs auch so verstanden worden, daß der Senat die Auffassung

[80] Vgl. S. 201 und S. 212.
[81] BFH 87, 233 = BStBl. III 1967, 134.
[82] BFH 87, 233 (243) = BStBl. III 1967, 134 ff.
[83] BFH 91, 222 (226) = BStBl. II 1968, 279 ff.
[84] Tipke-Kruse, AO, 6. Aufl., § 126 FGO A 6.

ablehne, eine abschließende Beurteilung durch den Bundesfinanzhof binde das Finanzgericht. Eine derartige Ansicht liegt aber der Entscheidung des I. Senats nicht zugrunde. Er verneint nicht die bindende Wirkung, sondern das Vorliegen einer abschließenden Beurteilung.

cc) Die Prozeßökonomie

Der III. Zivilsenat des Reichsgerichts hatte die von ihm früher[85] bejahte, später[86] aber verneinte Bindung des Berufungsgerichts an eine abschließende Beurteilung durch das Revisionsgericht mit der Erwägung[87] begründet, anderenfalls sei eine unbeschränkte und unabsehbare Wiederholung der Erörterung bereits völlig und abschließend erledigter Streitpunkte möglich, die nicht bloß der in § 565 Abs. 2 ZPO beabsichtigten Begrenzung der Aufgabe des Berufungsgerichts widersprechen würde, sondern überhaupt mit den Anforderungen einer gesunden Prozeßführung unvereinbar wäre und insbesondere eine unerträgliche Prozeßverschleppung zur Folge haben müßte. Derartige Erwägungen finden sich auch in den Entscheidungen des Reichs- und des Bundesfinanzhofs. In dem Urteil des VI. Senats[88] des Reichsfinanzhofs heißt es, es könne einem Steuerpflichtigen nicht gestattet werden, im zweiten Rechtsgang wieder auf Streitpunkte zurückzukommen, die im ersten als einwandfrei behandelt worden seien, er sei vielmehr gehalten, den Streitfall im ersten Rechtsgang erschöpfend vorzutragen, er könne sich nicht auf die Möglichkeit verlassen, etwaige Säumnisse in dieser Hinsicht später nachholen zu können. Der IV. Senat[89] des Bundesfinanzhofs hat dementsprechend ausgeführt, die weite Bindungswirkung ergebe sich u. a. aus dem Gesichtspunkt der Prozeßökonomie.

Dieser Grundsatz kann aber gesetzliche Regeln nicht außer Kraft setzen[90]. Die gesetzlichen Bindungsvorschriften in der Abgabenordnung und der Finanzgerichtsordnung haben ihr Vorbild in § 565 Abs. 2 ZPO[91]. Durch

[85] RGZ 90, 23; RGZ 91, 134; RG, Markenschutz und Wettbewerb 1918/19, 33.

[86] RG, DR 1942, 1237.

[87] RGZ 90, 23 (26).

[88] RStBl. 1941, 971 = Mrozek-Kartei Nr. 9 zu § 296 Abs. 4 AO 1931.

[89] BFH 71, 671 (674) = BStBl. III 1960, 499 (500); vgl. auch Jessen, NJW 1970, 183 (184).

[90] Vgl. BGHZ 18, 59 (60); Rimmelspacher, Zur Prüfung von Amts wegen im Zivilprozeß (1966), S. 197; Schumann, Festschrift für Karl Larenz, S. 271 (287); Tipke, Anm. zu BFH, FR 1958, 471 (473).

[91] Vgl. § 274 Abs. 4 des Entwurfs einer Reichsabgabeordnung, Verhandlungen der Verfassungsgebenden Deutschen Nationalversammlung, Bd. 339, Anlage 1460 zu dem stenogr. Bericht, S. 1467.

diese Bestimmung ist bewußt die Ansicht abgelehnt, daß auch die Beurteilung binde, die dazu geführt habe, Revisionsrügen als unbegründet anzusehen[92]. Dem Revisionsgericht ist also nicht die Befugnis eingeräumt, diese Streitpunkte abschließend mit der Maßgabe zu beurteilen, daß sie im zweiten Rechtsgang nicht mehr aufgegriffen werden können. Daß hierdurch in Einzelfällen der Rechtsstreit verzögert werden kann, wird dem Gesetzgeber nicht verborgen geblieben sein. Er hat es in Kauf genommen. An diese Wertung ist der Richter gebunden.

In den meisten Verfahren wird aber auch keine erhebliche Verzögerung eintreten, wenn eine Bindung an eine abschließende Beurteilung durch das Revisionsgericht verneint wird[93]. Zwar ist nach herrschender Meinung[94] § 279 ZPO im finanzgerichtlichen Verfahren nicht anwendbar; es können also Angriffs- oder Verteidigungsmittel einer Partei, die nachträglich vorgebracht werden, nicht zurückgewiesen werden, wenn durch deren Zulassung die Erledigung des Rechtsstreits verzögert werden würde und nach der freien Überzeugung des Gerichts die Partei in der Absicht, den Prozeß zu verschleppen, oder aus grober Nachlässigkeit das Angriffs- oder Verteidigungsmittel nicht früher vorgebracht hat. Der Steuerpflichtige mag in manchen Fällen ein Interesse daran haben, das Verfahren zu verzögern; er wird dann Tatsachen, die für ihn ungünstig sind, bestreiten oder wahrheitswidrig Umstände geltend machen, die sich für ihn günstig auswirken. Ihm ist aber nicht daran gelegen, den Rechtsstreit zu verlieren. Damit muß er aber rechnen, wenn er Tatsachen, die für ihn günstig sind, nicht im ersten Rechtsgang vorbringt. Er kann sich nicht darauf verlassen, daß er dies im zweiten Rechtsgang nachholen könne; er weiß nicht, ob es dazu kommen wird[95]. § 279 ZPO ist im übrigen auch in den Verfahren vor den Verwaltungsgerichten nicht anwendbar[96]. Gleichwohl wird dem Revisionsgericht hier nicht das Recht eingeräumt, Streitpunkte abschließend zu beurteilen, deren Beurteilung nicht zur Aufhebung des angefochtenen Urteils geführt hat.

Eine Verzögerung kann allerdings im Einzelfall auch eintreten, wenn der Sachverhalt im ersten Rechtsgang erschöpfend vorgetragen ist. Dies kann

[92] Vgl. Vierhaus, ZZP 6, 217 (235, Fußn. 38) und S. 90 ff.

[93] Vgl. Tipke, Anm. zu BFH, FR 1958, 471 (473).

[94] BFH 98, 528 (530) = BStBl. II 1970, 496 ff.; Leusmann, DStR 1968, 179; Tipke-Kruse, AO, 6. Aufl., § 77 FGO; v. Wallis-List, Hübschmann-Hepp-Spitaler, AO, 1.—6. Aufl., § 77 FGO Anm. 2; a. A. Martens, StuW 1967, 369 (387 ff.).

[95] Vangerow, StuW 1958, 550 (556).

[96] Eyermann-Fröhler, VwGO, 6. Aufl., § 86 Anm. 31; Schunck-De Clerck, VwGO, 2. Aufl., § 86 Anm. 4 b; a. A. Martens, JuS 1973, 619 (621). Im Verfahren vor den Sozialgerichten gilt § 109 Abs. 2 SGG, der nach der Ansicht des 1. Senats des Bundessozialgerichts (NJW 1965, 2128) den §§ 279, 283, 529 ZPO entspricht.

darauf beruhen, daß das Finanzgericht Streitfragen im zweiten Rechtsgang anders beurteilt, als es dies (mit Billigung des Bundesfinanzhofs) im ersten Rechtsgang getan hat; es muß den Beteiligten dann Gelegenheit geben, zu seiner neuen Auffassung Stellung zu nehmen, und mit ihnen ein Rechtsgespräch darüber führen. Dies wird aber nur selten der Fall sein. In der Regel wird das Finanzgericht bei seiner früheren, vom Bundesfinanzhof nicht beanstandeten Auffassung bleiben. Sollte dies aber einmal nicht der Fall sein, dann werden hierfür auch besondere Gründe vorliegen, und es ist besser, der Rechtsstreit wird etwas später, aber richtig entschieden, als wenn das Gericht an eine rechtliche Beurteilung gebunden ist, die nunmehr als fehlerhaft erkannt wird. Mit Recht hat der III. Zivilsenat[97] des Reichsgerichts in der Entscheidung, in der er seine frühere Ansicht über die Bindung an eine abschließende Beurteilung durch das Revisionsgericht aufgegeben hat, darauf hingewiesen, daß eine derartige Bindung nicht „durch erhebliche Gründe der Kraft- und Zeitersparnis gefordert" werden könne.

dd) Die Gleichmäßigkeit der Besteuerung

Schließlich hat der Reichsfinanzhof[98] die Bindung des Finanzgerichts an eine abschließende rechtliche Beurteilung auch auf den Grundsatz der Gleichmäßigkeit der Besteuerung gestützt. Dieser Grundsatz würde durchbrochen, wenn in einer Punktesache bei Zurückverweisung wegen eines einzelnen Punktes auch die übrigen Streitpunkte erneut aufgerollt werden könnten, während ein anderer Steuerpflichtiger, dessen Revision in vollem Umfang als unbegründet zurückgewiesen worden sei, die ganze Sache als erledigt ansehen müsse. Der Bundesfinanzhof[99] hat sich dieser Auffassung angeschlossen. Der Reichs- und der Bundesfinanzhof haben hier eine Erwägung angestellt, die durch folgendes Beispiel erläutert werden soll. Der Steuerpflichtige X streitet vor dem Finanzgericht ausschließlich um die Frage, ob die Kosten eines Autoradios zu den abschreibungsfähigen Anschaffungskosten seines überwiegend betrieblich genutzten Personenwagens gehören. Seine Klage ist sowohl vor dem Finanzgericht als auch vor dem Bundesfinanzhof ohne Erfolg. Der Bundesfinanzhof beruft sich auf seine bisherige Rechtsprechung[100], wonach die Kosten für die Anschaffung und den Einbau des Autoradios zu den nicht abzugsfähigen Kosten der Lebensführung i. S. d.

[97] DR 1942, 1237 (1239).

[98] RStBl. 1941, 971 = Mrozek-Kartei Nr. 9 zu § 296 Abs. 4 AO 1931.

[99] BFH 67, 127 (130) = BStBl. III 1958, 320 ff.; BFH 71, 671 (674) = BStBl. III 1960, 499 (500).

[100] Vgl. BFH 92, 322 = BStBl. II 1968, 541 m. w. N.

§ 12 Nr. 1 Satz 2 EStG gehören. Er weist daher die Revision des Steuerpflichtigen X als unbegründet zurück. Der Rechtsstreit ist damit endgültig erledigt; er gelangt nicht mehr an die Vorinstanz zurück. Es besteht für X keine Möglichkeit mehr, eine andere, für ihn günstige Entscheidung herbeizuführen. Der Steuerpflichtige Y dagegen begehrt, wie X, vor dem Finanzgericht die Anerkennung der Kosten des Autoradios als abschreibungsfähigen Aufwand. Außerdem wendet er sich gegen die Nichtanerkennung eines Ehegattenarbeitsverhältnisses. Das Finanzgericht entscheidet in beiden Punkten zu seinem Nachteil. Mit der Revision ist er jedoch teilweise erfolgreich. Der Bundesfinanzhof ist zwar, wie bei X, der Auffassung, Y könne von den Anschaffungskosten des Autoradios nicht die Absetzung für Abnutzung (AfA) nach § 7 Abs. 1 EStG vornehmen. Er hebt das vorinstanzliche Urteil aber auf und verweist die Sache an das Finanzgericht zurück, weil es in bezug auf das Ehegattenarbeitsverhältnis keine ausreichenden Tatsachen festgestellt habe. In der Zwischenzeit hat der Bundesfinanzhof in einer anderen Sache seine Rechtsprechung über die Behandlung der Kosten eines Autoradios geändert. Nach seiner neuen Auffassung[101] gehören sie zusammen mit denen des Personenwagens zu den abschreibungsfähigen Anschaffungskosten i. S. d. § 7 Abs. 1 EStG. Sie können daher, dem Anteil der betrieblichen Nutzung entsprechend, als Betriebsausgaben abgezogen werden. Das Finanzgericht kommt im zweiten Rechtsgang erneut zu der Überzeugung, das Ehegattenarbeitsverhältnis sei nicht anzuerkennen. Auf Grund der neuen Rechtsprechung des Bundesfinanzhofs behandelt es aber nunmehr die Kosten des Autoradios als abschreibungsfähigen Aufwand. Weil es (aus einem anderen Grund) zu einem zweiten Rechtsgang vor dem Finanzgericht gekommen ist, erreicht Y, anders als X, doch noch ein Urteil zu seinen Gunsten. Wäre die Sache nicht zurückverwiesen worden, weil er sich von vornherein, wie X, nur gegen die Behandlung der Autoradiokosten gewandt hätte, wäre auch seine Revision durch den Bundesfinanzhof als unbegründet zurückgewiesen worden. Der Steuerpflichtige Y wird also, im Vergleich zu dem Steuerpflichtigen X, allein deshalb besser gestellt, weil das Finanzgericht in der Lage ist, im zweiten Rechtsgang die Streitpunkte erneut aufzurollen, deren Behandlung durch die Vorinstanz das Revisionsgericht bereits gebilligt hat. Die Parteien werden also ungleich behandelt.

Gleichwohl darf man daraus nicht den Schluß ziehen, aus dem Grundsatz der Gleichmäßigkeit der Besteuerung folge, daß die Finanzgerichte nicht berechtigt sein dürften, die Streitpunkte, die der Bundesfinanzhof bereits in Übereinstimmung mit der Vorinstanz beantwortet habe, im zweiten Rechtsgang erneut zu überprüfen. Denn die damit verbundene ungleiche Behandlung der Parteien ist nicht willkürlich. Dürfte das Finanzgericht im zweiten Rechtsgang die Streitfragen, deren Behandlung der Bundesfinanzhof gebilligt hat, nicht erneut aufrollen, so wäre es gezwungen, den Steuerpflichtigen Y anders zu behandeln als die Steuerpflichtigen, die in Zukunft die Kosten des Autoradios als abschreibungsfähigen Aufwand geltend machen. Irgendeine ungleiche Behandlung ist also nicht zu vermeiden. Wenn man den Nachdruck auf die Gleichmäßigkeit der steuerlichen Behandlung lege, hat *Zitzlaff*[102] mit Recht ausgeführt, könne man ebenso sagen, der Fall müsse in gleicher Weise entschieden werden wie die später zu entscheidenden Fälle. Auf den Grundsatz der Gleichmäßigkeit der Besteuerung kann deshalb die Auffassung, die Vorinstanz sei an die abschließende Beantwortung einzelner Streitpunkte gebunden, nicht gestützt werden; er spricht nicht für, sondern eher gegen diese Ansicht. Mit Recht wird daher heute in der Rechtslehre diese Erwägung als Grund für die Bindung der Vorinstanz allgemein abgelehnt. Das Problem, legt *Jessen*[103] dar, habe mit der Gleichmäßigkeit der Besteuerung nichts zu tun. Mit dem Hinweis auf diesen Grundsatz, führt *Greven*[104] zutreffend aus, könne die Bindung der Vorinstanz nicht gerechtfertigt werden. Der Grundsatz der Gleichmäßigkeit der Besteuerung könne, nimmt *Tipke*[105] mit Recht an, den klaren und eindeutigen, dem Willen des Gesetzgebers entsprechenden Wortlaut des § 296 Abs. 4 AO a. F. nicht beiseite schieben, und schließlich weist *Dopatka*[106] darauf hin, daß dieser Grundsatz nicht verletzt werde, weil der Unterschied, ob der Bundesfinanzhof im ersten Rechtsgang durcherkenne oder die Sache zurückverweise, die ungleiche Behandlung der Beteiligten rechtfertige.

c) Die Bindung als historisches Relikt

Nach alledem ist die Vorinstanz nur an die rechtliche Beurteilung des Revisionsgerichts gebunden, die der Aufhebung oder der Zurückverweisung (unmittelbar) zugrunde liegt. Das Revisionsgericht kann darüber hinaus keine Streitpunkte abschließend erledigen. Daß der Reichsfinanzhof ein derartiges Recht — im Gegensatz zum Reichsgericht — gleichwohl in ständiger Rechtsprechung für sich in Anspruch genommen hat und ihm der Bundesfinanzhof hier gefolgt ist, ist möglicherweise, historisch, aus der Stellung zu erklären, die die Finanzgerichte nach der Reichsabgabenordnung hatten. Das steuergerichtliche Rechtsmittelverfahren war als Fortsetzung des Ver-

[101] BFH 107, 294 = BStBl. II 1973, 78.
[102] StuW 1941, 351 (357, 358).
[103] NJW 1970, 183 (184).
[104] DStZ (Ausgabe A) 1958, 325.
[105] Anm. zu BFH, FR 1958, 471 (473).
[106] DStZ (Ausgabe A) 1959, 315.

anlagungsverfahrens ausgestaltet; das Finanzgericht trat an die Stelle des Finanzamts[107]. Es war nicht an die Anträge des Rechtsmittelklägers gebunden und konnte den angefochtenen Steuerbescheid auch zu dessen Nachteil ändern (§ 243 Abs. 2 und Abs. 3 AO a. F.). Die Finanzgerichte übten „eine mitverwaltende Funkion“[108] aus; sie schalteten sich in die Veranlagung ein. Die Finanzgerichte waren keine selbständigen, von der Finanzverwaltung getrennten Einrichtungen. Sie waren den Landesfinanzämtern (Oberfinanzdirektionen) angegliedert, § 14 Abs. 1 AO 1919 (§ 47 Abs. 1 AO 1931). Die Mitglieder waren Beamte des Landesfinanzamts. Sie konnten neben dieser Tätigkeit zu Verwaltungsaufgaben herangezogen werden. Die Mitglieder der Finanzgerichte waren zwar als solche unabhängig und nur dem Gesetz unterworfen, § 14 Abs. 4 AO 1919, § 48 Abs. 5 AO 1931. Es fehlte aber an einer persönlichen Unabhängigkeit[109]. Die Berufung der Richter für die Dauer des Hauptamtes, heißt es in der 2. Auflage des Kommentars zur Reichsabgabenordnung[110] von *Enno Becker* aus dem Jahre 1922, verbürge zwar ein gewisses Maß von Unabhängigkeit. Darüber hinauszugehen und ihnen die volle richterliche Unabhängigkeit im Sinne des Art. 104 RV zu geben, sei zwar angestrebt worden, aber schließlich aufgegeben, weil dies mit der Angliederung der Finanzgerichte an die Landesfinanzämter unvereinbar sei; die durch die Unabhängigkeit der Gerichte verbürgte Freiheit sei in Steuersachen auch nicht erträglich[111]. Es liegt nahe, daß sich die Mitglieder der Finanzgerichte auf Grund dieser Rechtslage nicht in dem Maße als unabhängige Richter fühlten, wie dies in der ordentlichen Gerichtsbarkeit der Fall war. Auch der Reichs- und der Bundesfinanzhof haben die Finanzrichter nicht immer in dieser Weise angesehen. Nach der Auffassung von Zitzlaff[112], der früher Richter am Reichsfinanzhof war, ist das Finanzgericht im zweiten Rechtsgang im wesentlichen nur ein ausführendes Organ des Reichsfinanzhofs; dieser habe bereits endgültig gesprochen, nur die Durchführung im einzelnen sei dem Finanzgericht überlassen. In den Urteilen des Reichsfinanzhofs[113] und des Bundesfinanzhofs[114] ist dementsprechend

[107] BFH 57, 161 (163) = BStBl. III 1953, 63 (64).

[108] Berger, Der Steuerprozeß (1954), § 243 Anm. 1 (S. 244).

[109] Aus diesem Grunde haben Eyermann-Fröhler, Verwaltungsgerichtsgesetz für Bayern, Bremen, Hessen und Württemberg-Baden (1950), § 22 II, 1 a m. w. N., die Finanzgerichte nicht als besondere Verwaltungsgerichte angesehen.

[110] § 15.

[111] Becker, RAO, 2. Aufl., Vorbemerkung zu § 217 Anm. 3.

[112] StuW 1938, 170 (181).

[113] RStBl. 1930, 117 (118).

[114] BFH 67, 127 = BStBl. III 1958, 320; BFH 69, 40 = BStBl. III 1959, 276; BFH, HFR 1962, 238.

häufig von Weisungen die Rede, die sie dem Finanzgericht erteilten. Diese Ausdrucksweise wird vom Reichsgericht[115] und vom Bundesgerichtshof vermieden[116]. Die Richter der Finanzgerichtsbarkeit waren eben gewohnt, als Beamte tätig zu sein, die Weisungen erteilen und Weisungen ausführen. Die obere Behörde weist die untere Behörde an, die untere Behörde führt die Weisungen aus. Der Reichs- oder der Bundesfinanzhof gibt die Weisung, das Finanzgericht folgt ihr. Hat die Oberbehörde zu einer Rechtsfrage Stellung genommen, so ist die Unterbehörde hieran gebunden. Hat der Reichs- oder der Bundesfinanzhof einen Streitpunkt abschließend beurteilt, so kann das Finanzgericht hierauf nicht mehr zurückkommen; die Sache ist insoweit erledigt.

Wie stark sich diese Beamten- und Behördenmentalität im finanzgerichtlichen Verfahren ausgewirkt hat, zeigt ein Rechtsstreit, der in den sechziger Jahren geführt worden ist. Es ging in dieser Sache um die Frage, ob ein Gesellschafter A mit den Vorstandsmitgliedern einer Aktiengesellschaft vereinbart hatte, das Betriebsvermögen auf einen Stand von 100 000 DM zu halten. Das Finanzgericht hatte diesen Umstand nicht geprüft. Sein Urteil wurde deshalb vom I. Senat[117] des Bundesfinanzhofs aufgehoben. Am Ende des revisionsgerichtlichen Urteils wird darauf hingewiesen, die Beschwerdegegnerin habe ihre Behauptung (über das Zustandekommen der Vereinbarung) durch Tatsachen zu belegen. „Bei der rechtlichen und wirtschaftlichen Bedeutung, die den behaupteten Abreden zukommen würde", heißt es dann wörtlich[118], „können sie als ernsthaft nur anerkannt werden, wenn sie schriftlich abgeschlossen wurden." Dieser Hinweis enthielt keine bindende rechtliche Beurteilung; das Revisionsgericht kann keine Beweise würdigen und ganz gewiß keine vorweggenommene Beweiswürdigung vornehmen[119]. Ein Oberlandesgericht hätte diese Ausführungen auch voraussichtlich nur als Empfehlung aufgefaßt, bei der Würdigung von Zeugenaussagen vorsichtig zu sein und in erster Linie nach schriftlichen Unterlagen zu fragen. Das Finanzgericht hat sich aber in einer Weise verhalten, die im Verfahren vor den ordentlichen Gerichten kaum vorstellbar wäre. Das Finanzgericht[120] hatte Zweifel, ob die Ausführungen des I. Senats „als bindende Weisung i. S. d. § 296 Abs. 4 AO anzusehen" oder ob sie so zu

[115] Vgl. allerdings RGZ 90, 23 (26).
[116] Mit Recht weist Grimm, Festschrift des Bundesfinanzhofs (1968), S. 126 (139), darauf hin, man solle tunlichst nicht von Weisungen sprechen.
[117] BFH 71, 629 = BStBl. III 1960, 485.
[118] BFH 71, 629 (633) = BStBl. III 1960, 485 (486).
[119] Vgl. S. 199 f.
[120] EFG 1961, 567.

verstehen seien, daß der Bundesfinanzhof schriftliche Abreden nicht absolut, sondern nur für den Fall für unerläßlich halte, daß auch die Hauptverträge schriftlich geschlossen seien. Das Finanzgericht bat deshalb den Vorsitzenden des I. Senats des Bundesfinanzhofs um eine authentische Interpretation des Urteils. In dem zweiten Urteil des Finanzgerichts[121] heißt es dann, nach der eingeholten authentischen Interpretation des Bundesfinanzhofs sei der in Rede stehende Satz des aufhebenden Urteils so aufzufassen, „daß der Bundesfinanzhof auch in Kenntnis des Umstands, daß Mandatsvertrag und Sozietätsvertrag als solche nur mündlich geschlossen worden sind, für den Nachweis einer ernsthaften Eigenkapitalklausel schriftliche Abreden für erforderlich hält". An diese Auslegung hat sich das Finanzgericht für gebunden erachtet. Es hat es abgelehnt, die Vorstandsmitglieder der Aktiengesellschaft als Zeugen über das Zustandekommen der streitigen Abrede zu vernehmen. Der I. Senat des Bundesfinanzhofs hat diese Auffassung gebilligt. Das Finanzgericht sei, hat er ausgeführt[122], an die im ersten Revisionsurteil enthaltene vorweggenommene Beweiswürdigung gebunden. Auch wenn die Vorstandsmitglieder der Aktiengesellschaft als Zeugen den in ihr Wissen gestellten Abschluß der Vereinbarung bestätigen würden, sei damit der erforderliche Nachweis nicht erbracht. Hier zeigt sich, wie wenig die Mitglieder des Bundesfinanzhofs und des Finanzgerichts sich ihrer richterlichen Stellung bewußt gewesen sind. Die Art und Weise ihrer Zusammenarbeit hat sich noch nicht von der Vorstellung gelöst, daß der Bundesfinanzhof die obere Behörde sei, die der unteren, wie es in dem zweiten revisionsgerichtlichen Urteil[123] wörtlich heißt, eine „abschließende und das Finanzgericht bindende Anweisung" (über die Würdigung eines nicht erhobenen Beweises) erteilen könne.

Die Rechtsstellung der Finanzgerichte hat sich auf Grund der Finanzgerichtsordnung geändert. Die Finanzgerichtsbarkeit wird durch unabhängige, von den Verwaltungsbehörden getrennte, besondere Gerichte ausgeübt (§ 1 FGO). Diese gehören institutionell zur dritten Gewalt. Sie stehen selbständig neben den Zivil-, Arbeits-, Verwaltungs- und Sozialgerichten. Ihre Mitglieder werden auf Lebenszeit ernannt (§ 14 Abs. 1 FGO). Sie sind in gleicher Weise unabhängig wie die Richter der anderen Gerichtsbarkeiten. Es ist zu erwarten, daß die Richter der Finanzgerichtsbarkeit sich von der Beamtenmentalität, wie sie sich in dem oben dargelegten Rechtsstreit noch ausgewirkt hat, frei machen. Ein Indiz hierfür könnte die Frage sein, ob der Bundesfinanzhof bereit ist, die vom Reichsfinanzhof übernommene, aber

[121] EFG 1961, 567 (568).
[122] HFR 1962, 238.
[123] BFH, HFR 1962, 238.

von keinem anderen Revisionsgericht vertretene Auffassung aufzugeben, er könne Streitpunkte durch eine abschließende rechtliche Beurteilung erledigen, auch wenn sie nicht zur Aufhebung des angefochtenen Urteils oder zur Zurückverweisung der Sache geführt hat. Der III. Zivilsenat[124] des Reichsgerichts hat 1942 ausgeführt, eine derartige Ansicht, die er sich vorübergehend zu eigen gemacht hatte, könne „nicht aufrechterhalten werden". Es wäre zu begrüßen, wenn der Bundesfinanzhof diesem Beispiel folgen würde.

Ergebnis

Eine Bindung des Finanzgerichts an eine „abschließende" rechtliche Beurteilung des Bundesfinanzhofs ist nicht nach § 126 Abs. 5 FGO gerechtfertigt. Sie kann auch nicht auf Grundsätze des Steuerverfahrens oder des materiellen Steuerrechts gestützt werden; die Grundsätze der Prozeßökonomie, der Rechtssicherheit und der Gleichmäßigkeit der Besteuerung führen eine derartige Bindung nicht herbei. Die — vom Reichsfinanzhof übernommene — entgegenstehende Rechtsprechung des Bundesfinanzhofs ist möglicherweise auf die unselbständige Stellung zurückzuführen, die die Finanzgerichte früher hatten; sie sollte aufgegeben werden.

§ 10 Der Wegfall der Bindung

I. Die Änderung des Sachverhalts

Wird die Sache vom Bundesgerichtshof oder vom Bundesarbeitsgericht zurückverwiesen, so muß das Berufungsgericht die Feststellungen treffen, deren Fehlen zur Zurückverweisung geführt hat. Es sind ihm hierbei keine Schranken auferlegt[1]. Es ist nicht etwa Beweiserhebungsorgan des Revisionsgerichts, so daß es nur die Tatsachen ermitteln dürfte, die das Revisionsgericht festgestellt hätte, wenn es hierzu in der Lage gewesen wäre. Der Rechtsstreit ist nicht auf die Entscheidung des Streitpunktes beschränkt, der in tatsächlicher Hinsicht aufgeklärt werden soll. Die Parteien können vielmehr im zweiten Rechtsgang neue Anträge stellen, neue Tatsachen vortragen und neue Beweise antreten. Der Rechtsstreit kann also im zweiten Rechtsgang auf eine ganz andere Grundlage gestellt werden. Dies kann zur Folge

[124] DR 1942, 1237 (1239).
[1] Vgl. S. 158 ff.

haben, daß nunmehr die rechtliche Beurteilung, auf Grund deren das angefochtene Urteil im ersten Rechtsgang aufgehoben worden ist, gegenstandslos wird.

Diese Rechtslage gilt auch, wenn die Sache vom Bundesfinanzhof, vom Bundesverwaltungs- oder vom Bundessozialgericht an die Vorinstanz zurückverwiesen worden ist. Das Finanzgericht *Berlin*[2] hat allerdings die Ansicht vertreten, das Verfahren vor dem Finanzgericht stelle im zweiten Rechtsgang nur eine auf bestimmte Klagegründe beschränkte Ergänzung des im übrigen abgeschlossenen Prozesses dar. Mit der Zurückverweisung werde das Ziel verfolgt, der Tatsacheninstanz nur die Entscheidung über solche Fragen zu übertragen, die das Revisionsgericht nicht selbst beantworten könne. Eine Partei könne daher keine neuen Streitpunkte zum Gegenstand des Prozesses machen und die Klage auch nicht ändern[3]. Dem Finanzgericht sei ausschließlich die Ergänzung des Rechtsstreits hinsichtlich der Streitpunkte übertragen, deretwillen die Zurückverweisung erfolgt sei.

Diese Auffassung findet aber in der Finanzgerichtsordnung keine Stütze. Sie ergibt sich vor allem nicht aus § 126 Abs. 5 FGO, der lediglich eine Bindung an eine rechtliche Beurteilung vorschreibt, aber den Vortrag neuer Tatsachen nicht ausschließt. Die Ansicht des Finanzgerichts *Berlin* ist auch vereinzelt geblieben. Sie wird von der höchstrichterlichen Rechtsprechung[4] nicht geteilt. Der Reichsfinanzhof[5] hat bereits im Jahre 1929 entschieden, daß der Tatbestand im zweiten Rechtsgang wesentlich ergänzt werden und dies zur Folge haben könne, daß die Bindung an die im Urteil des Reichsfinanzhof niedergelegte Rechtsauffassung wegfalle; die neuen Tatsachen seien auch dann zu berücksichtigen, wenn sie erst im zweiten Rechtsgang geltend gemacht würden.

Dieser Ansicht ist der Bundesfinanzhof gefolgt. Das Finanzgericht, hat der IV. Senat[6] ausgeführt, sei nicht gehalten, die erneute Entscheidung auf die ursprünglich und weiterhin streitigen Sachverhalte und Streitpunkte zu beschränken; die Parteien könnten vielmehr neue Tatsachen vortragen.

[2] EFG 1970, 180 (181).

[3] Gegen die Zulässigkeit einer Klageänderung auch Martens, FR 1969, 373 (378) und v. Wallis-List, Hübschmann-Hepp-Spitaler, AO, 1.—6. Aufl., § 126 FGO Anm. 19.

[4] Vgl. BFH 82, 666 (671) = BStBl. III 1965, 487 ff.; BFH 91, 222 (226) = BStBl. II 1968, 279 ff.; BFH 94, 197 (199) = BStBl. II 1969, 194 ff.

[5] RStBl. 1930, 117 (118).

[6] BFH 71, 671 (675) = BStBl. III 1960, 499 (500).

Die Rechtslehre[7] hat diese Auffassung gebilligt. *Zitzlaff*[8] hat darauf hingewiesen, daß der Tatbestand im zweiten Rechtsgang auch durch den Steuerpflichtigen häufig wieder aufgerollt werde, so daß schließlich ein völlig neues Verfahren vor dem Finanzgericht entstehe. Dies könne zur Folge haben, daß auf Grund der neuen Tatsachenfeststellung die im ersten Urteil des Reichsfinanzhofs festgelegte Rechtsansicht für den Rechtsstreit wesentlich an Bedeutung verliere; auf den neu ermittelten Tatbestand treffe sie nicht mehr zu. Da das Finanzgericht nicht an den Sachverhalt gebunden sei, wie er dem Bundesfinanzhof vorgelegen habe, vielmehr den gesamten Prozeßstoff erneut zu prüfen, neues Vorbringen und auch neue sachliche Anträge zu berücksichtigen habe, heißt es dementsprechend bei *Grimm*[9], könne die erneute Entscheidung auf völlig geänderter sachlicher und rechtlicher Grundlage beruhen.

Die Rechtsprechung[10] und die Rechtslehre[11] machen von dieser Auffassung allerdings eine Ausnahme für den Fall, daß ein Streitpunkt vom (Reichsfinanzhof oder) vom Bundesfinanzhof abschließend beurteilt worden ist; insoweit gelange die Sache nicht mehr in die Vorinstanz zurück, es sei also nicht mehr möglich, zu dem bereits erledigten Streitpunkt neue Tatsachen vorzutragen. Diese Ansicht ist jedoch, wie oben[12] ausgeführt worden ist, nicht zutreffend. Der Bundesfinanzhof kann Streitpunkte nur durch den Erlaß von Zwischenurteilen abschließend erledigen, also dadurch, daß er durch die beschränkte Zurückweisung der Revision und eine damit verbundene beschränkte Aufhebung des angefochtenen Urteils dies in ein Zwischenurteil verwandelt oder selbst ein Zwischenurteil nach § 126 Abs. 3 Nr. 1 FGO erläßt. Diese Möglichkeit besteht aber nur bei prozessualen Streitpunkten. Materiell-rechtliche Streitpunkte können seit dem Erlaß der Finanzgerichtsordnung nicht mehr durch Zwischenurteil entschieden werden; eine Ausnahme hiervon macht nur das Grundurteil (§ 99 FGO). Die Auf-

[7] Greven, DStZ (Ausgabe A) 1958, 325; Kühn-Kutter, AO, 10. Aufl., § 126 FGO Anm. 3; Paulick, StbJb. 1964/65, 351 (391); Tipke-Kruse, AO, 6. Aufl., § 126 FGO A 6; Vangerow, StuW 1958, 550 (556); Ziemer-Birkholz, FGO, 2. Aufl., § 126 Anm. 20.

[8] StuW 1938, 170 (182).

[9] Festschrift des Bundesfinanzhofs (1968), S. 126 (140).

[10] RFH, RStBl. 1941, 971 = Mrozek-Kartei Nr. 9 zu § 296 Abs. 4 AO 1931; BFH 67, 127 = BStBl. III 1958, 320.

[11] Kaatz, Anm. zu BFH, FR 1958, 471 (472); Martens, FR 1969, 373 (376 f.); Paulick, StbJb. 1964/65, 351 (391); v. Wallis-List, Hübschmann-Hepp-Spitaler, AO, 1.—6. Aufl., § 126 FGO Anm. 22; a. A. vor allem Greven, DStZ (Ausgabe A) 1958, 325 und Vangerow, StuW 1958, 550 (556).

[12] Vgl. S. 220 ff.

fassung des Bundesfinanzhofs, er könne durch eine abschließende rechtliche Beurteilung Streitpunkte erledigen, führt dazu, daß durch die Urteilsgründe (materiell-rechtliche) Streitpunkte erledigt werden können, die der Bundesfinanzhof durch (Zwischen-)Urteil nicht entscheiden kann. Daß eine derartige Bindung nicht auf § 126 Abs. 5 FGO gestützt werden kann, zeigt auch, daß diese Bestimmung den Vortrag neuer Tatsachen nicht ausschließt, bei der abschließenden Beurteilung aber, wie beim Erlaß eines Zwischenurteils, der Vortrag neuer Tatsachen nicht zulässig sein soll. Der Bundesfinanzhof kann also durch eine „abschließende" rechtliche Beurteilung weder eine Bindung der Vorinstanz herbeiführen noch den Wegfall einer Bindung (die aus einem anderen Grunde eingetreten sein sollte) durch das Verbot verhindern, neue Tatsachen geltend zu machen.

Die gleiche Rechtslage besteht in dem Verfahren vor den Verwaltungs-[13] und den Sozialgerichten[14]. Auch hier können im zweiten Rechtsgang neue Tatsachen vorgetragen werden. Auch hier kann dies dazu führen, daß die rechtliche Beurteilung des Revisionsgerichts, die zur Aufhebung des angefochtenen Urteils und zur Zurückverweisung der Sache geführt hat, gegenstandslos wird. Mit Recht hat der IV. Senat[15] des Bundesverwaltungsgerichts dargelegt, die Parteien seien nach der Zurückverweisung der Sache an die Vorinstanz nicht gehindert, andere Sachanträge zu stellen, neue Tatsachen vorzutragen und neue Beweismittel zu benennen; die Vorinstanz habe dies alles zu berücksichtigen, baue also ihre erneute Entscheidung unter Umständen auf einer ganz anderen tatsächlichen und rechtlichen Grundlage auf als ihre frühere. Dementsprechend heißt es in einem Urteil des 6. Senats[16] des Bundessozialgerichts, das Landessozialgericht habe, von der Bindung nach § 170 Abs. 4 SGG abgesehen, „seine volle Freiheit wiedergewonnen".

Die Rechtslage ist also insoweit vor den fünf obersten Bundesgerichten die gleiche.

II. Die Änderung der Rechtslage oder der Rechtsprechung

Die gleiche Regelung gilt, soweit sich im zweiten Rechtsgang nicht der Sachverhalt, sondern die Rechtslage durch den Erlaß eines rückwirkenden

[13] Vgl. Eyermann-Fröhler, VwGO, 6. Aufl., § 144 Anm. 8; Redeker-von Oertzen, VwGO, 4. Aufl., § 144 Anm. 8; Schunck-De Clerck, VwGO, 2. Aufl., § 144 Anm. 4 d, bb.

[14] Peters-Sautter-Wolff, SGG, 4. Aufl., § 170 Anm. 5.

[15] BVerwGE 15, 56 (57 ff.).

[16] MDR 1966, 90.

Gesetzes[17] ändert oder wenn das Revisionsgericht seine Rechtsprechung[18], die zur Aufhebung des Urteils im ersten Rechtsgang geführt hat, inzwischen aufgegeben hat. Die Ausführungen, die im ersten Teil der Untersuchung[19] für die Verfahren vor dem Bundesgerichtshof und dem Bundesarbeitsgericht gemacht worden sind, treffen auch für die Finanz-, Verwaltungs- und Sozialgerichtsbarkeit zu; auf diese Ausführungen wird Bezug genommen.

Schließlich besteht auch insoweit Übereinstimmung, als es um die Frage geht, ob die Vorinstanz an eine rechtliche Beurteilung des Revisionsgerichts gebunden ist, die auf einem Rechtsirrtum beruht[20]. Die Vorinstanz ist auch in diesem Falle grundsätzlich an die Auffassung des Revisionsgerichts gebunden. Selbst wenn der Senat das geltende Recht rechtsirrig angewendet hätte, hat der V. Senat[21] des Bundesfinanzhofs mit Recht ausgeführt, wäre die Vorinstanz an die rechtliche Beurteilung aus dem ersten Rechtsgang gebunden. Der VI. Senat[22] des Bundesverwaltungsgerichts hat die Auffassung des Berufungsgerichts abgelehnt, das eine Bindung verneint hatte, weil die rechtliche Beurteilung des Bundesverwaltungsgerichts auf einem „Fassungsfehler" beruht habe. Einer derartigen Auffassung, hat er dargelegt, könne nicht zugestimmt werden. Denn den angeblichen Fassungsfehler des Bundesverwaltungsgerichts mache das Berufungsgericht zum Ausgangspunkt einer abweichenden Gesetzesauslegung; wäre das zulässig, dann wäre § 144 Abs. 6 VwGO seines eigentlichen Sinnes und Zweckes entkleidet.

Von diesem Grundsatz ist für die Verfahren vor dem Bundesgerichtshof und dem Bundesarbeitsgericht eine Ausnahme[23] für den Fall gemacht worden, daß die rechtliche Beurteilung des Revisionsgerichts auf einem offensichtlichen Versehen beruht und die Bindung dazu führen würde, daß eine Entscheidung ergehen müßte, die mit dem Grundgesetz nicht vereinbar wäre. Diese Ausnahme gilt auch für die Rechtsstreitigkeiten, die in den

[17] Vgl. BVerwGE 1, 291 (298 ff.); BVerwG, JR 1967, 274 (275); BVerwG, MDR 1973, 964; BSGE 15, 127 (131); Tipke-Kruse, AO, 6. Aufl., § 126 FGO A 6; v. Wallis-List, Hübschmann-Hepp-Spitaler, AO, 1.—6. Aufl., § 126 FGO Anm. 23.

[18] Vgl. den Beschluß des Gemeinsamen Senats der obersten Gerichtshöfe des Bundes vom 6. Februar 1973, BGHZ 60, 392 (397) = BFH 109, 206 (210); RFH 40, 308 (309); RFH, RStBl. 1941, 211; BFH 58, 417 (423) = BStBl. III 1954, 72 ff.; Tipke-Kruse, AO, 6. Aufl., § 126 FGO A 6; a. A. Schmitt, Anm. zu BVerwG, JZ 1959, 220 (223).

[19] Vgl. S. 165 ff.

[20] Vgl. S. 168 f.

[21] StRK Nr. 7 zu § 294 AO 1931; vgl. ferner Finanzgericht Münster, EFG 1963, 42; Finanzgericht Düsseldorf, EFG 1965, 561; Hessisches Finanzgericht, EFG 1968, 126.

[22] JR 1967, 274 (275).

[23] Vgl. S. 168.

übrigen Gerichtsbarkeiten geführt werden. Ein Beispiel für einen solchen Ausnahmefall bildet eine Entscheidung des Finanzgerichts *Baden-Württemberg*[24]. Der Bundesfinanzhof hatte im ersten Revisionsurteil entschieden, das Finanzgericht hätte dem vor Inkrafttreten der Finanzgerichtsordnung gestellten Verböserungsantrag des Finanzamtes nicht ohne eigene Schätzung stattgeben dürfen; es habe nunmehr, falls inzwischen immer noch kein Feststellungsbescheid des Ausgleichsamts ergangen sei, im Rahmen der Vorläufigkeit der Schadensermäßigung die Höhe des Vertreibensschadens gemäß § 217 AO selbst zu schätzen. Das Finanzgericht *Baden-Württemberg*[25], an das die Sache aus diesem Grunde zurückverwiesen war, hat sich nicht an diese rechtliche Beurteilung gehalten. Die Rechtsauffassung stehe mit dem „vom Bundesfinanzhof offensichtlich übersehenen Verböserungsverbot in Widerspruch", das seit dem Erlaß der Finanzgerichtsordnung gelte und auch in Verfahren anzuwenden sei, die vor dem Inkrafttreten dieses Gesetzes begonnen hätten (§ 184 Abs. 2 Nr. 2 Satz 1 FGO). Die Bindungswirkung bestehe auch dann, wenn der Bundesfinanzhof „eine normale Steuerrechtsbestimmung verletzt" habe. Hier sei aber einer der Grundgedanken der Finanzgerichtsordnung übersehen worden, der dem Schutz des Steuerpflichtigen diene. Das Untergericht könne in einem solchen Fall nicht durch § 126 Abs. 5 FGO gehindert sein, ihn bei seiner Entscheidung zu berücksichtigen. Dem Urteil des Finanzgerichts *Baden-Württemberg* ist zuzustimmen. Entscheidend ist, daß die rechtliche Beurteilung des Revisionsgerichts auf einem offensichtlichen Versehen beruht und das Verböserungsverbot Verfassungsrang hat[26].

Ergebnis

Die Bindung der Vorinstanz an die rechtliche Beurteilung des Revisionsgerichts fällt wegen der Änderung des Sachverhalts, der Rechtslage oder der Rechtsprechung in den Verfahren vor den Finanz-, Verwaltungs- und Sozialgerichten in der gleichen Weise weg, wie dies in den Rechtsstreitigkeiten der Fall ist, die vor den Zivil-, Arbeits- und Strafgerichten geführt werden.

[24] EFG 1972, 80.
[25] EFG 1972, 80 (81).
[26] Vgl. v. Wallis-List, Hübschmann-Hepp-Spitaler, AO, 1.—6. Aufl., § 96 FGO Anm. 63.

DRITTER TEIL

Die Selbstbindung der Revisionsgerichte

§ 11 Das Problem

In den ersten beiden Teilen der Arbeit ist dargestellt worden, in welchem Umfang die Vorinstanz an die rechtliche Beurteilung des Revisionsgerichts gebunden ist. Im dritten Teil soll untersucht werden, welche Folgen sich aus dieser Bindung für das Revisionsgericht ergeben, wenn es im zweiten Rechtsgang erneut in derselben Sache zu entscheiden hat. Es fragt sich, ob es dann auch seinerseits in dem Umfang an seine frühere rechtliche Beurteilung gebunden ist, in dem eine Bindung für die Vorinstanz nach § 565 Abs. 2 ZPO, § 72 Abs. 3 ArbGG, § 358 Abs. 1 StPO, § 126 Abs. 5 FGO, § 144 Abs. 6 VwGO, § 170 Abs. 4 SGG (im folgenden: §§ 565 Abs. 2 ZPO etc.) bestanden hat. Man spricht hier von der Selbstbindung der Revisionsgerichte.

Im Gesetz ist die Selbstbindung nicht geregelt. Der VII. Zivilsenat[1] des Reichsgerichts ist daher ursprünglich, als selbstverständlich, davon ausgegangen, er sei an seine frühere Rechtsauffassung nicht gebunden. Der Senat hat seine Ansicht aber bereits im Jahre 1904 aufgegeben. Vom Kläger, führt er aus[2], sei jetzt ein abermaliges Eingehen auf die Frage angeregt; einem solchen stehe aber entgegen, daß ebenso wie der Berufungsrichter an die bereits im ersten Rechtsgang entschiedene, der Aufhebung zugrunde liegende rechtliche Würdigung gebunden sei, auch das Reichsgericht von derselben nicht abweichen könne, wenn der Rechtsstreit erneut in die Revisionsinstanz gelange. Seitdem hat das Reichsgericht in Zivil-[3] und in Strafsachen[4] die Selbstbindung unter Berufung auf diese Entscheidung in ständiger Rechtsprechung anerkannt. Der Oberste Gerichtshof[5] für die Britische Zone und

[1] RGZ 51, 386 (389).

[2] RGZ 58, 286 (289).

[3] RGZ 72, 211 (212); RGZ 74, 220 (221); RGZ 76, 189 (191); RGZ 90, 23 (25); RGZ 91, 116 (118); RGZ 94, 11 (13); RGZ 100, 55 (60); RGZ 124, 322 (324); RGZ 131, 250 (261); RGZ 149, 157 (163).

[4] RGSt. 6, 357 (359); RGSt. 22, 156 (158); RGSt. 59, 31 (34); RG, LZ 1919, 541; RG, GA 69, 223; RG, JW 1935, 2380 (Nr. 40).

[5] OGHSt. 1, 35 (36); OGHSt. 1, 208 (212).

der Bundesgerichtshof[6] haben sich dieser Auffassung angeschlossen. In gleicher Weise haben auch die Revisionsgerichte der Arbeits-[7], der Verwaltungs-[8], der Sozial-[9] und der Finanzgerichtsbarkeit[10] entschieden. Das Bundesverfassungsgericht[11] hat demgemäß in der Selbstbindung der Revisionsgerichte einen Grundsatz des deutschen Verfahrensrechts gesehen.

In der Rechtslehre[12] ist diese Rechtsprechung weitgehend gebilligt worden. *Schönke*[13] und, ihm folgend, *Bettermann*[14] haben die Selbstbindung allerdings verneint. *Jagusch*[15] hat sie für das Strafverfahren abgelehnt. Die von ihm in der 21. Auflage bei *Löwe-Rosenberg* gegen die Selbstbindung geäußerten Bedenken, „werden", heißt es jedoch in der 22. Auflage dieses Kommentars[16], „nicht aufrechterhalten".

Sind sich also Rechtsprechung und Rechtslehre im wesentlichen darüber einig, daß eine Selbstbindung besteht, so herrscht keine Übereinstimmung bei der Frage, ob von diesem Grundsatz eine Ausnahme zu machen ist, wenn nach dem Erlaß des ersten Revisionsurteils die gleiche Rechtsfrage

[6] BGHZ 3, 321 (325); BGH, LM Nr. 3 zu § 675 BGB; BGHZ 6, 76 (80); BGHZ 25, 200 (204); BGH, FamRZ 1963, 282 (283) — für das Zivilrecht — und BGH, NJW 1951, 970; BGH, NJW 1953, 1880 (1881) — für das Strafrecht —.

[7] RAG, JW 1929, 1511; BAG 7, 237 (238); BAG 10, 355 (359); BAG 12, 278 (284).

[8] Pr. OVG 37, 46 (48); Pr. OVG 66, 449 (450); Pr. OVG 100, 313 (317); BVerwGE 6, 297 (298); BVerwGE 7, 159 (161); BVerwGE 9, 117; BVerwG, MDR 1962, 758; BVerwGE 39, 212 (213). Der Bayer. Verwaltungsgerichtshof hat dieselbe Ansicht vertreten; vgl. den Nachweis in BVerwGE 7, 159 (162).

[9] BSGE 17, 50 (56); BSGE 21, 292 (294); BSG, HFR 1968, 430=NJW 1968, 1800.

[10] RFH 7, 27 (29/30); RFH, StuW 1929 Nr. 764; RFH 40, 308 (309); RFH 42, 348; BFH 76, 363 (366) = BStBl. III 1963, 134 (135); BFH 77, 605 (616) = BStBl. III 1963, 541 (544); BFH 82, 666 (671) = BStBl. III 1965, 487; BFH 86, 229 (232) = BStBl. III 1966, 363; BFH 87, 231 (232) = BStBl. III 1967, 103; BFH 91, 509 (510) = BStBl. II 1968, 382; BFH 95, 558 (560) = BStBl. II 1969, 505; BFH 99, 109 (111) = BStBl. II 1970, 574; BFH 101, 36 (39) = BStBl. II 1971, 209; (Gr. S) BFH 105, 312 (314) = BStBl. II 1972, 568.

[11] BVerfGE 4, 1 (5).

[12] Baumbach-Lauterbach-Albers-Hartmann, ZPO, 31. Aufl., § 565, 2 D; Becker, RAO, 7. Aufl. (1930), § 275 Anm. 6; ders. StuW 1937, 171/172; Becker-Riewald-Koch, RAO, Bd. III (FGO), 9. Aufl., § 126 Anm. 2 (4); Blomeyer, ZPR, § 102 II, 2 (S. 546); Boethke, DStZ 1928, 302; Bötticher, MDR 1961, 805 ff.; ders. Anm. zu BSG, MDR 1956, 961 (962); Eyermann-Fröhler, VwGO, 6. Aufl., § 144 Rndnr. 10; Görg-Müller, FGO, § 126 Rndnr. 674; Götz, Urteilsmängel und innerprozessuale Bindungswirkung (1956), S. 15; ders. JZ 1959, 681 (682); Gräber, DStR 1973, 449 (451 ff.); Hanack, Der Ausgleich divergierender Entscheidungen in der oberen Gerichtsbarkeit (1962), S. 349 (im Widerspruch zu S. 350); Kuehn, StuW 1952, 657 (659); Löwe-Rosenberg-Meyer, StPO, 22. Aufl., § 358 I, 4 b; Martens, FR 1969,

von dem Großen Senat, dem erkennenden Senat oder einem anderen Senat des Revisionsgerichts gegenteilig entschieden worden ist. Das Reichsgericht[17] hat auch in diesen Fällen keine Ausnahme zugelassen. Dieser Ansicht hat sich der Bundesgerichtshof angeschlossen; das Revisionsgericht sei, hat der I. Zivilsenat[18] ausgeführt, im zweiten Rechtsgang gebunden, soweit die Bindung aus § 565 Abs. 2 ZPO reiche; sie sei unabhängig davon, ob das Revisionsgericht in der Zwischenzeit seine Rechtsansicht in anderen Verfahren geändert habe. Das Bundesarbeitsgericht hat bisher keine Entscheidung darüber getroffen, ob die Selbstbindung in diesem Fall wegfalle. In einem Urteil vom 19. Febr. 1959 hat der II. Senat[19] des Bundesarbeitsgerichts diese Frage zwar aufgeworfen, ihre Beantwortung aber offen gelassen. Für das Verfahren vor den Zivil-, Arbeits- und Strafgerichten ist die Rechtslehre[20] überwiegend der Ansicht des Reichsgerichts und des Bundesgerichtshofs gefolgt. Die Bindung bestehe auch dann, heißt es bei *Müller-Sax*[21], wenn das erneut mit der Sache befaßte Revisionsgericht seine Rechts-

373 (378); Müller-Sax (KMR) StPO, 6. Aufl., § 358 Anm. 2; Paulick, StbJB 1964/65, 351 (392); Peters-Sautter-Wolff, SGG, 4. Aufl., § 170 Anm. 5; Redeker-von Oertzen, VwGO, 4. Aufl., § 144 Rndnr. 10; Rosenberg-Schwab, ZPR, 10. Aufl., § 147 IV, 4 (S. 776); Sarstedt, Die Revision in Strafsachen, 4. Aufl., S. 117; Schiedermair, JZ 1958, 277 (279); Schmitt, Anm. zu BVerwG, JZ 1959, 220 (222); Schönke-Kuchinke, ZPR, 9. Aufl., § 78 IV, 3 (S. 407); Schröder, Festschrift für Nikisch, S. 205 (217); Seweloh, StuW 1937, 219 ff.; Thomas-Putzo, ZPO, 7. Aufl., § 565 Anm. 2 d; Tipke-Kruse, AO, 6. Aufl., § 126 FGO A 6; von Wallis/List, Hübschmann-Hepp-Spitaler, AO, 1.—6. Aufl., § 126 FGO Rndnr. 25; Wieczorek, ZPO, § 565 C III d; Ziemer-Birkholz, FGO, 2. Aufl., § 126 Rndnr. 25; Zitzlaff, StuW 1938, 181 ff.; ders. StuW 1941, 358; A. A. Fischer, JW 1929, 853; Mayer, Die Spruchgerichte 1949, 60 (63); Meumann, DStZ 1927, 1058 ff.; ders. DStZ 1928, 239 ff.; Mohrbotter, ZStrW 84, 612 (629); Mohndorf, BB 1963, 893 (895); Piegler, ZZP 58, 441 (446 ff.); Sommerlad, NJW 1974, 123 ff.

[13] ZZP 58, 380 (389 ff.).

[14] DVBl. 1955, 22 ff. und NJW 1955, 262.

[15] Löwe-Rosenberg, StPO, 21. Aufl., § 358 Anm. 4.

[16] Löwe-Rosenberg-Meyer, StPO, § 358, I, 4 b.

[17] RG, Gruch. 34, 1166; RG, JW 1906, 361 (Nr. 24).

[18] LM Nr. 3 zu § 675 BGB.

[19] BAG 7, 237 (238).

[20] Götz, JZ 1959, 681 (690); Martens, FR 1969, 373 (378); Rosenberg-Schwab, ZPR, 10. Aufl., § 147 IV, 4 (S. 777); Schmitt, Anm. zu BVerwG, JZ 1959, 220 (222); Schröder, Festschrift für Nikisch, S. 205 (223); Stein-Jonas-Grunsky, ZPO 19. Aufl., § 565 II, 2 f. A. A. Stein-Jonas-Pohle, ZPO, 18. Aufl., § 565 II, 2 f. und Hanack, Der Ausgleich divergierender Entscheidungen in der oberen Gerichtsbarkeit (1962) S. 351.

[21] (KMR), StPO, 6. Aufl., § 358 Anm. 2.

auffassung inzwischen geändert oder ein anderer mit der Sache befaßter Senat eine abweichende Auffassung vertreten habe. Die für den konkreten Prozeß und nur für ihn getroffene Entscheidung müsse, meint *Bötticher*[22], selbst gegenüber einer nachträglich ergangenen Plenarentscheidung aufrechterhalten werden.

Das Bundesverwaltungsgericht teilt diese Auffassung jedoch nicht. Selbst wenn man grundsätzlich eine Selbstbindung anerkenne, hat der I. Senat[23] entschieden, könne sie nicht gelten, wenn zwischen dem ersten und dem zweiten Rechtsgang neue revisionsrichterliche Grundsätze erarbeitet worden seien. Der VI.[24] und der VII. Senat[25] stimmen dieser Ansicht zu. Das Bundessozialgericht, das den Grundsatz der Selbstbindung bereits für den Fall durchbrochen hatte, daß der Große Senat die maßgebende Rechtsfrage inzwischen anders beantwortet hatte[26], ist der Rechtsprechung des Bundesverwaltungsgerichts gefolgt[27]. Das Bundesverwaltungs-[28] und das Bundessozialgericht[29] halten allerdings eine Abweichung von der früheren, im ersten Rechtsgang vertretenen rechtlichen Beurteilung nur für zulässig, wenn auf Grund der neuen Ansicht eine Endentscheidung ergehen könne; müsse die Sache an das Berufungsgericht zurückverwiesen werden, dann habe es bei der Selbstbindung zu bleiben.

Der Reichsfinanzhof hat ursprünglich keine Ausnahmen von der Selbstbindung anerkannt. Der VI. Senat[30] hat mit Rücksicht auf die Selbstbindung die Beschwerdeführerin im zweiten Rechtsgang für kohlensteuerpflichtig gehalten, obwohl diese nach der neuen Rechtsprechung, die der Große Senat[31] des Reichsfinanzhofs eingeleitet hatte, zur Zahlung einer solchen Steuer nicht herangezogen werden konnte; die Selbstbindung verbiete es ihm[32], in eine Prüfung der Frage einzutreten, ob seine Rechtsauffassung aus dem ersten Rechtsgang zutreffend oder ob der abweichenden Rechtsansicht des Großen Senats beizupflichten sei. Der Reichsfinanzhof hat diese Rechtsprechung, der sich auch der I. Senat[33] angeschlossen hatte, jedoch im Jahre

[22] MDR 1961, 805 (807).
[23] BVerwGE 6, 297 (298).
[24] BVerwGE 9, 117.
[25] BVerwGE 7, 159 (163).
[26] BSGE 17, 50 (56).
[27] BSG, HFR 1968, 430 (431). Vgl. auch BSGE 21, 292 (295).
[28] BVerwGE 39, 212 (213).
[29] HFR 1968, 430 (341) = NJW 1968, 1800.
[30] RFH 7, 27.
[31] RFH 5, 321.
[32] RFH 7, 27 (30).
[33] StuW 1929 Nr. 764.

1937 aufgegeben. Weder das Finanzgericht noch der Reichsfinanzhof, hat der II. Senat[34] dargelegt, seien im zweiten Rechtsgang an die rechtliche Beurteilung gebunden, die der Aufhebung und der Zurückverweisung des ersten Urteils zugrunde liege, wenn sich inzwischen die höchstrichterliche Rechtsprechung geändert habe[35]. Dieser Ansicht sind der IV.[36] und der III. Senat[37] des Bundesfinanzhofs gefolgt. Der II. Senat[38] wollte jedoch zu der alten Rechtsprechung des Reichsfinanzhofs zurückkehren und die Selbstbindung auch für den Fall bejahen, daß sich nach dem Erlaß des ersten Revisionsurteils die höchstrichterliche Rechtsprechung geändert habe; er wollte demgemäß auch im zweiten Rechtsgang die Ansicht vertreten, der Kläger müsse Lotteriesteuer zahlen, obwohl er nach dem Erlaß seines ersten Urteils in einer anderen Sache[39] zu der Überzeugung gekommen war, für ein rouletteartiges Kugelspiel, wie es der Kläger veranstaltet habe, falle keine Lotteriesteuer an. Der II. Senat des Bundesfinanzhofs sah sich jedoch durch das Urteil des III. Senats[40] des Bundesfinanzhofs an einer solchen Entscheidung gehindert. Er fragte daher bei dem III. Senat an, ob dieser seine Ansicht, in Fällen dieser Art bestehe keine Selbstbindung, aufgeben wolle. Der III. Senat[41] teilte mit, er halte an seiner früheren Auffassung fest, er stelle jedoch anheim zu überprüfen, ob sein Urteil im Gegensatz zu der vom II. Senat beabsichtigten Entscheidung stehe; nach seiner Meinung sei die Sach- und Rechtslage in beiden Fällen verschieden: er habe die Bindung an seine rechtliche Beurteilung im ersten Rechtsgang nur deshalb verneint, weil inzwischen das Bundesverfassungsgericht die gleiche Frage abweichend beurteilt habe, nicht aber, weil ein anderer Senat des Bundesfinanzhofs nach Erlaß des aufhebenden und zurückverweisenden Urteils seine bisherige Rechtsprechung geändert habe.

Der II. Senat hat aber den Ball, den ihm der III. Senat zugeworfen hatte, nicht aufgefangen; er war weiterhin der Ansicht, er weiche, wenn er den Kläger unter Berufung auf die Selbstbindung zur Zahlung der Lotteriesteuer verpflichte, von der Entscheidung des III. Senats ab. Er hat daher gemäß

[34] RFH 50, 308; RFH 42, 348 (349); RFH, RStBl. 1938, 178; RFH, RStBl. 1941, 211 (212).
[35] Becker, StuW 1937, 171 und Seweloh, StuW 1937, 219, 220 haben der Rechtsprechung des III. Senats des RFH zugestimmt.
[36] BFH 58, 417 = BStBl. III 1954, 72.
[37] BFH 77, 605 (616, 617) = BStBl. III 1963, 541.
[38] BFH 99, 109 = BStBl. II 1970, 574.
[39] BFH 93, 388 = BStBl. II 1968, 829.
[40] BFH 77, 605 = BStBl. III 1963, 541.
[41] Vgl. BFH 99, 109 (113) = BStBl. II 1970, 574.

§ 11 Abs. 3 FGO dem Großen Senat des Bundesfinanzhofs die Frage vorgelegt[42]:

„Darf der Bundesfinanzhof, wenn er seine Rechtsauffassung geändert hat, im zweiten Rechtsgang das Urteil eines Finanzgerichts aus Gründen aufheben, die der rechtlichen Beurteilung widersprechen, welche er im ersten Rechtsgang der Aufhebung und Zurückverweisung zugrunde gelegt hatte?"

Der Große Senat[43] des Bundesfinanzhofs beabsichtigte, dem Vorschlag des II. Senats folgend, die Frage zu verneinen. Er hat jedoch keine entsprechende Entscheidung getroffen, weil er sich damit in Widerspruch zu der (oben[44] wiedergegebenen) Rechtsprechung des Bundesverwaltungs- und des Bundessozialgerichts gesetzt hätte. Der Große Senat des Bundesfinanzhofs hat daher, nachdem die Senate des Bundesverwaltungs- und die des Bundessozialgerichts erklärt hatten, sie hielten an ihrer Rechtsauffassung fest, die Rechtsfrage dem Gemeinsamen Senat der obersten Gerichtshöfe des Bundes (GemS) gemäß § 2, § 11 Abs. 1 des Gesetzes zur Wahrung der Einheitlichkeit der Rechtsprechung der obersten Gerichtshöfe des Bundes zur Entscheidung vorgelegt.

Der GemS[45] hat diese Frage wie folgt beantwortet:

„Ein oberster Gerichtshof des Bundes ist, wenn er seine der Zurückverweisung zugrunde liegende Rechtsauffassung inzwischen geändert hat und erneut mit derselben Sache befaßt wird, an seine zunächst vertretene Rechtsauffassung nicht gebunden."

§ 12 Die Lösung

I. Die Rechtsgrundlagen der Selbstbindung

Da die Selbstbindung der Revisionsgerichte im Gesetz nicht ausdrücklich geregelt ist, fragt es sich, worauf sie beruhen kann.

1. Zwingende Gründe

a) Das Gewohnheitsrecht

Die Revisionsgerichte haben, wie dargelegt, die Selbstbindung in einer Jahrzehnte währenden Rechtsprechung bejaht. Es ergibt sich daher die

[42] BFH 99, 109 = BStBl. II 1970, 574.
[43] BFH 105, 312 = BStBl. II 1972, 568.
[44] Vgl. S. 244.
[45] BGHZ 60, 392 = BFH 109, 206.

Frage, ob sich in dieser Zeit ein entsprechendes Gewohnheitsrecht gebildet hat. *Bähr*[1] hat ausgeführt, das Bundesverwaltungsgericht spreche von einem ungeschriebenen gewohnheitsrechtlichen Grundsatz. Er hat die Rechtsprechung dieses Gerichts aber nicht genau wiedergegeben. In dem Urteil[2] des Bundesverwaltungsgerichts heißt es lediglich, die Selbstbindung sei ein ungeschriebener, durch ständigen Gerichtsgebrauch anerkannter Grundsatz des Verfahrensrechts. Auch das Bundessozialgericht[3] nimmt nicht an, die Selbstbindung bestehe kraft Gewohnheitsrechts, obwohl es meint, diese werde mit Rücksicht auf die Jahrzehnte währende ständige Rechtsprechung aller Revisionsgerichte und die allgemeine Überzeugung, daß diese Rechtsprechung zutreffend sei, allseitig als richtig angesehen.

Beide Gerichte haben mit Recht die Selbstbindung der Revisionsgerichte nicht auf das Bestehen eines Gewohnheitsrechts zurückgeführt; die ständige Rechtsprechung ist hierzu nicht erstarkt. Es kann offenbleiben, ob aus einem prozessualen Gerichtsgebrauch überhaupt ein solches Recht entstehen kann[4]; jedenfalls liegen die Voraussetzungen für seine Bildung nicht vor. An die Feststellung, daß aus einer ständigen Rechtsprechung Gewohnheitsrecht geworden ist, sind strenge Anforderungen zu stellen[5]. Ein ständiger Gerichtsgebrauch allein reicht dazu nicht aus; es ist vielmehr erforderlich, daß diesem „die allgemeine Überzeugung einer rechtsethischen Richtigkeit, die sog. opinio necessitatis zugrunde liegt"[6]. Gewohnheitsrecht kann sich also nur bilden, wenn sich die höchstrichterliche Rechtsprechung derart durchgesetzt hat, daß ihr die unteren Gerichte folgen, die Rechtslehre ihr zustimmt und auch die beteiligten Kreise auf sie vertrauen und sich nach ihr richten[7]. Diese Voraussetzungen liegen nicht vor. Zwar bejaht der überwiegende Teil der Literatur die Selbstbindung[8]. Diese ist aber in der Rechtslehre[9] stets umstritten gewesen, so daß keine allgemeine Überzeugung zur

[1] JuS 1968, 585 (586).

[2] BVerwGE 9, 117 (118); vgl. auch BVerwGE 7, 159 (163).

[3] BSGE 21, 292 (294).

[4] BGHZ 1, 369 (374 ff.) bejaht diese Frage, Esser, Festschrift für Hippel, S. 95 (109) verneint sie.

[5] Vgl. G. und D. Reinicke, MDR 1956, 324 (327).

[6] Larenz, Allgemeiner Teil des deutschen Bürgerlichen Rechts, 2. Aufl., § 1 I c (S. 10); vgl. auch Enneccerus-Nipperdey, Allgemeiner Teil des Bürgerlichen Rechts, 15. Aufl. (1959), § 39 I, 1 (S. 265).

[7] Vgl. Enneccerus-Nipperdey, Allgemeiner Teil des Bürgerlichen Rechts, 15. Aufl. (1959), § 39 II, 3 b (267, 268).

[8] Vgl. S. 242 m w. N.

[9] Vgl. Bettermann, DVBl. 1955, 22 ff. und NJW 1955, 262; Fischer, JW 1929, 853; Jagusch in Löwe-Rosenberg, StPO, 21. Aufl., § 358 Anm. 4; Mayer, Die Spruch-

Entstehung gelangt ist, daß sie Rechtens sei. Aber selbst wenn man der Auffassung ist, eine derartige Überzeugung habe sich gebildet, so gilt diese Feststellung nicht mehr, nachdem der GemS[10] entschieden hat, die Selbstbindung falle weg, wenn das Revisionsgericht seine der Zurückverweisung zugrunde liegende Rechtsauffassung zwischen dem ersten und dem zweiten Rechtsgang in einer anderen Rechtssache aufgegeben habe; denn in der Rechtsprechung[11] und in der Rechtslehre[12] ist bereits vor dem Beschluß des GemS mehrfach die Ansicht vertreten worden, man müsse die Selbstbindung generell aufgeben, wenn man in diesen Fällen nicht an ihr festhalte.

b) Die Rechtskraft

Die Selbstbindung der Revisionsgerichte ist früher aus der Rechtskraft abgeleitet worden. Das Revisionsgericht, hat der VII. Zivilsenat[13] des Reichsgerichts in einem Urteil vom 17. Juni 1904 ausgeführt, dürfe im zweiten Rechtsgang nicht von der Auffassung abweichen, die der Aufhebung des angefochtenen Urteils zugrunde gelegen habe; der Rechtsstreit sei in diesem, wenn auch nur ein Element des demnächstigen Urteils darstellenden Punkte als rechtskräftig entschieden anzusehen. Fast die gesamte spätere Rechtsprechung des Reichsgerichts[14] hat sich zur Begründung der Selbstbindung auf diese Entscheidung berufen. Dasselbe gilt für einen Bescheid des IV. Senats[15] des Reichsfinanzhofs vom 13. Juli 1921, in dem dieser seine Ansicht mit der wörtlichen Wiedergabe der Formulierung des VII. Senats des Reichsgerichts begründet.

Diese Auffassung ist jedoch überholt. Aus den gleichen Gründen, aus denen die Bindung der Vorinstanz an die rechtliche Beurteilung des Revisionsgerichts nicht aus der Rechtskraft folgt, kann auch die Selbstbindung der Revisionsgerichte nicht auf ihr beruhen. In Rechtskraft erwächst nur die Entscheidung über den durch die Klage oder die Widerklage erhobenen

gerichte 1949, 60 (63); Meumann, DStZ 1927, 1058 ff.; ders. DStZ 1928, 239 ff.; Mohrbotter, ZStrW 84, 612 (629); Mondorf, BB 1963, 893 (895); Piegler, ZZP 68, 441 (446 ff.); Schönke, ZZP 58, 380 (389 ff.); Sommerlad, NJW 1974, 123 ff.

[10] BGHZ 60, 392 ff.

[11] BFH 99, 109 (112) = BStBl. II 1970, 574.

[12] Müller-Sax (KMR), StPO, 6. Aufl., § 358 Anm. 2; Schmitt, Anm. zu BVerwG, JZ 1959, 220 (223).

[13] RGZ 58, 286 (289).

[14] Vgl. RGZ 72, 211 (212); RGZ 74, 220 (221); RGZ 76, 189 (191); RGZ 91, 116 (118); RG, Markenschutz und Wettbewerb 1918/19,33 = JW 1918, 562; RGZ 94, 11 (13); RGZ 100, 55 (60); RGZ 149, 157 (163).

[15] RFH 7, 27 (30).

Anspruch, § 322 Abs. 1 ZPO. Das Revisionsurteil, das das Urteil der Vorinstanz aufhebt und die Sache zur anderweiten Verhandlung und Entscheidung zurückverweist, enthält aber keine Entscheidung über den Anspruch. Mit Recht lehnt daher heute die allgemeine Meinung[16] diese Begründung der Selbstbindung ab.

c) *Eine Art Rechtskraft*

Die Selbstbindung der Revisionsgerichte kann auch nicht auf „eine Art Rechtskraft"[17] zurückgeführt werden. Es besteht keine „gewisse Ähnlichkeit"[18] zwischen der Rechtskraft und der Bindungswirkung nach den § 565 Abs. 2 ZPO etc. Beide stehen vielmehr im Gegensatz zueinander. Die Rechtskraft tritt ein, wenn die Entscheidung über den Streitgegenstand gefallen ist; sie will im Interesse des Rechtsfriedens verhindern, daß hiervon in einem zweiten Prozeß abgewichen wird. Die Selbstbindung der Revisionsgerichte hat keine derartige Aufgabe; über den Streitgegenstand ist noch nicht entschieden. Die Bindung nach den §§ 565 Abs. 2 ZPO etc. kann sich demgemäß auch nicht auf die (noch nicht getroffene) Entscheidung als solche erstrecken; sie bezieht sich auf die Gründe des Revisionsurteils.

d) *Die Bindung nach § 318 ZPO*

In älteren Urteilen des Reichsgerichts[19], aber auch in der modernen Rechtslehre[20], ist die Ansicht vertreten worden, die Selbstbindung folge aus § 318 ZPO. Diese Auffassung ist jedoch nicht überzeugend. Das Revisionsgericht, das das Urteil der Vorinstanz aufhebt und die Sache zurückverweist,

[16] Vgl. BFH 105, 312 (314) = BStBl. II 1972, 568; BVerwGE 9, 117 (118); BVerwGE 7, 159 (162); Bettermann, DVBl. 1955, 22 in Anschluß an Schönke, ZZP 58, 380 (393); Hanack, Der Ausgleich divergierender Entscheidungen in der oberen Gerichtsbarkeit (1962), S. 347; Mayer, Die Spruchgerichte 1949, 60 (61); Mohrbotter, ZStrW 84, 612 (625); Schröder, Festschrift für Nikisch, S. 205 (210); a. A. Martens, FR 1969, 373 (378). Der GemS (BGHZ 60, 392 (396)) konnte sich daher mit der knappen Feststellung begnügen, die Selbstbindung erkläre sich nicht aus der Rechtskraft der Entscheidung.

[17] So Pr. OVG 100, 313 (318); RGZ 149, 157 (164).

[18] So BGHZ 15, 122 (125).

[19] RGZ 58, 286 (289); Das Recht 1915 Nr. 2328; RGZ 149, 157 (163).

[20] Bötticher, MDR 1961, 805 ff.; Götz, JZ 1959, 681 (682); Rosenberg-Schwab, ZPR, 10. Aufl., § 147 IV, 4 (S. 776); Stein-Jonas-Grunsky, ZPO, 19. Aufl., § 565 II, 2 f.; Wieczorek, ZPO, § 565 B IV b 3 und C III a; ders. Anm. AP Nr. 1 zu § 565 ZPO; vgl. auch Pohle Anm. AP Nr. 1 zu § 318 ZPO.

entscheidet nicht über einen Streitpunkt, wie es § 318 ZPO voraussetzt; es bereitet nur eine Entscheidung des Berufungsgerichts vor. Die Bindung kann demgemäß nicht, wie dies § 318 ZPO anordnet[21], an die Entscheidung geknüpft sein; bindend sind vielmehr die Urteilsgründe[22].

e) Der Gleichheitssatz und der Grundsatz der Gleichmäßigkeit der Besteuerung

Vereinzelt wird in der Rechtslehre[23] angenommen, die Selbstbindung sei ein besonderer Ausdruck des Gleichheitssatzes, dessen Geltung durch in sich widersprüchliche Behandlung gleicher Tatbestände aufgehoben werde. Das letztinstanzliche Gericht dürfe in derselben Sache nicht verschieden urteilen, anderenfalls werde der Widerspruch der Rechtsordnung mit sich selbst untragbar[24]. Der Gleichheitssatz erfordert aber nicht, daß das Revisionsgericht, bevor es über den Streitgegenstand oder einen Streitpunkt entschieden hat, im zweiten Rechtsgang auch dann an der Auffassung festhalten muß, die es im ersten Rechtsgang vertreten hat, wenn es inzwischen erkannt hat, daß diese Ansicht verfehlt ist.

Lehnt man die Selbstbindung ab, dann können allerdings Parteien ungleich behandelt werden. Stehen vor dem Revisionsgericht zwei Prozesse an, in denen die gleiche Rechtsfrage zu entscheiden ist, ist der eine zur Endentscheidung reif, muß der andere aber aus Gründen, die mit der Beantwortung der streitigen Rechtsfrage nichts zu tun haben, an die Vorinstanz zurückverwiesen werden, dann entscheidet das Revisionsgericht in der Sache, in der es durcherkennen kann, auf Grund seiner alten Auffassung, während es in dem anderen Rechtsstreit, wenn er im zweiten Rechtsgang erneut zu ihm zurückgelangt, von der neuen Ansicht ausgeht. Die ungleiche Behandlung der Parteien ist aber nicht willkürlich. Wäre das Revisionsgericht gezwungen, im zweiten Rechtsgang an der Beurteilung festzuhalten, die es im ersten vertreten hat, dann würde die Partei rechtlich anders behandelt werden als die Parteien, deren Prozesse das Revisionsgericht nunmehr zu entscheiden hat; für sie und nur für sie gälte die neue Rechtsauffassung.

[21] Vgl. RG, JW 1903, 399, (400); RG, Das Recht 1911 Nr. 3108; RG, HRR 1935 Nr. 205; Stein-Jonas-Schumann-Leipold, ZPO, 19. Aufl., § 318 III m. w. N.

[22] Mit Recht hat daher der GemS (BGHZ 60, 392, 396) ausgeführt, da hier die Bindung an die Entscheidung nicht in Frage stehe, es sich vielmehr nur um die Bindung an die Gründe der Entscheidung handele, könne aus § 318 ZPO keine Bindung des Revisionsgerichts entnommen werden.

[23] Vgl. Wieczorek, ZPO, § 565 C III b 5; Wuttke, DÖV 1954, 606; ders. BB 1954, 641.

[24] Wuttke, DÖV 1954, 606.

Irgendeine ungleiche Behandlung ist also nicht zu vermeiden. Es ist deshalb keine willkürliche Regelung, daß die alte Partei nicht so behandelt wird wie die andere alte Partei, sondern daß sie die Behandlung erfährt, die den neuen Parteien zuteil wird[25]. Demgemäß hat auch das Bundesverfassungsgericht[26] entschieden, daß dem Grundsatz der Selbstbindung kein Verfassungsrang zukomme.

Aus diesen Darlegungen ergibt sich auch, daß die Selbstbindung im Steuerverfahren nicht auf dem Grundsatz der Gleichmäßigkeit der Besteuerung zurückzuführen ist. Mit Recht hat der Große Senat[27] des Bundesfinanzhofs eine derartige Begründung der Selbstbindung ausdrücklich abgelehnt.

f) Die Bindung der Vorinstanz nach den §§ 565 Abs. 2 ZPO etc.

Der Rechtsgrund für die Selbstbindung der Revisionsgerichte wird vielfach in den §§ 565 Abs. 2 ZPO etc. gesehen. Der GemS[28] ist der Meinung, sie sei eine logische Folge der Bindung der Vorinstanz an die rechtliche Beurteilung des Revisionsgerichts. Damit soll aber nicht gesagt sein, der Grundsatz der Selbstbindung folge nach den Gesetzen der Logik aus der Bindung der Vorinstanz. Wäre dies der Fall, dann wäre es nicht möglich, eine Ausnahme von ihm zu machen; von der Logik gibt es keinen Dispens. Der GemS hat jedoch Ausnahmen zugelassen. Mit der Formulierung des GemS soll vielmehr nur zum Ausdruck gebracht werden, die Selbstbindung sei ausschließlich aus den §§ 565 Abs. 2 ZPO etc. und nicht aus anderen Rechtsinstituten abzuleiten. Die Gründe für diese Ansicht sind allerdings unterschiedlich.

aa) Die Selbstbindung als Folge zwingender Vorschriften des Revisionsrechts

Der Bundesgerichtshof[29] und vor allem der Bundesfinanzhof[30] haben angenommen, die Selbstbindung beruhe unmittelbar auf zwingenden Vorschriften des Revisionsrechts. Es sei die Aufgabe des Revisionsgerichts, das angefochtene Urteil auf Rechtsfehler der Vorinstanz zu überprüfen. Diese

[25] Vgl. BVerwGE 7, 159 (164); Schultz, MDR 1973, 731 (732); Zitzlaff, StuW 1941, 351 (357/358).

[26] BVerfGE 4, 1 (6).

[27] BFH 105, 312 (314) = BStBl. II 1972, 568; vgl. auch RFH 40, 308 (309); RFH, RStBl. 1941, 211.

[28] BGHZ 60, 392 (396).

[29] BGHZ 25, 200 (204); BGHZ 15, 122 (129); vgl. auch Müller-Sax (KMR), StPO, 6. Aufl., § 358 Anm. 2; Schmitt, Anm. zu BVerwG, JZ 1959, 220 (222).

könne aber keinen Rechtsverstoß begehen, wenn sie ihrer Entscheidung gemäß §§ 565 Abs. 2 ZPO etc. im zweiten Rechtsgang die rechtliche Beurteilung des Revisionsgerichts zugrunde gelegt habe, die zur Aufhebung und zur Zurückverweisung geführt habe. Daraus folge zwangsläufig, „mit denkgesetzlicher Notwendigkeit“[31], daß bei unveränderter Sach- und Rechtslage auch das Revisionsgericht im zweiten Rechtsgang nicht anders entscheiden könne.

Derartige Erwägungen haben auch das Reichsgericht[32] und der Oberste Gerichtshof[33] für die Britische Zone in dem Fall angestellt, daß nach Erlaß des Berufungsurteils ein neues (für die Entscheidung des Rechtsstreits erhebliches) Gesetz in Kraft getreten war, das sich rückwirkende Kraft beigelegt hatte. Diese Gerichte vertraten bei der Prüfung, ob das angefochtene Berufungsurteil auf einer Gesetzesverletzung im Sinne des § 550 ZPO beruhe, die Auffassung, die Nachprüfung dieses Urteils dürfe in der Regel nur auf der Grundlage der Gesetze erfolgen, die zur Zeit seiner Verkündung in Kraft gewesen seien. Eine Gesetzesverletzung liege, so hatten sie dargelegt, auch dann nicht vor, wenn das Urteil des Berufungsgerichts dem neuen Gesetz nicht entspreche; dem Berufungsrichter könne kein Rechtsverstoß vorgeworfen werden, wenn er das Recht angewandt habe, das bei Erlaß des Urteils gegolten habe. Der Bundesgerichtshof[34] hat diese Rechtsprechung jedoch aufgegeben und ausgeführt[35], bei der Frage, ob ein Urteil ein Gesetz verletze, sei nicht darauf abzustellen, ob das Gericht in der Handhabung der Gesetze gefehlt und sich subjektiv einer Gesetzesverletzung schuldig gemacht habe; es sei allein entscheidend, ob das Urteil objektiv mit dem Gesetz in Einklang stehe. Ergebe die Prüfung, daß das neue Gesetz das streitige Rechtsverhältnis erfasse, dann sei das Revisionsgericht hieran gebunden; es könne nicht, im Widerspruch zu diesem Gesetz, etwas als Rechtens erklären, was nicht mehr Rechtens sei.

Die Rechtslage kann insoweit nicht anders sein, wenn sich nach dem Erlaß des vorinstanzlichen Urteils die Rechtsprechung des Revisionsgerichts geändert hat. Der II. Senat[36] des Bundesfinanzhofs hat diese Parallele gesehen. Er ist aber der Auffassung, beide Fälle lägen „völlig anders“; eine

[30] BFH 105, 312 (315) = BStBl. II 1972, 568; BFH 58, 417 (422) = BStBl. III 1954, 72; vgl. auch Boethke, DStZ 1928, 302; Seweloh, StuW 1937, 219.

[31] BFH 99, 109 (110) = BStBl. II 1970, 574.

[32] RGZ 45, 95 (98) und 418 (421); RGZ 63, 140 (142); RGZ 77, 8 (9); RG, Gruch. 59, 502 (504); RG, LZ 1915, 137; RGZ 101, 162 (164).

[33] OGHZ 1, 156 (159); OGHZ 1, 356 (357); OGHZ 2, 15 (20).

[34] BGHZ 9, 101; BGHZ 8, 256; BGHZ 2, 324.

[35] BGHZ 9, 101 (103).

[36] BFH 99, 104 (112) = BStBl. II 1970, 574.

Änderung der Rechtsprechung könne nicht ohne klaren Gesetzesbefehl und entgegen dem Revisionsrecht einer Änderung des Gesetzes gleichgestellt werden. Ein Unterschied, der hier eine Differenzierung rechtfertigen könnte, ist jedoch nicht vorhanden. Tritt nach dem Erlaß des vorinstanzlichen Urteils eine Gesetzesänderung ein, so kann dem Tatsachenrichter nicht vorgeworfen werden, er habe das Recht verletzt; zu der Zeit, als er zu erkennen hatte, galt die neue Regelung noch nicht. Gleichwohl ist das Revisionsgericht verpflichtet zu prüfen, ob das angefochtene Urteil jetzt mit dem neuen Gesetz in Einklang steht. Hat sich nach dem Erlaß des vorinstanzlichen Urteils die Rechtsprechung des Revisionsgerichts geändert, so kann insoweit nichts anderes gelten. Die Richter der Vorinstanz mußten allerdings auf Grund der verfahrensrechtlichen Vorschriften der §§ 565 Abs. 2 ZPO etc. so entscheiden, wie sie entschieden haben. Gleichwohl kann das Urteil jedoch materiell-rechtlich gegen das Gesetz — so wie es jetzt ausgelegt wird — verstoßen. Denn der Erfolg der Revision hängt nach den zutreffenden Ausführungen des GemS[37] nicht davon ab, ob der Vorinstanz eine Rechtsverletzung vorgeworfen werden kann; das Revisionsgericht hat vielmehr festzustellen, ob der erhobene Anspruch im Zeitpunkt seiner Entscheidung nach dem auf das streitige Rechtsverhältnis anzuwendenden Recht nach seiner Rechtsauffassung gegeben oder nicht gegeben ist. Der Vorderrichter kann also auch dann gegen das materielle Recht verstoßen, wenn er auf Grund der verfahrensrechtlichen Vorschriften der §§ 565 Abs. 2 ZPO etc. gezwungen war, seiner Entscheidung die rechtliche Beurteilung des Revisionsgerichts zugrunde zu legen. Hat er sich an die Bindung gehalten, so beruht seine Entscheidung zwar auf einem ordnungsgemäßen Verfahren. Eine Verletzung des materiellen Rechts ist dadurch aber nicht ausgeschlossen. Aus der Bindung der Vorinstanz ergibt sich somit, wie der GemS[38] mit Recht dargelegt hat, nicht „zwangsläufig" die Selbstbindung der Revisionsinstanz.

bb) Die Gefahr des endlosen Hin- und Herschiebens der Sache zwischen den Instanzen

Der GemS[39] hat die Selbstbindung auf den Sinn und Zweck der §§ 565 Abs. 2 ZPO etc. gestützt. Durch diese Vorschriften solle verhindert werden,

[37] BGHZ 60, 392 (398); vgl. auch Bettermann, DVBl. 1955, 22 (23); ders. NJW 1955, 262; Blomeyer, ZPR, § 102 II, 3 (S. 546/547); Mohrbotter, ZStrW 84, 612 (627); Schönke, ZZP 58, 380 (393); Schröder, Festschrift für Nikisch, S. 205 (210).
[38] BGHZ 60, 392 (398).
[39] BGHZ 60, 392 (396/397).

daß die Entscheidung der Sache dadurch verzögert oder gar unmöglich gemacht werde, daß sie ständig zwischen Vorinstanz und Revisionsgericht hin- und hergeschoben werde, weil keines der beiden Gerichte seine Rechtsauffassung ändere. Diese Gefahr könne nur gebannt werden, wenn auch die Revisionsinstanz, falls sie erneut mit der Sache befaßt werde, an ihre frühere Rechtsauffassung gebunden sei. Um diesen Zweck zu verwirklichen, müsse den §§ 565 Abs. 2 ZPO etc. der Grundsatz der Selbstbindung der Revisionsgerichte entnommen werden.

Diese Erwägung überzeugt nicht. Zu einem endlosen Hin- und Herschieben der Sache kann es auch dann nicht kommen, wenn das Revisionsgericht nicht an seine frühere rechtliche Beurteilung gebunden ist. Hat es die Auffassung, die es im ersten Rechtsgang vertreten hat, inzwischen aufgegeben, so ist zwar eine Zurückverweisung der Sache erforderlich, wenn auf Grund der neuen Rechtsansicht Feststellungen getroffen werden müssen, auf die es nach der alten nicht ankam. Die Bindung der Vorinstanz nach den §§ 565 Abs. 2 ZPO etc. an die neue rechtliche Würdigung des Revisionsgerichts reicht aber aus, um ein weiteres Hin- und Herschieben der Sache zu verhindern[40]. Der Tatsachenrichter ist verpflichtet, seiner Entscheidung im zweiten Rechtsgang die neue Auffassung des Revisionsgerichts zugrunde zu legen und die erforderliche Feststellung zu treffen. Legt eine Partei gegen dieses Urteil Revision ein, so kann das Revisionsgericht nunmehr eine Endentscheidung treffen, wenn der Tatrichter bei der Aufklärung des Sachverhalts keinen Rechtsfehler begangen hat[41]. Die Sache braucht nicht zurückverwiesen zu werden. Dazu kann es nur kommen, wenn das Revisionsgericht im zweiten Rechtsgang wiederum seine Rechtsansicht ändert und nunmehr eine Auffassung vertritt, die es erforderlich macht, weitere Feststellungen zu treffen. Damit ist aber in der Rechtswirklichkeit nicht zu rechnen. Hiervon ist der GemS auch in den Fällen ausgegangen, in denen die Sache zurückverwiesen wird, weil das Revisionsgericht seine Rechtsauffassung aus dem ersten Rechtsgang inzwischen in einer anderen Sache aufgegeben hat. Das Revisionsgericht, hat er dargelegt[42], könne in diesem Fall den anhängigen Rechtsstreit im zweiten Rechtsgang anders entscheiden als im ersten; die Gefahr eines endlosen Hin- und Herschiebens der Sache

[40] So mit Recht Sommerlad, NJW 1974, 123 (124).

[41] Hat der Berufungsrichter bei der Tatsachenfeststellung einen Rechtsfehler gemacht, so muß die Sache aus diesem Grund erneut zurückverwiesen werden. Die Auffassung von Gräber, DStR 1973, 449 (452), es sei durch nichts belegt und auch nicht belegbar, daß es sich nur um eine *einmalige* Wiederholung der Zurückverweisung handele, beschränkt sich aber auf diese Fälle.

[42] BGHZ 60, 392 (399).

zwischen den Instanzen bestehe hier nicht, weil es sich nur um eine einmalige Wiederholung der Zurückverweisung handele. Dasselbe gilt auch für die Fälle, in denen das Revisionsgericht seine Rechtsansicht erst anläßlich seiner zweiten Entscheidung in derselben Sache ändert; ob das Revisionsgericht seine frühere Auffassung bereits in einer anderen Sache aufgegeben hat oder ob dies erst in der anhängigen Sache geschieht, hat keinen Einfluß auf die Häufigkeit der Zurückverweisung der Sache an die Vorinstanz. Mit Recht hat *Sommerlad*[43] ausgeführt, wann es jemals zu einer solchen Gefahr (des ewigen Hin- und Herschiebens der Sache) kommen könne, sei unerfindlich und werde vom GemS vielsagend offengelassen.

cc) Der Sinn und Zweck der §§ 565 Abs. 2 ZPO etc.

Es ist überdies auch nicht die Aufgabe der §§ 565 Abs. 2 ZPO etc. zu verhindern, daß die endgültige Entscheidung der Sache dadurch verzögert oder unmöglich gemacht wird, daß sie ständig zwischen Vorinstanz und Revisionsgericht hin- und hergeschoben wird, weil keines der beiden Gerichte seine Rechtsauffassung ändert. Diese Gefahr könnte (theoretisch) dadurch beseitigt werden, daß jeder Partei lediglich das Recht gewährt würde, gegen das Urteil der Vorinstanz nur einmal Revision einzulegen. Auch dann wären aber die §§ 565 Abs. 2 ZPO etc. nicht überflüssig. Denn ohne Bindung wäre die Vorinstanz frei; sie brauchte sich nicht an die rechtliche Beurteilung zu halten, auf der die Aufhebung ihres Urteils beruht. Der entscheidende Grund für die Bindung liegt vielmehr darin[44], daß das Revisionsgericht seine Ansicht anderenfalls nicht durchsetzen und damit nicht die ihm obliegenden Aufgaben erfüllen kann, für die Rechtseinheit und für die Sachgerechtigkeit des Urteils im Einzelfall zu sorgen.

Daß dies der eigentliche Grund für die Bindung der Vorinstanz ist, kommt auch in dem Beschluß des GemS zum Ausdruck, wo es heißt[45], die §§ 565 Abs. 2 ZPO etc. institutionalisierten lediglich, um den erstrebten Erfolg zu erzielen, die ohnehin bestehende, sich aus dem Instanzenzug ergebende Autorität des übergeordneten Gerichts; es solle vermieden werden, daß sich die Vorinstanz im Einzelfall nicht an die der Zurückverweisung zugrunde liegende Rechtsauffassung des Revisionsgerichts halte.

Ist es aber der Sinn und Zweck der §§ 565 Abs. 2 ZPO etc., das Revisionsgericht in die Lage zu versetzen, seine Ansicht zu verwirklichen, so

[43] NJW 1974, 123 (125).
[44] Vgl. S. 97 ff.
[45] BGHZ 60, 392 (397).

kann sich aus diesen Vorschriften die Selbstbindung nur ergeben, wenn man annimmt, es sei Sache des Revisionsgerichts, stets die Rechtsauffassung durchzusetzen, die es in seiner ersten Entscheidung der Aufhebung des angefochtenen Urteils zugrunde gelegt hat. Eine solche Annahme ist jedoch verfehlt. Das Revisionsgericht kann die ihm anvertrauten Aufgaben besser erfüllen, wenn es nicht an seine frühere Rechtsauffassung gebunden ist. Dies gilt einmal für die Wahrung der Rechtseinheit. Das Revisionsgericht legt seinen Entscheidungen künftig die neue Rechtsauffassung zugrunde; es dient der Rechtseinheit, wenn dies auch schon in der anhängigen Sache geschehen kann. Hierdurch wird auch die Sachgerechtigkeit im Einzelfall besser gewährleistet; es wird vermieden, daß sich eine verfehlte und deshalb aufgegebene Rechtsansicht erneut auswirkt.

Sinn und Zweck der §§ 565 Abs. 2 ZPO etc. sprechen also nicht für, sondern gegen die Selbstbindung der Revisionsgerichte. Sie schließen aber eine derartige Bindung nicht schlechthin aus, wenn sie aus anderen Gründen erforderlich sein sollte. Die Selbstbindung kann nur nicht auf die Vorschriften gestützt werden, die die Bindung der Vorinstanz anordnen. Die Vorinstanz muß an die rechtliche Beurteilung der Revisionsgerichte gebunden sein, weil dieses Gericht die ihm übertragenen Aufgaben sonst nicht sachgemäß wahrnehmen kann, jedenfalls die Gefahr besteht, daß dies so sein könne. Hieraus folgt aber nicht, daß das Revisionsgericht seinerseits an seine frühere Auffassung gebunden ist; es kann vielmehr seine Aufgaben besser wahrnehmen, wenn es in seiner Entscheidung frei ist. „Fremdbindung", hat *Bettermann*[46] mit Recht ausgeführt, „hat Selbstbindung weder zur Voraussetzung noch zur Folge, und das Verbot der Fremdkorrektur bedingt nicht notwendig die Unzulässigkeit der Selbstkorrektur."

Ergebnis

Die Selbstbindung der Revisionsgerichte besteht nicht kraft Gewohnheitsrechts. Sie beruht nicht auf der Rechtskraft, einer Art Rechtskraft oder der innerprozessualen Bindungswirkung des § 318 ZPO. Sie ergibt sich nicht aus dem Gleichheitssatz oder, im Steuerverfahren, aus dem Grundsatz der Gleichmäßigkeit der Besteuerung. Die Selbstbindung ist nicht eine zwangsläufige Folge der Fremdbindung; die Vorinstanz kann auch dann gegen das materielle Recht verstoßen, wenn sie auf Grund verfahrensrechtlicher Vorschriften gezwungen war, so zu entscheiden, wie sie entschieden hat. Der Sinn und der Zweck der §§ 565 Abs. 2 ZPO etc. sprechen nicht für, sondern

[46] DVBl. 1955, 22 (24).

gegen die Selbstbindung der Revisionsgerichte; sie schließen aber eine derartige Bindung nicht aus, wenn sie aus anderen Gründen unumgänglich sein sollte.

2. *Allgemeine Grundsätze*

Die Selbstbindung der Revisionsgerichte ergibt sich somit nicht aus bestimmten Vorschriften des Prozeßrechts. Sie könnte aber auf allgemeine verfahrensrechtliche Grundsätze gestützt werden.

a) Zweckmäßigkeitserwägungen

Die Selbstbindung beruhe, hat das Bundesverwaltungsgericht[47] gemeint, auf prozessualen Zweckmäßigkeitserwägungen, diese ließen es im Interesse einer zügigen Durchführung des Verfahrens und mit Rücksicht auf das Vertrauen der Beteiligten auf den Fortbestand einer vom Gericht einmal bekundeten rechtlichen Beurteilung bestimmter Streitfragen als unerwünscht erscheinen, daß die Revisionsinstanz ihre Ansicht im Laufe desselben Rechtsstreits ändere. Diesen Ausführungen ist jedoch nicht zuzustimmen. Die materielle Gerechtigkeit kann nicht durch derartige Erwägungen beeinträchtigt werden. Die Ansicht des Bundesverwaltungsgerichts ist daher in der Judikatur[48] und in der Literatur[49] mit Recht allgemein abgelehnt worden. Reine Zweckmäßigkeitsgründe, führen der II. Senat[50] und der Große Senat[51] des Bundesfinanzhofs aus, seien schlechthin unbeachtlich. Kein Gericht könne sich, legt *Schmitt*[52] zutreffend dar, auf diese Weise seiner Aufgabe entziehen, auf den seiner Entscheidung zugrunde liegenden Sachverhalt das Recht nach bestem Wissen richtig anzuwenden.

[47] BVerwGE 6, 297 (298); BVerwGE 7, 149 (163); BVerwGE 9, 117; vgl. auch Bruns, Festschrift für Eberhard Schmidt, S. 602 (603 Fußn. 10); Hanack, Der Ausgleich divergierender Entscheidungen in der oberen Gerichtsbarkeit, S. 350; Peters-Sautter-Wolff, SGG, 4. Aufl., § 170 Anm. 5.

[48] BFH 99, 109 (111) = BStBl. II 1970, 574; BFH 105, 312 (314) = BStBl. II 1972, 568.

[49] Mohrbotter, ZStrW 84, 612 (626).

[50] BFH 99, 109 (111) = BStBl. II 1970, 574.

[51] BFH 105, 312 (314) = BStBl. II 1972, 568.

[52] Anm. zu BVerwG, JZ 1959, 220 (222).

b) Die Autorität des Rechts und das Ansehen der Gerichte

Die Selbstbindung kann auch nicht mit der Erwägung begründet werden, andernfalls würde die Autorität des Rechts[53] empfindlich leiden oder wäre, wie *Schröder*[54] meint, das Ansehen der Gerichte gefährdet. Die Autorität des Rechts und der Gerichte wird verkannt, wenn man glaubt, sie werde durch die Selbstbindung gewahrt oder gar verstärkt. Das Gegenteil ist richtig; die Autorität wird in Frage gestellt, wenn ein Revisionsgericht einer Partei erklärt, ihr Anspruch sei zwar, wie sich im zweiten Rechtsgang herausgestellt habe, berechtigt; gleichwohl müsse die Klage aber mit Rücksicht auf die Selbstbindung des Revisionsgerichts abgewiesen werden. Die wahre Autorität eines Gerichts zeigt sich in der Bereitschaft, einen Fehler zuzugeben und seine Folgen zu beseitigen, soweit dies noch möglich ist. Mit Recht stellt daher der II. Senat[55] des Bundesfinanzhofs fest, Gründe der Autorität der Rechtsprechung müßten außer acht bleiben.

c) Rechtssicherheit und materielle Gerechtigkeit

Schwerer wiegen die Argumente, die für die Rechtfertigung der Selbstbindung aus dem Rechtsstaatsprinzip abgeleitet werden. Die Selbstbindung des Revisionsgerichts, wird vielfach angenommen[56], sei für eine verständige und zügige Gestaltung des Prozeßverfahrens erforderlich. Ändere das Revisionsgericht im zweiten Rechtsgang seine Ansicht, dann werde dem Verfahren die rechtliche Grundlage entzogen, auf die es durch das erste Revisionsurteil gestellt worden sei. Eine solche Auswirkung sei für alle am Rechtsstreit Beteiligten untragbar. Sie verletze die Rechtssicherheit und den Rechtsfrieden, beeinträchtige das Vertrauen der Prozeßparteien in die Stetigkeit der Rechtsprechung und führe zur Prozeßverzögerung. Das Rechtsstaatsprinzip erfordere im Interesse der Rechtssicherheit, des Rechtsfriedens und des Vertrauensschutzes einen geregelten Ablauf und einen Abschluß des Rechtsfindungsverfahrens, dessen Rechtsbeständigkeit garantiert sei.

Diesen Erwägungen steht aber der Grundsatz der materiellen Gerechtigkeit gegenüber. Zwischen ihm und der Forderung nach einem rechtsstaatlich ausgestalteten Prozeßablauf muß daher ein Ausgleich gefunden werden.

[53] So BAG 7, 237 (238).

[54] Festschrift für Nikisch, S. 205 (214).

[55] BFH 99, 109 (111) = BStBl. II 1970, 574.

[56] Vgl. RGZ 124, 322 (325); RGZ 149, 157 (164); BGHZ 3, 321 (325); BAG 7, 237 (238); BVerwGE 9, 117 (118); Hanack, Der Ausgleich divergierender Entscheidungen in der oberen Gerichtsbarkeit, S. 349; Paulick, StbJb. 1964/65, S. 351 (392); Schröder, Festschrift für Nikisch, S. 205 (214).

aa) Kollision zwischen Rechtssicherheit und materieller Gerechtigkeit in dem Fall, daß das Revisionsgericht seine Ansicht bereits in einer anderen Sache aufgegeben hat

Hat das Revisionsgericht seine Ansicht, die es im ersten Rechtsgang vertreten hatte, bereits in einer anderen Sache aufgegeben, bevor der anhängige Rechtsstreit im zweiten Rechtsgang zu ihm zurückgelangt ist, so ist es bedenklich, das Revisionsgericht in dieser Sache an der alten rechtlichen Beurteilung festzuhalten.

Revisionsgerichtliche Entscheidungen, denen auch in diesen Fällen die alte, inzwischen als verfehlt erkannte Ansicht zugrunde gelegt war, sind seit eh und je auf Widerspruch gestoßen. Sie haben bereits in der Strafprozeßkommission des Reichstags Anlaß zu Kritik gegeben. Ein Senat des Obertribunals, führte der Abgeordnete *Reichensperger*[57] aus, sei zu der Ansicht gelangt, daß ein ihm zur Prüfung vorliegendes Urteil zu vernichten sei. Die sachliche Entscheidung sei jedoch nicht sogleich ergangen, man habe vielmehr zunächst die Sache behufs weiterer tatsächlicher Feststellungen an das Appellationsgericht abgegeben. In der Zwischenzeit sei eine andere Sache eingegangen, in der es sich um die gleiche Rechtsfrage gehandelt habe. Bei der Beratung dieser Sache seien die Richter zu der entgegengesetzten Ansicht gelangt. Nach Wiedereingang der ersten Sache habe man nun vor der Frage gestanden, ob der Kassationshof an seine frühere Ansicht gebunden sei, von deren Unrichtigkeit er sich inzwischen überzeugt habe. Diese Frage sei nach langer Debatte bejaht und ein mit dem Erkenntnis in der zweiten Sache im Widerspruch stehendes Urteil erlassen worden. Der Abgeordnete *Reichensperger* sah in dieser Entscheidung eine Beeinträchtigung der Würde des höchsten Gerichtshofs. Unbehagen hat auch ein Bescheid des IV. Senats[58] des Reichsfinanzhofs ausgelöst. Der Senat hatte mit dem Hinweis auf die Selbstbindung entschieden, die Beschwerdeführerin sei zur Zahlung einer Kohlensteuer verpflichtet, obwohl sie nach der inzwischen ergangenen Rechtsprechung des Großen Senats[59] des Reichsfinanzhofs nicht steuerpflichtig war. Die beschwerdeführende Zeche wurde somit anders behandelt als die Zechen, denen ebenfalls aufgrund ihrer Zugehörigkeit zum Rheinisch-Westfälischen Kohlensyndikat Erlöse aus dem Kohlenverkauf des Syndikats zugeflossen waren; diese brauchten keine Kohlensteuer zu zahlen. „Eine Verankerung steuerlichen Unrechts auf gesetzlicher Grundlage! Ein unbefriedigender

[57] Vgl. Hahn-Stegemann, Die gesammten Materialien zur Strafprozeßordnung, 1. Abteilung, 2. Aufl. (1885), S. 1043.

[58] RFH 7, 27 ff.

[59] RFH 5, 321 ff.

Rechtszustand!", bemerkte *Meumann*[60] zu dieser Entscheidung, und *Fischer*[61] sprach sogar von einer „Ungeheuerlichkeit". Eine Ansicht, die an der Selbstbindung festhalte[62], obwohl die gleiche Frage inzwischen anders entschieden worden sei, bezeichnete *Enno Becker*[63] schlicht als „Unsinn". Dieselben Bedenken gelten für ein Urteil des VI. Senats[64] des Bundesfinanzhofs. Der Senat hatte unter Berufung auf die Selbstbindung einen Spekulationsgewinn zum Nachteil des Steuerpflichtigen nach Grundsätzen berechnet, die er im ersten Rechtsgang[65] aufgestellt, vor seiner Entscheidung im zweiten Rechtsgang aber in einer anderen Sache[66] verworfen hatte. Dagegen hat der III. Senat[67] des Reichsfinanzhofs in derartigen Fällen der Sachgerechtigkeit den Vorrang eingeräumt. Die Volksanschauung, führte er aus[68], werde es nicht verstehen, wenn ein Steuergericht einen von ihm früher vertretenen Rechtssatz nur deshalb gegen seine bessere Überzeugung anwende, weil es gehindert sei, seinen früheren Standpunkt zu ändern. Dementsprechend hat auch der GemS[69] entschieden, die Vorinstanz sei (jedenfalls) nicht mehr an die der Zurückverweisung zugrunde liegende Rechtsauffassung gebunden, wenn das Revisionsgericht inzwischen selbst seine Rechtsauffassung geändert habe. Die §§ 565 Abs. 2 ZPO etc. (aus denen sich nach der Ansicht des GemS die Selbstbindung grundsätzlich ergibt) seien Verfahrensvorschriften, die letztlich der — richtigen — Anwendung des materiellen Rechts dienten. Der prozessuale Grundsatz der Selbstbindung müsse hinter dem zurücktreten, was die Rechtsprechung nunmehr sachlich als Rechtens erkannt habe; es erscheine nicht vertretbar, das Urteil auf eine Rechtsauffassung zu stützen, die mit der neuen, geläuterten oberstgerichtlichen Rechtsprechung nicht im Einklang stehe.

Ergebnis

Das Revisionsgericht ist (jedenfalls dann) nicht an seine frühere, der Aufhebung des Berufungsurteils zugrunde liegende Auffassung gebunden, wenn es diese inzwischen in einer anderen Sache aufgegeben hat; die materielle Gerechtigkeit hat hier den Vorrang vor der Rechtssicherheit.

[60] DStZ 1927, 1058.
[61] Anm. zu RG, JW 1929, 853 (854).
[62] RFH, StuW 1929 Nr. 764.
[63] RAO, 7. Aufl. (1930), § 275 Anm. 6.
[64] StRK Nr. 12 a zu § 23 EStG.
[65] BFH 69, 222 = BStBl. III 1959, 346.
[66] BFH 74, 331 = BStBl. III 1962, 127.
[67] RFH 40, 308; RFH 42, 348; RFH, RStBl. 1938, 178; RFH, RStBl. 1941, 211.
[68] RFH 40, 308 (309).
[69] BGHZ 60, 392 (397, 398).

bb) Kollision zwischen Rechtssicherheit und materieller Gerechtigkeit in dem Fall, daß das Revisionsgericht seine Ansicht erst in dieser Sache aufgeben will

Der GemS[70] hat am Ende seines Beschlusses klargestellt, daß die Entscheidung lediglich die Fälle betreffe, in denen das Revisionsgericht seine der (Aufhebung und) Zurückverweisung zugrunde liegende Rechtsauffassung vor seinem zweiten Urteil geändert habe. In der Rechtslehre ist er deshalb kritisiert worden; er habe auf diese Weise die Gelegenheit versäumt, „die noch niemals klar umrissene und mit nichts begründbare Rechtsprechung zur Selbstbindung endlich aufzugeben"[71]. Der Vorwurf ist nicht berechtigt. Der GemS ist „der bewährten Übung des Reichsgerichts"[72] gefolgt, nur soviel zu entscheiden, wie zur Entscheidung des Falles erforderlich ist. Es war ihm die Frage vorgelegt, ob eine Selbstbindung des Revisionsgerichts bestehe, wenn es seine Auffassung nach Erlaß seines Urteils in einer anderen Sache geändert habe[73]. Nur diese Frage hatte er zu beantworten. Daran hat er sich gehalten.

Die Entscheidung hätte allerdings klarer gefaßt werden können. Am Anfang[74] des Beschlusses heißt es, die Vorschriften der §§ 565 Abs. 2 ZPO etc. müßten, damit sie den mit ihnen verfolgten Zweck erreichen könnten, zur Selbstbindung des Revisionsgerichts führen. Am Ende[75] des Beschlusses wird jedoch dargelegt, es seien Fälle denkbar, in denen eine Einschränkung der Bindungswirkung für das Revisionsgericht auch dann wünschenswert sei, wenn es seine Ansicht erst anläßlich der zweiten Entscheidung ändern wolle; die Frage, ob und aus welchen Gründen eine Beschränkung der Bindungswirkung möglich sei, könne jedoch unentschieden bleiben, weil das Revisionsgericht im vorliegenden Falle seine Meinung bereits in einem anderen Rechtsstreit geändert habe. Die Selbstbindung, die anfangs bejaht worden ist, wird also nunmehr wieder in Zweifel gezogen. Es wäre besser gewesen, wenn der GemS die Frage, ob überhaupt eine Selbstbindung bestehe, ausdrücklich offengelassen hätte. Vielleicht hat sich hierfür aber keine Mehrheit im Senat finden lassen. Die widersprüchliche Fassung der Entscheidung mag auch darauf beruhen, daß die Mitglieder des Senats verschiedener Ansicht darüber waren, ob die Selbstbindung grundsätzlich berechtigt sei. Man

[70] BGHZ 60, 392 (399).
[71] Sommerlad, NJW 1974, 123 (125).
[72] Pagendarm, WM 1967, 434.
[73] Vgl. BFH 105, 312 = BStBl. II 1972, 568.
[74] BGHZ 60, 392 (397).
[75] BGHZ 60, 392 (399).

hat den Eindruck, daß der Richter, der den Beschluß verfaßt hat, nicht von der Erforderlichkeit der Selbstbindung überzeugt war. Die Ausführungen, mit denen die Bindung bejaht worden ist, sind sehr kurz, und die Begründung ist so unzureichend, daß sich der Gedanke aufdrängt, dies sei dem Verfasser nicht verborgen geblieben, er habe aber keine bessere Begründung gefunden, sich daher mit ihr zufriedengegeben und seine Bedenken gegen die Selbstbindung mit den oben wiedergegebenen Ausführungen am Ende des Beschlusses angedeutet. Dementsprechend hat auch *Gräber*[76] ausgeführt, vieles deute darauf hin, daß der GemS die Selbstbindung in vollem Umfang beseitigt wissen wollte.

Auch nach Erlaß des Beschlusses ist in der Rechtslehre[77] die Ansicht vertreten worden, man müsse grundsätzlich an der Selbstbindung festhalten. Die Rechtssicherheit und die Kontinuität der Rechtsprechung würden anderenfalls ohne zwingende Notwendigkeit beiseite geschoben; sei eine geänderte Rechtsauffassung noch nicht kundgetan, so müsse dem verfahrensrechtlichen Ordnungsprinzip der Vorrang gegeben werden[78]. Es fragt sich aber, ob es sachlich gerechtfertigt ist, die beiden Fallgruppen verschieden zu behandeln. *Gräber*[79], der diese Frage verneint, weist darauf hin, es sei sonst der Manipulation Tür und Tor geöffnet; der erkennende Senat brauche nur einen Parallelfall, in dem er nicht durch eine frühere Entscheidung im ersten Rechtsgang gebunden sei, vorzuziehen und vorweg zu entscheiden, „und schon wäre die Änderung der Rechtsprechung vollzogen". Ist es auch zweifelhaft, ob es zu solchen Manipulationen kommen wird, so kann es jedenfalls vom Zufall abhängen, ob für die anhängige Sache die alte oder die neue Auffassung maßgebend ist; vom Zufall sollte aber die Entscheidung des Revisionsgerichts, die für die Parteien von weittragender Bedeutung sein kann, nicht abhängig sein.

Es fragt sich, welche Gründe dafür sprechen können, die beiden Fallgruppen verschieden zu behandeln. Die Sachgerechtigkeit hat den Vorrang vor der Rechtssicherheit, wenn das Revisionsgericht seine frühere Ansicht bereits in einer anderen Sache aufgegeben hat. Warum soll die Rechtslage anders sein, die Rechtssicherheit also der Sachgerechtigkeit vorgehen, wenn dies noch nicht geschehen ist, der Senat seine frühere Auffassung aber jetzt nicht mehr für richtig hält?

[76] DStR 1973, 449 (452).

[77] Gräber, DStR 1973, 449 ff.; v. Wallis-List, Hübschmann-Hepp-Spitaler, AO, 1.—6. Aufl., § 126 FGO, Anm. 27.

[78] So v. Wallis, NWB, Fach 2, S. 2431 (2432).

[79] DStR 1973, 449 (452).

Der GemS[80] hat berücksichtigt, daß bei der Bedeutung der höchstrichterlichen Rechtsprechung für die Auslegung und Anwendung von Gesetzen in den Augen der Rechtsuchenden die neue Rechtsprechung des Revisionsgerichts gegenüber seiner inzwischen aufgegebenen Rechtsprechung die höhere Autorität genieße und daher nunmehr als zutreffende Auslegung des Rechts angesehen werde. Aus dieser Erwägung ergibt sich, daß für die anhängige Sache die neue Auffassung maßgebend sein muß. Sie schließt aber nicht aus, die Selbstbindung auch dann zu verneinen, wenn die alte Rechtsprechung noch nicht aufgegeben worden ist, sondern erst anläßlich dieser Entscheidung aufgegeben werden soll. Zwischen den beiden Fällen könnte nur ein gradueller Unterschied bestehen. Ist die Rechtsprechung bereits in einer anderen Sache geändert, dann ist es besonders mißlich, wenn in dieser Sache noch an ihr festgehalten werden muß. Es ist aber auch bedenklich, sie weiterhin zu vertreten, wenn sie noch nicht in einem anderen Prozeß geändert ist, sie aber nicht mehr der Überzeugung des Revisionsgerichts entspricht[81]. Beide Fälle haben gemeinsam, daß die Revisionsrichter, wenn sie an ihre frühere rechtliche Beurteilung gebunden sind, eine Entscheidung fällen müssen, die sie für falsch halten.

Die Ansicht, es müsse grundsätzlich bei der Selbstbindung bleiben, hat *Zitzlaff*[82] u. a. mit der Erwägung begründet, es bestehe sonst die Gefahr, daß das Revisionsgericht den Rechtsstreit bei seiner ersten Entscheidung nicht so sorgfältig bearbeite, weil es immer mit der Möglichkeit rechnen könne, im zweiten Rechtsgang anders zu entscheiden. Diese Erwägung überzeugt schon deshalb nicht, weil die Revisionsrichter nicht wissen, ob die Sache wieder zu ihnen zurückgelangt; in der Regel ist das nicht der Fall.

Gräber[83], der sich ebenfalls für die Selbstbindung der Revisionsgerichte einsetzt, ist der Ansicht, anderenfalls würden die Vorinstanzen, wenn sie die Auffassung des Revisionsgerichts nicht für richtig hielten, sich über die Bindung aus den §§ 565 Abs. 2 ZPO etc. hinwegsetzen, um das Revisionsgericht zu zwingen, seine frühere Ansicht, an die es nicht gebunden sei, im zweiten Rechtsgang zu überprüfen. Es ist aber nicht zu erwarten, daß die Vorderrichter bewußt die in den §§ 565 Abs. 2 ZPO etc. angeordnete Bindung unberücksichtigt lassen. Soweit dies ausnahmsweise[84] in der Vergangenheit

[80] BGHZ 60, 392 (397).
[81] Vgl. Schultz, MDR 1973, 731 (732).
[82] StuW 1941, 351 (358).
[83] DStR 1973, 449 (453).
[84] Vgl. BGH, NJW 1965, 2293; BGH, VRS 12, 208 f.; BFH 69, 40 (44) = BStBl. III 1959, 276 und den von Friesenhahn, Verhandlungen des 46. Deutschen Juristentages, Bd. II C 12 (C 21), geschilderten Fall.

geschehen ist, haben die Revisionsgerichte dies mit scharfen Worten gerügt. Ein Finanzgericht, heißt es in einem Urteil des IV. Senats[85] des Bundesfinanzhofs, das gegen die Bindung aus § 296 Abs. 4 AO verstoße, rüttele an den Grundfesten der Gerichtsbarkeit und verletze eine ihm obliegende wesentliche richterliche Pflicht. Es besteht keine Gefahr, daß diese Fälle zur Regel werden, wenn der Grundsatz der Selbstbindung aufgegeben wird.

Schwerer wiegt der Einwand, den *Bötticher*[86] gegen die Preisgabe dieses Grundsatzes erhoben hat. Er meint, wenn man dem Revisionsgericht erlaube, erstmals im zweiten Rechtsgang derselben Sache seine Rechtsprechung aus dem ersten Rechtsgang zu ändern, dann könne man nicht verhindern, daß eine Partei gegen das zweite vorinstanzliche Urteil erneut Revision ausschließlich mit dem Ziel einlege, das Revisionsgericht zur Aufgabe seiner früheren Rechtsauffassung zu bewegen. Seine Ansicht beruht auf der Erwägung, ein solches Verhalten könne zu beachtlichen Nachteilen führen; es degradiere das erste Revisionsurteil zu einer provisorischen Entscheidung. Die unterlegene Partei werde versuchen, eine Änderung der revisionsgerichtlichen Ansicht herbeizuführen, um im zweiten Rechtsgang ein für sie günstiges Urteil zu erhalten. Von dieser Möglichkeit werde sie vor allem Gebrauch machen, wenn sich gegen das erste Revisionsurteil bereits kritische Stimmen in der Rechtslehre erhoben hätten. Es bestehe die Gefahr, daß die Revisionsgerichte, die ohnehin überlastet seien, mit einer zusätzlichen Flut von Rechtsmitteln überschüttet würden.

Diese Gefahren sind nicht vorhanden, wenn das Revisionsgericht seine frühere Auffassung bereits in einer anderen Sache aufgegeben hat. Hier steht fest, daß die neue Rechtsansicht des Revisionsgerichts auch für die anhängige Sache maßgebend ist. Die Parteien werden sich danach richten; zu einer erneuten Einlegung einer Revision wird es nicht kommen. Es fragt sich aber, ob die von *Bötticher* geltend gemachten Bedenken dann gerechtfertigt sind, wenn das Revisionsgericht seine frühere Auffassung noch nicht aufgegeben hat.

Die Revisionsgerichte wissen, daß die Kontinuität der Rechtsprechung ein sehr hohes Gut darstellt. Sie schwanken in ihren Entscheidungen zwischen

[85] BFH 69, 40 (44) = BStBl. III 1959, 276 f. In einer früheren Entscheidung, BFH 56, 53 (55) = BStBl. III 1952, 22, in der sich bereits dieselben Ausführungen befinden, hat der IV. Senat des Bundesfinanzhofs das Finanzgericht allerdings zu Unrecht gerügt; dieses war, wie auf S. 198 dieser Arbeit dargelegt, nicht an die Auffassung des Bundesfinanzhofs gebunden, die Bescheinigung des Landesgerichtspräsidenten sei nicht ausreichend; insoweit handelt es sich um eine Beweiswürdigung, die nicht an der Bindungswirkung teilnimmt.

[86] MDR 1961, 805 (806).

den einzelnen Auffassungen nicht ständig hin und her. Sprächen in einer Rechtsfrage, hat der II. Senat[87] des Bundesarbeitsgerichts ausgeführt, für die eine oder die andere Antwort jeweils gute Gründe, so solle ein Revisionsgericht, das die Frage in einer früheren Entscheidung in dem einen Sinne beantwortet habe, nicht von seiner Rechtsprechung abweichen. Auch der V. Senat[88] des Bundessozialgerichts weist auf die Verpflichtung des Revisionsgerichts hin, auf die Beständigkeit der Rechtsprechung zu achten; eine Änderung solle möglichst vermieden oder in engen Grenzen gehalten werden, damit die betroffenen Kreise der Bevölkerung die Möglichkeit hätten, sich darauf einzurichten. Diese Erwägungen liegen, wenn sie auch nicht ausdrücklich angestellt worden sind, vielen Entscheidungen der anderen Revisionsgerichte zugrunde.

Ein Beispiel hierfür bietet ein Urteil des VI. Zivilsenats[89] des Bundesgerichtshofs. Er hatte darüber zu entscheiden, ob der Ersatzpflichtige für den vorübergehenden Verlust der Gebrauchsfähigkeit eines Kraftfahrzeugs auch dann eine Entschädigung zu leisten habe, wenn sich der Geschädigte keinen Ersatzwagen beschafft hatte. Diese Frage hatte der III. Zivilsenat[90] des Bundesgerichtshofs drei Jahre vorher bejaht. Der VI. Zivilsenat hielt, wie sich seinem Urteil entnehmen läßt, die vom III. Zivilsenat eingeleitete Rechtsprechung für nicht unbedenklich. Gleichwohl hat er sich ihr angeschlossen. Er halte, führt er aus[91], die in der Rechtslehre gegen das Urteil des III. Zivilsenats vorgetragenen Angriffe „nicht für so durchschlagend, daß sie Anlaß geben, die Grenzen der Schadensersatzpflicht anders zu sehen und damit die in der Abwicklung von Haftungsfällen bereits weithin üblich gewordene Regulierungspraxis zur Vergütung des Nutzungsentgangs in Frage zu stellen“. Der VI. Senat hat sich also davon leiten lassen, daß die Praxis sich auf die Rechtsprechung des III. Zivilsenats eingestellt hatte. Eine derartige Überlegung mag auch bei einem Beschluß des I. Senats[92] des Bundesverfassungsgerichts vom 14. Februar 1973 eine Rolle gespielt haben, als er in dem „Soraya-Fall“ entschied, die seit über 15 Jahren bestehende Rechtsprechung der Zivilgerichte, wonach bei schweren Verletzungen des allgemeinen Persönlichkeitsrechts Ersatz in Geld beansprucht werden könne, sei mit dem Grundgesetz vereinbar.

[87] BAG 12, 278 (284).
[88] HFR 1968, 430 (431).
[89] BGHZ 45, 212 f.
[90] BGHZ 40, 345 ff.
[91] BGHZ 45, 212 (215).
[92] NJW 1973, 1221 ff.

Haben die Revisionsgerichte Bedenken gegen ihre frühere Rechtsprechung, so bemühen sie sich auch häufig, ihre Ansicht nicht aufzugeben, sondern nur zu modifizieren; sie vermeiden also, wenn es geht, die Kehrtwendung. 1954 hatte der II. Zivilsenat[93] des Bundesgerichtshofs entschieden, ein Gesellschafter einer bürgerlich-rechtlichen Gesellschaft sei — trotz des § 709 BGB — nach Maßgabe des § 432 BGB zur persönlichen Geltendmachung einer Gesellschaftsforderung befugt, wenn er daran ein berechtigtes Interesse habe, das mit dem Gemeinschaftsinteresse der Gesellschaft nicht im Widerspruche stehe. 1955 legte er dar[94], ein Gesellschafter einer zweigliedrigen Gesellschaft habe ein derartiges Recht, wenn der andere Gesellschafter die gerichtliche Geltendmachung dieser Forderung durch ein bewußtes Zusammenwirken mit dem Gesellschaftsschuldner zu verhindern suche. Durch eine Entscheidung im Jahre 1963 schränkte der Senat, abschließend, seine frühere Auffassung ein; ein Gesellschafter, heißt es in diesem Urteil[95], sei im allgemeinen nicht befugt, eine Gesellschaftsforderung gegen einen Dritten im eigenen Namen nach § 432 BGB geltend zu machen; das gelte jedoch nicht, wenn der Gesellschafter an der Geltendmachung ein berechtigtes Interesse habe, wenn (zusätzlich) der andere Gesellschafter die Einziehung der Forderung aus gesellschaftswidrigen Gründen verweigere und der Gesellschaftsschuldner an dem gesellschaftswidrigen Verhalten der anderen Gesellschafter beteiligt sei. Auch die häufig angegriffene[96] strenge Rechtsprechung des III. Zivilsenats des Bundesgerichtshofs[97] zum sog. „Mätressen-Testament" ist nur nach und nach[98] gelockert worden. Bei der Frage, welche Ansprüche der Ehemann der Mutter gegen den Erzeuger des Kindes habe, wenn dieses später für nichtehelich erklärt werde, ist der IV. Zivilsenat des Bundesgerichtshofs ebenfalls behutsam vorgegangen. Er hat seine Auffassung aufrechterhalten[99], daß diesem keine Schadensersatzansprüche aus unerlaubter Handlung zustünden. Er ist aber zu der Überzeugung gelangt, der Erzeuger müsse dem Ehemann der Mutter bestimmte Aufwendungen ersetzen. So hat

[93] BGHZ 12, 308 ff.

[94] BGHZ 17, 340 ff.

[95] BGHZ 39, 14.

[96] Vgl. Flume, Allgemeiner Teil des Bürgerlichen Rechts, II. Band, Das Rechtsgeschäft, § 18, 5 (S. 375); Gernhuber, FamRZ 1960, 326 ff.; Müller-Freienfels, JZ 1968, 441 ff.; Ramm, JZ 1970, 129 ff.

[97] Vgl. BGHZ 20, 71 ff.; BGH, LM Nr. 2, Nr. 7, Nr. 9 zu § 138 (Cd) BGB; BGH, NJW 1964, 764; BGH, NJW 1968, 932.

[98] Vgl. BGHZ 23, 76 ff.; BGH, NJW 1964, 764; BGHZ 52, 17 ff.; BGHZ 53, 369.

[99] Vgl. BGH, NJW 1956, 1149; BGHZ 23, 215 ff.; BGHZ 23, 279 ff.; BGHZ 26, 217 ff.; BGH, NJW 1972, 199 ff.

er zunächst entschieden[100], dem Ehemann der Mutter, der dem Kind die Prozeßkosten zur Führung des Anfechtungsrechtsstreits vorgeschossen habe, könne diese Kosten vom Erzeuger des Kindes erstattet verlangen. Im Jahre 1971 hat er seine Rechtsprechung erweitert. Er hat nunmehr die Ansicht vertreten[101], der Ehemann könne auf Grund der vom Kind auf ihn übergegangenen Unterhaltsansprüche vom Erzeuger auch Ersatz anderer Kosten verlangen, die ihm durch die Führung des Prozesses entstanden seien, in dem das Kind für nichtehelich erklärt worden sei.

Die Revisionsgerichte sind also stets um die Kontinuität ihrer Rechtsprechung bemüht. Gleichwohl kommt es vor, daß eine Rechtsauffassung innerhalb kurzer Zeit aufgegeben und die gegenteilige Ansicht vertreten wird. Dies ist jedoch vor allem der Fall, wenn die neue Entscheidung von einem anderen Senat stammt; von einem fremden Irrtum trennt man sich leichter als vom eigenen. So hat der II. Zivilsenat[102] des Bundesgerichtshofs die Rechtsprechung des VI. Zivilsenats[103] aufgegeben, bei einer Klage, die auf mehrere Klagegründe gestützt sei, genüge es, um den Rechtsstreit zu einer Feriensache zu machen, daß einer der verschiedenen Klagegründe die Voraussetzungen des § 200 Abs. 2 GVG erfülle. Ein weiteres Beispiel bietet die Änderung der Rechtsprechung zu der Frage, wann eine Sicherungsübereignung eines Warenlagers mit wechselndem Bestand mangels Bestimmtheit des Sicherungsgutes unwirksam sei. Der VIII. Zivilsenat[104] des Bundesgerichtshofs wich hier von einer (verfehlten) Entscheidung des IV. Zivilsenats[105] ab. Der VI. Zivilsenat[106] des Bundesgerichtshofs hatte die Ansicht vertreten, es genüge für die Haftung des Vermögensübernehmers nach § 419 BGB, daß er im Augenblick der Umschreibung des erworbenen Grundstücks gewußt habe, daß dieses Grundstück das gesamte Vermögen des Veräußerer gebildet habe. Etwa $4^1/_2$ Jahre später gab der IV. Zivilsenat[107] des Bundesgerichtshofs diese Auffassung auf und entschied[108], der Erwerber hafte nur dann, wenn er bei der Stellung des Antrags auf Eintragung als Eigentümer des Grundstücks oder, falls die Eintragung einer Vormerkung beantragt war, bei der Stellung dieses Antrags die erforderliche Kenntnis gehabt habe. Wird eine Frau bei einer Blutübertragung im Krankenhaus mit

[100] BGH, NJW 1964, 2151; BGH, NJW 1968, 446.
[101] BGH, NJW 1972, 199 ff.
[102] BGHZ 37, 371 ff.
[103] BGHZ 8, 47 (50 ff.).
[104] BGHZ 28, 16 ff.
[105] BGHZ 21, 52 ff.
[106] LM Nr. 19 zu § 419 BGB.
[107] BGHZ 55, 105 ff.
[108] Im Anschluß an Reinicke, NJW 1967, 1249 ff.

Lues angesteckt und empfängt sie später ein Kind, das infolge der Infektion der Mutter mit angeborener Lues zur Welt kommt, so stehen dem Kinde nach dem Urteil des II. Zivilsenats[109] des Bundesgerichtshofs vom 20. Dezember 1952 Schadensersatzansprüche aus § 823 Abs. 1 BGB zu. Mit dieser Entscheidung hat der II. Zivilsenat die Rechtsprechung des III. Zivilsenats[110] des Bundesgerichtshofs aufgegeben, der am 14. Juni 1951 die Rechtsfrage gegenteilig beantwortet hatte. Schließlich ist auch die Auffassung des II. Zivilsenats[111] des Bundesgerichtshofs, § 89 b HGB sei auf den Eigenhändler (Vertragshändler) analog anwendbar, vom VII. Zivilsenat[112] des Bundesgerichtshofs weitgehend eingeschränkt worden, als er für das Recht des Handelsvertreters zuständig wurde.

In all diesen Fällen hat also jeweils ein anderer Senat des Bundesgerichtshofs sich von der früheren Rechtsprechung getrennt. Der alte Senat hätte möglicherweise bei Preisgabe der Selbstbindung seine Auffassung nicht aufgegeben, wenn die anhängige Sache wieder an ihn zurückgelangt wäre. Hieran ändert nichts, daß der alte Senat dem neuen, soweit dies erforderlich war[113], auf Anfrage erklärt hatte, er halte an seiner Auffassung nicht fest. Anderenfalls hätte der Große Senat angerufen werden müssen; hiervor scheuen sich die Senate. Auch hätte er möglicherweise seine Ansicht aus Gründen der Kontinuität beibehalten; vielleicht hätte er auch nicht die Überlegungen angestellt, die den neuen Senat veranlaßt haben, die alte Ansicht aufzugeben.

Es wird somit, wenn die Selbstbindung der Revisionsgerichte generell abgelehnt wird, nicht oft vorkommen, daß die rechtliche Beurteilung des Revisionsgerichts, die zur Aufhebung des Berufungsurteils geführt hat, in derselben Sache geändert und die gegenteilige Ansicht vertreten wird. Ausgeschlossen ist der Eintritt solcher Fälle aber nicht. So hat das Revisionsgericht seine (nicht der Aufhebung, sondern nur) der Zurückverweisung zugrunde liegende Ansicht, die verklagte Bank habe sich im Schuldnerverzug befunden, im zweiten Rechtsgang bei gleichbleibendem Sachverhalt aufge-

[109] BGHZ 8, 243 ff.
[110] JZ 1951, 758.
[111] BGHZ 29, 83 ff. und VersR 1960, 113.
[112] BGHZ 34, 282 ff.
[113] So war es im „Lues-Fall" (BGHZ 8, 243, 246), im „Feriensachen-Fall" (BGHZ 37, 371, 375) und im „Vermögensübernahme-Fall" (BGHZ 55, 104, 111). Im „Sicherungsübereignungs-Fall" (BGHZ 28, 16, 28) sowie im „Eigenhändler-Fall" (BGHZ 34, 282, 293) war eine Anfrage nicht erforderlich, da der neue Senat infolge der Änderung der Geschäftsverteilung an die Stelle des alten Senats getreten war.

geben und ein Verschulden der Bank verneint[114]; erleichtert wurde der Wandel der Rechtsprechung allerdings durch den Umstand, daß das zweite Revisionsgericht (des Bundesgerichtshofs) ein anderes Gericht war als das erste (der Oberste Gerichtshof[115] für die Britische Zone).

Die Revisionsgerichte werden nach alledem von der rechtlichen Beurteilung, die der Aufhebung des vorinstanzlichen Urteils zugrunde gelegt war, nur in Ausnahmefällen abweichen.

Hierfür spricht auch folgende Erwägung. Die Selbstbindung der Revisionsgerichte wird auf die gleichen Gründe gestützt wie die Auffassung, das Revisionsgericht müsse Streitpunkte abschließend mit der Maßgabe erledigen können, daß sie vom Berufungsgericht nicht mehr erörtert werden könnten. Die Selbstbindung sei erforderlich, hat der VI. Zivilsenat[116] des Reichsgerichts dargelegt, weil es mit den Anforderungen, die an ein verständig gestaltetes Prozeßverfahren zu stellen seien, nicht vereinbar sei, daß die rechtliche Grundlage, auf die das Verfahren in dem einzelnen Rechtsstreit durch das Revisionsurteil gestellt sei und die nunmehr nach dem Gesetz für das Verhalten der Parteien und das Berufungsgericht die maßgebliche Richtung gebe, durch eine Änderung in der rechtlichen Beurteilung des Revisionsgerichts in demselben Rechtsstreit nachträglich wieder beseitigt werde. Eine solche Änderung sei für alle am Rechtsstreit Beteiligten untragbar.

Mit den gleichen Erwägungen hat der III. Zivilsenat des Reichsgerichts die Ansicht begründet, er müsse Streitpunkte abschließend erledigen können. Die gegenteilige Auffassung, heißt es in seiner Entscheidung[117], ermögliche eine unbeschränkte und unabsehbare Wiederholung der Erörterung bereits völlig und abschließend erledigter Streitpunkte, die nicht bloß der in § 565 Abs. 2 ZPO beabsichtigten Begrenzung der Aufgabe des Berufungsrichters widerspreche, sondern überhaupt mit den Anforderungen einer gesunden Prozeßführung unvereinbar sei und insbesondere eine unerträgliche Prozeßverschleppung zur Folge haben müsse. Diese Ansicht hat der III. Zivilsenat[118] des Reichsgerichts aber später aufgegeben. Mißstände sind danach nicht eingetreten. Sie werden sich auch nicht ergeben, wenn die Selbstbindung generell aufgegeben wird. Die Gefahren, vor denen die Selbstbindung schützen soll, bestehen in der Rechtswirklichkeit nicht.

Entscheidungen der Revisionsgerichte enthalten allerdings häufiger Ausführungen, sie könnten auf Rügen der Revision nicht eingehen, sie seien

[114] Vgl. BGH, LM Nr. 3 zu § 675 BGB.
[115] OGHZ 4, 177 ff.
[116] RGZ 149, 157 (164).
[117] RGZ 90, 23 (26).
[118] DR 1942, 1237 ff.

insoweit auf Grund der Selbstbindung gezwungen, ihrer Entscheidung die frühere rechtliche Beurteilung zugrunde zu legen. Man kann diesen Begründungen jedoch nicht entnehmen, daß die Revisionsrichter anders entschieden hätten, wenn sie frei gewesen wären[119]. Sie beziehen sich aus praktischen Gründen auf die Selbstbindung; sie erleichtern sich dadurch die Arbeit. Manchmal glaubten die Beteiligten, berichtet *Boethke*[120] aus seinen Erfahrungen als Reichsfinanzrat, der Reichsfinanzhof habe seine Rechtsauffassung geändert, wenn er in den Gründen lediglich auf § 275 Abs. 4 RAO verweise und auf die sonstigen Ausführungen nicht eingehe. Es sei aber das einzig Richtige, die Entscheidung auf diesen Hinweis zu stützen; dies gelte vor allem, wenn lange Ausführungen der Beteiligten zu ausgedehnten Erwiderungen nötigen würden. Dadurch werde die kostspielige Arbeitskraft des Reichsfinanzhofs unnötig in Anspruch genommen. Daraus also, daß er zur Sache selbst schweige, sei nicht zu folgern, er stimme der unterlegenen Partei sachlich zu.

Es wird also nur selten vorkommen, daß ein Revisionsgericht im zweiten Rechtsgang von einer Ansicht abweicht, die es der Aufhebung des ersten vorinstanzlichen Urteils zugrunde gelegt hat. Gleichwohl könnte aber nach Aufgabe der Selbstbindung eine Vielzahl von Revisionen eingelegt werden, wenn die Parteien jedenfalls hofften, das Revisionsgericht werde in ihrer Sache seine Rechtsprechung ändern, und sie es auf einen Versuch ankommen lassen wollten. Aber auch diese Gefahr besteht in der Rechtswirklichkkeit nicht. Viele Ausführungen in den Entscheidungen der Revisionsgerichte haben keine bindende Wirkung. Hat das Revisionsgericht die Auffassung der Vorinstanz gebilligt, es sei zwischen den Parteien kein Vertrag zustandegekommen, hat es das Urteil aber wegen eines Rechtsfehlers bei Anwendung der Vorschriften über die unerlaubten Handlungen aufgehoben, so haben die Darlegungen, die den Abschluß des Vertrages verneinen, keine bindende Wirkung; sie haben nicht unmittelbar zur Aufhebung des Berufungsurteils geführt. Der Kläger könnte also erneut Revision einlegen und hiermit ausschließlich das Ziel verfolgen, das Revisionsgericht zu zwingen, seine alte Ansicht zu überprüfen. Von derartigen Möglichkeiten haben die Parteien aber in solchen Fällen keinen Gebrauch gemacht. Mißstände sind jedenfalls nicht bekannt geworden; die Rechtsprechung war deshalb nicht genötigt, die mittelbaren Aufhebungsgründe an der Bindungswirkung teilnehmen zu lassen. Die unterlegene Partei hat sich von einer erneuten Revision nichts versprochen; sie hat die rechtliche Beurteilung des Revisionsgerichts hingenommen. Das gleiche wird der Fall sein, wenn es sich nach der Preisgabe der

[119] Vgl. z. B. BGHZ 6, 76 (79, 80).
[120] DStZ 1928, 302 (304).

Selbstbindung um die Überprüfung der Auffassung handelt, die der Aufhebung des Berufungsurteils zugrunde lag[121].

Ergebnis

Das Revisionsgericht ist auch dann im zweiten Rechtsgang nicht an die rechtliche Beurteilung gebunden, die es der Aufhebung des vorinstanzlichen Urteils zugrunde gelegt hat, wenn es seine Rechtsprechung noch nicht in einer anderen Sache geändert hat. Eine Selbstbindung besteht nicht. Das Revisionsgericht hat nur die Vorinstanz gebunden, nicht sich selbst. Auch hier muß die Sachgerechtigkeit der Rechtssicherheit vorgehen; das Revisionsgericht darf nicht gezwungen werden, eine Entscheidung zu treffen, die es für verfehlt hält.

Die Ablehnung der Selbstbindung wird nicht dazu führen, daß die Revisionsgerichte im zweiten Rechtsgang häufig ihre frühere Rechtsansicht aufgeben und die entgegengesetzte Auffassung vertreten werden. Es besteht auch nicht die Gefahr, daß die Parteien in einer Vielzahl von Fällen Revisionen mit dem ausschließlichen Ziel einlegen, das Revisionsgericht zu einer Überprüfung seiner alten Rechtsansicht zu veranlassen.

II. Besonderheiten im Strafverfahren

Der Beschluß[122] des GemS endet mit dem Hinweis, es sei offen geblieben, ob für das Strafverfahren besondere Grundsätze gälten. Es fragt sich daher, ob und gegebenenfalls welche Besonderheiten hier bestehen könnten.

Als die Revisionsgerichte noch streng an der Selbstbindung festhielten, ist in der Rechtslehre[123] vorgeschlagen worden, sie im Interesse der materiellen

[121] Sollte der „Entwurf eines Gesetzes zur Änderung des Rechts der Revision in Zivilsachen und in Verfahren vor Gerichten der Verwaltungs- und Finanzgerichtsbarkeit" Gesetz werden, so besteht diese Gefahr ohnehin nicht, da dann die Grundsatzrevision an die Stelle der Wertrevision tritt. Eine Partei kann also Revision nicht nur mit dem Ziel einlegen, eine Änderung der Rechtsprechung herbeizuführen. Die Revision ist vielmehr, wie es in der neuen Fassung des § 545 Abs. 2 ZPO (und den entsprechenden Vorschriften der anderen Verfahrensordnungen) vorgesehen ist, nur zulässig, wenn die Rechtssache grundsätzliche Bedeutung hat oder das Urteil von einer Entscheidung des Bundesgerichtshofs oder des Gemeinsamen Senats der obersten Gerichtshöfe des Bundes abweicht und auf dieser Abweichung beruht.

[122] BGHZ 60, 392 (399).

[123] Vgl. Mohrbotter, ZStrW 84, 612 (627); Schröder, Festschrift für Nikisch, S. 205 (219).

Gerechtigkeit zugunsten des Angeklagten einzuschränken. Ein Revisionsgericht, meint *Schröder*[124], das den Angeklagten im ersten Rechtsgang für schuldig halte, müsse im zweiten Rechtsgang die Möglichkeit haben, anders zu entscheiden, wenn sich inzwischen die Rechtsprechung zu seinen Gunsten geändert habe; es solle in diesen Fällen ausnahmsweise von dem (im übrigen anerkannten) Grundsatz der Selbstbindung freigestellt werden. Lehnt man, wie es in dieser Arbeit geschieht, die Selbstbindung generell ab, dann stellt sich dieses Problem nicht mehr; das Revisionsgericht kann seine frühere Ansicht stets zugunsten des Angeklagten ändern. Das Revisionsgericht könnte ihn dann aber auch (härter) bestrafen, wenn es seine frühere Auffassung zum Nachteil des Angeklagten ändert. Es taucht deshalb die Frage auf, ob, umgekehrt, die (grundsätzlich nicht bestehende) Selbstbindung in diesen Fällen ausnahmsweise zum Schutz des Angeklagten bejaht werden muß. Hierfür könnte, wie folgendes Beispiel zeigt, ein Bedürfnis bestehen. Im ersten Rechtsgang hebt das Revisionsgericht das Urteil der Vorinstanz, durch das der Angeklagte wegen Betruges (§ 263 StGB) verurteilt war, auf, und verweist die Sache zurück, weil eine Verurteilung nur gerechtfertigt sei, wenn festgestellt werden könne, daß der vom Angeklagten erstrebte Vermögensvorteil die Triebfeder seines Handelns gewesen sei[125]. Die Beweisaufnahme ergibt, daß der Angeklagte den Vermögensvorteil nicht erstrebt, sondern lediglich als notwendiges Mittel in Kauf genommen hat, um einen anderen Zweck zu erreichen. Die Vorinstanz spricht den Angeklagten daher frei. Gegen dieses Urteil legt die Staatsanwaltschaft Revision ein, um die Verurteilung des Angeklagten wegen Betruges zu erreichen. Sie ist der Ansicht, nach der neuen revisionsgerichtlichen Rechtsprechung[126] sei die Absicht, sich oder einem Dritten einen rechtswidrigen Vermögensvorteil zu verschaffen, auch dann gegeben, wenn sich nicht feststellen lasse, daß die Erlangung des Vorteils die Triebfeder des Täters gewesen sei; es reiche vielmehr aus, daß der Vorteil als notwendiges Mittel für einen dahinter liegenden weiteren Zweck erstrebt werde. Kann das Revisionsgericht diese neue Rechtsauffassung im zweiten Rechtsgang vertreten, dann muß es den Angeklagten verurteilen. Das Verbot der Schlechterstellung nach § 358 Abs. 2 StPO schützt ihn davor nicht; es gilt nicht, wenn, wie hier, die Staatsanwaltschaft Revision zu seinen Ungunsten eingelegt hat. Der Schutz des Angeklagten ist hier nicht so dringlich wie in den Fällen, in denen das Revisionsgericht seine frühere Ansicht zugunsten des Angeklagten geändert hat, dieser aber auf Grund der Selbstbindung der Revisionsgerichte gleich-

[124] Festschrift für Nikisch, S. 205 (220).
[125] Vgl. RGSt. 55, 257 (260); KG, NJW 1957, 882 ff.
[126] Vgl. BGHSt. 16, 1 ff.; Welzel, NJW 1962, 20 ff.

wohl (härter) bestraft werden müßte. Ein solcher Rechtszustand ist unerträglich, der Angeklagte würde dann (härter) bestraft, obwohl er nach der jetzigen Rechtsprechung nicht (oder milder) zu bestrafen ist. Gibt das Revisionsgericht seine Ansicht jedoch inzwischen zum Nachteil des Angeklagten auf, so wird dieser in gleicher Weise behandelt wie die Täter, die künftig in dieser Weise straffällig werden. Dieser Rechtszustand ist nicht untragbar. Es ist aber sachgemäß, daß das Revisionsgericht einen Angeklagten im zweiten Rechtsgang nicht (oder milder) bestraft, wenn dieser auf Grund des ersten revisionsgerichtlichen Urteils rechtlich so zu behandeln war. Der Angeklagte muß sich auf die höchstrichterliche Beurteilung, die zur Aufhebung des vorinstanzlichen Urteils geführt hat, verlassen können. Es ist mißlich, wenn er nach Jahr und Tag verurteilt wird, nachdem er auf Grund der zunächst vom Revisionsgericht vertretenen Auffassung freizusprechen (oder milder zu bestrafen) war. Für diese Ansicht sprechen auch die Wertung, die in dem Verbot der Schlechterstellung nach § 358 Abs. 2 StPO zum Ausdruck kommt, und die Regel in § 354 a StPO, § 2 Abs. 3 StGB n. F., wonach das Revisionsgericht eine Gesetzesänderung, die nach Erlaß des tatrichterlichen Urteils eintritt, nicht berücksichtigen kann, wenn sie zu Lasten des Angeklagten gilt. Der Angeklagte sollte von dem Risiko befreit werden, daß sich die höchstrichterliche Rechtsprechung zwischen dem ersten und dem zweiten Rechtsgang zu seinem Nachteil ändert[127]. Um diesen Schutz des Angeklagten zu gewährleisten, muß es im Strafverfahren insoweit bei der Selbstbindung bleiben.

Die Selbstbindung des Revisionsgerichts ist auf das Strafverfahren zu beschränken. In den anderen Gerichtsbarkeiten kommt es nicht darauf an, ob sich die Änderung der revisionsgerichtlichen Rechtsprechung zugunsten oder zuungunsten des Revisionsklägers auswirkt[128]. In beiden Fällen ist das Revisionsgericht im zweiten Rechtsgang frei. Es kann zwar im Steuer- und im Verwaltungsrecht, wo der Staat gleichfalls in die Rechtssphäre des Bürgers eingreift, zu Härten führen, wenn das Revisionsgericht seine Rechtsprechung im zweiten Rechtsgang zum Nachteil der Betroffenen aufgibt. Die Rechtsgüter, die hier in Betracht kommen, sind aber nicht so schutzwürdig, daß es erforderlich ist, an der Selbstbindung festzuhalten, wenn sich die Rechtsprechung zuungunsten des Revisionsklägers ändert. Erfährt ein Steuerpflichtiger im zweiten Rechtsgang, daß er auf Grund einer neuen Rechtsprechung mehr Steuern bezahlen muß, als er auf Grund des ersten Rechtsgangs angenommen hatte, so muß er dies hinnehmen. Die Rechtsprechung

[127] Im Ergebnis ebenso Mohrbotter, ZStrW 84, 612 (627, 628).
[128] Zutreffend v. Wallis, NWB, Fach 2, S. 2431 (2432).

hat auch bisher an der Selbstbindung festgehalten, wenn dies zu Lasten des Steuerpflichtigen ging. So hat der VI. Senat[129] des Bundesfinanzhofs unter Berufung auf die Selbstbindung einen Spekulationsgewinn zum Nachteil des Steuerpflichtigen nach Grundsätzen berechnet, die er im ersten Rechtsgang[130] aufgestellt, inzwischen[131] aber verworfen hatte. Es ist daher auch nach der Preisgabe der Selbstbindung nicht danach zu unterscheiden, ob sich die Änderung der Rechtsprechung zugunsten[132] oder zuungunsten der Betroffenen auswirkt.

Ergebnis

Zum Schutz des Angeklagten ist es ausnahmsweise erforderlich, an der Selbstbindung des Revisionsgerichts festzuhalten, wenn es seine frühere Ansicht in einer anderen Sache zum Nachteil des Angeklagten geändert hat oder in der anhängigen Sache ändern will. Diese Ausnahme ist auf das Strafverfahren beschränkt. In der Finanzgerichtsbarkeit kann das Revisionsgericht seine frühere Rechtsansicht auch dann im zweiten Rechtsgang aufgeben, wenn dies zu Lasten des Steuerpflichtigen geht; die entsprechende Regelung gilt in verwaltungsgerichtlichen Rechtsstreitigkeiten.

Zusammenfassende Darstellung der in dieser Arbeit gewonnenen Ergebnisse

I.

1. Das Revisionsgericht kann einen Streitpunkt durch Zwischenurteil abschließend erledigen.

Es kann einmal ein isoliertes Zwischenurteil erlassen, zum Beispiel durch ein solches Urteil die Zulässigkeit der Revision feststellen; das Zwischenurteil ist dann ein vorweggenommenes Urteilselement des später von ihm zu fällenden Endurteils.

Ein Zwischenurteil kann auch in dem revisionsgerichtlichen Endurteil enthalten sein, durch das in vollem Umfang über die Revision entschieden ist. Hat das Berufungsgericht die Klage abgewiesen, so kann das Revisions-

[129] StRK Nr. 12 a zu § 23 EStG.
[130] BFH 69, 222 = BStBl. III 1959, 346.
[131] BFH 74, 331 = BStBl. III 1962, 127.
[132] So war es z. B. in BFH 76, 363 ff. = BStBl. III 1963, 134.

gericht das angefochtene Urteil aufheben, den Anspruch nach § 565 Abs. 3 ZPO, § 304 ZPO dem Grunde nach für gerechtfertigt erklären und die Sache (nur) zur Entscheidung über die Höhe des Anspruchs an das Berufungsgericht zurückverweisen; das Zwischenurteil ist in diesem Fall ein vorweggenommenes Urteilselement des später vom Berufungsgericht zu erlassenden Endurteils.

Schließlich kann das Revisionsgericht nach § 564 Abs. 1 ZPO das Berufungsurteil durch beschränkte Zurückweisung der Revision und einer dementsprechend beschränkten Aufhebung der Entscheidung in ein Zwischenurteil verwandeln, zum Beispiel die Revision gegen das Berufungsurteil, das der Klage stattgegeben hat, insoweit zurückweisen, als sie sich gegen den Grund des Anspruchs richtet und das Berufungsurteil nur wegen der Höhe des Anspruchs aufheben und die Sache auch nur insoweit an das Berufungsgericht zurückverweisen; auch hier ist das Zwischenurteil ein vorweggenommenes Urteilselement des später vom Berufungsgericht zu erlassenden Endurteils.

Es steht grundsätzlich im Ermessen des Revisionsgerichts, ob es ein Zwischenurteil erlassen will. Von diesem Grundsatz besteht eine Ausnahme, wenn das Berufungsgericht die Klage als unzulässig abgewiesen hat, weil eine Prozeßvoraussetzung fehle oder eine prozeßhindernde Einrede bestehe. Hält das Revisionsgericht diese Entscheidung für fehlerhaft, so muß es das angefochtene Urteil aufheben, durch Zwischenurteil feststellen, daß die Prozeßvoraussetzung gegeben sei oder eine prozeßhindernde Einrede nicht vorliege, und die Sache zur materiellen Entscheidung über die Klage an das Berufungsgericht zurückverweisen.

Das Revisionsgericht kann Zwischenurteile nur erlassen, wenn derartige Entscheidungen auch in der Tatsacheninstanz getroffen werden können. Diese Regel gilt ausnahmsweise nicht, wenn der Rechtsstreit eine Forderung des Klägers und eine Gegenforderung des Beklagten zum Gegenstand hat, mit der dieser hilfsweise aufgerechnet oder deretwegen er hilfsweise ein Zurückbehaltungsrecht geltend gemacht hat. Das Revisionsgericht kann dann das angefochtene Urteil, das der Klage stattgegeben hat, durch eine beschränkte Zurückweisung der Revision in ein (in den Tatsacheninstanzen unzulässiges) Zwischenurteil verwandeln, das nur eine Entscheidung über *eine* Forderung zum Gegenstand hat, wenn es die Auffassung des Berufungsgerichts bezüglich dieser Forderung für richtig (die Revision insoweit also für unbegründet) und nur die Beurteilung der anderen Forderung für fehlerhaft (die Revision insoweit also für begründet) hält.

In der Rechtslehre wird die Ansicht vertreten, das Revisionsgericht sei auch darüber hinaus zum Erlaß von Zwischenurteilen berechtigt, die in der

Tatsacheninstanz nicht ergehen dürften; es könne alle Angriffs- und Verteidigungsmittel der Parteien durch Zwischenurteil abschließend entscheiden, so daß die Sache insoweit nicht mehr an das Berufungsgericht zurückgelange. Diese Ansicht ist nicht zutreffend. Sie hat im Gesetz keine Stütze; es besteht auch kein Bedürfnis für eine derartige Befugnis des Revisionsgerichts.

Das Berufungsgericht ist, ebenso wie das Revisionsgericht, im zweiten Rechtsgang nach § 318 ZPO an das revisionsgerichtliche Zwischenurteil gebunden.

Ein Zwischenurteil bindet nicht, soweit ein Streitpunkt in ihm nicht entschieden worden ist; eine Bindung tritt auch nicht ein, wenn die Entscheidung in ihm hätte getroffen werden müssen. Ein unzulässiges Zwischenurteil hat keine bindende Wirkung. Ist in einem Grundurteil auch eine Entscheidung über einen Streitpunkt enthalten, der ausschließlich die Höhe des Anspruchs betrifft, so ist das Grundurteil insoweit fehlerhaft, aber (entgegen der allgemeinen Meinung) nicht wirkungslos.

§ 318 ZPO bindet an die durch das (revisionsgerichtliche) Zwischenurteil getroffene Entscheidung als solche, nicht an die Gründe der Entscheidung. Dies gilt auch dann, wenn die rechtliche Beurteilung, auf Grund deren das Revisionsgericht das Vorliegen einer Prozeßvoraussetzung bejaht oder das Bestehen einer prozeßhindernden Einrede verneint hat, für die sachlich-rechtliche Entscheidung über die Klage erheblich ist (doppelrelevante Tatsachen). Das Berufungsgericht muß auf Grund seiner Bindung an das Zwischenurteil über die Klage sachlich-rechtlich entscheiden. Es ist aber beim Erlaß dieser Entscheidung frei. Es braucht ihr nicht die Beurteilung zugrunde zu legen, die dazu geführt hat, daß das Revisionsgericht die Klage für zulässig gehalten und damit die Grundlage für eine sachlich-rechtliche Entscheidung geschaffen hat. Die Gründe des Endurteils widersprechen dann zwar den Gründen des (revisionsgerichtlichen) Zwischenurteils. Dieser Widerspruch ist aber in Kauf zu nehmen. Er ist das geringere Übel; das Berufungsgericht soll nicht gezwungen sein, eine (bisher noch nicht ergangene) sachlich-rechtliche Entscheidung zu treffen, die es für fehlerhaft hält. Das Revisionsgericht wird durch diese Auffassung nicht überspielt; es kann seine Ansicht im zweiten Rechtsgang auch im materiell-rechtlichen Bereich durchsetzen.

Ein revisionsgerichtliches Zwischenurteil wird gegenstandslos, wenn die Klage vom Berufungsgericht abgewiesen wird. Es kann seine bindende Wirkung auch auf Grund eines veränderten Sachverhalts verlieren; die Parteien können jedoch neue Tatsachen nur vortragen, wenn diese nach der letzten mündlichen Verhandlung vor dem Berufungsgericht im ersten Rechtsgang entstanden sind oder dem Beklagten ein Wiederaufnahmegrund zur Seite steht. Eine Gesetzesänderung läßt in der Regel ein formell rechtskräftiges Zwischenurteil auch dann unberührt, wenn es sich rückwirkende Kraft beilegt. Eine nachträgliche Änderung der Rechtsprechung ist stets unerheblich.

2. Nach § 565 Abs. 2 ZPO ist das Berufungsgericht an die rechtliche Beurteilung des Revisionsgerichts gebunden, die zu der Aufhebung des Berufungsurteils geführt hat. Nicht alle rechtlichen Ausführungen sind also bindend. Hinweise für die künftige Behandlung der Sache sind nur Ratschläge, die die Berufungsrichter annehmen oder ablehnen können. Auch obiter dicta haben keine Bindungswirkung.

Die in dieser Bestimmung angeordnete Bindung hat mit der Rechtskraft und der innerprozessualen Bindungswirkung eines revisionsgerichtlichen Zwischenurteils nichts zu tun. Diese Rechtsinstitute setzen Entscheidungen über den Streitgegenstand (§ 322 ZPO) oder einen Streitpunkt (§ 318 ZPO) voraus; sie binden an die Entscheidung als solche, nicht an die Gründe der Entscheidung. Im Rahmen des § 565 Abs. 2 ZPO ist aber weder eine Entscheidung über den Streitgegenstand noch über einen Streitpunkt ergangen. Der Inhalt des Revisionsurteils erschöpft sich in der Aufhebung des angefochtenen Urteils und der Zurückverweisung der Sache. Das Berufungsgericht muß die Entscheidung in vollem Umfang allein treffen, ist hierbei jedoch an die Gründe des Revisionsurteils in gewissem Umfang gebunden.

Die Notwendigkeit der Bindung ist eine Folge des revisionsgerichtlichen Verfahrens. Das Revisionsgericht prüft nur nach, ob das Berufungsgericht einen Rechtsverstoß begangen hat. Ist dies der Fall und ist die Sache nicht zur Endentscheidung reif, dann hat es die Sache zurückzuverweisen, weil es (grundsätzlich) keine Tatsachen feststellen kann. Gelangt die Sache wieder an die Vorinstanz zurück, dann muß sichergestellt sein, daß die rechtliche Beurteilung des Revisionsgerichts beachtet wird. Das Berufungsgericht ist an die rechtliche Beurteilung des Revisionsgerichts gebunden, weil dieses sonst seine Aufgabe, die Rechtseinheit zu wahren und für ein gerechtes Urteil im Einzelfall zu sorgen, nicht sachgemäß erfüllen kann.

Das Berufungsgericht darf also den Fehler, den es gemacht hat und dessentwillen sein Urteil aufgehoben worden ist, im zweiten Rechtsgang nicht wiederholen. Es muß die rechtliche Beurteilung des Revisionsgerichts, die unmittelbar die Aufhebung seines Urteils herbeigeführt hat, seiner neuen Entscheidung zugrunde legen. Darüber besteht Einigkeit.

In der Rechtsprechung und Rechtslehre ist aber umstritten, ob die Bindung des Berufungsgerichts darüber hinausgeht. Es fragt sich, ob auch die sog. mittelbaren Aufhebungsgründe an der Bindungswirkung teilnehmen. Ein derartiger Aufhebungsgrund liegt einmal vor, wenn die in ihm zutage getretene rechtliche Auffassung dem unmittelbaren Aufhebungsgrund logisch vorausgeht. Hat das Revisionsgericht das Berufungsurteil wegen eines sachlich-rechtlichen Fehlers aufgehoben, dann liegt seine Auffassung, es bejahe in Übereinstimmung mit dem Berufungsgericht das Vorliegen der Prozeßvoraussetzungen, (zwingend) dem unmittelbaren Aufhebungsgrund zugrunde; anderenfalls wäre das Berufungsurteil wegen Fehlens einer Prozeßvoraussetzung und nicht wegen eines sachlich-rechtlichen Fehlers aufgehoben worden. Ein mittelbarer Aufhebungsgrund ist auch dann gegeben, wenn das Revisionsgericht bestimmte Rechtsausführungen des Berufungsgerichts (das Fehlen eines Vertrages) billigt, das Berufungsurteil aber aus einem anderen Grunde (wegen eines Fehlers bei der Anwendung des § 831 BGB) aufhebt. Hätte das Revisionsgericht die Ausführungen des Berufungsgerichts zum Fehlen eines Vertrages mißbilligt und den Abschluß eines Vertrages bejaht, dann hätte es das angefochtene Urteil aus diesem Grund, wenn auch mit einer anderen Begründung (Unerheblichkeit des Entlastungsbeweises auf Grund des § 278 BGB) bestätigen müssen. Die Bindung auch an die mittelbaren Aufhebungsgründe widerspricht dem Wortlaut und der Entstehungsgeschichte des § 565 Abs. 2 ZPO. Sie wird auch nicht durch den Sinn und Zweck dieser Vorschrift gefordert. Mittelbare Aufhebungsgründe bestehen vor allem in der Billigung von Rechtsausführungen des Berufungsgerichts. Der Grund für die Bindungsvorschrift besteht aber darin, daß bei einem Streit zwischen dem Berufungsgericht und dem Revisionsgericht dieses Gericht Sieger bleiben muß, daß es also seine Ansicht durchsetzen kann, um seine Aufgaben erfüllen zu können. Darum geht es hier aber nicht. Die beiden Gerichte sind nicht verschiedener, sie sind derselben Ansicht.

Für eine weite Auslegung des § 565 Abs. 2 ZPO, nach der auch die mittelbaren Aufhebungsgründe binden, könnte aber die Rechtssicherheit sprechen. Der Prozeß kann erheblich verzögert werden, wenn das Berufungsgericht in der Lage ist, im zweiten oder im dritten Rechtsgang seine bisher vertretene und vom Revisionsgericht gebilligte Ansicht zu ändern und damit den Rechtsstreit auf eine andere Grundlage zu stellen, so daß in der Sache der Prozeß von neuem beginnt. Gegen sie spricht aber die Schwierigkeit in der praktischen Anwendung; es wird häufig nicht möglich sein festzustellen, ob eine bestimmte rechtliche Beurteilung des Revisionsgerichts der aus einem anderen Grunde unmittelbar ausgesprochenen Aufhebung des Berufungsurteils mittelbar zugrunde liegt. Vor allem gefährdet diese starke Bindung den Erlaß von sachgerechten Entscheidungen. Die Fehlerquellen sind hier besonders groß. Es kann sein, daß die Problematik der Auffassung, die mittelbar der Aufhebung zugrunde gelegt ist, erst im zweiten Rechtsgang erkannt wird. Bei der Abwägung zwischen Rechtssicherheit und Gerechtigkeit ist daher in diesem Fall der Sachgerechtigkeit das größere Gewicht beizumessen; § 565 Abs. 2 ZPO bindet daher das Berufungsgericht nur an die rechtliche Beurteilung, auf der die Aufhebung seines Urteils unmittelbar beruht.

§ 565 Abs. 2 ZPO bindet auch insoweit nur an den unmittelbaren Aufhebungsgrund, als es sich um die Verfassungsmäßigkeit eines Gesetzes handelt. Das Bundesverfassungsgericht hat allerdings entschieden, das Gericht, an welches das Verfahren zurückverwiesen werde, habe über die Verfassungsmäßigkeit des vom Revisionsgericht für verfassungsmäßig gehaltenen Gesetzes nicht mehr zu entscheiden und könne daher die Sache auch dem Bundesverfassungsgericht nicht gemäß Art. 100 Abs. 1 GG vorlegen. Diese Entscheidung geht (stillschweigend) von der Auffassung aus, daß auch die mittelbaren Aufhebungsgründe an der Bindungswirkung teilnehmen; denn im ersten Rechtsgang waren sich das Berufungsgericht und das Revisionsgericht über die Verfassungsmäßigkeit des Gesetzes einig. Erst im zweiten Rechtsgang hielt das Berufungsgericht die Vorschrift für verfassungswidrig. Es besteht aber auch insoweit kein Grund, eine Ausnahme von der engen Auslegung des § 565 Abs. 2 ZPO zu machen. Ohne Art. 100 Abs. 1 GG wäre das Berufungsgericht in seiner Entscheidung über die Verfassungsmäßigkeit des Gesetzes frei. Das Grundgesetz will die Prüfung der Verfassungsmäßigkeit nicht einengen, sondern die Zuständigkeit hierüber auf das Bundesverfassungsgericht verlagern. Das Berufungsgericht muß daher — entgegen BVerfGE 2, 406 — die Sache dem Bundesverfassungsgericht gemäß Art. 100 Abs. 1 GG vorlegen, wenn es im zweiten Rechtsgang eine gesetzliche Vorschrift, die es im ersten Rechtsgang in Übereinstimmung mit dem Revisionsgericht für verfassungskonform gehalten hat, nunmehr für verfassungswidrig hält.

§ 565 Abs. 2 ZPO enthält seinem Wortlaut nach nur eine Bindung an die rechtliche Beurteilung, die der Aufhebung des Berufungsurteils zugrunde liegt. In der Regel ist der Grund für die Aufhebung auch der Grund für die Zurückverweisung der Sache. Aufhebungsgrund und Zurückverweisungsgrund können aber auseinanderfallen. § 565 Abs. 2 ZPO bindet in diesem Fall nach seinem Sinn und Zweck auch an den Zurückverweisungsgrund. Das Berufungsgericht muß die Feststellungen treffen, deren Fehlen zur Zurückverweisung geführt hat. Im übrigen ist es frei. Es braucht seiner Entscheidung nicht die Auffassung zugrunde zu legen, auf Grund deren das Revisionsgericht die fehlenden Feststellungen für erforderlich hält. Das Berufungsgericht erhebt oder würdigt dann einen Beweis, auf den es nach seiner Ansicht nicht ankommt. Gleichwohl verdient diese Auffassung den Vorzug vor der allgemeinen Ansicht, die keine Bindung an den Zurückverweisungsgrund annimmt. Denn das Revisionsgericht kann dann im zweiten

Rechtsgang (weil jetzt die von ihm für erforderlich gehaltene Sachaufklärung erfolgt ist) die Endentscheidung selbst treffen; es ist nicht gezwungen, die Sache abermals an das Berufungsgericht zurückzuverweisen.

§ 565 Abs. 2 ZPO ist entsprechend anzuwenden, wenn das Revisionsgericht ausnahmsweise selbst zulässigerweise Tatsachen festgestellt hat; diese Feststellungen sind dann auch für das Berufungsgericht maßgebend.

Das Berufungsgericht ist nur im Rahmen des unmittelbar oder entsprechend anzuwendenden § 565 Abs. 2 ZPO gebunden. Das Revisionsgericht ist nicht berechtigt, darüber hinaus eine Frage „abschließend" zu beantworten und dadurch eine weitere Bindung herbeizuführen. Der in der Rechtslehre vertretenen Auffassung, eine derartige Berechtigung des Revisionsgerichts ergebe sich aus dem Zwischenurteilscharakter des — aufhebenden und zurückverweisenden — Revisionsurteils und habe seine Grundlage in § 318 ZPO, ist nicht zuzustimmen. Sie findet im Gesetz keine Stütze; es besteht auch kein Bedürfnis für eine derartige Befugnis des Revisionsgerichts.

Die Bindung wird gegenstandslos, wenn sich der Sachverhalt im zweiten Rechtsgang ändert; das Revisionsgericht kann den Vortrag neuer Tatsachen nicht durch eine „abschließende" Regelung eines Streitpunktes ausschließen. Eine Bindung entfällt, wenn eine Gesetzesänderung eintritt und sich das neue Gesetz rückwirkende Kraft beilegt. Schließlich fällt die Bindung weg, wenn das Revisionsgericht in einem anderen Rechtsstreit die Auffassung aufgegeben hat, die in dieser Sache zur Aufhebung des Berufungsurteils geführt hat.

Das Schwergewicht der neuen Entscheidung liegt also bei dem Berufungsgericht. Dieses wird nicht etwa nur insoweit tätig, als das Revisionsgericht noch eine Tätigkeit für erforderlich hält. Die Sache wird vielmehr in vollem Umfang zurückverwiesen, soweit das Revisionsgericht nicht selbst eine Endentscheidung trifft. Das Berufungsgericht ist auch nicht an Weisungen des Revisionsgerichts gebunden oder darauf beschränkt, die Tatsachen festzustellen, die das Revisionsgericht getroffen hätte, wenn es hierzu in der Lage gewesen wäre. Die Sache gelangt vielmehr grundsätzlich so an das Berufungsgericht zurück, wie sie sich im ersten Rechtsgang befunden hat; das Berufungsgericht hat die neue Entscheidung in eigener Verantwortung zu treffen. Nur in zwei Punkten ist es gebunden: Es darf den Fehler, den es im ersten Rechtsgang begangen und der zur Aufhebung seines Urteils geführt hat, nicht wiederholen, und es muß die Feststellungen treffen, deren Fehlen das Revisionsgericht veranlaßt hat, die Sache zurückzuverweisen.

Die Bindung des Berufungsgerichts ist also so schwach wie nur möglich. Das kann im Einzelfall die Rechtssicherheit beeinträchtigen und den Rechtsstreit verzögern. Diese Gefahren sind aber geringer als die Nachteile, die mit einer stärkeren Bindung verknüpft sind und die vor allem darin bestehen, daß der Erlaß einer sachgerechten Entscheidung in Frage gestellt wird. Die Berufungsrichter halten sich auch im allgemeinen an die Ausführungen des Revisionsgerichts, die sie nicht binden. Sollte dies einmal nicht der Fall sein, werden die Berufungsrichter triftige Gründe dafür haben, da sie sonst damit rechnen müssen, daß auch ihr zweites Urteil aufgehoben wird. Die Erfahrungen, die die Revisionsgerichte, vor allem das Reichsgericht und der Bundesgerichtshof, mit dieser engen Auslegung des § 565 Abs. 2 ZPO gemacht haben, haben gezeigt, daß kein Bedürfnis dafür besteht, das Berufungsgericht stärker zu binden.

Für das Strafverfahren ergeben sich keine Besonderheiten. § 358 Abs. 1 StPO ist in allen Punkten so auszulegen wie § 565 Abs. 2 ZPO.

II.

1. Die innerprozessuale Bindungswirkung tritt auch in den Verfahren vor den Finanz-, Verwaltungs- und Sozialgerichten in zwei Erscheinungsformen auf. Einmal kann das Revisionsgericht ein — bindendes — Zwischenurteil erlassen. Ein derartiges Urteil kann nur über Streitpunkte ergehen. Eine Entscheidung über einen von mehreren Streitgegenständen oder einen selbständigen Teil des Streitgegenstandes muß durch ein Teil(end)urteil erfolgen; sie kann nicht durch ein Zwischenurteil getroffen werden. Die Zulässigkeit eines Zwischenurteils setzt also die Unzulässigkeit eines Teilurteils voraus. Die Abgrenzung von Streitgegenständen und Streitpunkten bereitet im Zivilprozeß keine Schwierigkeiten. Diese ergeben sich aber in der Finanz-, Verwaltungs- und Sozialgerichtsbarkeit, soweit es um Besteuerungsgrundlagen, Entscheidungskomponenten oder Rechnungsposten eines Verwaltungsaktes geht. Es ist streitig, ob insoweit verschiedene Streitgegenstände (oder selbständige Teile eines Streitgegenstandes) oder nur Streitpunkte vorliegen. Mit der herrschenden Meinung ist der Auffassung zuzustimmen, daß Streitgegenstand die Rechtmäßigkeit des gesamten Verwaltungsaktes ist, die Besteuerungsgrundlagen und Entscheidungskomponenten also nur Streitpunkte darstellen, über die nicht durch Teilurteil entschieden werden kann. Die Gerichte können demgemäß einen Fehler, der sich zuungunsten des Steuerpflichtigen ausgewirkt hat, mit einem anderen Fehler, der zu seinen Gunsten begangen worden ist, kompensieren; es kommt nur auf den Saldo an (Saldierungstheorie). Nur diese Ansicht führt zu sachgemäßen Ergebnissen, an denen die Allgemeinheit in diesen Verfahren in besonderem Maße interessiert ist. Durch sie wird auch dem Gleichheitsgrundsatz am besten Rechnung getragen.

Die Revisionsgerichte können Streitpunkte durch Zwischenurteile entscheiden, soweit auch in den Vorinstanzen entsprechende Urteile ergehen können; sie können also einen prozessualen Zwischenstreit durch Zwischenurteil erledigen oder über den Grund eines Anspruchs durch Zwischenurteil vorab entscheiden, wenn der Grund und der Betrag streitig sind. Darüber hinaus steht ihnen ausnahmsweise das Recht zu, ein Zwischenurteil zu erlassen, wenn in der Vorinstanz eine solche Möglichkeit nicht besteht. Dies ist der Fall, wenn auch eine Gegenforderung des Beklagten im Streit ist, mit der dieser hilfsweise aufgerechnet oder deretwegen er hilfsweise ein Zurückbehaltungsrecht geltend gemacht hat. Das Revisionsgericht kann hier durch Zwischenurteil über eine Forderung entscheiden und die Entscheidung über die andere der Vorinstanz übertragen. Weitere Ausnahmen sind nicht zulässig. Die Verfahrensordnungen sehen sie nicht vor. Es besteht auch kein Bedürfnis für sie.

Das Revisionsgericht ist an das von ihm erlassene Zwischenurteil gebunden; das gleiche gilt für die Vorinstanz, an die die Sache zurückverwiesen wird. Die Finanzgerichtsordnung, die Verwaltungsgerichtsordnung und das Sozialgerichtsgesetz enthalten zwar keine ausdrückliche Regelung über die Bindungswirkung der Zwischenurteile. Nach § 155 FGO, § 173 VwGO, § 202 SGG ist § 318 ZPO aber entsprechend anzuwenden. Er ist in diesen Verfahren in gleicher Weise auszulegen, wie dies im Zivilprozeß geschieht; die hierüber im ersten Teil der Arbeit gemachten Ausführungen gelten also auch hier.

Ein Zwischenurteil bindet nicht, wenn es unzulässig ist. § 318 ZPO bindet an die durch das revisionsgerichtliche Zwischenurteil getroffene Entscheidung als solche, nicht an die Gründe der Entscheidung. Die Vorinstanz kann sich also mit den Entscheidungsgründen in Widerspruch setzen.

Das Zwischenurteil wird gegenstandslos, wenn die Klage von der Vorinstanz abgewiesen wird. Es kann seine bindende Wirkung auch auf Grund eines veränderten Sachverhalts verlieren. Inwieweit neue Tatsachen vorgetragen werden dürfen, richtet sich wegen der engen Verwandtschaft der innerprozessualen Bindung mit der Rechtskraft nach den Grundsätzen, die bei der Rechtskraft für den Vortrag neuer Tatsachen entwickelt sind. Das gleiche gilt bei der Änderung der Rechtslage und der Änderung der Rechtsprechung.

Es bestehen somit, was die Erledigung von Streitpunkten durch revisionsgerichtliche Zwischenurteile angeht, keine Unterschiede von der Rechtslage, die im Verfahren vor den Zivil- und Arbeitsgerichten gilt; die Regelung ist vielmehr bis in die Einzelheiten dieselbe. In der Rechtswirklichkeit sieht es aber anders aus. Der Bundesfinanzhof macht von der Möglichkeit,

Zwischenurteile zu erlassen, keinen Gebrauch. Er sieht hiervon ab, weil er der Ansicht ist, er könne die Rechtsfolgen, die an den Erlaß von Zwischenurteilen geknüpft seien, auf andere Weise, nämlich dadurch herbeiführen, daß er in dem Urteil, das sich in der Aufhebung der angefochtenen Entscheidung und der Zurückverweisung der Sache erschöpfe, Streitpunkte abschließend beurteile, deren rechtliche Beurteilung durch die Vorinstanz nicht zur Aufhebung oder zur Zurückverweisung geführt habe.

2. Das Finanzgericht, an das die Sache zurückverwiesen worden ist, hat seiner Entscheidung nach § 126 Abs. 5 FGO die rechtliche Beurteilung des Bundesfinanzhofs zugrunde zu legen. Eine entsprechende Regelung enthalten § 144 Abs. 6 VwGO und § 170 Abs. 4 SGG. Diese Bindung stellt die zweite Erscheinungsform der innerprozessualen Bindung dar. Die Vorinstanz ist hier nicht an die revisionsgerichtliche Entscheidung als solche gebunden. Eine derartige Entscheidung ist nicht ergangen; das Urteil des Revisionsgerichts erschöpft sich vielmehr in der Aufhebung der angefochtenen Entscheidung und der Zurückverweisung der Sache. Das Revisionsgericht hat keinen Streitpunkt erledigt. Die Vorinstanz hat demgemäß über alle Streitpunkte zu befinden. Sie ist hierbei aber an die rechtliche Würdigung des revisionsgerichtlichen Urteils gebunden. Im Gegensatz hierzu steht die Feststellung von Tatsachen. Diese Aufgabe obliegt nicht dem Revisionsgericht. In Ausnahmefällen hat sich jedoch auch dieses Gericht damit zu befassen. Das ist vor allem bei der Prüfung von Prozeßvoraussetzungen der Fall. Stellt das Revisionsgericht hierbei Tatsachen fest, dann ist die Vorinstanz in entsprechender Anwendung der Bindungsvorschriften auch hieran gebunden. Das Revisionsgericht könnte sonst die ihm übertragenen Aufgaben nicht erfüllen. Stellt das Revisionsgericht aber unzulässigerweise Tatsachen fest, dann tritt keine Bindung der Vorinstanz ein. Zu den tatsächlichen Feststellungen gehört, im Gegensatz zu der Auffassung des Bundesfinanzhofs, auch die Beweiswürdigung.

Bindend ist nur die rechtliche Beurteilung des Revisionsgerichts, die zur Aufhebung des angefochtenen Urteils (oder zur Zurückverweisung der Sache) geführt hat. Diese Einschränkung ist zwar in § 126 Abs. 5 FGO nicht ausdrücklich enthalten. Diese Bestimmung hat aber ihre Vorgängerin, den § 296 Abs. 4 AO, inhaltlich nicht geändert; sie ist also wie diese Vorschrift auszulegen. Hiernach ist das Finanzgericht an die rechtliche Beurteilung gebunden, die der Aufhebung der angefochtenen Entscheidung und der Rückverweisung zugrunde liegt. Die gleiche Rechtslage besteht in der Verwaltungs- und der Sozialgerichtsbarkeit. Hinweise, Empfehlungen und Fingerzeige des Revisionsgerichts für die künftige Behandlung der Sache sind nur Ratschläge, die die Vorinstanz annehmen oder ablehnen kann.

Der Bundesfinanzhof hat sich nicht ausdrücklich mit dem Problem befaßt, ob nur der unmittelbare oder auch der mittelbare Aufhebungsgrund bindende Wirkung hat. Er geht, als selbstverständlich, von der weiten Auslegung der Bindungsvorschrift aus, nach der auch der mittelbare Aufhebungsgrund an der Bindungswirkung teilnimmt, eine Bindung also auch insoweit eintritt, als die rechtliche Würdigung dem unmittelbaren Aufhebungsgrund zwingend vorausgeht oder mit ihm logisch zusammenhängt. Diese Auffassung wird vom Bundesverwaltungsgericht geteilt, während das Bundessozialgericht zu dieser Frage noch keine klare Stellung genommen hat. Der Bundesgerichtshof steht also mit seiner — vom Reichsgericht übernommenen — Ansicht, nur der unmittelbare Aufhebungsgrund binde die Vorinstanz, unter den Revisionsgerichten allein. Seine Auffassung ist aber gleichwohl vorzuziehen. Sie allein ist praktikabel, und nur sie gewährleistet sachgerechte Entscheidungen. Dies gilt für alle Gerichtsbarkeiten. Es wäre deshalb zu begrüßen, wenn die anderen Revisionsgerichte sich insoweit der Auffassung des Bundesgerichtshofs anschlössen.

Nach § 126 Abs. 5 FGO, der wie § 296 Abs. 4 AO a. F. auszulegen ist, ist das Finanzgericht weiter an die rechtliche Beurteilung des Bundesfinanzhofs gebunden, die der Rückverweisung der Sache zugrunde liegt. Hier ist also ausdrücklich die Regelung getroffen, die in der Zivil- und Strafgerichtsbarkeit erst durch eine analoge Anwendung der Bindungsvorschrift herbeigeführt werden kann. Auch hier bindet nur der unmittelbare Zurückverweisungsgrund. Die Vorinstanz muß also die Feststellungen treffen, deren Fehlen das Revisionsgericht veranlaßt hat, die Sache zurückzuverweisen. Im übrigen ist das Finanzgericht frei; es ist also nicht an die rechtliche Beurteilung des Bundesfinanzhofs gebunden, die dazu geführt hat, daß der Bundesfinanzhof diese Tatsachen für erforderlich hält. Der gleiche Rechtszustand besteht in den Verfahren vor den Verwaltungs- und Sozialgerichten.

Der Bundesfinanzhof ist weiterhin der Auffassung, das Finanzgericht sei auch insoweit gebunden, als der Bundesfinanzhof einen Streitpunkt „abschließend" beurteilt habe; es komme hier nicht darauf an, ob diese rechtliche Beurteilung zur Aufhebung des angefochtenen Urteils und (oder) zur Zurückverweisung der Sache geführt habe. Mit dieser Auffassung, die vom Bundesverwaltungs- und vom Bundessozialgericht nicht vertreten wird, steht der Bundesfinanzhof im Gegensatz zur Rechtsprechung des Reichsgerichts und des Bundesgerichtshofs. Haben diese Gerichte sich für eine möglichst schwache Bindung der Berufungsgerichte ausgesprochen, so bindet der Bundesfinanzhof die Finanzgerichte in äußerst starkem Maße. Die Auffassung des Bundesfinanzhofs ist rechtlich nicht haltbar. Sie kann nicht mit der Erwägung begründet werden, der Streitpunkt, den der Bundesfinanzhof abschließend erledigt habe, gelange nicht mehr in die Vorinstanz zurück. Der Bundesfinanzhof kann einen Streitpunkt nur dadurch hindern, den Rückweg in die Vorinstanz anzutreten, daß er ihn seiner Eigenschaft beraubt, Streitpunkt zu sein; er muß ihn aus dem Streit herausnehmen. Dies kann lediglich dadurch geschehen, daß der Bundesfinanzhof die Revision bezüglich dieses Streitpunktes zurückweist (und damit das angefochtene Endurteil, das er nur wegen der übrigen Streitpunkte aufhebt, in ein Zwischenurteil verwandelt) oder daß er selbst ein Zwischenurteil erläßt, durch das über den Streitpunkt entschieden wird. Besteht eine solche Möglichkeit (wie grundsätzlich bei materiell-rechtlichen Streitpunkten) nicht oder macht der Bundesfinanzhof von ihr keinen Gebrauch, dann gelangt der Streitpunkt zwangsläufig in die Vorinstanz zurück. Es kann nicht der Auffassung des Bundesfinanzhofs zugestimmt werden, der Streitpunkt sei auch dann nicht mehr streitig, wenn über ihn keine Entscheidung getroffen, er vielmehr nur in den Gründen eines Urteils rechtlich „abschließend" beurteilt worden ist, das sich in der Aufhebung des angefochtenen Urteils und der Zurückverweisung der Sache erschöpft. Die Gründe eines Urteils können die fehlende Entscheidung nicht ersetzen. Das sieht die Finanzgerichtsordnung nicht vor.

Die Bindung an die abschließende rechtliche Beurteilung kann auch nicht auf § 126 Abs. 5 FGO gestützt werden. Nach dieser Vorschrift, die wie § 296 Abs. 4 AO a. F. auszulegen ist, ist das Finanzgericht ausschließlich an die rechtliche Beurteilung gebunden, die der Aufhebung der angefochtenen Entscheidung und der Rückverweisung zugrunde liegt; nur die rechtliche Würdigung des Bundesfinanzhofs ist also bindend, die für die Aufhebung oder Zurückverweisung kausal gewesen ist. Der Wortlaut der Vorschrift ist eindeutig und deckt sich mit dem ebenso eindeutigen Willen des Gesetzgebers. Die Auffassung des Bundesfinanzhofs widerspricht auch dem Sinn und dem Zweck der Bindungsvorschrift, die ausschließlich darin bestehen, daß die Vorinstanz die (mißbilligten) Fehler, die sie begangen hat, im zweiten Rechtsgang nicht wiederholen darf (und die Feststellungen treffen muß, deren Fehlen zur Zurückverweisung der Sache geführt hat). Mit der abschließenden Beurteilung eines Streitpunktes billigt der Bundesfinanzhof aber in der Regel die rechtliche Behandlung dieses Punktes der Vorinstanz; diese hat also insoweit keinen (vom Bundesfinanzhof mißbilligten) Fehler begangen. Auch die Grundsätze der Rechtssicherheit, der Prozeßökonomie und der Gleichmäßigkeit der Besteuerung können eine derartige Bindung nicht herbeiführen. Die vom Reichsfinanzhof übernommene Rechtsprechung des Bundesfinanzhofs beruht (möglicherweise) auf der unselbständigen Stellung, die die Finanzgerichte vor Erlaß der Finanzgerichtsordnung gehabt haben. Es wird deshalb angeregt, daß der Bundesfinanzhof, der sich niemals mit der entgegenstehenden Rechtsprechung des Reichsgerichts und des Bundesgerichtshofs auseinandergesetzt hat, seine Auffassung in diesem Punkte überprüft.

Die Bindung wird gegenstandslos, wenn sich der Sachverhalt ändert. Das Revisionsgericht kann den Vortrag neuer Tatsachen nicht durch eine abschließende Beurteilung ausschließen; diese kann, im Gegensatz zur Auffassung des Bundesfinanzhofs, weder eine Bindung herbeiführen noch den Wegfall der (aus einem anderen Grund eingetretenen) Bindung durch das Verbot verhindern, neue Tatsachen zu berücksichtigen. Die Bindung kann weiter wegfallen, wenn die Rechtslage sich geändert oder das Revisionsgericht die Rechtsprechung aufgegeben hat, auf der die Aufhebung des vorinstanzlichen Urteils beruht.

Nach den in dieser Arbeit vertretenen Auffassungen sind somit die Vorinstanzen in allen Gerichtsbarkeiten trotz der unterschiedlichen Fassung der Bindungsvorschriften in gleicher Weise an die rechtliche Beurteilung des Revisionsgerichts gebunden. Es bedarf keiner gesetzlichen Regelung, um insoweit die erstrebte Einheitlichkeit in den verschiedenen Verfahren zu verwirklichen. Diese Aufgabe können die Revisionsgerichte selbst erfüllen.

III.

Die Selbstbindung der Revisionsgerichte ist, entgegen der herrschenden Ansicht in der Rechtsprechung und der Rechtslehre, generell aufzugeben. Sie folgt nicht aus dem Gewohnheitsrecht. Sie läßt sich nicht den Vorschriften des Prozeßrechts entnehmen und beruht auch nicht auf allgemeinen Grundsätzen des Verfahrensrechts. Sie kann auch nicht, wie vereinzelt angenommen worden ist, aus Art. 3 Abs. 1 GG abgeleitet werden. Es gibt auch keine anderen schwerwiegenden Gründe, die die Selbstbindung rechtfertigen können. Mit Recht hat der GemS entschieden, das Revisionsgericht sei, wenn es die der Aufhebung zugrunde liegende Rechtsauffassung inzwischen in einer anderen Sache geändert habe und erneut mit derselben Sache befaßt werde, an seine im ersten Rechtsgang vertretene Rechtsansicht nicht gebunden. Der Grundsatz der materiellen Gerechtigkeit hat hier den Vorrang vor der Rechtssicherheit. Die Sachgerechtigkeit muß der Rechtssicherheit aber auch dann vorgehen, wenn das Revisionsgericht seine frühere Ansicht erst anläßlich des zweiten Rechtsgangs ändern will; es darf nicht gezwungen werden, eine Entscheidung zu treffen, die es für verfehlt hält.

Die Aufgabe der Selbstbindung wird nicht dazu führen, daß die Revisionsgerichte im zweiten Rechtsgang häufig ihre frühere Rechtsansicht ändern und die entgegengesetzte Auffassung vertreten werden. Es besteht auch nicht die Gefahr, daß die Parteien in einer Vielzahl von Fällen Revisionen mit dem ausschließlichen Ziel einlegen, das Revisionsgericht zu einer Überprüfung seiner alten Rechtsansicht zu veranlassen.

Zum Schutze des Angeklagten ist es allerdings notwendig, an der Selbstbindung festzuhalten, soweit das Revisionsgericht eine für den Angeklagten günstige Ansicht zu dessen Nachteil ändern will. Diese Ausnahme gilt nur im Strafverfahren. In finanz- und verwaltungsgerichtlichen Prozessen kann das Revisionsgericht seine frühere Ansicht auch dann im zweiten Rechtsgang ändern, wenn sie sich zum Nachteil der Betroffenen auswirkt.

SACHREGISTER

Kolibri 360 GmbH
Ferdinand-Jühlke-Straße 7
99095 Erfurt, Deutschland
produktsicherheit@kolibri360.de